# 房地产开发

张建坤　编著

东南大学出版社
·南京·

## 内 容 提 要

本书以房地产项目开发为主线，全面、系统地阐述房地产开发项目的运作过程，并对房地产开发涉及的相关重要问题进行分析和研究。内容主要涵盖房地产与房地产业概述、房地产开发过程及分析、房地产市场调研、土地制度与房地产开发土地的获取、房地产开发项目财务评价、房地产开发项目策划、城市规划与房地产开发、房地产开发项目融资、房地产营销、房地产开发前期管理、房地产开发项目控制、城市建设与房地产开发、物业与设施管理等方面。

本书以现行房地产相关的政策法规为基础，注重理论的系统性和严密性，强调实际应用和可操作性，并精选和设计了相关案例进行分析，不仅能作为高等学校本科生、研究生的教材和参考书，也可以用于相关工程技术人员的业务参考。

**图书在版编目（CIP）数据**

房地产开发/张建坤编著. —南京：东南大学出版社，2012.2（2020.2 重印）
ISBN 978-7-5641-3209-5

Ⅰ.①房… Ⅱ.①张… Ⅲ.①房地产开发 Ⅳ.
①F293.3

中国版本图书馆 CIP 数据核字（2011）第 261918 号

东南大学出版社出版发行
（南京四牌楼 2 号　邮编 210096）
出版人：江建中
网　　址：http://www.seupress.com
电子邮件：press@seupress.com
全国各地新华书店经销　南京京新印刷有限公司印刷
开本：700 mm×1000 mm　1/16　印张：30　字数：588 千字
2011 年 12 月第 1 版　2020 年 2 月第 6 次印刷
ISBN 978-7-5641-3209-5
定价：45.00 元

本社图书若有印装质量问题，请直接与读者服务部联系。电话（传真）：025-83792328

# 前　言

房地产是什么？

经历了二十多年的房地产理论研究和实践，见证了我国社会经济快速发展和房地产业的跌宕起伏，反而更加难以回答这看似最浅显的问题。

曾经有人写过一首打油诗，曰：

几千年来，有土斯有才。
那挥之不去，根深蒂固，古老的中国。

房地产，多少风云变幻，
转手间，成为财富的征逐，却也为沉沦的陷阱。

一念间，投资与投机的纠缠，玄机包含多少……

房地产，吾人生存与发展之所寄。
正道之，如水之载舟；
玩狎之，若水之覆舟。

房地产，永恒基业！专家事业！全民家业！

是的，正是因为房地产承载了太多的个人、社会、经济、文化等问题，才使人们对房地产的认识显得既简单又复杂，既清晰又模糊。但无论如何，房地产在当今个人生活、社会发展，甚至国家强盛的过程中，都起着举足轻重、不可替代的作用。

房地产开发是笔者在高校长期教授的课程，也曾经出版过若干部类似的教材和著作。但是，每次撰写相似的题目，都会有不同的感想和新的认识。

本书以房地产开发项目为对象，系统全面地介绍房地产开发的理念、技术、管理、控制等相关理论和实践，并围绕着与房地产开发相关的房地产业、土地政策、项目融资、市场营销、城市规划与建设等内容，对房地产开发进行多视角、全方位的阐述与分析。在写作的过程中,笔者试图跳出"重理论轻实践"的流行写法,努力实现理论到实践的过渡与结合,并形成本书的基本特点,即:

1. 注重房地产开发理论的系统性和完整性。
2. 注重房地产开发关键技术的先进性和操作性。
3. 注重理论技术在房地产项目开发过程中的实际应用。
4. 注重将现代城市建设、社会和谐发展等相关思想和理念融入项目开发之中。

本书的写作得到了东南大学土木学院建设与房地产系相关教授与专家的大力支持与帮助。笔者的历届硕士研究生、博士研究生做了许多基础的、重要的工作。在此谨向付出了辛勤汗水的李俊杰、李朝智、王效容、孙婧、王圆圆、刘娟、刘科伟、孙丽华、吴丽芳、李蓓、李昊、李灵芝、汪军红、张璞、袁硕、兰毅、蒋叶、侯慧等同学表示感谢!

在本书的写作过程中,参考、借鉴了许多同行、专家的著作和研究成果,在此表示深深的感谢!

最后,要特别感谢东南大学出版社曹胜玫老师的大力支持。

编者

2011 年 12 月

# 目 录

1 房地产与房地产业概述 ……………………………………………………… 1
　1.1 房地产含义及特征 ……………………………………………………… 1
　1.2 房地产业及其特性 ……………………………………………………… 9
　1.3 房地产业与国民经济的关系 …………………………………………… 13
　1.4 房地产业的可持续发展 ………………………………………………… 20

2 房地产开发过程与管理 …………………………………………………… 30
　2.1 房地产开发企业 ………………………………………………………… 30
　2.2 房地产开发程序与评价 ………………………………………………… 38
　2.3 房地产开发的参与者 …………………………………………………… 47
　2.4 房地产的宏观调控 ……………………………………………………… 54
　2.5 国外政府对房地产的干预与管理 ……………………………………… 57

3 房地产市场调研 …………………………………………………………… 62
　3.1 房地产市场概述 ………………………………………………………… 62
　3.2 房地产市场调研的目的、内容与方法 ………………………………… 72
　3.3 案例分析 ………………………………………………………………… 78

4 土地制度与房地产开发土地的获取 ……………………………………… 88
　4.1 我国现行土地制度 ……………………………………………………… 88
　4.2 国外土地制度 …………………………………………………………… 105
　4.3 房地产开发项目用地的获取与评价 …………………………………… 114
　4.4 国有土地出让文件及地价测算案例 …………………………………… 127

5 房地产开发项目财务评价 ………………………………………………… 133
　5.1 现金流量与资金时间价值 ……………………………………………… 133
　5.2 开发项目经济评价指标与方法 ………………………………………… 138

5.3　房地产开发项目不确定性分析 …………………………… 161
　　5.4　案例分析 ……………………………………………………… 171

**6　房地产开发项目策划** …………………………………………… 177
　　6.1　房地产项目策划概述 ………………………………………… 177
　　6.2　已有明确项目的全过程策划 ………………………………… 182
　　6.3　房地产开发项目系统策划反馈控制 ………………………… 203

**7　城市规划与房地产开发** ………………………………………… 207
　　7.1　城市规划的概念与任务 ……………………………………… 207
　　7.2　城市规划的特征与作用 ……………………………………… 209
　　7.3　城市规划与房地产的关系 …………………………………… 214
　　7.4　城市规划对房地产项目的控制实施 ………………………… 220
　　7.5　房地产项目的规划设计 ……………………………………… 228

**8　房地产开发项目融资** …………………………………………… 235
　　8.1　房地产开发项目融资的基本概念 …………………………… 235
　　8.2　房地产开发项目融资的要求与流程管理 …………………… 248
　　8.3　房地产开发项目的资金来源 ………………………………… 255
　　8.4　房地产开发贷款的类型和过程 ……………………………… 266
　　8.5　房地产证券化 ………………………………………………… 275
　　8.6　案例分析 ……………………………………………………… 278

**9　房地产市场营销** ………………………………………………… 280
　　9.1　房地产营销概述 ……………………………………………… 280
　　9.2　房地产市场细分与目标市场定位 …………………………… 285
　　9.3　房地产营销策略 ……………………………………………… 292
　　9.4　案例分析 ……………………………………………………… 316

**10　房地产开发前期管理** ………………………………………… 327
　　10.1　房地产开发项目行政许可管理 ……………………………… 327

10.2　房地产开发企业项目前期管理 ································ 337
　　10.3　案例分析 ······················································ 345

**11　房地产开发项目控制** ·················································· 348
　　11.1　房地产开发项目控制概述 ···································· 348
　　11.2　房地产开发项目进度控制 ···································· 355
　　11.3　房地产开发项目投资控制 ···································· 367
　　11.4　房地产开发项目质量控制 ···································· 376

**12　城市建设与房地产开发** ·············································· 393
　　12.1　城市更新中的房地产开发 ···································· 393
　　12.2　基于智慧城市理念的新城建设 ······························· 403
　　12.3　城市化进程中的城乡统筹建设 ······························· 418

**13　物业与设施管理** ······················································ 430
　　13.1　物业管理概述 ················································ 430
　　13.2　设施管理的基本理论 ········································· 440
　　13.3　设施管理的实施过程 ········································· 447

**参考书目** ································································· 469

# 1 房地产与房地产业概述

**本章概要**

随着我国市场体系不断完善,社会经济迅速发展,房地产业在国民经济中的重要作用越发显现,房地产业与宏观经济的相互关系也越来越密切。本章主要从房地产的含义、特征,以及房地产业与国民经济的关系、房地产业的可持续发展等方面进行论述和分析,力求通过这些问题的初步阐述,使读者对房地产、房地产业有一个系统的、准确的认识。

## 1.1 房地产含义及特征

### 1.1.1 房地产的含义

1) 房地产的基本概念

房地产是房产与地产的总称,即房屋和土地两种财产的统称。从物质形态上看,房地产可被定义为土地及地上建筑物和其他构筑物、定着物。房地产又常常称为"不动产",不动产是指不能移动,或移动后会改变原来的性状或失去原有的价值,这是由土地位置的不动性决定的。

广义的土地是一个垂直系统,指地球表面及其上下的一定空间,包括地球一定高度和深度的岩石、矿藏、土壤、水分、空气和植被等构成的自然综合体。狭义的土地一般仅指地球表面构成陆地的土壤层,通常称为地皮或地表。

建筑物包括房屋和构筑物两类,其中房屋是指人工建筑构成,由建筑材料、建筑构件和设备(如给排水、卫生、燃气、照明、空调、电梯、通信、防灾等)等组成,能够遮风避雨供人们居住、工作、娱乐、储藏物品、纪念或进行其他活动的空间场所。

构筑物是指建筑物中除了房屋以外的部分,人们一般不直接在内进行生产、生活,如烟囱、水塔、水井、道路、桥梁、隧道、水坝等。其他定着物是指与土地、建筑物不能分离或虽然能够分离,但分离后会破坏土地、建筑物的完整性、使用价值或功能的部分,主要包括为提高房地产的使用价值而种植在土地上的花草、树木或人工建造的庭院、花园、假山等。由于其他定着物往往可以视为土地或建筑物的组成或附属部分,因此,物质形态上的房地产,其本质上包括土地和建筑物两大部分,其主体是土地和房屋两大类。

2）房产与地产的差异与联系
（1）房产与地产的差异
将房地产分割开来进行考察。
① 房产
即房屋的财产，是土地及地上建筑物和构筑物。房屋是劳动产品，它的价值是建筑工人在生产或建筑房屋过程中耗费的社会必要劳动时间及建筑材料成本形成的。房屋所有权是指房屋所有人在法律规定的范围内对房屋的占有、使用、收益和处分的独占性支配权，有权排斥他人的干涉，并受到国家法律的保护。
② 地产
即土地的财产。有两重含义，一是指原属自然资源经过投入资金和劳动可供开发建设的土地，城镇土地一般均属这个范畴；二是指在特定的经济关系中与土地相关的一切权益。国家或地区的经济关系不同导致土地权属表现形式存在差异，我国城市土地权属的基本形式是国有土地所有权和政府法定有效年期内土地的使用权，后者是经济活动中权属流转的主要内容。国有土地使用权是一种相对独立的财产权，可以按照法律设定的规则进入市场，并准许个人、各类法人团体等非公有主体依法取得土地使用权。
③ 房产与地产的差异
主要表现在以下几个方面：
地产可以单独存在，也可以独立进入市场进行运作。而房屋必须在土地上建造，也只有与土地结合运作才能整体进入市场。
房产是最终的成品，能够满足人们生产和生活的需要。地产则作为房产建造的基础，其需求必须通过人们对房产的需求才能反映出来。
房产和地产的各自价格的形成过程存在差异。房屋价格是由其价值决定的，是由人类投入的物化劳动和活劳动构成的，而土地价格是由土地的资源价格和资本价格构成的。
（2）房产与地产的联系
① 从物质形态上看
房产与地产是密不可分、相互依存的。房产不能离开土地而单独存在，而土地作为房屋的承载体，它的价值要通过房屋才能实现。房依地建，地为房载。房产和地产比较，地产是基础。这不仅因为房产是在地产的基础上形成的，而且因为土地价值由于城市规划、周边环境的变化而有较大的调整。而房产的成本支出相对稳定，因此，西方将房地产称为地产，以强调地产的因素更为重要。
② 从价值形态上看
房价与地价总是结合在一起的，两者的价值表现形式通常以房屋价格表现出来。房与地通过人们的劳动处于一个统一体中，并以一个统一体的形态供最终消

费者使用，在交易过程中房价和房租包含着地价和地租，两者表现为互相依赖、互相影响的关系。

③ 从权属上看

房产与地产也是密不可分的。房屋所有权是否合法，往往都取决于房屋坐落的土地使用权是否合法取得。在房屋交易过程中，无论是出售、出租或抵押等，都必然同时发生土地使用权的交易或转移，因此，房产交易同时也是地产交易；在土地交易过程中，地上建筑物和构筑物也随之交易，房屋产权随之变更。

④ 从资本循环看

地产投资与房产投资是融合在一起的。对土地开发的投入是房屋开发的基础和前提，土地开发资金的增值过程最终需要通过房产开发资金的循环完成。

⑤ 从开发经营看

土地开发和房产开发是两个紧密相连的产业环节。在企业运作过程中，土地开发和房产开发是一个并行或继起的过程，企业通常以整体运作的方式高效整合各环节的资源，最大程度地实现房地产的市场价值。因此，房产开发和地产开发常常为同一个主体。

总而言之，无论从物质形态上、权属关系上、价值上，还是从产业运作的角度，房产和地产都存在着内在的联系，是不可分割的有机整体。

## 1.1.2 房地产的特征

房地产作为一种特殊的商品，与其他商品在自然性质或物理性质方面存在明显的差异。又由于房地产所具有的财产和权利性质，它又有着区别于其他商品的经济特征和社会特征。

1) 房地产的自然特征

(1) 位置的固定性

任何房屋都是建造在土地上的，土地位置的不可移动性，决定了房地产位置的固定性。房地产位置的固定性，决定了房地产只能就地生产、流通或消费，而且要受制于其所在的空间环境。所以，房地产市场不存在全国性市场，而是一个地区性市场。

(2) 个别性

由于位置的固定性，地形、地貌的复杂性，以及周边环境的差异，即使是房屋的外形完全相同，也由于房屋的用途、所处的地理位置及其他的不同，造成了每宗房地产之间的差异，因而不能像其他普通商品那样大批量生产。就像是两个双胞胎也存在差别一样，从来没有两宗完全一样的房地产。

(3) 耐久性

一般而言，房地产地产部分的利用价值是恒久的，而其他生产资料或生活资料一般不具有这一特点，它们会随着人们的使用而消耗或磨损掉。

由于房地产具有耐久性,因而可以给其所有者或使用者带来持续的利益,这使得房地产的所有权与使用权可以分离,使得房地产的重要经营方式——租赁成为可能,也使房地产业的持续发展成为可能。

(4) 数量的有限性

由于土地受大自然的限制,不是取之不尽、用之不竭的,又因受到城市规划的制约,一定时间内可供利用的土地数量是有限的。房屋的建设由于受到建筑密度、容积率等指标的限制,不可能无限制向空中或地下延伸,这样房地产的数量受到了限制。

(5) 效用的多层次性

房地产在效用上,同时具备生存资料、享受资料和发展资料三个不同层次的性质。房地产作为生存资料,给人以安身之处;随着经济的发展和人们生活水平的提高,人们越来越要求得到精神上的享受,房地产的价值在满足人们生存需要的同时使用价值随之提高,显示出了作为享受资料的特性;除此之外,房地产还是人们娱乐、学习和社交的场所,为个人的发展提供必要的环境,具有发展资料的功能。

2) **房地产的经济特征**

(1) 房地产建设周期长、投资大

房地产开发建设的周期比一般商品要长得多,少则数月,多则数年。同时,房地产开发建设需要巨额投资,一栋几千至上万平方米的楼房,仅建筑安装工程造价就高达百万元,甚至几百万元,几千万元的也屡见不鲜。

(2) 用途变更的困难性

同宗土地可能有多种用途,当该土地投入某项用途之后,欲改变其利用方向一般来说较为困难,主要是因为:土地受自然条件的限制,变更土地利用方向往往会造成巨大的经济损失。同一建筑物变更使用用途可能会容易些,但有时也很困难,这与建筑物的设计、结构有关。

(3) 房地产投资的流动性较差

投资的流动性是指在必要的时候,投资可以迅速兑换成现金。房地产投资的流动性相对较差,主要原因如下:第一,房地产建造有相当大的比例是出于生产或经营自用目的,这样该笔投资只能通过折旧的方式逐渐回收;第二,当房地产被当做资产进行经营时,其投资只能通过租金的形式逐渐回收;第三,当房地产处于居住自用和办公自用时,一般不涉及投资回收问题,该笔价值逐渐被使用者消耗掉。

(4) 房地产的保值增值性

房地产的数量是有限的,而随着人口的增长和经济的发展,人们对房地产有了更大的需求,当房地产供不应求时会导致价格上涨,而且其上涨幅度通常大于或等于一般物价上涨幅度。因而,在一般情况下,拥有房地产能保值增值。

3) 房地产的社会特征

(1) 政策影响性强

房地产受政策的影响较大,房地产的固定性使其很难避免不受政策调整带来的影响,土地政策、税收政策、金融政策等的变革,都会对房地产市场造成或大或小的影响。这既说明了房地产投资的风险性,也说明了政府制定长远房地产政策的重要性。

(2) 生产和消费反映出较强的社会风俗和生活习惯

我国的房屋与欧洲房屋在建筑风格上迥异,在使用面积和房间布置上也相去甚远。宗教信仰不同的地方住房也常表现出很大的不同。

## 1.1.3 房地产的分类

土地与建在其上的建筑物或定着物之间的不同组合构成了房地产的不同类别,房地产类型与房地产价格有着十分密切的关系。可以按照不同的标准对房地产进行分类。

1) 按房地产用途分类

(1) 工业和仓储类房地产

包括各类工厂、车间、仓库等。

(2) 居住类房地产

主要指各种为居住使用的房地产,如普通住宅、高级住宅、公寓、别墅等。

(3) 商业类房地产

主要包括各种商店、市场、超市、购物中心、批发市场等。

(4) 旅店、餐饮类房地产

主要包括各类宾馆、饭店、酒店、度假村、招待所以及酒楼、美食城、快餐店、火锅城等。

(5) 金融用房地产

主要包括银行、储蓄所、信用社、信托公司、证券公司、保险公司等。

(6) 信息用房地产

主要包括邮电、信息产业用房地产。

(7) 办公用房地产

主要包括商务写字楼、政府办公楼等。

(8) 娱乐用房地产

主要包括影剧院、游乐场、娱乐场、夜总会、公园、高尔夫球场等。

(9) 农业用房地产

包括农地、菜地、农场、林场、牧场等。

(10) 特殊用房地产

包括车站、机场、码头、学校、医院、体育、科研、社会福利、市政、绿化、涉外、宗教等。

(11) 军事用房地产等

2）按房地产实物形态分类

(1) 按建筑结构分

钢结构、钢筋混凝土结构、砖混结构、砖结构、木结构、框剪结构及其他结构的房地产。

(2) 按建筑层数分

以住宅为例，可分为：低层住宅（3层及以下）、多层住宅（4～6层）、小高层住宅（7～9层）、高层住宅（10～30层）、超高层（30层以上）。

(3) 按建筑物的建筑标准划分

可分为高级、中等、普通标准的房地产。

(4) 按建筑物的新旧程度分

新建房地产、旧有房地产等。

3）按房地产权属关系分类

(1) 国有房产

指归国家所有的房产，包括由政府接管、国家经租、收购、新建以及由国有单位用自筹资金建设或购买的房产。

(2) 集体所有房产

指城市集体所有制单位所有的房产，即集体所有制单位投资建造或购买的房产。

(3) 私有房产

指私人所有的房产，包括中国公民、外国公民私人所有房产，以及中国公民投资的私营企业所投资建造、购买的房产。

(4) 联营企业房产

指不同所有制性质的单位之间共同组成新的法人型经济实体所投资建造、购买的房产。

(5) 股份制公司房产

指由股份制公司投资建造、购买的房产。

(6) 涉外房产

指外商投资企业、外国政府、外国社会团体、国际性机构所投资建造或购买的房产等。

(7) 港、澳、台投资建造、购买的房产等

### 1.1.4 房地产投资的利与弊

1) 房地产投资之利

在介绍房地产的特性时,我们实际上已经间接地介绍了房地产投资的一些优点,包括自然寿命周期长、易于满足使用者不断变化的需要、能从公共设施的改善和投资中获取利益等。这里进一步阐述房地产投资的其他主要益处。

(1) 较高的收益

房地产开发投资中,其利润率一般高于社会平均利润率,但由于在宏观调控前,自有资金率在25%～30%。因此,在有效使用信贷资金、充分发挥财务杠杆作用的情况下,股本收益率往往会超过社会平均利润率很多。在房地产置业投资寿命周期内获得每年15%～20%的股本收益率也是很平常的事。这相对于储蓄、股票分红、债券等其他类型的投资来说,收益水平是相对较高的。

我国经济正处在高速增长时期,房地产价格处在长期的上涨趋势之中。如果适当的持有物业,以时间换取的价格上涨空间往往更加可观。因此,当投资者资金允许的情况下,适当地进行房产投资组合,将能获取更好的投资收益。

(2) 能够得到税收方面的好处

置业投资的所得税是以毛租金收入扣除经营成本、贷款利息和建筑物折旧后的净经营收入为基数以固定税率征收的。从会计的角度来说,建筑物随着其楼龄的增长,每年的收益能力都在下降,所以税法中规定的折旧年限,相对于建筑物的自然寿命和经济寿命来说要短得多。这就使建筑物每年的折旧额要比物业年收益能力的实际损失高得多,使得投资者账面上的净经营收益减少,相应的也就减少了投资者的纳税支出。

从另外一个角度来说,即使某项置业投资的净收益为负值,投资者不能享受到税收上的好处,但只要物业的经营收入能支付该项置业投资的经营费用和抵押贷款的利息,投资者就没有遭受太大的损失;相反,投资者却能以置业投资的亏损来充抵其他投资的净经营收入,从而在总体上获得减少交纳所得税的好处。因为置业投资往往仅是投资者众多投资项目或经营内容中的一种,所以,置业投资有时可以起到蓄水池的作用。从城镇居民购买自用住宅的政策来看,自用住宅投资往往能得到政府免税或减税的优惠。

(3) 易于获得金融机构的支持

由于可以将物业作为抵押品,所以投资者可以较容易地获得金融机构的支持,得到其投资所需要的大部分资金,包括商业银行、保险公司和抵押公司等在内的许多金融机构都愿意提供抵押贷款服务,这就使得置业投资者有很大的选择余地。据统计,到2005年,美国的房地产贷款已经占到美国GDP的2.5%～3%,相当于3 000亿美元,这部分巨额贷款很大程度上支撑着美国的房地产消费。根据2009年的统计数据显示,包括房地产行业企业贷款和个人住房抵押贷款在内,我国12家上市银行的涉房贷款总额达到5.28万亿元,占银行贷款总额的24.27%。其中,对房地产行业的公司贷款为1.66万亿元,个人住房抵押贷款为3.62万亿元。

金融机构通常认为作为抵押物的房地产,是保证其能按期安全地收回贷款最有效的方式。因为除了投资者的资信情况和自有资金投入的数量外,房地产本身也是一种重要的信用保证,且金融机构还看到,在通常情况下房地产的租金收入就能满足或部分满足投资者分期付款对资金的需要。所以,金融机构可以提供的抵押贷款比例也相当高,一般上限可以达到资产价值的70%。

(4) 能抵消通货膨胀的影响

由于通货膨胀的影响,房地产重建成本不断上升,从而导致了房地产价值的上升,所以说房地产投资具有增值性。又由于房地产是为人类生活居住、生产经营所必需的,即使在经济衰退时,房地产的使用价值仍然不变,所以房地产投资又是有效的保值手段。

从中国住宅市场价格的变化情况来分析,在过去的十几年中价格的年平均增长幅度在15%以上,大大超过了同期通货膨胀率的平均水平。美国、英国和我国香港地区的研究资料表明,房地产价格的年平均上涨率大约是同期年通货膨胀率的两倍。虽然没有研究人员就所有的房地产投资项目全部进行统计分析,但几乎没有人会相信房地产价格的上涨率会低于总体物价水平的上涨率。

房地产投资的这个优点,正是置业投资者能够接受较低投资收益率的原因。例如,目前大多数西方发达国家置业投资的收益率是5%~6%,与抵押贷款的利率基本相当,但这是物业的增值部分扣除通货膨胀因素的影响后的净增长,投资者得到的实际投资收益率是11%~12%,大大超过了抵押贷款的利率水平。置业投资的增值特性还有一个好处,就是令投资者能比较准确地确定最佳的持有期限和从日后的转售中所能获得的利润。

当然,通常情况下认为房地产投资能够保值增值,是从长期投资的角度来看的。由于市场调控、经济波动等引起的房地产价格下降,并不影响其长期的增值特性,这是房地产市场的长、短周期运行规律所决定的。

(5) 提高投资者的资信等级

由于拥有房地产并不是每个公司或个人都能做到的事,所以,拥有房地产便成了占有资产、具有资金实力的最好证明。这对于提高投资者或房地产资产拥有者的资信等级,获得更多、更好的投资交易机会具有重要意义。

2) **房地产投资之弊**

房地产投资并非十全十美,也有其先天的缺陷,主要体现在如下几个方面。

(1) 投资额度大

房地产投资门槛高是公认的,除了政策、技术、管理等方面的因素外,投资额度大是最难逾越的门槛。可以说懂得房地产的人很多,但其中只有很少的人从事房地产投资;从事房地产投资的人(尤其是项目开发)很多,但其中专家型的人很少,其原因就是懂的人大多没有资金实力,而有资金实力的人可以整合人才和技术。

(2) 投资回收周期长

房地产投资,无论是项目开发还是投资置业,投资回收期都比一般的投资领域要明显地长。房地产项目开发,从土地取得到项目建设、从项目营销到物业交付,通常需要3～5年的时间,如果项目复杂,则开发周期更长。一般情况下,随着项目开发过程的结束就能收回投资。而置业投资的回收期,长则二三十年甚至更长。要承受这么长时间的资金压力和市场风险,对投资者资金实力和运作能力,要求都相当的高。

(3) 需要专门的知识和经验

由于房地产开发涉及的程序复杂,领域众多,直接参与房地产开发投资时就要求投资者具备专门的知识和经验,这就限制了参与房地产开发投资人员的数量。置业投资同样也对专业知识和经验有较高的要求。置业投资者要想达到预期的投资目标,必须进行有效的资产管理和物业管理。

## 1.2 房地产业及其特性

"产业"是居于微观经济细胞(企业)和宏观经济整体(国民经济)之间的一个集合概念。产业是具有相同再生产特征的个别经济活动单位的集合体,它是围绕着同一个产品或服务进行市场运作的企业的集合。房地产业是现代社会经济结构中重要的产业之一。

### 1.2.1 房地产业的含义

房地产业是由房地产投资、开发、经营、管理和服务等部门和行业构成的巨大产业体系。房地产业是从事房地产开发、经营、管理和服务活动的行业和部门的总称。房地产就是这些部门生产和经营的对象。

房地产作为一个产业,与国民经济中的其他产业部门一样,在其经济运行中也要经过生产、分配、交换、消费四个环节。当房地产到达消费者时,房地产业运作环节并未结束,在房地产消费过程中,对房屋进行维修、提供服务和实施管理,是房地产业极其重要的组成部分。按照企业方式对房地产进行开发、经营、维修、服务、管理的经济活动,就构成了房地产业的主要内容。具体如下:

(1) 土地开发和再开发。

(2) 房屋开发和建设。

(3) 地产经营，包括土地使用权的出让、转让、租赁和抵押等。
(4) 房地产经营，包括房产（含土地使用权）买卖、租赁、抵押等。
(5) 房地产中介服务，包括信息、咨询、估价、测量、律师、经纪和公证等。
(6) 房地产物业管理服务，包括家居服务、房屋及配套设施和公共场所的维修养护、安全管理、绿地养护、保洁、车辆管理等。
(7) 房地产金融服务，包括信贷、保险和房地产金融资产投资等。

### 1.2.2 房地产业的行业性质

1) 产业划分

在我国，2003年国家统计局颁布的《三次产业划分规定》中，对三次产业划分作了最新的规定。

第一产业：包括农、林、牧、渔业。

第二产业：包括采矿业，制造业，电力、燃气及水的生产和供应业，建筑业。

第三产业：包括交通运输、仓储和邮政业，信息传输、计算机服务和软件业，批发和零售业，住宿和餐饮业，金融业，房地产业，租赁和商业服务业，科学研究、技术服务和地质勘察业，水利、环境和公共设施管理业，居民服务和其他服务业，教育，卫生、社会福利业，文化、体育和娱乐业，公共管理和社会组织，国际组织等。

房地产业作为国民经济中一个独立的产业，属于第三产业中一个极其重要的产业门类，对国民经济增长起着巨大的作用。

2) 房地产业与建筑业的关系

建筑业的主要经营活动是各类房屋的建造和其他构筑物的修建、改造及设备安装，它完全是物质生产部门。国际上和我国都明确建筑业属于第二产业。房地产业是不同于建筑业的独立行业，房地产是从事投资、开发、经营、管理和服务的产业，房地产业在资源配置、产业运作、经营范畴及产业组织特征等方面与建筑业有许多不同的地方。

在房地产的产业链条中，地上建筑物及构筑物的建设离不开建筑业，建筑业是其中不可缺少的生产环节。在日常的房地产开发建设活动中，房地产企业和建筑企业的关系往往形成甲方和乙方的关系。房地产业的发展为建筑业提供了巨大的空间，建筑业的技术进步和成本高低对房地产产品的品质和经营效益有着直接的影响。

房地产开发涉及很多的经济活动，这些经济活动有的属于建筑业，有的属于房地产业，必须对这两类经济活动进行明确的区分。区分的根本原则就是要牢牢把握第二产业和第三产业的区别，即第三产业不涉及物质生产过程。因此，应将房地产开发分为建设和买卖两部分：建设过程是物质生产过程，属于建筑业；买卖过程才属于房地产业。图1-1清晰地描述了这种关系。

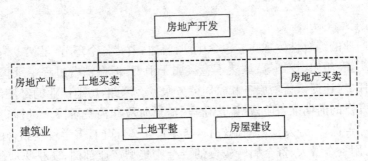

图1-1 房地产开发中的各项经济活动

当今房地产业对国民经济的贡献度不及建筑业,这与人们直观感受有差异,主要由于行业划分的关系,图1-1可以清晰地解释这一点。

住宅产业并非标准产业分类中的产业部门,而是以产品和企业的同类性为标准进行产业划分的产物。它是以生产和经营住宅为最终产品的产业,包括住宅规划和设计、住宅部件品的开发和生产、住宅的建造以及住宅的经营、维修、管理和服务。住宅产业包括住宅建筑业和住宅房地产业两大部分。因此,住宅产业既包括与建筑业相关的物质生产过程——住宅开发建设,又包含有与房地产业相关的决策组织过程——住宅流通服务,是横跨第二产业和第三产业的独立和特殊的产业。

住宅产业强调的是以住宅为最终产品的生产和交易活动,即住宅的增量市场中所发生的经济活动,而不包括存量住宅所提供的住房服务(自有住房服务、营利性和非营利性住房服务)。因此,住宅产业并不完全包括房地产业当中的住宅部分,而只包括其中增量住宅的部分。这样界定住宅产业的目的是使住宅产业当中所包含的建筑业部分和房地产业部分相对应,避免住宅产业和房地产业的过度重合,并与人们对住宅产业的一般概念和研究目的相适应。图1-2表现了住宅产业与房地产业、建筑业之间的关系。

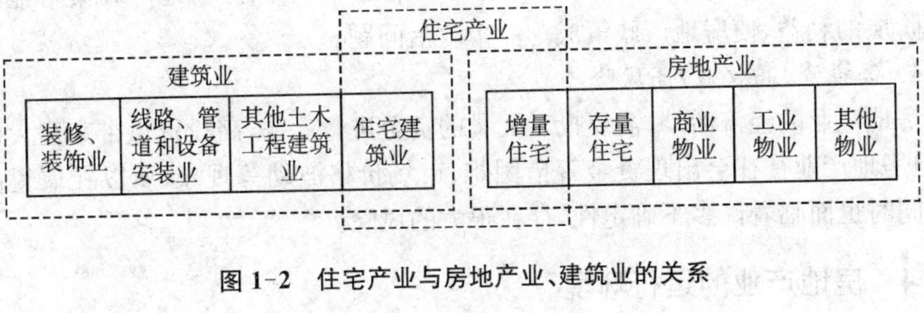

图1-2 住宅产业与房地产业、建筑业的关系

### 1.2.3 房地产业的特性

1) 高度综合性

房地产业的综合性体现在它包含生产、流通、消费各个环节,虽然以流通为主,但还参与决策、组织、规划等;虽然不直接属于消费,但在消费过程中承担维修、保养等生产任务,还提供售后服务和家居劳务服务。因此,房地产业的经济活动存在于房地产开发的前期准备阶段、生产阶段、流通阶段和消费阶段全过程,其产业具有高度的综合性,是开发经营周期较长,与多行业、多部门、多学科相结合的产业部门,又是占用资金量大、资金周转较慢的资金密集型产业部门,还是物业管理周期长、售后服务任务重的服务型产业部门。

2) 政府干预强

房地产业的发展直接关系到国民经济的增长,关系到城市化进程和经济社会的可持续发展,关系到城市的空间布局,关系到百姓安居和社会安定。房地产业不仅涉及社会成员生存的基本条件,还涉及社会公正与公平。房地产产品的生产也不只是纯粹私人物品的生产,它是一种与政府公共物品紧密相连的生产过程。因此,政府不仅从宏观的角度通过产业政策、货币政策等对房地产业进行干预和调控,也从微观角度通过投资计划、土地供应、行业规范等对产业运行、企业运作和市场发育进行有效的管理与规制。因此,政府的管理行为和政策法规的制定会对房地产业的发展产生重大影响。

3) 关系社会的稳定

房地产是人们生活的场所,财富的象征,较之其他财产,使用期限长且产权稳定,给人以安全平衡的感觉,从而使房地产以其独特的功能在社会稳定中发挥着相当重要的作用。在人们解决温饱问题以后,住房问题是社会普遍关心的热点,是衡量一个社会生活水平和社会保障状况的重要标志,住房保障制度也是一个国家社会保障制度的重要组成部分。

在一定情况下,房地产(尤其是普通住房)又称为一种政治问题,关系到社会和谐稳定。住房政策是很多国家政府的主要政策之一,不同的房地产政策可能影响不同阶层的利益,使房地产政策成为一个政治问题。

4) 高投资、高收益、高风险

房地产业的经济活动,需要投入大量的资金进行运作,高投资也带来巨大的收益,但房地产业往往会出现资金筹措困难、市场价格波动等现象,所以在取得高收益的同时也面临着许多不确定性,存在很大的风险。

### 1.2.4 房地产业的运行环境

房地产业的运行环境,主要包括经济环境、政治环境、社会环境、金融环境、法律制度环境、技术环境、资源环境和国际环境等。这些运行环境的好坏、合理程度，直接影响到行业的发展，具体影响因素如表 1-1 所示。

表 1-1　房地产业的运行环境及其影响因素

| 运行环境 | 主要影响因素 |
| --- | --- |
| 经济环境 | 城市或区域总体经济发展水平<br>就业<br>支付能力<br>产业结构<br>基础设施状况<br>利率和通货膨胀等 |
| 政治环境 | 政治体制、政局稳定性<br>政府能力、政策连续性<br>公众对海外资金的态度 |
| 社会环境 | 人口数量和结构<br>家庭结构及其变化<br>居民思想观念<br>社会和城市发展形态等 |
| 金融环境 | 宏观金融政策<br>金融工具完善程度<br>资金市场发育程度等 |
| 法律制度环境 | 与房地产有关的规则，包括现行法律与相关政策 |
| 技术环境 | 建筑材料、建筑施工技术和工艺、建筑设备的进步，更为重要的是信息技术的发展和应用，以及由此带来的房地产业信息化要求 |
| 资源环境 | 土地、能源等资源约束 |
| 国际环境 | 国际资金流动和经济全球化 |

房地产业与周围环境之间也存在着互动的关系，在受到周围环境影响的同时，房地产业也会影响和改变周围的环境。

## 1.3　房地产业与国民经济的关系

房地产业在国民经济中起到的作用同是多样的，可能会促进国民经济的发展，也可能对国民经济发展产生阻碍或破坏作用。

## 1.3.1 房地产业在国民经济中的地位

1) *房地产业是国民经济的重要基础性产业*

所谓基础性产业,指在国民经济中是社会再生产和各种经济活动的载体,是国民经济中不可少的部分,能较大程度地制约其他产业和部门发展。

房地产的基础性作用体现如下:

(1) 房地产业是社会一切部门不可缺少的物质条件

房地产业发展的规模、水平、速度,都将直接决定并影响着其他行业的规模、结构、发展水平和速度。同时,各行业也必然要拥有一定数量的房地产,并作为产业部门固定资产的重要组成,直接参与价值生产和价值实现的经济过程。

(2) 房地产业是国民经济积累资金的重要来源

由于土地资源的稀缺和人们对房屋的需求,房地产存在着巨大的升值空间,利用土地开发和房屋建设,可以为国家积累资金。2010年,全国房地产开发企业完成土地购置面积4.10亿 $m^2$,比2009年增长28.4%,土地购置费9 992亿元,增长65.9%。

(3) 房地产业是社会劳动力生产和素质提高的先决条件

国民经济的发展在很大程度上取决于社会生产力的发展,而劳动力是生产力中最基本、最活跃的因素,当代经济的竞争归根结底是人才、劳动力素质的竞争。而要发挥人才、劳动力的作用,先决条件是要维持其生存,并提供其在生产和素质提高所需的最基本条件。房地产集生存资料、享受资料、发展资料于一身,没有房地产,就没有劳动力。

(4) 房地产业的发展有利于培育和完善社会主义市场体系

房地产市场是整个社会主义市场体系的组成部分之一。由于房地产是一种单位价值和整体价值量都较大的商品,它的发展能迅速扩大商品总量的规模。更重要的是,房地产既是生活必需品,也是重要的生产要素,其构成的生活必需品市场和生产要素市场在整个市场体系中的地位和作用非常独特和重要。尤其是作为基础性要素市场的土地市场,其交易水平的提高和交易规模的扩大,在很大程度上会扩大市场的规模和激发市场的活跃程度。因此,房地产业的发展,有利于培育和完善社会主义要素市场体系,有利于社会主义市场体系的发展。

2) *房地产业是国民经济的先导性产业*

房地产具有很强的前向关联、后向关联和侧向关联作用。在房地产开发、经营和消费过程中,需要大量的资金、建材,以及其他相关产品,联系着一大批相关企业。因此,房地产业的发展,必然带动相关产业的发展。

房地产业的发展最直接的作用是能促进建筑业的繁荣。房地产项目开发建设必须由建筑企业实施,必然促进建筑业的发展,这两个行业可以说是唇齿相依的关系。国内近几年房地产业和建筑业同步的迅速发展充分表明了这一点。

房地产业的发展还能直接影响建材工业、建筑设备工业、建筑机械工业和冶金、化工、运输机械、仪表等产业的发展。房地产开发建设中所需要的各种原材料近2 000个品种,涉及建材、冶金等50多个生产部门。在我国,房屋建筑中每年耗用钢材占钢材总耗量的25%,耗用木材占木材总耗量的40%,耗用水泥占水泥总耗量的70%,耗用玻璃占70%,耗用预制品占25%,耗用运输量占8%。

房地产业的发展还与金融业密切相关。房地产业是资金密集型产业,投资数量大,无论是从存款、信贷还是结算,都是金融业的大客户之一。房地产信托、抵押是现代信用的基础,也是最安全可靠的投资。由于房地产投资的收益较高,金融业也乐于在这一领域拓展业务。

3) 房地产业是国民经济的支柱产业

(1) 作为支柱产业的基本条件

所谓支柱性产业,是指在国民经济发展中起着骨干和支撑性作用的行业。支柱产业的概念,在西方经济学中又被称为"主导产业"。一个产业要成为支柱性产业,一般要具备四个基本条件:

① 在国民经济发展中起着举足轻重的作用,其增加值在国民生产总值中占5%以上,对国民经济的贡献突出。

② 具有较大的市场发展空间和增值潜力。

③ 符合产业结构演进方向,有利于产业结构优化。

④ 产业的关联度高,能带动众多相关产业的发展。

我国的房地产业具备上述基本条件。

(2) 房地产业在国民经济中的作用

房地产业将发展成为国民经济的支柱产业是由其自身性质、特点和关联效应,以及对国民经济的贡献所决定的。具体表现如下:

① 房地产业发展有利于产业结构的优化

随着经济的发展,产业结构发生了重大变化,第三产业在国民经济中占有越来越重要的地位,起着越来越重要的作用。房地产业不仅在第三产业中占有十分重要的地位,而且可以拉动其他相关产业的发展,从而促进整个国民经济的发展和国民经济产业结构的调整。

② 房地产业是国民经济各行业最基本的生产资料

房地产业为社会提供的房产商品,是国民经济各行业最基本和最重要的生产资料,是社会活动中不可缺少的物质条件和空间场所。

首先,占房地产70%左右的住宅,是直接关系到国计民生的基本生活资料。房地产业的生产方式采用综合开发的形式,为城市总体规划的实施、基础设施的配套、投资环境的改善以及城市现代化提供了可能。

其次,房地产市场的建立,促进了社会主义市场体系的建立和完善,房屋和土地作为生产要素参与流通,使其得以优化配置和合理利用,成为国民经济循环链中的重要物质因素。

再次,土地有偿、有期限的使用和住宅商品化,有利于引导消费、转变消费观念和调整消费结构,并能为城市建设开辟资金渠道,促进城市经济的发展。

③ 房地产业的发展提高了城镇居民居住水平

长期以来,国家为了改善居民居住条件,提高人民的生活水平,不断加大对城镇住宅的投资力度。据统计,城镇居民人均居住面积从 1985 年的 $5.6\ m^2$ 增加到 2002 年的 $10.87\ m^2$。到 2011 年城镇居民家庭人均可支配收入为 8 472.2 元,人均消费性支出为 6 510.94 元,其中住宅消费为 256.45 元。

④ 发展房地产业可以吸引外资、促进对外开放

中国巨大的房地产市场、不断改善的投资环境和较为丰厚的投资回报,使得房地产业成为外商竞相投资的重要领域。目前,中国的房地产企业中,外商投资企业数量逐年增多,利用外资金额逐年加大。根据国家统计局公布的数据显示, 2010 年,房地产开发企业本年资金来源 72 494 亿元,比上年增长 25.4%,其中利用外资 796 亿元,增长 66.0%。

⑤ 房地产业的发展有利于增加就业

房地产业不仅可以促进相关产业的发展,而且可以提供大量的就业机会。就与房地产业关联度最高的建筑业来说,按照每亿元住宅投资与施工面积 1∶16.7 测算,若增加 500 亿元住宅投资,就可以增加施工面积 8 350 万 $m^2$,而完成 1 万 $m^2$ 施工面积需要从业人员数为 167 人,则可以解决 139 万劳动力的就业问题。

## 1.3.2 房地产业与国民经济关系的一般规律

房地产业的发展需要与国民经济发展保持一定的比例。从宏观上来讲,房地产经济是整个国民经济的重要组成部分,它对国民经济作出的贡献有着不容忽视的作用;而国民经济的发展水平和规模,又会反过来制约房地产业的发展。从产业结构上来看,房地产业作为第三产业的一个子系统,它的发展水平,对实现产业结构平衡和结构优化有着重要的影响;而国家产业结构的总体状态,对房地产业发展的空间、水平也起着制约作用。

国民经济对房地产业的作用,可以是正面的,也可以是负面的;可以起带动作用,也制约房地产业的发展。如果社会供求平衡、国民经济持续健康发展,房地产业的发展就有了良好的外部条件;反之,如果经济失调、国民经济整体发展不协调,政府为了稳定经济,在某种程度上可能会有意识地抑制房地产业的发展,以此来限制房地产业发展过快对国民经济可能带来的负面影响。

总体来说,房地产业对国民经济的作用可分为两个方面:促进或牵制。在整个国民经济的运行过程中,如果房地产业运行势头良好、经济效益好、发展势头旺,就会对国民经济起到强大的促进作用。这种促进作用,可以从房地产业在国民经济中的基础性、先导性、支柱性产业的地位得到证明。反之,如果房地产业发展失调,市场泡沫严重,交易不规范,房地产价格增长过快或发展缓慢,开发规模、竣工面积过小,则会对国民经济产生牵制作用,阻碍它的发展。从质上考虑,如果房地产业运行质量很差、效率低下,那么尽管国民经济对房地产业有所倾斜,在整体上也会导致国民经济效率降低。从量上看,在国民经济和地区经济要求快速发展时,如果房地产业发展过慢,不能满足和适应经济快速健康发展的要求,会对国民经济造成牵制;反之,由于社会可用资源的数量有限,如房地产业发展过快,就会导致国民经济的结构比例失衡,使经济结构的均衡遭到破坏,将以其他产业、行业的相对过慢发展为代价,造成资源的结构性供不应求和供过于求的状况,甚至会出现"泡沫经济",冲击金融业,危及其他相关产业,以致影响地区和整个国家的经济发展。

### 1.3.3 次贷危机及其影响

美国次贷危机(Subprime Crisis)又称次级房贷危机,是一场发生在美国,因次级抵押贷款机构破产、投资基金被迫关闭、股市剧烈震荡引起的金融风暴,并使全球主要金融市场出现流动性不足的危机。"次贷危机"从 2006 年春季开始逐步显现,2007 年 8 月开始席卷美国、欧盟和日本等世界主要金融市场,并对全球经济造成了深远的消极影响。

1) 次级按揭贷款

次贷即"次级按揭贷款"(Subprime Mortgage Loan),"次"是与"高"、"优"相对应的,形容较差的一方。在"次贷危机"一词中指的是信用、还债能力低。

次级抵押贷款是一个高风险、高收益的行业,指一些贷款机构向信用程度较差和收入不高的借款人提供的贷款。与传统意义抵押贷款的区别在于,次级抵押贷款对贷款者信用记录和还款能力要求不高,而贷款利率比一般抵押贷款高很多。那些因信用记录不好或偿还能力较弱而被银行拒绝提供优质抵押的人,会申请次级抵押贷款购买住房。贷款机构之所以贷款给这些人,是因为能收取比良好信用等级按揭更高的按揭利息。

2) 次贷危机原因

引起美国次级抵押贷款市场风暴的直接原因是美国的利率上升和住房市场持续降温。利息上升,导致还款压力增大,很多本来信用不好的用户因还款压力大而出现违约的可能,从而对银行贷款的收回造成不利影响。

在美国,贷款是非常普遍的现象。美国人很少全款买房,通常都是长时间贷款。可是由于失业和再就业是很常见的现象,这些收入并不稳定甚至根本没有收入的人，因为买房信用等级达不到标准，就被定义为次级信用贷款者，简称次级贷款者。

由于之前的房价很高，银行认为尽管贷款给了次级信用借款人，如借款人无法偿还贷款，则可以利用抵押的房屋来还，拍卖或者出售后收回银行贷款。但当房价走低时，若借款人无力偿还，银行把房屋出售，发现得到的资金不能弥补当时的贷款和利息，甚至都无法弥补贷款本金，这样银行就会在这个次级贷款上出现亏损。一两个借款人出现这样的问题还好，但由于分期付款的利息上升，加上这些借款人本身就是次级信用贷款者，就导致了大量的无法还贷的借款人出现。银行收回房屋，却卖不到高价，大面积亏损，引发了次贷危机。

美国次级抵押贷款市场通常采用固定利率和浮动利率相结合的还款方式，即：购房者在购房后头几年以固定利率偿还贷款，其后以浮动利率偿还贷款。在2006年之前的5年里，由于美国住房市场持续繁荣，加上前几年美国利率水平较低，美国的次级抵押贷款市场迅速发展。随着美国住房市场的降温，尤其是短期利率的提高，次贷还款利率也大幅上升，购房者的还贷负担大为加重。同时，住房市场的持续降温也使购房者出售住房或者通过抵押住房再融资变得困难，直接导致大批次贷的借款人不能按期偿还贷款，进而引发"次贷危机"。

3）次贷危机的影响

（1）对美国经济的影响

美国次级抵押贷款危机，引起美国股市剧烈动荡。

美国的许多金融机构在这次危机中"中标"，如雷曼兄弟公司的倒闭。大量银行的倒闭，使得许多的企业的融资出现了很大的问题，最后在美国政府的援助下暂时缓解了它们的破产危机。虽然在这之前的几个季度里，尽管住房市场持续大幅降温，但美国经济并没有停滞不前。消费和投资增长抵消了住房市场降温的不利影响，并支持了经济的继续扩张，但是几个季度之后，人们才发现危机已经严重影响了自己的生活，要么失业，要么收入大幅下降，而前期的"假象"实际上是整个市场库存的调整，暂时掩盖了危机的不利影响。事实上，美国经济最薄弱的环节——房地产市场比很多人认识到的更加糟糕。新屋开工面积大幅下降，二手房销售连续萎缩，房价持续下跌。

房地产泡沫的破灭会持续阻碍生产的增长。房价以两位数的比率下降将使越来越多的抵押贷款借款人陷入财务困境。

但是，由于美国经济基本面强健，不乏继续增长的动力，且自我调节能力很强，美元仍然是世界上最被信赖的货币，因此，美国的金融地位暂时无人能撼动。

（2）次贷危机对中国经济的影响

第一，次贷危机主要影响我国出口。次贷危机引起美国经济及全球经济增长的放缓，对中国经济产生直接的影响。这种影响最主要体现在对外出口上，造成我国出口增长下降。

第二,给我国带来经济增长趋缓和就业形势严峻的双重压力。由于宏观经济的不利影响,我国CPI、PPI指数连续下降,经济形势严峻。GDP增长明显放缓,实体经济尤其是工业面临巨大压力。而大量的中小型加工企业的倒闭,也加剧了失业的严峻形势。

第三,加大了我国的汇率风险和资本市场风险。为应对次贷危机造成的负面影响,美国采取宽松的货币政策和弱势美元的汇率政策。美元大幅贬值给中国带来了巨大的汇率风险。在发达国家经济放缓、我国经济持续增长、美元持续贬值和人民币升值预期不变的情况下,国际资本加速流向我国寻找避风港,将加剧我国资本市场的风险。

但是,最让人没想到的是曾经一度涨到147美元一桶的石油(甚至有人预测将涨到200甚至300美元的超高价)一路狂跌,先是跌破70美元的大关,后又不断挑战人们的预期,破60,再破50,直到40多美元一桶。一度疯长的矿产价格也因为中国的制造业需求不足也出现了大幅下滑。

4)次贷风暴之鉴

以宏观视角细察此次全球性次贷风暴积聚、爆发、扩散之路径,已可总结出若干经验教训,对资产价格泡沫畸高、资本管制将去未去的中国正是镜鉴。现实表明,金融自由化在本质上应当是金融体制的进步,其中包括风险防范体制的不断完善。监管层、金融机构、房地产业等领域的"有力者",均应加倍警惕资产泡沫,切勿以今日的快感换取明天的伤痛。

国际观察家在分析此次金融风暴时普遍认为,美联储长期执行低利率政策、衍生品市场脱离实体经济太远、金融文化仍有待提高,乃是此次金融动荡的三大原因。其中尤以第一条为甚。

在美国历时最长的经济景气结束后,网络泡沫破灭、"9·11事件"等因素,迫使美联储连续降息。没有理由指责这一经济刺激政策的总体取向,但在具体操作上,美联储的货币政策仍有值得反思之处。其最初两年降息力度过大,真实利率有时甚至为负;此后虽连续17次加息,将联邦基金利率由1%上调至5.25%,美元仍处于长期的贬值阶段。以通胀指标考察,美联储在经历了初期的成功后,在2003年下半年到2005年下半年,也曾出现月度CPI涨幅略高的情况,2005年9月甚至达到4.7%。美联储在加息上过于谨慎,应变迟缓,对于全球流动性过剩难辞其咎,更是形成此轮金融动荡的根源。由此看来,货币当局正确判断形势并果断采取措施,至为重要。

衍生品市场链条过长,而基本面被忽略,也使风险不断放大。美国的次级抵押信贷始于房屋的实际需求,但又被层层衍生成不同等级的资金提供者的投资品种。而次级按揭客户的偿付保障与客户的还款能力相脱节,更多地基于房价不断上涨的假设。在房屋市场火暴时,银行得到了高额利息收入,金融机构对房贷衍生品趋之若鹜。一旦房地产市场进入下行周期,则违约涌现,危机爆发。因链条过长,市场的自我约束和外部监管都变得相当困难;因中间环节多为"别人的钱",局中人的风险意识相当淡薄。长链条固然广泛分散了风险,但危机爆发后的共振效应可能更为惨烈。

次贷风暴还表明,纵使在美国这样金融业高度发达的国家,大众层面的金融文化仍有待提高。种种报道表明,在美国申请次级抵押的信贷者中,许多人甚至不知何为复利,亦不会计算未来按揭成本,但仍然兴致勃勃申请了自己本无力偿还的房贷,住进自己本无力购买的房屋。如此行事者大有人在,然而,大众性癫狂永远无法战胜市场涨跌的无常,泡沫的突然破裂必然会给经济社会带来巨大的创痛,首当其冲者正是误入泡沫丛中的弱势群体。

此轮次贷风暴还对现有美国金融体制提出了诸多挑战。可以想见,从长远计,危机必然成为市场革旧布新的重大契机。而美国监管当局应对危机的举措,也当从治标与治本的双重意义上给予更多关注和解读。时任美联储主席伯南克在美国国会作证时已对这些举措作了详尽阐述。其核心是保护市场正常运行,主要手段有二:一是法治,修订旧法,颁布新规;二是信息披露,打击金融机构向购房者、债券投资者欺诈兜售的行为。时任美国总统布什在其后的讲话中宣布,联邦住房机构将为那些陷入困境的贷款者提供担保,使其以优惠利率获得融资;并表示,政府的工作是帮助购房者,而不是救援投机者,也不是救援那些明知没有能力仍然购房的人。市场指数涨跌并未成为"监管指南",市场玩家意志无法左右货币当局,正体现了"政府远离华尔街"的基本原则。

## 1.4 房地产业的可持续发展

房地产业的可持续发展,是指房地产业在时间上要保持产业的持续稳定的增长,不以牺牲以后的发展为代价换取现在的发展,既包括土地资源的永续利用,也包括房地产业的稳定协调发展,还包括房地产市场完善与人居环境改善等。

### 1.4.1 房地产业可持续发展的主要内容

房地产业的可持续发展主要表现为以下几个方面:

1) 土地资源利用与可持续发展

人类对大自然进行改造使其为我们所用,我们应以不破坏生态平衡为前提。土地是一个生态系统,对土地资源利用同样应本着不破坏生态平衡为基础,为此,要科学决策,充分利用先进的科学技术和方法,采取合适的手段和技术利用土地,达到土地的永续利用。

2) 房地产开发与可持续发展

站在可持续发展的角度,房地产开发是通过改变原有的土地利用形式,对土地和环境进行合理的调整和配置。由于城市生态环境为城市提供生存空间、活动空间、物质条件,决定并影响着城市房地产开发的规模、速度和效益,所以,在利用土地时,要考虑其与生态环境之间的关系,促进经济效益、环境效益和社会效益的和谐统一。

3) 人居问题与可持续发展

人居即人类的住区,人类住区的可持续发展有着广泛的含义,涉及经济和社会生活的各个方面。从解决人类居住问题的角度看,城市化和城乡协调发展是非常重要的。城市化是一个国家实现现代化的必经环节,是社会进步的标志之一。加强对城市的宏观调控,制定合理的城市化发展战略,对城市化进程的健康和稳定有重要的作用。

4) 房地产市场与可持续发展

房地产市场的可持续发展,必须确立正确的市场发展目标,把握正确的发展形势,遵循正确的发展原则。为了实现这一目标,应确立可持续发展的生产观、消费观和政策观,努力改变传统的市场模式,使之朝着保证社会经济主体基本利益实现、维持人类行为和自然环境协调的可持续的市场模式发展,只有这样,才能充分发挥价格机制对资源配置的调节作用,才能在社会进步、经济发展、环境保护中,最终实现房地产市场的可持续发展。

## 1.4.2 房地产业可持续发展遵循的原则

1) 坚持资源集约利用原则

土地是房地产业的基础载体,房地产业发展空间的大小往往取决于可利用土地资源的数量。由于土地资源的稀缺性,决定了房地产开发必须考虑土地资源的集约利用。我国城市建设用地中,工业及仓储用地大概占34%,生活居住地占45%;而在房地产业比较发达的国家如日本,城市建设用地中,工业地只占10%,生活居住地占75%;伦敦的城市建设用地中工业占2.7%,生活居住地占75%以上。可见对土地资源的集约利用,我国工业用地的调整空间是非常大的。因此,加强对居住地的利用程度和对旧城的改造,可以有效地缓解我国土地资源短缺的矛盾。

2) 坚持提高经济效益原则

在国民经济中,房地产业是一个先导性、基础性、并具有支柱产业特征的行业,是国民经济的重要组成部分。它的发展不仅能推动现代化城市的开发和建设,而且能促进和带动国民经济相关产业的兴起和发展。因此,房地产业也要以提高经济效益为原则。

3) 坚持生态环境保护原则

房地产综合开发是根据城市的规划和设计,通过对城市土地的合理利用和生态环境保护,构建了交通便捷,购物方便,空气、用水洁净,整个环境整洁、舒适等适合现代社会的绿色家园,从而达到构建生态城市的最终目标。

4) 坚持公平原则

由于房地产业地理位置的固定性和环境的制约性等自然特点,决定了房地产业开发不仅对当代人而且对后代人产生影响。因此,房地产开发必须尊重自然、爱护自然,在合理开发、永续利用基础之上,实现资源的公平配置。

### 1.4.3 房地产业可持续发展的措施

1) 合理利用土地资源,杜绝土地的浪费

土地是房地产的承载体,也成为其发展的制约因素,土地的稀缺性决定了房地产的有限性。在我国人多地少的特殊情况下,更要合理利用资源,使土地达到它的最佳利用程度,杜绝土地资源的浪费。要保护耕地;调整存量,盘活利用不合理的土地;土地开发利用要遵循法律规范,符合城市规划的要求,禁止非法操作。

2) 规范和引导房地产市场的有序竞争行为

要提高企业的整体素质,转变企业的开发经营理念,以人为本,以增强企业参与社会竞争的能力。在房地产开发的过程中,要根据企业的实力和市场地位进行准确的项目定位,创造出自身特色的房地产商品,切忌盲目追随,更要防止一哄而起的投资行为。

3) 房地产业要做到与时俱进,不断创新

以新理念、新思路开发新产品,以满足人们对房地产产品越来越高的要求。在产品开发上,要做到在质和量上都要有创意,努力开发出绿色、安全、智能化的建筑。

4) 建立房地产业的预警系统

为防止房地产业过热、过冷给国民经济带来的不可弥补的损失,西方国家预警体系的建立一般由政府与研究机构共同完成,政府负责收集并发布信息,各个研究机构作出各自的预测。预先设定一个警戒线或警戒指标,当房地产的发展发生偏离时,系统判断房地产的偏离是否触到警戒线,如果有的话会发出危险警示信号,提示管理者作出相应的措施,使房地产发展回到正轨。

目前,我国房地产业正在致力于这方面的研究工作,在通过对房地产市场进行科学分析、合理预测的基础上,根据房地产业与国民经济的关系,逐步建立房地产市场预警体系,促使房地产业健康稳步的发展。

5）加强房地产中介服务机构的管理，实现房地产服务专业化

建立房地产中介机构时，必须具备法定的条件，向工商行政管理部门申请登记，领取营业执照。房地产价格评估人员必须具备从事房地产价格评估的相关专业知识，具备良好的素质，通过资质认证。重视企业的人才培养，未来企业的竞争说到底就是人才的竞争，要加强职业道德建设。

### 1.4.4 保障性住房建设与管理

1）保障性住房的概念

保障性住房是我国城镇住宅建设中较具特殊性的一种住宅类型，它通常是指根据国家政策以及法律法规的规定，由政府统一规划、统筹，提供给特定的人群使用，并且对该类住房的建造标准和销售价格或租金标准给予限定，起社会保障作用的住房。保障性住房制度也就是在社会保障性住房建设、分配、流通等具体实践中形成的制度。目前，保障性住房包括各类安置房、经济适用住房、廉租住房以及一些具有保障性质的限价商品房和租赁房。其中，经济适用住房与廉租住房是当前我国城镇保障性住房中最主要、最普遍的形式。

2）保障性住房的分类

保障性住房形式包括两限商品住房、经济适用房、廉租房、政策性租赁房，其中经济适用房和廉租房是保障性住房两种主要的形式。

（1）两限商品住房

两限商品住房，是指政府采取招标、拍卖、挂牌方式出让商品住房用地时，提出限制销售价格、限制住房套型面积、限制销售对象等要求，由开发企业通过公开竞争取得土地，并严格执行限制性要求开发建设和定向销售的普通商品住房。简而言之，限价房是一种限房价、限套型面积、限销售对象的政策性商品房，是当前高房价下，为满足中等收入家庭购房需求，政府出台的一项带有福利性的行政措施，其购买对象在户口、收入、资产方面都有严格的限定。

（2）经济适用房

经济适用住房是指政府提供优惠政策，限定建设标准、供应对象和销售价格，向低收入住房困难家庭出售的具有保障性质的政策性住房。经济适用住房具有经济性和适用性两个方面的性质。经济性是指住房价格相对市场价格而言是适中的，能够适应中、低收入家庭的承受能力，适应性是指在住房设计及其建筑标准上强调住房的使用效果，而不是降低建筑标准。经济适用住房主要是通过政府的财政补贴来提高购买者的支付能力，从而达到解决中低收入家庭的住房问题。

（3）廉租房

廉租房只租不售，是指政府以租金补贴或实物配租的方式，向符合城镇居民最

低生活保障标准且住房困难的家庭提供社会保障性质的住房。货币补贴是指县级以上地方人民政府向申请廉租住房保障的城市低收入住房困难家庭发放租赁住房补贴，由其自行承租住房。实物配租是指县级以上地方人民政府向申请廉租住房保障的城市低收入住房困难家庭提供住房，并按照规定标准收取租金。

（4）政策性租赁房

指通过政府或政府委托的机构，按照市场租价向中低收入的住房困难家庭提供可租赁的住房，同时，政府对承租家庭按月支付相应标准的租房补贴。其目的是解决家庭收入高于享受廉租房标准而又无力购买经济适用房的低收入家庭的住房困难。

3）我国保障性住房发展存在的问题

我国城镇保障性住房的发展是顺应社会主义市场经济体制改革的总体要求的，但由于我国保障性住房问题的提出时间相对较短，实践不足，已有的一些住房保障制度存在着一些缺陷和问题，保障性住房实际建设实施过程中也出现了一些问题。

（1）保障性住房的法律法规不完善

我国保障性住房的发展时间相对较短，还没有建立一套完整的住房保障法律体系，目前各地执行的法律依据是国务院、建设部和各省、市、自治区等政府部门颁布的有关经济适用房、廉租房等方面的行政法规，这与全社会都来关心中低收入家庭的住房问题的目标是不相适应的。立法滞后，不仅会使住房体制改革难以为继，而且最终会影响房地产业的发展。

（2）政策制定方面的缺陷

建立保障性住房多元供应体系的初衷无疑是好的，但其中也存在一定的缺陷。作为目前保障性住房两种主要形式的经济适用房和廉租房，并未能惠及全体困难人群。各城市对经济适用房和廉租房的申购、申请资格虽有明确的规定，但面向中低收入、低收入两大人群提供的经济适用房和廉租房的申购、申请资格并不对称。每个城市都有不少家庭游离于经济适用房和廉租房的申请资格之外，无法享受到其中的任何一项保障。例如，大学毕业后扎根于各大城市的异地学生的收入水平并不是很低，但他们尚无实力购买商品房，而由这些人所组成的家庭因既不符合廉租房的申请资格，又未具有购买经济适用房的能力，因而被排斥在住房保障范畴之外。除大学毕业生群体外，大城市中还有大量的"外来人群"也面临着同样的尴尬。如此看来，目前的住房保障制度本身就存在缺陷，其覆盖范围存在一定的"盲区"。

（3）保障性住房建设资金不足

当前保障性住房的建设方式基本都采取由政府直接投资建房的住房保障模式，地方政府的财政压力较大。保障性住房因供地方式改变还造成了地方政府财政收益的大幅降低，再加上租金补助、物业管理费补助等，都将大大增加地方政府的财政负担。住房保障模式只有在财政支付能力可承受范围之内实施,统筹安排专项建设资金,才能保证住房保障体制长期稳定地持续运行。

(4) 保障性住房的进入退出机制不完善

当前保障性住房申购的监督存在问题,申购资格的门槛偏低,申购人群过于庞大,审批环节缺少足够的公正性。我国尚未建立起完善的个人信用制度,对收入的统计亦无严格的标准,因而无法准确界定补助对象,不但将一些符合条件的家庭排斥在外,反而还产生了不少"寻租"现象,甚至出现了高价倒卖房号和开着豪华轿车入住保障性住房的情况。此外,保障性住房退出机制也存在缺失,部分困难家庭在摆脱了困境后仍能享受保障性福利,经济适用房出售后很难收回,而廉租房方面则对受补贴家庭的收入情况无法进行跟踪审核。

4) 保障性住房政策的国际经验

(1) 德国

德国对低收入家庭提供住房保障政策主要有两种:公共福利住房政策、房租补贴政策。

公共福利住房是指由政府规定房租标准,以满足低收入家庭租住的福利性住房。公共福利住房的建造有两种情况:一种是运用各级政府的住房建设基金建造的公共福利住房。第二种是房屋投资商或私人在自有资金达到项目投资的15%以上时,向政府申请免息或低息(利率仅0.5%)贷款,建设的公共福利住房。公共福利住房租金标准由政府核定,一般为市场平均租金的50%~60%。

房租补贴是目前德国对低收入家庭住房保障的另一主要方式。德国拥有自有产权住房的比例不到20%,80%以上的家庭租房居住。为保证每个家庭都能够有足够的房租支付能力,政府根据家庭人口、收入及房租支出情况给予居民以适当补贴。住宅补贴法规定,居民实际交纳租金与可以承受租金的差额,由政府负担,其中居民可以承受的租金一般按照家庭收入的25%确定。房租补贴的资金由联邦政府和州政府各承担50%。

(2) 美国

美国低收入家庭住房保障政策主要包括:政府参与建造一定的保障性住房、住房补贴和减免税收、发达的金融市场手段。

美国政府直接给低收入家庭提供廉价住房。美国1965年设立了住房和城市发展部,重点用于向低收入家庭提供住房补贴和直接资助建设廉价房,2005年的预算达到313亿美元。

采用住房补贴和减免税收的方式。美国补助的方式主要有两种:一种是直接对未达到所在地区家庭平均收入80%者提供低租金的公共住房,可以申请住房补助。另一种是向低收入家庭发放住房券,租金超过家庭总收入的25%的部分用住房券来补充。美国政府为了鼓励中低收入阶层购买自用住房,还采取了税收减免政策。

联邦政府利用金融手段提高低收入家庭的购房能力,是美国住房保障政策的重要内容。一是美国政府给低收入家庭提供的住房贷款保险,降低了低收入家庭购房首付款;二是住房抵押贷款一级市场和二级市场为住房需求者提供信贷;三是住房抵押贷款的证券化帮助商业银行迅速回收资金,加快资金周转。

(3) 新加坡

新加坡低收入家庭住房保障的政策包括:独立的住房保障机构、补贴政策、严格的申请和审查制度。

独立的住房保障机构。1955 年新加坡政府建立中央公积金制度,同年 7 月成立了中央公积金局。1960 年,新加坡成立了建屋发展局(HDB)。中央公积金以低于市场利率 2 个百分点的优惠利率提供抵押贷款,贷款额度可达到住房价格的 80%~90%。建屋发展局,是新加坡唯一的公共组屋建设和管理机构。组屋建设的经费来源包括:政府津贴、政府贷款、中央公积金储蓄、中期债券等。

新加坡政府以各种形式向中低收入者提供大量的住房补贴,从而使组屋价格保持在一般人能够承受的范围内。首先,对购买不同住房面积的家庭给予不同程度的优惠,最大优惠达到半价。其次,实在无力购房的政府还允许租用组屋,待有能力买房时再购买,购买时另有优惠政策。第三,为提倡节约和缓解社会住房压力,新加坡政府规定在住房翻新时,给予的津贴与居住面积的大小成反比。

为防止有人利用组屋进行投机活动,新加坡政府制定了细致、周全的法律法规,对居民购买组屋等行为进行严格的监控。根据新加坡政府的规定:一旦发现购买组屋者提供了虚假的申请材料,当事人将面临罚款甚至监禁。对于已购买了其他公寓和独立洋房的人,是不允许购买组屋的。

5) 完善我国保障性住房建设的措施

(1) 建立健全保障性住房组织管理机构

为确保住房保障发展目标的实现,建立专门的保障性住房管理机构是国际通行的做法。根据国际经验,其他国家公共住房的管理机构,主要包括决策协调机构、实施和管理机构、中介金融机构。其中决策协调机构主要负责制定住房政策和长期发展计划,运筹和协调物资、资金、劳动力分配等,政府决策机构一般不直接参与住房建设,而是设立住房执行机构来实施公共住房计划。与其他国家的公共住房管理机构相比较,我国目前还没有建立专门的保障性住房管理和实施机构,经济适用住房和廉租住房等保障性住房的分配和管理由不同的管理部门代管,管理力度十分有限,无法满足保障性住房建设和管理的需要。为满足保障性住房的建设要求、提高保障性住房的管理效率,应尽快建立独立的保障性住房建设和管理机构,代表政府行使管理职能并负责日常工作,以消除多头管理、职责不分的现象,将保障性住房的建设、分配和管理纳入规范化、制度化的轨道。而中介金融机构则主要面向中低收入阶层的住房融资业务,我国的住房公积金管理中心就属于这一类型。

(2) 完善保障性住房的进入退出机制

保障性住房作为一项基本的社会保障制度,必须完善其进入退出机制,以维护社会保障的公正性,并使涉及政府公共财政的资金运作置于社会监督之下。建立严格的准入条件,主要包括家庭收入水平以及现有住房条件,建立保障性住房的申报、审核、公示制度。城市中等偏低及最低收入家庭的构成是不断变化的,政府应根据收入水平的变化,调整中等偏低及最低收入家庭的标准,并定期向社会公布,接受全社会的监督。另一方面,建立复审制度,每隔三年或稍长时间对原保障对象进行重新认定,只有符合条件的方可继续享受住房保障政策。保障性住房属于政府福利资源,而其退出机制的不完善,使一套保障性住房只能保障一户,一次获得、永久享用,容易造成福利固化。为提高政府保障资源的使用效率,以及最大限度地满足中低收入家庭住房需求,应建立保障性住房退出机制。对于当前的廉租房退出机制就可以采用梯度租金补偿的方式进行控制,即根据租户的租赁时间和收入水平的变化进行动态租金补偿,从而达到分阶段逐步退出的目标。

(3) 吸引民间资本进行保障性住房的建设

资金是整个保障性住房发展的基础,拓宽保障性住房的资金来源是当前保障性住房建设的最重要任务。国外利用民间资本进行大型公共项目的建设已经取得了很大的成功,近年来,一些 BOT/PPP/PFI 项目也逐渐在我国的一些大型的基础设施项目中兴起。保障性住房的发展可以引入这些项目融资模式,引导民间资本进入住房保障领域,有效地解决当前我国保障性住房事业发展的瓶颈,增强我国保障性住房事业自身的"造血功能",使得我国保障性住房事业可持续发展。

(4) 完善配套的法律法规

我国住房保障制度起步较晚,加之我国立法行动经常落在经济发展的后面,处于一种被动状态,因此,出台的一些法规、规章、规范性文件很多是经济体制改革中出现问题时的应急产物,往往存在权威性不够、相互衔接不好、执行效果差等问题。根据发达国家住房保障制度建立和发展的历史,国外的保障性住房政策基本都是以法律形式出现的,各国政府都制定了大量的住房法律法规以规范住房市场的运行,约束各个主体的行为,保证住房政策的执行,他们的保障性住房体系的建立也得益于法律的强力保障。保障性住房涉及的内容很广,它的发展也需要相关法律法规的支持。保障性住房的立法工作应当考虑到保障性住房的建设分配、买卖、租赁、信贷、抵押、保险,以及管理服务等各个相关方面,使其每一项住房保障策略的实施都有强大的立法保障与其配套,以使住房保障政策能得到统一有力的实施。

6) 保障房计划将成为新的内需增长点

保障房建设看似政府财政的沉重负担,但如果计划合理、措施得当,将成为内需增长的新引擎,并使国民经济从保障性住房计划中获取多重益处。其积极作用主要可体现在如下几个方面:

(1) 促进经济发展

随着发达经济体的需求持续减少,世界越来越寄希望于蓬勃发展的中国经济能够使发达经济体乃至全球经济摆脱目前的困境。上述理论基于这样一个前提,即主要依靠出口推动经济发展的中国能够成功地创造出可持续的内需推动型经济增长。然而,国内消费目前仍相对疲软。尽管如此,鉴于我国对城市化进程的大力推动以及在未来几年里的经济转型,我国的国内经济一定存在上升的空间。

就目前而言,保持内需持续增长的一个方法就是着手启动大规模的保障性住房计划。这项投资将导致对建筑材料、家居装饰以及相关产品和服务的需求激增,随之而来的乘数效应将带动国内经济的其余部门增长。由于我国拥有巨额外汇储备,而城市化目标要实现全国75%的人口城市化。因此,保障房建设推动国内经济增长至少持续10~20年。

除了创造由内需推动的经济增长,保障性住房计划还为决策者提供了一个平衡经济周期、管理宏观经济的有力财政手段,而目前主要是通过货币手段(公开市场操作、利率和准备金率)来实现的。

(2) 抑制房价上涨

保障性住房计划还会对宏观经济的另一个方面产生持续的影响,即抑制房价上涨。

我国飞速的城市化进程对保障性住房的需求实际上是无穷无尽的,年轻的城市居民要组建新的家庭,而农民工持续涌入城市。目前的情况是,绝大部分中低收入者被剥夺了拥有住房的机会,而少数有钱人购买多套高档住宅,并且空置不住。依照电表的读数估计,我国城市中这种空置住宅大约为6 450万套。

更为重要的是,失去控制的私人住宅市场令社会两极分化,富人通过投资房地产而越来越富,穷人则越来越穷。在缺乏政府干预的情况下,利润在私营开发商、投机者和地方腐败官员手中不断累积。

保障性住房计划不仅能够创造出由内需推动的经济增长,还有利于财富的再次分配,使中低收入人口能够以较低的价格获得住房,把更多的钱用于其他消费。在全国各地建成大量保障性住房之前,任何抑制房价、重新分配收入和推动内需的政策措施很可能都只会起到暂时且有限的效果。

(3) 加速国民经济转型

保障性住房的开发能够为决策者带来调整人民币汇率、加速经济转型的机遇。如果因人民币升值而失去工作的劳动者能够在保障性住房部门实现再就业,那么政府对社会动荡的担忧便可以得到缓解。随着时间的推移，此举还为人民币升值提供了更多空间，从而有助于加快结构改革。

迟来的经济转型将提高全民的工资，加上人民币升值所带来的购买力，从而将进一步拉动国内消费，并大幅改善居民的生活水平。

简而言之，在未来几年里推出成功的保障性住房计划将有助于决策者刺激国内消费和实现内需型经济可持续良性循环的目标。这种由内需推动的经济增长在未来几年必将获得推动力。届时，期待中国挽救世界经济的理论将受到真正的考验。

## 复习思考题

1. 房地产投资利与弊主要有哪些？
2. 房地产业与建筑业的联系与区别有哪些？
3. 房地产业与国民经济的关系如何？
4. 从美国的次贷危机中我们能吸取哪些教训？
5. 保障房建设的重要意义有哪些？如何构建我国可持续的保障房建设体系？

# 2 房地产开发过程与管理

**本章概要**

本章着重于对房地产项目开发基本概念、开发程序的阐述,介绍房地产开发企业的设置条件和资质要求,并对房地产项目开发过程进行分析、评价,使读者了解开发商是如何认识和把握开发项目的。此外,本章还介绍了房地产开发过程中的主要参与者,构建各参与者之间的合理关系,并从政府角度分析我国的房地产宏观调控。

## 2.1 房地产开发企业

### 2.1.1 对房地产开发企业的认识

房地产开发分为土地开发和房产开发两个连续过程。土地开发是指对土地进行地面平整、建筑物拆除、地下管线铺设和道路、基础设施建设等,使土地满足建设房屋的条件。房产开发,即房屋开发,是指城市各种房屋的开发建设,它包括房屋建设的分析策划、规划设计、施工建设、配套完善、交付使用等的全过程。大规模的房地产开发往往采取综合开发方式来实施。对于城市建设中的新区开发,国内外成熟的经验一般大都采取分两步走的方式,即第一步,由政府投资进行大规模的土地开发,将生地变成熟地,然后根据城市规划的要求进行区域详细规划和城市设计;第二步,将规划好的土地分块出让给开发商,由开发商逐个地开发,逐步完成新区建设。

房地产开发企业是指以房地产开发为前提,从事土地开发、房屋开发等不同形式的经济活动,在实现社会效益的同时获取利润、进行自主经营、独立经济核算,并具有法人资格的经济实体。

### 2.1.2 房地产开发企业的特征

房地产开发企业的特征主要体现在以下几个方面:
1) 是以土地开发和房屋建设为经营范围的生产经营型企业

房地产开发企业是以土地开发和房屋建设为经营范围的生产经营型企业。获取土地资源是其从事生产经营性活动的基础性资源和核心生产资料;取得项目开发权是企业从事开发经营活动的法律制度保障;房屋建设是其经营过程的重要组成部分和产出形式。但是,房地产开发企业的主要任务并不是直接建造房屋,而是进行整个开发过程中的资源重组和资本运作。随着房地产市场化进程的加速,房地产企业的经营性功能日渐突出,开发过程中的诸多环节已经逐渐专业化、市场化,房地产业中的一些基本职能,如市场调研、营销策划、房屋拆迁、规划设计、施工建设、销售实施、物业管理等可以委托专业公司代理,房地产开发公司的主要职能表现在对内部资源与市场资源的重组过程。

2) 是典型的资金、技术、人才密集型企业

房地产开发企业是典型的资金、技术、人才密集型企业。由于房地产开发需要巨额资金投入,运转周期长,因此,资金规模和资金运作水平是企业形成核心竞争力的重要因素,也是房地产开发企业决定项目规模、开发模式、风险承担和土地储备的重要约束性条件。房地产项目开发是一个多种技术与知识的整合过程,包括市场研究、资金运作、规划设计、项目管理、建筑施工、网络技术、销售与客户管理等各环节,因此需要各类专业人才协同运作,才能对资源进行最佳组合,有效规避投资风险,赢得市场利益。

3) 是受政府和社会严格监管的企业

房地产开发企业在企业运作过程中,政府作为土地所有者、城市的管理者、市场的监管人、技术规范的制定者实施对房地产业的宏观调控和微观管制。因此,政府对房地产业的干预的力度强、环节多。房地产业的政策性极强,只有在法律、规范、制度框架内才能正常运作,整体发展。由于居住质量是关系人民安居乐业的重要因素。所以,房地产业关系到社会稳定、百姓安居、社会公正、社会保障等诸多因素的问题,规范运作尤为重要。

4) 是对运作能力要求高的企业

房地产开发企业生产及经营的产需链条长,环节众多,对开发企业的整体运作水平和资源整合能力要求高。企业必须在企业发展战略、管理创新、土地资源、资本运作、市场把握、质量控制、产品设计、产品创新等方面形成企业核心竞争力,才能最终实现企业的目标。

## 2.1.3 房地产开发企业的种类

1) 按经营管理的对象不同分类

(1) 专门从事土地和城市基础设施开发的企业

这类企业从政府或政府主管部门的手中,通过出让或划拨的形式取得土地使用权,然后对土地进行开发,并完成城市基础设施的建设。通过出让的形式取得的土地,经过土地初级开发,可以将开发好的土地转让给其他使用单位。

(2) 专门从事地上建筑物和构筑物建设的房地产开发企业

这类企业主要是从土地二级市场上取得土地使用权,然后建设各类房屋和各

种建筑物,最后将建成的建筑物或构筑物出售或出租。

(3) 对房产和地产进行综合开发的房地产开发企业

这是把土地和房屋作为统一的开发对象进行综合开发建设的房地产企业。这类企业对土地征用、房屋拆迁等一般是独立完成的;对土地上的建筑物或构筑物的开发建设一般采用发包的形式,由其他建筑公司来完成;开发建设成的房屋和其他建筑物,由开发企业在房地产市场上以自售或委托代理销售的形式出售或出租。

2) 按照资金来源不同分类

(1) 涉外房地产开发企业

包括中外合资、中外合作和外商独资房地产开发企业。一般从事涉外房地产开发经营活动,建设标准比较高的各类商品房屋或公寓,主要销售给外资企业、华侨、外商等。近些年来,不少涉外房地产开发企业已经涉足普通住宅的开发建设。

(2) 内资房地产开发企业

这类房地产开发企业的资本来源于国内,主要有国有公司和民营公司两大类。在当前房地产市场上,内资房地产开发企业占绝对主导地位。但随着经济的发展,将会有更多的外资企业进入中国的房地产市场,市场构成格局将会发生变化。

3) 按企业所有制性质不同分类

(1) 公有制的房地产开发企业

它主要是由全民所有制经济和集体所有制经济的房地产开发经营企业组成的。这类开发经营企业是当前房地产市场上的主力军。从历史上看,中国的城市和房地产开发建设主要是由这类企业进行的,但随着房地产市场的发展,多元投资体制的确立,国有资本在房地产市场上的份额将逐渐缩小,并主要集中在大型国有房地产开发企业或企业集团,发挥其对产业的战略作用。

(2) 非公有制的房地产开发企业

主要包括民营房地产企业和涉外房地产企业。从当前市场发展格局来看,民营房地产企业由于经营机制灵活,资金来源渠道较多,紧跟市场形势,市场份额和影响力逐渐增大,成为房地产市场上的生力军。涉外房地产企业主要包括外商独资、中外合资和中外合作房地产开发企业。随着我国房地产市场的快速发展,它们在市场中的构成比例也在逐年增加,成为市场中重要组成部分。

4) 按照政府审批性质不同分类

(1) 房地产开发专业公司

指长期专业从事房地产开发的企业,一般资金技术实力雄厚,具有较高的资质等级和综合开发能力。

(2) 房地产开发项目公司

指从事单项房地产开发经营的企业,一般在开发项目立项的时候申请成立,在项目开发经营完成后解散。项目公司一般由两方或多方组成,其中一方必须具有房地产开发权。

5) 按经营运作方式不同分类

（1）独立运作的房地产公司

指具有独立法人资格的房地产企业,生产、经营、销售等活动均由该企业自己完成。

（2）产业集团下属房地产专业公司

指大的产业集团为了实现多元化经营,在房地产业发展的吸引下,投资于房地产业,并成立专业的房地产公司,它属于产业集团,并具有经营开发权。这类房地产公司一般资金实力雄厚,实现企业真正的专业化是其应主要考虑的问题。

（3）合作形式的房地产公司

指拥有资金、土地、专业技术（人士）的各方在特定的条件下合作组建的临时性房地产项目公司。该公司是以项目的存在为基础,具有较强的目的性。

## 2.1.4 房地产开发企业的设立

1998年7月20日国务院常务会议通过了《城市房地产开发经营管理条例》。其中房地产开发企业设立的基本要求有：

1) 设立条件

设立房地产开发企业,除应当符合有关法律、行政法规规定的企业设立条件外,还应当具备下列条件：

（1）注册资本

不少于100万元的注册资本。

（2）技术人员

有4名以上持有资格证书的房地产专业、建筑工程专业的专职技术人员,2名以上持有资格证书的专职会计人员。省、自治区、直辖市人民政府可以根据当地的实际情况,对设立房地产开发企业的注册资本和专业技术人员的条件作出高于前款的规定。

2) 外商投资企业

外商投资设立房地产开发企业的,除应当符合上述的规定外,还应当依照外商投资企业法律、行政法规的规定,办理有关审批手续。

3) 工商登记

设立房地产开发企业,应当向县级以上人民政府工商行政管理部门申请登记。工商行政管理部门对符合条例规定条件的予以登记。

工商行政管理部门在对设立房地产开发企业申请登记进行审查时,还需听取同级房地产开发主管部门的意见。

4) 登记备案

房地产开发企业取得营业执照之后,还需持下列文件到登记机关所在地的房地产开发主管部门备案:

① 营业执照复印件。
② 企业章程。
③ 验资证明。
④ 企业法定代表人的身份证明。
⑤ 专业技术人员的资格证书和聘用合同。

## 2.1.5 房地产开发企业的资质

建设部2000年3月29日发布了《房地产开发企业资质管理规定》,房地产开发企业按照企业条件分为四个资质等级。

各资质等级企业的条件如下:

1) 一级资质

(1) 注册资本不低于5 000万元。

(2) 从事房地产开发经营5年以上。

(3) 近3年房屋建筑面积累计竣工30万 $m^2$ 以上,或者累计完成与此相当的房地产开发投资额。

(4) 连续5年建筑工程质量合格率达100%。

(5) 上一年房屋建筑施工面积15万 $m^2$ 以上,或者完成与此相当的房地产开发投资额。

(6) 有职称的建筑、结构、财务、房地产及有关经济类的专业管理人员不少于40人,其中具有中级以上职称的管理人员不少于20人,持有资格证书的专职会计人员不少于4人。

(7) 工程技术、财务、统计等业务负责人具有相应专业中级以上职称。

(8) 具有完善的质量保证体系,商品住宅销售中实行了《住宅质量保证书》和《住宅使用说明书》制度。

(9) 未发生过重大工程质量事故。

2) 二级资质

(1) 注册资本不低于2 000万元。

(2) 从事房地产开发经营3年以上。

(3) 近3年房屋建筑面积累计竣工15万 $m^2$ 以上,或者累计完成与此相当的房地产开发投资额。

(4) 连续3年建筑工程质量合格率达100%。

(5) 上一年房屋建筑施工面积10万 $m^2$ 以上,或者完成与此相当的房地产开发投资额。

(6) 有职称的建筑、结构、财务、房地产及有关经济类的专业管理人员不少于20人,其中具有中级以上职称的管理人员不少于10人,持有资格证书的专职会计人员不少于3人。

(7) 工程技术、财务、统计等业务负责人具有相应专业中级以上职称。

(8) 具有完善的质量保证体系,商品住宅销售中实行了《住宅质量保证书》和《住宅使用说明书》制度。

(9) 未发生过重大工程质量事故。

3) 三级资质

(1) 注册资本不低于800万元。

(2) 从事房地产开发经营2年以上。

(3) 房屋建筑面积累计竣工5万 $m^2$ 以上,或者累计完成与此相当的房地产开发投资额。

(4) 连续2年建筑工程质量合格率达100%。

(5) 有职称的建筑、结构、财务、房地产及有关经济类的专业管理人员不少于10人,其中具有中级以上职称的管理人员不少于5人,持有资格证书的专职会计人员不少于2人。

(6) 工程技术、财务等业务负责人具有相应专业中级以上职称,统计等其他业务负责人具有相应专业初级以上职称。

(7) 具有完善的质量保证体系,商品住宅销售中实行了《住宅质量保证书》和《住宅使用说明书》制度。

(8) 未发生过重大工程质量事故。

4) 四级资质

(1) 注册资本不低于100万元。

(2) 从事房地产开发经营1年以上。

(3) 已竣工的建筑工程质量合格率达100%。

(4) 有职称的建筑、结构、财务、房地产及有关经济类的专业管理人员不少于5人,持有资格证书的专职会计人员不少于2人。

(5) 工程技术负责人具有相应专业中级以上职称,财务负责人具有相应专业初级以上职称,配有专业统计人员。

(6) 商品住宅销售中实行了《住宅质量保证书》和《住宅使用说明书》制度。

(7) 未发生过重大工程质量事故。

5) 经营范围

(1) 一级资质

一级资质的房地产开发企业承担房地产项目的建设规模不受限制,可以在全国范围承揽房地产开发项目。

（2）二级及二级以下资质

二级资质及二级资质以下的房地产开发企业可以承担建筑面积 25 万 $m^2$ 以下的开发建设项目，承担业务的具体范围由省、自治区、直辖市人民政府建设行政主管部门确定。各资质等级企业应当在规定的业务范围内从事房地产开发经营业务，不得越级承担任务。

6）申请资质需提交的文件

申请核定资质等级的房地产开发企业，应当提交下列证明文件：

（1）企业资质等级申报表。

（2）房地产开发企业资质证书（正、副本）。

（3）企业资产负债表和验资报告。

（4）企业法定代表人和经济、技术、财务负责人的职称证书。

（5）已开发经营项目的有关证明材料。

（6）房地产开发项目手册及《住宅质量保证书》、《住宅使用说明书》执行情况报告；

（7）其他有关文件、证明。

房地产开发企业资质等级实行分级审批。一级资质由省、自治区、直辖市人民政府建设行政主管部门初审，报国务院建设行政主管部门审批（住房与城乡建设部）。二级资质及二级资质以下企业的审批办法由省、自治区、直辖市人民政府建设行政主管部门制定。经资质审查合格的企业，由资质审批部门发给相应等级的资质证书。

## 2.1.6 房地产开发企业部门分工

房地产开发经营企业与一般企业相比，有它自己许多特点，不能照搬其他企业机构设置的模式。应根据企业管理机构设置的一般规律，结合房地产开发经营企业的特点，按照经营管理的需要和自己的特殊情况，根据集中统一、高效、灵活、充分发挥各方面积极性的原则，确定建立企业的组织机构。

房地产开发企业为了完成自己的任务，必须建立相应的机构，配备必要的人员，以便开展工作。机构设置大小、人员多少，视任务大小而定，任务大的开发公司可以设二级公司（分公司），由总公司管理。一般按以下分工进行职能部门的组织设置，各司其职。

1）综合计划部门

房地产项目是一个复杂的综合系统，需要专门部门对实现开发目标的措施、方案、程序及人事、责任、资源等做出安排。综合计划部门的职责是就项目的形成、实施、运营等所有经济活动作出详尽计划。主要包括：制定长期开发计划、年度开发计划、土地征用和土地储备计划、市场调研计划、拆迁安置计划、工程进度和施工计划、设备材料订货计划、项目投资和成本控制计划、筹资和还款计划以及租售计划等。

2）前期开发部门

负责项目建议书的编制、报批工作；进行项目的投资估算和成本与收益的测算；项目建议书经计委审批后，进行可行性研究报告的编写和报批；负责办理土地征用和项目前期的各种手续，报批水、电、气、热等市政配套方案，协调与政府各职能部门的关系；控制并管理已征用的土地，拟定开发项目拆迁安置和补偿方案，负责动员并组织搬迁。

3）规划设计部门

负责开发项目整体设计的审定与管理工作，主要包括：准备办理建设项目规划审批的各种文件并承办规划设计的报批手续；选定设计单位并提出设计要求或提出项目设计的基本构想，与委托设计单位就规划、建筑、环境设计的相关技术问题进行磋商；组织审定项目总体规划方案与建筑、环境设计方案；组织专家对设计方案评审，解决规划设计在实施中出现的问题；审查单项工程的施工图，负责红线定桩、定位及地质勘察的配合工作。

4）工程技术部门

主要负责开发项目工程施工组织，审定设计方案，组织工程前期准备工作，组织工程建设招标发包，办理水、气、热、电灯等专业工程项目的报表，监督工程质量，控制项目进度，协调解决工程建设中的矛盾，组织工程验收等。

5）研究发展部门

主要包括市场和技术两方面的工作，市场方面的工作包括搜集市场信息、把握市场动态、寻找投资机会并提出相应的分析报告，积极探索宏观经济和行业发展动态，总结经营管理模式和市场营销模式的演变，把握区域发展的先机；另一方面进行新技术、新材料、新的建筑形式应用的研究，并搜集市场反馈，寻找产品创新的机会点。

6）财务预算部门

负责资金筹措和项目成本控制，编制财务计划，进行开发成本核算，编制工程预算及工程竣工决算。

7）材料设备部门

负责建材、设备的采购、管理和储备。

8）经营销售部门

参与项目前期的市场定位、市场调研、提供全面的客户信息和相关分析；全面负责房地产商品的销售管理与客户服务工作，建立营销方案的编制或审核；制定产品推广策略和广告实施计划，建立或选择相应的销售组织，进行销售成本控制，实施销售过程管理与控制。

9）其他行政部门

包括办公室、人力资源部门等，负责公司的日常行政事务工作。

房地产综合开发企业承担的是复杂的开发任务，如何建立一个既能发挥工作人员作用，又能保证工作效率的机构组织，是开发企业需要认真研究的问题。开发企业的机构组织应充分考虑到分工的合理性及责任的明确性，既要考虑到各部门业务上的独立性，又要考虑到部门与部门之间的相互协作。

## 2.2 房地产开发程序与评价

### 2.2.1 房地产开发模式

1) 城市建设方式

在城市发展过程中，房地产开发一直都扮演着极其重要、不可替代的角色。城市的建设发展主要有两种方式，一种是旧城改造，另一种是新城开发。

(1) 旧城改造

旧城改造往往是城市老城区不能满足城市发展需要，通过改造和再开发使老城区焕发新活力的过程。这类改造一般首先应考虑旧有房屋的拆迁、安置以及原有居民的补偿等问题。这对于房地产开发项目的成败具有决定性的影响。

旧城区往往地处城市中心，历来是商业、文化活动的聚集地，在居民生活中有一定影响，特别是那些具有民族传统色彩的地方。这些地区人口密集，人流量大，外来人员多来此购物。由于所处地理区位优越，这些地方适合作为商业、办公、旅游、娱乐餐饮等类型的开发项目用地。这些项目建成后出售或出租的价格水平较高，能够给投资经营者带来很大的级差效益。因而，好的获利前景吸引着众多的开发商。旧城区不断上涨的地价正显示着这一点。另外，旧城区有良好的基础设施，便于房地产开发项目的运营。

当然，开发商也应考虑旧城区项目开发可能碰到的不利因素。旧城区多为城市的常住居民，其对所居住的区域、环境产生了深厚的感情，对于被动的搬迁难以接受，这会导致在拆迁时遇到很多阻力。拆迁补偿是各城市拆迁中遇到的非常突出的问题。旧城区的拆迁房屋大多是危旧房，从自身价值来说是比较低的，但可居住性和地理区位会使居民难以接受按房子本身价值估价，所以拆迁的补偿应视具体情况而定。即使按市场价评估补偿，也常常会因为被拆迁户期望值与评估值间存有差异，使得拆迁补偿谈判变得复杂而艰难。

除了拆迁安置问题，开发商进行项目开发时必须遵从所在城市的发展规划。在旧城区，这种规划条件显得更为苛刻。规划部门考虑到城区开发应和周围地区的环境协调一致，或者为了保持传统建筑风格等原因，制定了建筑高度、容积率、土地用途以及功能分区等限制条件。有的地方甚至规定了建筑物的体量、立面形式和色彩。开发商只能在这些条件下进行项目的规划设计,尤其是规划条件中的建筑物高度和容积率限制,往往决定了项目是否可行。但通常情况,开发商希望能够在有限的用地面积内,尽量多建建筑面积,以降低单位建筑面积的土地费用。这与城市规划是矛盾的,旧城改造项目不可避免地出现这种矛盾。

(2) 新城开发

中国当前处于经济高速发展期,城市化也在不断提高,必然伴随着城市的不断扩容。有两种情况:

① 以住宅建设和相关配套设施为主。如 20 世纪 90 年代南京的龙江区域建设。

② 以建设新的商业、文化、体育中心为主。有的有取代旧城区的趋势,如郑州的郑东新区;有的是构建城市另一中心,如围绕着十运会建设的南京奥体新城。

对于前者,因为新城区位置远离闹市区,环境幽静舒适,空气清新洁净,四周宽敞空旷而适合建造高级住宅和公寓。在此基础上,开发商还可以在新建小区内建设配套商业物业。对于后者,由于其定位,则是应以商业建筑,写字楼等建设为主,配套相关文化、娱乐设施,最终形成城市新坐标。上海浦东新区的开发最为典型。

新城区征用的土地一般多为农业用地,往往居住人口相对较少,与旧城区开发相比,新城区的拆迁安置比较容易,拆迁安置补偿费要比旧城区低,受周围环境限制少。但是新城区开发也存在不利条件,新城区开发用地是不具备开发建设条件的生地,常常缺乏必需的水、气、电力、通讯、供热等配套市政设施。新城区没有现成的道路系统,也没有足够的绿化面积,这些项目的建设可能由政府完成,也可能经协商由开发商完成。

无论是旧城改造还是新城开发,都要通过加强政府在城市开发中的主导作用来协调、解决开发中存在的许多问题。在旧城改造过程中,政府可对需改造的区域进行整体规划,制定较为合理的拆迁、安置、补偿方案,化解矛盾,这是开发商很难做到的。在新城区建设中,政府则可以发挥更大的作用。通过城市发展的构想,为新城区选址、规划、设计,实现对于城市发展的愿望。

2) 房地产项目开发模式

无论是旧城改造还是新城开发,最终还是要归于房地产项目开发。房地产项目开发通常可以划分为三种具体的模式:

(1) 合作开发模式

"联合开发"和"项目公司"是我国房地产开发历程中曾有的一大特色,造成这种局面的直接原因是早期为数不少的建设项目用地是以协议出让方式取得,某些取得开发权的企业或个人因种种原因,不能在短时间内启动项目,致使开发周期大大延长,甚至使土地长期闲置。而随着房地产市场的持续升温,房地产业对资本的吸引也与日俱增,一些拥有资金、技术或管理优势的企业迫切希望获取土地资源,于是合作开发应运而生。

合作开发使一批搁置已久的项目进入开发流程,大大加快了项目开发进度,在一定程度上缓解了供应不足的矛盾,一些企业也在项目开发的过程中积累了经验和资金,得以迅速发展。

但是这种模式的先天缺陷也是显而易见的。合作开发的项目公司生命期与项目开发周期几乎相同,项目完工,公司的使命也结束了。因此,项目公司通常追求的是开发利润的最大化和快速实现,不可避免地会采取一些短平快的手法。再者,在市场销售形势持续向好的情况下,企业追求的是产品的快速消化和成本控制,对产品创新和品质的提升不会花费太多精力,也不可能去完成售后服务,走的是合作、建设、销售、结算的路子。此外,由于进入门槛较低,一些缺乏开发经验的企业和个人也挟资本实力强行进入,使项目的开发水准普遍不高,且盛行概念炒作,甚至出现裙楼和塔楼分属不同建设单位的情况,容易产生项目交付后的遗留问题,对整个市场发展来说,不是一种良性的发展方向。

(2) 小而全的多项目开发模式

一些有开发经验的企业或是因为取得项目的条件限制,或是基于完善自身的产品层次,希望多点出击,四面开花,扩大企业在不同客户层面的影响力,广泛地与其他企业合作,这就出现小而全的多项目开发模式。

这种开发模式可以在一段时间内增加企业的曝光率和知名度,形成不同的产品系列。但是除非企业有足够的人力资源、管理制度以及对不同类型产品的深入研究,否则很难在从普通住宅、高档住宅到别墅等不同类型产品上均取得市场认可,稍有闪失则可造成对企业整体印象的损害,而且产品交叉会使开发商不自觉地将不同产品概念混用,造成产品个性的方向性偏差。

从城市建设的意义上说,这种开发模式不仅无法实现企业资源的优化配置,而且容易造成城市建设功能的紊乱,使城市建设无法在城市规划部门的统一指导下进行,因为同样出于企业切身短期收益的需要,开发商不可能从长远的角度思考自己的开发行为。

(3) 精耕细作的开发模式

相对于前两种模式,成片住宅开发无疑更具吸引力,也更加符合城市经济发展对房地产开发和城市建设的客观要求。

成片开发的原则是总体规划,适度调整。成片开发可以有足够的空间和规模实现产品品质的最优化设计。对开发商而言,可以体现更完整的开发理念,使企业获得持久的发展动力和持续的品牌建设,更加具有责任感。对消费者而言,一个大规模的规划成型的小区,不确定因素较少,不会因为日后周围环境变化造成现有居住环境质量的改变或下降。对于行业发展,成片住宅开发客观上促进了精品住宅的形成。大盘住宅的出现,使精品楼盘成为市场的标杆,规模化、集约化效应可以实现成本优化,提高产品的性价比。

成片开发使城市容易形成多个各具特色、定位不同、环境景观各异而又在城市整体交通网络的连接下的有机统一体,使城市真正呈现无限生机。同时,这样的模式有利于政府部门规范房地产业,更重要的是能够集中利用有限而宝贵的土地资源,并根据可持续发展的原则科学地制定城市建设布局,使城市充分发挥自身的作用。

### 2.2.2 房地产项目开发程序

房地产开发活动的复杂化使得越来越多的专业人士开始与开发商共同工作,从而加速了房地产专业开发队伍的发展壮大。然而,不论开发活动多么复杂,都必须遵循房地产开发过程的基本步骤。

我们可以将任何一个房地产开发项目,系统地划分为五个顺序阶段,每一个阶段中都有其相应的工作内容。具体划分见表2-1。

表2-1 房地产开发项目阶段划分

| 开发阶段 | | 主要工作内容 | 阶段顺序关系 |
|---|---|---|---|
| Ⅰ | 投资机会选择与决策阶段 | ① 投资机会寻找<br>② 投资机会分析与筛选<br>③ 投资机会确定 | |
| Ⅱ | 前期工程阶段 | ① 土地获取<br>② 项目评价分析<br>③ 项目开发手续办理<br>④ 合作谈判签约 | |
| Ⅲ | 建设阶段 | ① 工程建设<br>② 工程管理与控制<br>③ 竣工验收与交付 | |
| Ⅳ | 租售阶段 | ① 市场营销<br>② 租赁与运营 | |
| Ⅴ | 物业、设施管理阶段 | ① 物业管理<br>② 设施管理 | |

1) 投资机会选择与投资决策分析阶段

投资机会与决策分析,是整个开发过程中最为重要的一个环节。所谓投资机会选择,主要包括投资机会寻找和筛选两个步骤。在机会寻找过程中,开发商往往根据自己对某地房地产市场供求关系的认识,寻找投资的可能性。开发商在众多投资机会中,根据自己的经验和投资能力,初步判断其可能性。在机会筛选过程中,开发商将其投资设想落实到一个具体的地块上,进一步分析其客观条件是否具备,通过与土地当前使用者或拥有者、潜在的租客或买家、自己的合作伙伴以及专业人士接触,提出一个初步的方案,如认为可行,就可以草签购买土地使用权或有关合作的意向书。

投资决策分析主要包括市场分析和项目财务评估两部分。市场分析主要分析市场的供求关系、竞争环境、目标市场及其可支付的价格水平;财务评估则是根据市场分析的结果,就项目的经营收入与费用进行比较分析。这项工作要在尚未签署任何协议前进行。从我国房地产开发企业的工作实践来看,对房地产开发项目进行财务评估的方法已比较成熟,但人们对至关重要的市场研究却很少予以充分的重视。应当注意到,市场研究对于选择投资方向、初步确定开发目标与方案、进行目标市场定位起着举足轻重的地位,它往往关系到一个项目的成败。

2) 前期工作阶段

通常情况下,前期工作被认为是从项目确定到办理完所有前期手续,具备项目开工条件。前期工作的内容主要包括以下几个方面:

(1) 分析拟开发项目用地的范围与特性,规划允许用途及获益能力的大小。

(2) 获取土地的使用权。

(3) 征地、拆迁、安置、补偿。

(4) 规划设计及建设方案的制订。

(5) 与城市规划管理部门协商,获得规划部门许可。

(6) 施工现场的水、电、路通和场地平整。

(7) 市政设施接驳的谈判与协议。

(8) 安排短期和长期信贷。

(9) 对拟建中的项目寻找预租售的客户。

(10) 对市场状况进行进一步的分析,初步确定目标市场、租金或售价水平。

(11) 对开发成本和可能的工程量进行更详细的估算。

(12) 对承包商的选择提出建议,也可与部分承包商进行初步洽商。

(13) 开发项目的保险事宜洽谈等。

应该说,房地产项目开发的前期工作远远不止这些。在该阶段,开发公司需要完成大量的具体工作,涉及政府部门、合作单位、客户、企业内部等,但这些工作可以归结为谈判和签约两大类。

前期工作对于开发项目来说是极其重要的。它不仅是要办理项目开发所必需的手续;同时是整合企业内部力量、梳理项目工作内容,为项目的高效实施做必要的准备;更重要的是,有智慧的前期工作,能够大大提高项目价值,增加项目效益,降低项目潜在的风险。

3) 建设阶段

建设阶段是将开发过程中所涉及的所有原材料聚集在一个空间和时间点上的

过程,即开发项目建筑工程的施工过程。项目建设阶段一开始,就意味着在选定的开发地点,以在特定时间段上分布的特定成本,来开发建设一栋或一组特定的建筑物。此时,对有些问题的处理,尤其对有些小项目而言,一旦签订了承包合同,就几乎不再有变动的机会了。开发商在此阶段的主要任务转为如何使建筑工程成本支出不突破预算;同时,开发商还要出面处理工程变更问题;解决施工中出现的争议,欠付工程进度款;确保工程按预先进度计划实施。

由于在建设阶段存在着追加成本或工期拖延的可能性,因此开发商必须密切注意项目建设过程的进展,定期视察现场,定期与派驻工地的监理工程师会晤,以了解整个建设过程的全貌。

4) 租售阶段

租售阶段亦即房屋销售、租赁经营阶段,也是企业真正实现开发收益的阶段。当项目建设完毕后,开发商除了要办理竣工验收和政府批准入住的手续外,往往要看预计的开发成本是否被突破,实际工期较计划工期是否有拖延。但开发商此时更为关注的是,在原先预测的期间内能否以预计的租金或价格水平为项目找到买家或使用者。在很多情况下,开发商为了分散投资风险、减轻借贷的压力,在项目建设前或建设过程中就通过预租或预售的形式落实了买家或使用者;但在有些情况下,开发商会在项目完工或接近完工时才开始进行市场营销工作。

对出租或出售方式而言,一般要根据市场状况、开发商对回收资金的迫切程度和开发项目的类型来选择。对于居住物业,通常以出售为主,而且多为按套出售;对写字楼、酒店、商业用房和工业用房尝试出租、出售并举,以出租为主。

虽然租售常常处于开发过程的最后阶段,但租售战略是可行性研究的一个重要组成部分。且市场营销人员一开始就作为开发队伍当中的一部分来进行工作,不管营销人员是开发商自己的职员还是在社会上聘请的物业代理。

如果建成的物业用于出租,开发商必须决定是永久出租还是出租一段时间后将其卖掉。因为这将涉及财务安排上的问题,开发商必须按有关贷款合约,在租售阶段全部还清项目贷款。如果开发商将建成的物业用于长期出租,则其就成为物业所有者或投资者,在这种情况下,开发商要进行有效的物业管理,才能保持物业对租客的吸引力、延长其经济寿命,进而达到理想的租金回报和使物业保值、增值的目的。出租物业作为开发商的固定资产,往往还要与其另外的投资或资产相联系,以使其价值或效用得到更充分的发挥。

5) 物业与设施管理阶段

对于一般商品来说,商品一旦进入消费过程,就完全是个人行为。房地产商品则不同,房地产商品的消费还伴随着房屋维修、管理和服务等过程。房屋维修、管理和服务,对于房地产业来说,就是物业管理。物业管理是房地产经济运行过程中的重要经营管理活动。随着房地产市场的发育和企业运作的专业化趋势,物业管理已经从房地产开发企业中分离出来,成为专业化管理公司。

物业和设施管理是房地产运行中不可或缺的组成部分。房地产的良性高效发展离不开物业管理,这主要表现在:

(1) 物业和设施管理是房地产开发经营的派生产物,它作为房地产市场的消费环节,是房地产综合开发的延续与完善。

(2) 物业和设施管理能使物业保值增值,能创造出良好的小区生活环境,有助于充分发挥房地产业的综合效益。

(3) 物业和设施管理为开发商树立良好的企业形象,增加了开发商产品的吸引力和竞争力。从某种角度上来说,物业和设施管理可以被看做是开发商的"售后服务"。

(4) 物业和设施管理的专业化、社会化与市场化有利于促进房地产经营管理体制改革的深化。

(5) 物业和设施管理有助于提高现代城市管理的专业化与社会化水平。

应该进一步指出的是,上述开发过程主要程序中的每一阶段都对其后续阶段产生重要的影响。例如,准备工作中的方案设计与建筑设计,既是投资机会选择与决策分析阶段影响的结果,对建筑过程中的施工难易、成本高低有影响,更对租售阶段使用者对建筑物功能的满足程度、物业日常维修管理费用的高低、物业经济寿命的长短等有举足轻重的影响。所以开发商在每一个阶段的决策与工作,都应具备系统性,通盘考虑,这是开发商成功与否的关键所在。

在市场不断发展的当今社会,单纯的物业管理已不能满足市场需求,设施管理随着市场不断成熟应运而生。相对于物业管理,设施管理表达了一种新的发展的观念,即对于大型建筑物及建筑群的管理,要求采用一种全面的、综合的成本观念和效益观念,从而达到设施寿命周期经营费用与使用效率的最优结合。其优越性主要体现在管理目的、管理层次、管理阶段、管理手段上。

## 2.2.3 房地产项目开发过程的评价

### 1) 房地产开发模式的转变

我国现代房地产业的兴起应该是从改革开放开始,并伴随着住房制度改革的不断深化和宏观经济的快速发展而发展的。我们只用了短短二十几年的时间,走过了许多发达国家近百年所走过的道路,取得了世界瞩目的成绩。但是,我们必须承认,由于我们经验不足、管理控制不严、市场不够完善,在房地产快速发展的过程中,基本上走的是一条粗放型的发展之路。一方面造成社会资源的浪费、房地产开发的社会效益没能充分发挥;另一方面使得房地产开发企业在项目开发上低水平徘徊。

20世纪八九十年代,由于长期"欠账",我国房地产市场基本上是卖方市场。

房地产市场容量大,市场进入门槛低,同时又存在较大的利润空间,房地产开发公司只要拿到土地,通过银行贷款即可进行项目的建设与开发、销售、回收资金。旺盛的市场需求使得房地产开发公司基本不需要去思考规避市场风险、优化投资结构、提高产品质量等问题,更没有意识去考虑社会资源的集约和优化。这使得众多的房地产公司不注重企业管理水平的提高、投资决策分析技术的完善。久而久之形成了粗放型、经验式的低级开发模式。开发商更多的是靠经验、靠关系、靠胆量来进行项目开发。但是,房地产市场不可能也不允许如此持续发展下去。随着市场的不断完善,卖方市场逐步会向均衡市场,甚至买方市场过度。那些经营水平低劣、企业发展战略不清晰、不重视项目的策划和可行性研究的房地产企业,将面临被洗牌出局的危险。

经过了20多年的摸索和发展,我国房地产开发应该从粗放型、经验式的传统模式向集约型、科学化转化,向技术型、精确型发展,使房地产业在促进经济发展的同时又能合理有效地利用社会资源。为此,首先,房地产开发应提升企业经营管理水平、降低投资风险、增强企业的竞争力,节约企业的各种资源(包括人力资源、物质资源、资金等),从而使企业走上理性投资的正常轨道。其次,由于投资的理性化,房地产开发项目更注重消费者的实际需求,产品也就更加满足人民的生活工作需要,同时,避免了社会资源的浪费,从而实现了良好的社会效益。再次,它与城市规划实现了良性互动,在实现城市发展、提升人民生活质量、改善城市环境的同时,实现了自身的利润和企业战略。

2)项目的前期策划阶段的重要性

投资决策分析及前期策划是项目的纲领性文件,是开发原则。投资分析及前期策划主要是指研究市场、产品、功能、环境、配套、开发策略及相关的财务分析,它们是项目最关键的阶段之一,决定项目的大方向。开发企业的生命力在于不断发现新的物业需求,谁率先建立起可支配的房地产资源与市场需求之间联系的纽带,谁就等于占领了市场。

通过投资决策分析和前期策划,房地产企业就可以开发适销对路的产品。不仅如此,前期的决策和策划工作还对计划开发产品进行可行性研究,从市场、配套、财力等方面确保项目的可行性,并对项目的销售及物业管理进行策划。市场风云变幻,细微的差别就可能造成无可挽回的失败,所以前期的投资及策划很大程度上决定了项目是否能满足消费者的未来需求并且占领市场,也就决定了所开发的产品能否实现预期目标并获取利润。

3)房地产开发各阶段重要程度分析

站在房地产开发前期战略的角度来看,房地产开发各个阶段的重要性是有所不同的。各阶段主要因素比较,如表2-2所示。

**表 2-2　房地产开发各阶段重要性比较**

|  | 投资决策阶段 | 前期工程阶段 | 建设阶段 | 租售阶段 |
| --- | --- | --- | --- | --- |
| 法规 | —— | 比较健全 | 比较健全 |  |
| 政策 | —— | 比较健全 | 比较健全 |  |
| 技术成熟度 | 较低 | 较高 | 较高 | 高 |
| 从业人员 | 要求较高 | 一般 | 已专业化 | 要求较高 |
| 市场成熟度 | 不成熟 | 较高 | 较高 | 较高 |

注：这里不考虑物业管理阶段，可行性研究纳入决策策划阶段。

建设阶段的建筑市场从各个方面来讲，已处于相对成熟的地位。在房地产项目开发的过程中，由于建筑质量从某种程度上可以得到保证，所以建设阶段在整个开发过程的重要性相对较低。

前期工作阶段涉及土地获取、设计、合同的签订等各种工作，由于它决定建设项目的建设样式以及如何建、谁来建及相关的辅助工作，所以该阶段相对重要。

房地产项目成功与否，最重要体现为利润，而利润的获取正是以现金回流实现的，所以租售阶段的顺利实施与否至关重要。即使有最好的产品，但是租售不出去，则毫无意义。

投资决策阶段决定项目的方向，决定开发什么产品，其重要性在前已有论述。综上所述，房地产项目开发各阶段的重要程度可排序为：

投资决策策划 ＞ 租售阶段 ＞ 前期工作阶段 ＞ 建设阶段

其实上面所指出的不同阶段重要性不同，并不是为了简单区别项目开发各阶段的轻重之分，而是要说明不同的阶段对整个项目的影响不完全一样，提醒项目决策者在项目管理和控制中，抓住主要矛盾，合理配制资源，把有限的好钢用在刀刃上。

而在项目具体实施的过程中，每一个阶段都是最重要的！因为每个阶段都是项目开发链条必备的环节，在某一个环节上出现问题都会影响整个项目的开发。所以说房地产项目开发每个完美的环节，都是项目成功不可缺少的有机部分，就像周恩来总理所说的"外交无小事"一样。

4）资金筹措的重要性

房地产开发的特点是开发周期长、资金的需求量大、自有资金少、回收期长。所以在整个开发周期内，稳固的资金供应将是十分重要的。再好的项目也是以有充裕的开发资金为前提的。房地产开发资金大部分来自银行信贷，近年来，银行对房地产企业开发投资的贷款在整个房地产开发资金中所占比例一直保持在23％左右。但实际上，房地产开发企业资金构成中来源于银行贷款的比例要比这个数字高得多。以2003年为例，房地产开发投资的资金来源中定金和预收款为

5 085.2亿，占全部资金的38.7%。假定定金和预收款中30%为购房者的定金和首付款，其余70%为按揭贷款，则可以推断银行贷款占全部资金的比例至少为50%。该比例尚不包括其他以间接方式进入房地产投资的银行资金。银行资金在房地产开发中所占比例应在60%～70%左右。中国的产业基金尚未立法，房地产基金刚刚开始探索，这种金融结构使银行承担很大风险，当房产过热的现象出现时，银行出于自身的风险管理，常常会收紧银根，提高利率，从而造成一些房地产企业的资金链破裂。

这种融资模式对于确保资金链是不利的。银行作为国家金融活动的重要机构需要考虑各种金融风险（经济波动、政策变化等）。从2003年以来，政府已采取了一系列房地产宏观调控措施：包括将房地产开发（不含经济适用房项目）的自有资金比例从20%及以上提高到35%及以上；土地政策也相应作出了调整，实行招投标、挂牌制度。这些紧缩性的宏观政策使房地产开发商的资金链非常紧张。

对于房地产开发企业而言，如何扩大资金来源供应、广开渠道，是其需要面对和必须解决的关键问题。大力发展房地产业，健全和培育房地产金融市场就必须建立一个包括房地产开发融资体系和房地产消费融资体系的复合型的多元融资体系。前者应当在间接融资的基础上大力发展直接融资渠道，拓展资本市场融资；后者可采用以抵押贷款模式为主，公积金和储蓄为补充的复合式消费模式。

## 2.3 房地产开发的参与者

整个房地产开发活动过程，都是由一系列不同的参与者来分别完成相关的工作。我们将介绍在房地产开发过程中所涉及的角色。但需要指出的是，依据开发项目的不同，各参与者的重要程度是有差异的，也不是每一个开发项目都需要政府机构、开发商、金融机构、建筑商、专业技术人员等的参与。

### 2.3.1 政府机构

房地产开发商从购买土地使用权开始，就必须同政府的土地管理、城市规划、建设管理、市政管理、房产管理等部门打交道，以获得土地使用权、规划许可和审批、开工许可、与大市政工程连接、销售许可和产权登记发证等。

房地产开发项目具有严格的运作程序，依照我国现行法律、法规和相关程序，可以将房地产开发项目政府行政审批过程划分为七个阶段。每个阶段都必须到政府相关部门办理相关手续。

1) 选址定点阶段

此阶段主要办理以下事项：

(1) 计委审查可行性研究报告和进行项目立项。
(2) 国土资源局进行土地利用总体规划和土地供应方式的审查。
(3) 住建委办理投资开发项目建设条件意见书。
(4) 环保局办理生产性项目环保意见书。
(5) 文化局、地震局、园林局、水利局对建设工程相关专业内容和范围进行审查。
(6) 规划部门办理项目选址意见书。

2) 规划总图审查及确定规划设计条件阶段

此阶段主要办理以下事项：
(1) 人防办进行人防工程建设布局审查。
(2) 国土资源局办理土地预审。
(3) 公安消防支队、公安交警支队、教育局、水利局、城管局、环保局、园林局、文化局对建设工程相关专业内容和范围进行审查。
(4) 规划部门对规划总图进行评审,核发《建设用地规划许可证》。
(5) 规划部门确定建设工程规划设计条件。

3) 初步设计和施工图设计审查

此阶段主要办理以下事项：
(1) 规划部门对初步设计的规划要求进行审查。
(2) 公安消防支队对初步设计的消防设计进行审查。
(3) 公安局交警支队对初步设计的交通条件进行审查。
(4) 人防办对初步设计的人防设计进行审查。
(5) 国土资源局进行用地预审。
(6) 市政部门、环保局、卫生局、地震局等相关部门对初步设计的相关专业内容进行审查。
(7) 住建委制发初步设计批复,并对落实初步设计批准文件的要求进行审查。
(8) 住建委对施工图设计文件进行政策性审查,根据业主单位意见,核发技术性审查委托通知单。
(9) 住建委根据施工图设计文件审查机构发出的《建设工程施工图设计文件审查报告》,发放《建设工程施工图设计文件审查批准书》。

4) 规划报建图审查阶段

此阶段主要办理以下事项：
(1) 公安消防支队进行消防设计审查。
(2) 人防办进行人防设施审查。
(3) 住建委、市政部门、园林局、环保局、卫生局按职责划分对相关专业内容和范围进行审查。
(4) 规划部门对变更部分的规划设计补充核准规划设计条件,在建设单位缴纳有关规费后,核发《建设工程规划许可证》(副本)。
5) 施工报建阶段
此阶段主要办理以下事项:
(1) 建设单位办理施工报建登记。
(2) 建设方对工程进行发包,确定施工队伍。招标类工程通过招标确定施工队伍,非招标类工程直接发包。
(3) 住建委组织职能部门对工程开工条件进行审查,核发《建筑工程施工许可证》。
6) 商品房预售许可阶段
由房地产管理部门办理预售登记,核发《商品房预售许可证》。
7) 建设工程竣工综合验收备案阶段
此阶段主要办理以下事项:
(1) 建筑工程质量监督站(机构)对建设单位提供的竣工验收报告进行备案审查。
(2) 财政部门对建设项目应缴纳的行政事业性收费和基金进行核实验收。
(3) 综合验收备案。涉及部门主要有:规划、市政部门、水利局、环保局、文化局、卫生局、公安消防支队、园林局等。
(4) 在项目所属地房产登记部门进行房屋产权登记后,房屋交付使用。

## 2.3.2 开发商

1) 开发商的形式

房地产开发商从几人的小型公司到大型的跨国公司有多种类型。房地产开发商之间的主要区别在于其开发的物业是出售还是作为一项长期投资。许多小型开发商大都是将开发的物业进行出售,以迅速积累资本,随着其资本的扩大,这些开发商也会逐渐成为物业的拥有者或投资者,即经历所谓的"资产固化"过程,逐渐向中型、大型开发商过渡。房地产开发商所承担的开发项目类型也有很大差别。有些开发商对某些特定的开发类型或某一特定的地区搞开发有专长,而另外一些公司则可能宁愿将其开发风险分散于不同的开发类型或地点上;有些开发商所开发的物业类型很专一,但地域分布却很广,甚至是国际的。总之,开发商根据自己的特点、实力和经验,所选择的经营方针是有很大差别的。在经营管理上,开发商的风格也有较大差异。有些开发商规划设计到租售阶段,均聘请专业顾问机构提供服务,而有些开发商则从规划设计到房屋租售甚至物业管理,均由自己负责。

2) 开发商的社会声誉

无论是否合理,开发商在公众中受尊敬的程度并不是很高。

首先,不断上涨的房价,让人们自觉不自觉地归咎于开发商。虽然人们大都知道房价的上涨是一个复杂问题,不可能由开发商操纵,但由于房价上涨为开发商们所高度期待,以及我国现阶段房地产的特殊性,使得房地产开发商落成千夫所指,承担起了推高房价的罪名。

其次,不管开发商是谁,人们只要听说有开发商准备开发其居住区域附近的项目,就存在某种形式的担心,尤其是在旧城改造中。由于每一个开发项目都会无一例外地打破所在城市旧区的平静,因此开发商受到某些人群的抵制是很正常的现象。房地产开发所形成的产品,由于在相当长的时期内会改变一个社区的人居环境,因此总会面临着公众的褒贬评论。由于开发商的公众形象在很大程度上与他们所开发的产品联系在一起,这就使得人们很容易将从交通阻塞加剧到犯罪率上升等现象都归咎于开发商。由于开发商是社区形态变化的主要推动者,而社区形态的改变有时又非常难以被人们接受,尤其是当地的老年居民,因此开发商容易成为被攻击的对象。实际上,作为社区的建设者,开发商提供人类入住空间、开发建设娱乐设施、建设科教文卫等配套设施的一切活动,都必须遵守一定的规则。

当然,像许多其他行业一样,开发商也是良莠不齐。有的开发商通过其创新的产品和良好的信誉,在城市建设与人类居住环境改善中做出了有目共睹的贡献。有些开发商由于其低劣的产品和不诚实的经营作风,成了大众媒体口诛笔伐的靶子。

不论有没有开发商参与,城市总在不断地发展和变革,作为一个优秀的开发商,其所进行的开发或重建工作,应该能对城市的发展和更新起正面的推动作用。

### 2.3.3 金融机构

房地产开发经营过程需要两类资金,用于支付开发费用的短期资金或"开发融资"和项目建成后用于支持入住者购买房屋的长期资金或"按揭贷款"。由于房地产开发建设过程和消费过程均需要大量的资金,因此很难想象没有金融机构的参与,房地产市场将会是何种景象。与房地产投资有关的银行贷款大多可以用物业作抵押,金融机构所承担的风险较小,因此,国外金融机构在房地产抵押贷款市场上竞争十分激烈。另外金融机构的保险公司为房地产开发项目的有关内容提供保险,以降低房地产开发的风险。

### 2.3.4 建筑承包商

房地产开发商往往将其开发项目的工程建设发包给建筑承包商,开发商在选择承包商时,不仅要考察其以往的业绩、资金实力和技术水平,还要审核其具体施工方案、工期、质量目标和报价。我国建筑业经过几十年的发展已经日趋成熟,国际通用合同形式及先进管理手段和机制的引入,使得建设过程中的风险因素大大减少。所以只要在开发商和承包商之间签订了工程承包合约,就基本能保证项目建设的顺利进行,开发过程中工程施工阶段的风险的不确定性因素就会比较容易控制。

我们需要强调的是,开发商应正确处理好与承包商的关系。应该说,开发商与承包商是相互配合、共同发展的关系,开发商不应自诩为承包商的"衣食父母",庸俗化两者的关系。

### 2.3.5 材料、设备供应商

我国房地产开发商往往都会将材料(尤其是主要材料)、设备的采购控制在自己的手上,这与西方发达国家大不一样。开发商自行采购材料和设备,便于控制采购成本,但是会增加采购的管理和人员成本。

### 2.3.6 专业顾问

由于房地产开发过程相当复杂,大多数开发商不可能有足够的经验和技能来处理开发过程中遇到的各种问题。因此开发商有必要在开发过程的不同阶段聘请专业顾问提供咨询和技术服务。这些专业顾问人员主要包括:

1) 市场分析师

在项目的前期策划阶段,市场研究的结果决定了项目是否继续向前推进。市场研究专家可以帮助开发商了解其拟开发的项目是否有足够的市场需求、竞争项目的情况、目标市场以及项目销售或出租的预期速度(市场吸纳率和吸纳速度)、预期的价格或租金水平等。

2) 规划师

规划师熟知城市建设的总体规划、有关规划管理的法律法规,因而尽管大型项目的用地规划可专门委托设计部门完成,但在项目运作过程中,尤其是项目前期,有规划师的参与和意见,能使项目规划方案符合规划条件的限制,并确保规划方案在所需的时间内获得城市规划主管部门的批准。

3) 经济师

通过市场调研,了解房地产市场的供求水平和成本、价格状况,为房地产开发商提供项目评估或可行性研究报告。从而协助开发商做出正确的投资决策,使项目的实施方案在经济上具有可行性和可靠性。

4) 房地产估价师

房地产估价师可以为开发商、置业人士和物业所有者等提供估价服务。估价师利用其专业经验和业务信息网络为开发商提供的估价服务,不仅能校核房地产开发商自己的估算,还能弥补开发商在这方面专业知识的不足。估价师往往受托于金融机构为其准备提供贷款的开发项目进行评估,对受贷人用来做贷款担保的资产进行估价。政府批租土地、征收与房地产有关的税、拆迁补偿、国家或企业资产的转移与变更等亦都需要房地产估价师的服务。

5）建筑师

建筑师主要负责建筑设计,为开发商和最终的使用者提供既能满足功能要求,又能使建造成本和费用最低的建筑物。建筑师应尽可能在开发过程的前期聘请。聘请建筑师时,要充分考虑其从业经验、知名度和以往的工作业绩。优秀建筑师的设计往往能大大提高建筑物的价值。

6）景观建筑师

现在景观设计师已经成为开发队伍中的一员,并发挥越来越重要的作用。在传统的项目规划过程中,开发建设项目的景观设计是由规划师、建筑师或园林规划师完成的。然而,随着社会经济的发展和人居环境意识的加强,人们对建筑景观的要求已经远远超出了种草种树,以提高绿化覆盖率的要求。因此,景观设计师作为一个独立的专业也就应运而生。景观设计师的工作,主要是在现有环境条件的基础上,通过各种道路、灯光、水景、植被、小品等的规划设计,使整个开发项目成为一个完整、优美的有机体,提高项目的综合品质和价值。

7）监理工程师

监理工程师负责施工合同的管理,控制工程的进度、质量和成本。监理工程师具体负责的工作有:组织定期会议,讨论和解决工程中的问题;签发与合同有关的指标;保证提供施工所需的图纸;协助解决施工中的技术问题;控制施工质量;签发竣工验收单;协助完成竣工结算等。

8）交通顾问

交通顾问可以估算项目建成后不同时段的交通流量,评估项目当前的交通通行能力,就项目内部交通流组织、项目与市政道路交通体系的连接、停车位的数量与布局进行规划设计。在许多大城市,政府要求规模较大的项目必须进行交通影响研究,以防止新项目落成后,形成新的交通瓶颈。就项目本身来说,购房者肯定希望有足够的停车位,而且距离其所要进入的建筑物越近越好,这就需要一个既满足购房者需要,又在技术和经济上可行的停车位设计方案。交通顾问可以就此向开发商提供专业的解决方案。

9）房地产经纪人

房地产经纪人在入住者和开发商之间起桥梁和纽带作用。房地产经纪人在项目的建设过程中和竣工后,负责开发项目的市场推广和租售代理业务,还能为开发商提供第一手的市场信息或市场分析报告。报告中通常包括以下内容:确定客户的数量;估计客户愿意支付的租金或价格水平;开发期内市场状况及其变动的预测;需求分析;制定和实施租售战略;协商租售办法等。

10）成本控制人员

成本控制人员负责成本的成本费用估算,制定工程成本计划。在工程实施中,成本控制人员计算实际发生的成本费用与成本计划进行比较,若超支则应提出警告,寻找原因,设法控制。

11) 会计师

会计师在核算整个开发公司经济状况时,往往会从全局的角度给项目开发提出财务安排或税收方面的建议。包括财政预算、工程预算、付税和清账、合同监督、提供付款方式等,并及时向开发商通报财务状况。

12) 律师

在房地产开发的全过程中,都需要律师的参与。获得土地使用权时,需要签订土地使用权出让或转让合同,在融资、项目发包及物业租售等环节,也要签署相应的合同文件。这些合同文件都需要律师参与起草或签署。

13) 其他人员

以上所述人员是房地产开发过程中涉及的主要专业人员,但在一些大型的开发项目中还需涉及结构工程师、电气工程师以及公证人员、环境顾问等。结构工程师负责建筑结构的设计,保证建筑物有足够的强度承受各种荷载。电气工程师在采暖、照明、供电等方面提供技术服务。公证人员在有关合同签署时提供公正服务。环境顾问则是对开发项目周围及开发项目自身环境提供评估服务。

房地产开发主要参与者的关系可由图 2-1 表示。

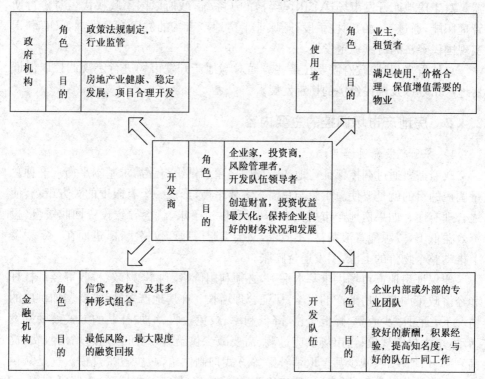

图 2-1 房地产开发主要参与者的关系图

## 2.4 房地产的宏观调控

### 2.4.1 宏观调控的必要性

  房地产业作为国民经济的一个部门,对经济发展具有很强的关联作用,可以促进和制约国民经济的发展。经过近30年的发展,房地产业对国民经济的贡献不断增大,房地产业在国民经济中的地位越来越重要。但是,如果房地产开发过速,则会给国民经济造成诸多的不利影响。房地产开发长期脱离或超越其他产业孤立先行,可能会导致产业结构的失调及其他负面效应。从房地产市场来看,有的地区发展得较快,有的地区则刚刚起步,也需要加以调控。从各房地产种类的供需关系来看,也产生过许多问题。因此,加强对房地产开发市场的调控,促进其健康发展,也是十分必要的。

  中国选择进行市场经济体制改革,取得非常巨大的成绩,但我们不能忽视市场经济体制的弊端,加强宏观经济管理成为控制和防范市场经济体制风险的有力武器。对于房地产开发市场这个国民经济的子系统,政府以国家政权代表身份行使管理职能,通过有效的调控手段,既保证了房地产市场的健康有序发展,又有利于实现国民经济的持续稳定发展。

  总体看来,我国政府需要在某些方面对房地产开发市场进行宏观调控以保证房地产市场以及国民经济的稳定发展。

### 2.4.2 房地产市场调控的主要内容

  1) 房地产投资规模调控

  政府需要通过调控保证房地产市场中房屋总供给与总需求基本平衡。这种总量调控的目的就是要使总供给与总需求大体平衡,形成一个有限度的买方市场,使之合理有序。如果房地产市场供求不平衡,供过于求,就会导致投资回收缓慢,投资效益低下,资源配置浪费;供不应求,又会引起房地产价格上涨,进而在一定程度上推动整个物价的上涨,引发通货膨胀。

  要保证房地产市场供求基本平衡,必须利用价格、利率、财政、税收等经济杠杆和经济政策调节好房地产的供给,保证合理增长。在房地产短缺、需要增加供应的情况下,通过减少收费、降低价格、降低利率、减免税收、增加补贴的方式鼓励开发活动,增大投资规模;当市场供应过剩、需要减少供给时,则可以通过增加收费、提高利率、增加税收、减少甚至取消补贴等方式抑制供给,减少投资规模。这是从供给角度进行的一种直接调控。从间接调控角度,引导需求,鼓励消费(降低利率、扩大信贷规模、减免税费等)或者抑制消费(提高利率、收缩信贷规模、增加税费等)，起到扩大对房地产的需要或者抑制对房地产过高、不合理需求的目的，从而可以引导房地产开发活动。从供求规模上来看，要调节好房地产开发与国民经济发展水平之间的关系，做到既不超前也不滞后。

2) *房地产投资开发结构的调控*

保证房地产市场的供求平衡，还要调节好房地产市场内部各层次、各类型和各方面的关系，使全社会各个层次的人都各得其所，使全社会对居住、工商业发展、行政办公等各种用房、用地的需求都大致得到满足，使国民经济各行业、各市场主体在供求关系和合作关系上基本协调，从而使房地产市场运行良好。这就是说，优化房地产开发结构就是要做到产品适销对路，实现有效供给。

在房地产投资开发规模的调控过程中，往往并不是一刀切地对所有的开发品种都实行投资规模的缩减或鼓励，因为房地产开发投资在品种方面总体上是不平衡的，需要对特定的开发种类采取相应的宏观调控措施进行开发鼓励，而有选择地对其他品种实行缩减和抑制。

3) *房地产投资开发布局的调控*

房地产投资开发布局分不同的层面，国家、地区、城市、企业都有各自布局上的要求，综合而言，城市以上的层面当属宏观层，企业层面当属微观层面。从微观层面上看，房地产开发企业的项目布局是企业经营方针和理念的具体体现，显然微观层面的布局调控不属于政府宏观调控的范畴。从宏观层面上看，房地产开发布局与国家、区域的发展规划、计划以及城市建设的总体发展规划密切相关，但作为市场主体的房地产开发企业是无法自动符合国家、区域的发展规划、计划以及城市的宏观开发要求的，政府必须进行宏观调控，从总体上加以把握。

4) *房地产开发行为的调控*

开发行为的调控内容涉及多方面，它包括政府对企业制订的各项涉及房地产开发活动行为的法律法规、政府在一定阶段实施的政策调控措施和具体的行政管理等。具体的内容包含在房地产开发建设和经营活动的全过程中，如对贷款条件的限制，对开发准备阶段的供应管理，对开发设计和规划限制要求，对工程招标、工程承发包、工程协作行为的约束等。作为行业主管机构，住房与城乡建设部希望所有进入市场的各方主体包括企业、政府、中介机构都要依法行事和办事，保障市场的公平、公正。

## 2.4.3 房地产市场调控的手段

现阶段中国房地产开发市场调控的手段主要有计划手段、经济手段、法制手段和行政手段。各种手段在使用时具有不同的适用范围、调控特点和作用。

1) *计划手段*

在我国，房地产市场是市场改革的产物。运用计划手段调控房地产市场时，首先应注意研究和制定房地产业经济发展战略,确定中期和年度计划的发展目标,编制各种房地产开发计划;其次,运用行政和经济手段,制定出具体方法和措施,保证计划的实现;再次,及时检查和总结计划的执行情况,实事求是地研究事实、数字、材料,并分析实践过程,找出存在的问题及改进方法;最后,建立必要的房地产计划管理制度,以保证长远规划和近期目标的实现。

2) 经济手段

用经济手段调控房地产市场,就是国家或地方政府利用价格、补贴、税种、税率、利率、贷款额度等经济杠杆来直接或间接调节和控制房地产开发市场。

通过调控产品价格的经济手段已经被西方国家证明不是一种合理的市场经济调控手段,但我国经济体制发展还有特殊性。在特殊的背景与条件下,我国可以使用价格手段对某些市场进行调控。20世纪80年代,体制转轨时期,国家掌握的较大比例公房上市出卖后,通过调控土地出让价格或制订廉租房、经济适用房及其他类似房屋的价格政策,以及调整收费的品种与比率来影响市场,进而调控房地产开发活动。

财政政策对房地产市场的调控主要通过三种手段来实现:其一,税种的设立。税种的设立可起到调节房地产成本的作用,如耕地占用税、印花税、营业税、城市维护建设税、契税、土地增值税等相关房屋、土地税种的设立都直接或间接地增加了房地产的成本,影响到房地产的价格和交易活动。其二,税率的调控。税率的确立影响到税款额的大小,例如房地产税,有的可免征,有的则必须按余值的某一比率计征,这样,国家和各级政府可利用税率来影响房地产市场上开发和交易房地产的种类和数量。其三,补贴的支出。政府可以通过设置财政补贴的方式支持某一类房地产产品的供给或需求,进而直接或间接影响开发市场。

运用金融手段调控房地产市场通过两个途径来实现:其一可以通过资金融通来调节房地产活动进而影响房地产的供给与需求。其二可以通过利率的调整来影响房地产的成本进而影响房地产的开发量和市场交易量。在政府运用金融手段调控房地产开发市场时,也存在一个干预顺序和范围设置问题,干预行为必须理性化。

3) 行政手段

用行政手段调控房地产开发市场,就是房地产行政管理部门依靠国家行政领导的权威,通过行政管理办法和规章制度等形式来调控房地产开发活动,直接影响房地产供给,或者通过调控交易市场,间接影响供给。

行政手段对房地产市场的调控表现在对某些开发、经营行为的允许或限制上。如规定对未取得土地使用权证书、建设用地规划许可证、建设工程规划许可证和施工许可证的项目,不得发放任何形式的贷款;规定商业银行发放的房地产贷款,只能用于本地区的房地产项目,严禁跨地区使用;规定严格控制土地储备贷款的发放等。最近几年国务院和各相关部委做出多项关于清理整顿各类开发区用地,加强土地管理,查处、处理各种违法、违规开发建设案件,暂停审批新设立和扩建的各级各类开发区的规定。这是行政手段调控开发活动的典型表现。

4) 法制手段

运用法制手段管理房地产市场,是指对房地产市场管理中比较成熟、稳定、带有规律性的原则、制度和办法,由国家按一定程序以经济法律、法令和条例等形式固定下来,成为各级政府、企业和个人从事房地产开发、交易活动所必须遵守的行为规范。从长期来看,由于某些法规对房地产开发起着鼓励或限制作用,因此我们也将其作为房地产开发市场调控的手段之一。

例如,《商品房预售管理办法》的出台,使得房地产开发企业只要交付全部土地使用权出让金,取得土地使用权证书,持有建设工程规划许可证和施工许可证,投入开发建设的资金达到工程建设总投资的25%以上,并已经确定施工进度和竣工交付日期,就可以将正在建设中的房屋预先出售给承购人,由承购人支付定金或房价款。这大大提高了房地产开发企业的融资能力,促进了投资规模和开发规模的扩大。

《城镇国有土地使用权出让和转让暂行条例》、《城市房地产抵押管理办法》等法规也分别对房地产需求和供给产生了影响,起到了调节作用。

运用法制手段调控房地产市场首先要搞好立法工作。在这方面我国政府和立法机构已做了大量工作。如在《宪法》、《民法通则》、《土地管理法》、《城市规划法》、《经济合同法》、《继承法》、《国营工业企业法》等法规中都有关于房地产方面的法律规定或相关陈述,《城市房地产管理法》也早就于1994年7月出台,并进行过完善。各地也出台了一系列涉及房地产市场管理的地方性法规。

## 2.5 国外政府对房地产的干预与管理

### 2.5.1 美国政府对房地产市场的管理

1) 规划管理

美国政府对城市土地管理的重心是直接干预城市土地的利用,即在相当程度上将投资建设和经济活动的规模与结构纳入政府的调节与管理。从土地位置固定的特点来说,地方政府作为某一区域内的社会公众的共同利益的直接代表,以及发生于该区域的一切社会和经济活动的直接组织者和管理者,对城市土地的使用负有直接责任。所以,美国联邦政府一般不对地产市场进行直接管理,而是让州政府自由地在其区域范围内管理地产市场。州政府又通过州的区域授权法把土地利用的管理权授予各市政府。各市政府首先必须科学地制定一个符合州的综合规划要求的本城市规划,作为他们进行土地管理活动的依据。城市规划,由市政府有关部门具体负责制定,并召开公众意见听证会,向公众解释规划的内容,征询社会各界对规划方案的意见。城市规划要经过州政府审核。如某市规划方案被否决,则由州政府有关部门为其制定城市规划。政府对城市规划着眼于中长期的经济社会综合发展,规划的核心是功能分区,即城市政府根据土地使用的不同性质,将城市土地划为不同的区域,并建立相应的法规条例来指导不同分区中不同用途的土地使用,规划城市每一个地区的特殊开发与再开发的详细要求。

美国这种城市管理模式,使得城市规划具有较高的权威性。任何开发商或投资者在开发土地进行不动产交易之前,必须先了解城市规划的内容。根据规划,决定他们可以干什么以及怎么干。如果违反城市规划,开发商将被管理机关勒令停工。如果开发商一意孤行,对规划进行抵制性施工,开发商将受到行政和法律的制裁,其后果必然是遭受巨大的经济损失。

2) 税收管理

在地产市场管理中,税收对规划市场交易也有较强的管理效果,因此美国政府在地产市场的管理上就非常重视税收管理的运用。

美国政府对城市地产的税收征收对象是土地的所有者或使用者、土地的交易活动、地产本身、地产开发收益以及一些有关地产使用的特权等。根据征税对象不同,税收可分为以下三大类:

(1) 对地产价值直接征税

主要包括财产税、特别摊派税、遗产税等。财产税是对地产价值进行征税的主要税收之一。私人所有的非免税财产,按其真正市场价值的某一确定的百分比进行估值或评价,用这个估计值乘以某一单一税率就是实际应支付的税款。特别摊派税是为了支付特别的公共设施的修建费用而对不动产所有者强制征收的一种税收,它通常是附加在财产税里或者同财产税一起征收。

(2) 对地产收益征税

主要包括所得税、资本收益税、继承税等。所得税是美国的主要税种之一,契约租金(指租户因为使用土地所有者的土地而实际支付给他的租金)以及从地产中得到的其他收入都属于征收对象。资本收益税是指从出售和交换不动产中所得到的收益征收的税款,根据资本收益期限的长短不同,征收税款也不同。这种税收可以对开发商的开发决策产生不同的影响,促使其开发经营活动更符合代表社会公众利益的政府要求。

(3) 对土地使用的特权征税

主要是对有关土地使用的某些特权,如拥有或出售土地的特权、将其转让给继承人的特权,以及接受赠与或遗产的特权等征税。如对那些拥有政府给予的地产经营特权的企业就要征税。

除了上述两种主要管理手段外,美国政府还通过法律、行政和金融等手段对城市地产进行直接或间接的管理。

### 2.5.2 通过开征物业税抑制房价

1) 美国

美国通过较多的税负限制了炒房。美国对土地和房屋直接征收的是房地产税,由地方政府征收,因此各州税率不一,多数在房产价值的 1%～1.8% 之间。房地产税一般按年计,房价越贵,房地产税越高。税基是房地产评估值的一定比例,各州规定不一,20%～100% 不等。美国政府有专门机构每年对本地区的房地产进行估价,并确定房地产税的征收税率。

在美国,每处房地产的评估价值都是公开透明的,地方政府网站和社区报纸均有按房地产地址字母顺序排列的每处房地产的评估价值,任何人均可自由查询。同时根据各州法律,房屋交易的价格也是公开透明和可查询的,每处房地产交易后 90 天内,房主都必须到有关部门就买方、卖方和成交价等内容进行依法登记,政府评估办公室还派出工作人员现场查看、记录原房主在房屋出售前对房子内外装修的情况,这是以后调整房屋评估价值的重要依据。

房地产的评估价值会随着市场情况的变动而变化,但许多州对评估价值的上涨有限定,如纽约州规定,居民住宅的评估价值每年上涨幅度不能超过 6%,5 年内累计上涨不能超过 20%,商用房地产的评估价值 5 年保持不变。

依照美国法律,每个地方政府都有权对本辖区内的房地产征收房地产税,因此,房地产所有者(自然人或机构)常常要同时缴纳县级房地产税和市、镇级房地产税,有时甚至还需缴纳学校学区的房地产税。

房地产税是美国地方税的一个重要品种,占地方收入比例很高,如纽约的斯科多尔区 1996 年房地产税收收入占该区全年全部收入的 72%,新泽西的泽西市该年其房地产税收入则占该市总收入的 90% 以上。

通常说来,美国人炒房的热情不高,如果一个美国"炒家"手里捂着几套房子,别说是要还月供,就是每年这房产税都受不了,因此大多数美国人的房子都用来自住,拥有两套房子的美国人都不多见。

2) 巴西

巴西的税率跟着房价走。每年年初,拥有房产的巴西人都面临着交房地产税的问题,早交者通常能够享受折扣,迟交者则面临追加罚款之虞。

巴西宪法规定,市政当局有权要求拥有房产者缴纳地产税,税额由市政当局确定,在经过市民听证后由议会讨论通过。地产税在地方政府税收中占据非常大的比重。以巴西最大城市圣保罗为例,房地产税通常占市政府税收总额的 13%,

2005年甚至达到16％。

2009年12月初,圣保罗市议会通过了2010年房地产税调升方案。圣保罗市长卡萨比在提出房地产税调升方案时表示,征收房地产税的依据是房地产的市场价格,但是从2001年以后市政府一直没再更新房地产指导价格,其间,由于市政府进行市政改造,相当多的街区地价上涨,资产升值,租金提高,因此房主也应该多付一些地税。

圣保罗市议会投票决定,2010年圣保罗商业房产地产税调升至45％,普通民宅地产税调升至30％。同时,市议员们还决定在2013年重新审核圣保罗市房地产市价,并于2014年起根据新的房地产市价征税。

不过,巴西地方政府在调升房地产税的同时,也扩大了免税房产的范围。比如圣保罗市政府的新法案规定,房产价格在9.25万雷亚尔(约合5.3万美元)以下的可以免征房地产税,之前可以享受免税的房产价格在7万雷亚尔(约合4万美元)以下。

此外,因为天灾人祸而导致房屋受损的,也可以向市政府申请减免房地产税。一些地方规定,退休者、领抚恤金者和慢性病患者等可以获得最多50％的减免优惠。

3)德国

德国的房地产税对财政意义有限。德国税制体系中与中国物业税相近的税种为地产税。地产税由城镇征收,征税对象为土地及地上建筑物的所有者。德国地产税分为农业用地地产税和建筑用地地产税两类。地产税可表示为:

地产税 = 地产估计价值×地产税税率×城镇稽征率。

以位于德国西南部的莱茵兰-普法尔茨州城市茨魏布吕肯为例。茨魏布吕肯为农业用地设定的地产税稽征率为280％,为建筑用地设定的地产税稽征率为370％。若该市一栋独户住宅的地产估计价值为1万欧元,则住宅所有人每年须缴纳地产税129.5欧元(1万欧元×0.35％×370％)。

根据《德国地产税法》,符合一定条件的纳税人可申请减免地产税。在实践中,申请减免地产税的通常是法定受保护历史建筑物的所有者。若某历史建筑物的修缮维护费用高于其作为博物馆或其他经营性场所的盈利,则其所有人有权向税务部门申请减免地产税。

地产税的税收额因明显低于工商营业税,所以对德国城镇财政而言意义并不十分重大。据德国联邦财政部统计,2008年德国地产税税收总额为108亿欧元。但地产税作为一种资本税对德国财政预算仍有意义。

此外,德国民众对地产税的征收并非没有异议。2005年有民众向德国最高法院联邦宪法法院起诉,认为国家对公民自住的非经营性地产征收地产税违宪。联邦宪法法院 2006 年 6 月判决原告败诉。

## 复习思考题

1. 你认为房地产开发项目、房地产开发企业、房地产业之间存在怎样的内在联系？
2. 你认为房地产项目开发可分为哪几个阶段？它们之间的关系如何？
3. 房地产开发项目前期工作阶段的主要工作内容有哪些？前期工作有什么作用？
4. 房地产项目开发的主要参与者有哪些？他们之间的关系如何？
5. 如何理解我国宏观经济调控下的房地产业？
6. 美国政府在控制房价方面主要采取哪些措施？

# 3 房地产市场调研

**本章概要**

市场是社会生产分工和商品交换的产物,是连接商品生产者与商品消费者的桥梁。而房地产市场则是一个由多种要素构成,各要素间构成相互联系、相互作用的复杂系统。实践证明,在错综复杂、激烈竞争的经营环境中,市场调研是项目准确定位、市场营销活动的基础,在企业整个经营活动起着重要的作用。本章着重介绍了市场的内涵、构成要素、类型、特点、供求关系,并阐述了房地产市场调研的目的、内容、程序及方法。

## 3.1 房地产市场概述

### 3.1.1 房地产市场的分类

1) 房地产市场的内涵

市场是社会生产分工和商品交换的产物,是连接商品生产者与商品消费者的桥梁。市场有四重含义,一是指商品交易的场所;二是指买卖双方共同决定商品、劳务的价格和交易数量的机制;三是指商品交换关系的总和;四是指资源配置的一种手段。

房地产市场可以从狭义和广义两个方面来理解。从狭义上说,房地产市场是房地产交换的场所;从广义上来说,房地产市场是房地产交换关系即房地产全部流通过程的总和。

全面理解房地产市场,应该把握下面几点:

(1) 房地产市场是商品经济的范畴

有商品生产和商品交换,便需要市场,需要市场机制。房地产经济纳入商品经济轨道,就必然形成房地产市场。

(2) 房地产市场是有形的房地产商品和无形的房地产商品的统一体

有形的商品,如住宅、办公楼等。无形的商品,如房地产经济、房地产咨询等。因此,房地产市场不仅包括有形商品的出售或租赁,也包括无形商品即劳务的交换。

(3) 房地产市场是有限空间和无限空间的统一体

具体地说,它既包括具体进行房地产交易的场所,也包括没有明确区域界定的房地产商品交换活动的领域。

(4) 房地产市场是房产市场与地产市场的结合

二者各具独立的内容,但又有密不可分的联系。地产可以离开房产而独立存在,而房产不能离开地产独立存在,即房产只能依附土地而存在。

2) 房地产市场的构成要素

房地产市场是一个由多种要素构成的系统,其中的各个要素间相互联系,相互作用。房地产市场的基本构成要素主要包括:市场主体、市场客体、组织形式。

(1) 房地产市场的主体

房地产市场的主体即房地产市场的参与者,主要由市场中的买卖双方以及为其提供支持和服务的人员和机构组成。这些参与者分别涉及房地产的开发建设过程、交易过程和使用过程。每个过程内的每一项活动,都是由一系列不同的参与者来分别完成的。

房地产市场的主体主要包括:土地使用者、开发商、政府机构、金融机构、建筑承包商、房地产中介机构、企事业单位及个人。

(2) 房地产市场的客体

房地产市场的客体是指房地产交易的对象,即房地产商品。房产商品主要指办公楼、厂房、宾馆等建筑物,公寓、住宅等商品房以及毛坯房等"半成品"房产;地产商品主要指土地的使用权。由于房地产商品在流通过程中,流通或转移的不是商品实体本身,而是房地产的产权和权利。因此,房地产产权在市场运行中的变换,就构成了房地产市场的客体。

(3) 房地产市场的组织形式

房地产市场的组织形式分为"有形"的房地产交易所和"无形"的场外市场两种组织形式。

3) 房地产市场的类型

现阶段我国房地产市场的类型根据其组成可以分为房产市场、地产市场、房地产金融市场、房地产劳务市场和房地产技术信息市场五种类型。

(1) 房产市场

通过买卖和租赁两种交换形式,将房屋出售或出租出去,就形成了房屋的买卖市场和租赁市场。所谓买卖市场是指通过买卖这种形式实现房屋产权关系全部转移的房产市场。这种市场的参与者包括房产公司、企事业单位和居民个人,交易对象包括居民住宅、工商业用房、行政用房及其他用房,其特点是产权关系全部由一方转移到另一方。租赁市场是指通过租赁这种形式,将房屋出租出去,从而实现产权关系部分转移的房产市场。这一市场的参与者也是房产公司、企事业单位和居民个人,交易对象包括居民住宅、工商业用房、行政用房等。其特点是产权关系发生分离,一般是所有权归原房产出租者,使用权归房产承租者。

(2) 地产市场

地产市场是指地产交易的场所,是地产商品交换关系的总和。由于现实中的地产交易形式多种多样,所以地产市场体系中也存在着多种交换形式、多级或多层次的市场。一般的,地产市场可以分为两类三级市场。

① 土地一级市场

土地一级市场是指政府土地主管部门,以让渡一定时期土地使用权为主要内容的地产市场。土地让渡的期限随土地具体用途的不同而不同。按照我国现行的法律规定及土地所有权与使用权相分离的原则,我国的土地一级市场又可分为两种情况:

一是土地出让市场,是指政府主管部门将国有土地的使用权,在明确规定用途、使用年限和其他要求的条件下,有偿出让给房地产开发企业或土地使用者,而土地使用者向国家一次性支付出让金。我国现行土地使用权出让方式有拍卖、招标、协议等三种。

二是土地租赁市场,是指国家将城市存量土地或拆迁的土地或征用的土地的使用权租赁给土地使用者,而土地使用者按规定每年向国家缴纳一定数量的地租。土地出让的批租市场和土地出让的租赁市场在我国就构成了国家垄断的一级市场。在一级市场中,国家或其授权的管理部门(政府、土地管理部门)是固定的出让者,价格由国家制定、控制和调节,具有垄断性。土地一级市场的本质是土地所有权和使用权相分离。

② 土地二级市场

土地二级市场是指土地或房地产开发市场,即房地产开发企业或土地使用者在合同规定的批租期限内,将符合政府要求的土地使用权,按出让合同规定的用途和其他使用要求有偿转让给其他土地使用者。即按照有关要求,土地使用权在使用者之间的合法让渡,也可直接建造商品房出售、出租所形成的市场。

二级市场与一级市场有着本质的不同,即二级市场的卖主不再是国家或其授权者,而是房地产开发企业或是土地一级市场中的受让方,其交易价格也不再是由政府主管部门定价或控制、调节,而是通过市场的供求状况来确定。

③ 土地三级市场

所谓土地三级市场,是指土地使用者将自己拥有的土地使用权,在批租合同的期限内,按合同要求,或在补办有关手续,补交地价以后再横向进行转让、转租或进行抵押。在土地三级市场中,卖主和买主都是不确定的,所有的土地使用者,包括企业、事业单位、机关、个人等都有可能成为市场主体。其转让、转租、抵押价格也完全是在市场中自由形成的。

(3) 房地产金融市场

房地产金融市场是指通过房地产专业银行或银行的房地产信贷部、采用信贷、发行股票、期票和债券以及开展住房储蓄业务,或者运用按揭和期货预售等方式为房地产买卖和租赁活动融通资金而形成的辅助性的金融市场。它贯穿于地产市场、房地产开发市场、建筑施工市场、物业交易租赁市场等各个环节,且是与上述各个环节发展的需要相配套而派生出来的一种服务性市场。房地产金融市场的形成与发展有助于加速整个房地产市场资金的循环、周转,并带动其他要素和资源的优化组合及配置,提高房地产开发活动的经营效益。

(4) 房地产劳务市场

房地产劳务市场是指为房屋住户和用户提供房屋修缮、加固、改造、危房鉴定、方案设计、室内外装修、房屋附属建筑和设备的维修、房屋管理以及经纪人活动等综合服务的房地产辅助市场。随着生产力的发展和人民生活水平的提高,房地产劳务市场已经显示出巨大的发展潜力。

(5) 房地产技术信息市场

房地产技术信息市场是指围绕房地产业务和技术咨询、房地产租赁和买卖行情以及有关资料等所形成的供需市场。房地产市场越是向广度和深度发展,这一市场的作用就越不能忽视。

总而言之,上述各种主体和辅助性的房地产市场是互相联系、密不可分的,正是由于这种关联性导致它们在房地产经济运行中形成了一个统一的有机整体。

4) 房地产市场的特点

(1) 房地产市场的区域性强

由于房地产商品是不动产,具有位置上的固定性,房地产商品所处区域的居民消费水平、区域经济发展状况的不同,导致其市场供求状况和价格水平也产生很大的差异,因而房地产供求状况和价格水平具有明显的区域性落差。这种落差折射出不同区域人口的密集程度以及社会经济的发展和繁荣程度。在我国,由于人口分布极度不均匀,区域经济发展也不协调,再加上房地产市场的发育正处于初级阶段,这一特点表现得更为显著。

(2) 房地产市场的竞争不充分性

房地产市场竞争不充分性主要是由于房地产市场的各种信息(如供房信息、交易信息等)告知程度不够充分,物业的出售、出租因其位置的差异性,不可移动性和垄断性造成的。

(3) 房地产市场的垄断性

土地是一种有限的资源,一旦某块土地被某人占有,就会形成对该块土地的垄断。但由于土地所有制的性质不同,对土地的垄断也具有不同的特点。在土地私有化为主的国家,土地的垄断实质上是一种私人的垄断;而在我国,土地所有制以公有制形式表现出来,这就决定了由此形成的对土地的垄断实质上是一种代表着全体人民利益的垄断。我国《宪法》明文规定:"城市土地属于国家所有,任何组织和个人不得侵占、买卖、出租或以其他形式非法转让土地。"也就是说,除国家可以依法征用集体所有制土地外,城市土地的所有权是不能发生转移和进行买卖的。因此,在以土地作为交易客体的地产市场中,其经营必然是国家控制的垄断性经营。

(4) 房地产市场的滞后性

房地产市场的滞后性主要体现在其对经济形势的短期波动不敏感。虽然房地产业的发展趋势从总体上是与国民经济发展趋势基本保持一致的,但由于房地产市场本身是一个竞争不充分的市场,在经济趋向繁荣和走向衰退时,房地产业的整体涨落幅度往往低于整个经济的涨落幅度,所以使得房地产业对短期经济波动的反映往往滞后,且有时表现为不敏感。

(5) 房地产市场供给的稀缺性

由于土地是不可再生的稀缺性资源,房产也必然是相对稀缺的。因此从根本上来说,房地产市场是一个供给稀缺的市场。随着社会实践的发展,经济增长和城市化使城市人口激增,这样不论从生产角度来说,还是从生活角度来说,对土地的需求量都在日益增加。但是,土地的供给数量基本上是一个恒定的常量。这就产生了供给有限性和需求增加之间的矛盾,在我国这一矛盾更加尖锐,亟待妥善解决。

(6) 房地产市场是一个投机性和投资性相结合的市场

房地产的保值增值功能及房地产业高水平的投资回报能力,使其成为一个十分诱人的投资领域。同时由于房地产投资的风险性及房地产资源的稀缺性,又使其成为一个投机活动较多、投机性较强的领域。

(7) 房地产交易的复杂性

首先,房地产交易形式多样,不仅有土地使用权的出让、转让,还有房地产买卖、租赁、抵押、典当及其他让渡方式。其次,房地产交易从有初步意向到交易完成,需要进行寻找买方或卖方、现场考察、产权产籍资料查阅、讨价还价、签订契约、产权转移登记等活动,持续时间较长。再次,完成一宗房地产交易通常需要中介人如律师、估价师、经纪人、金融机构、行政管理部门等的参与,因而,房地产市场的交易复杂,交易费用高。

(8) 与金融联系的密切性

由于房地产的价值量大,不仅房地产的开发需要大量的资金,即使对一般购房者来说,这是一笔非常庞大的资金。所以不论是房地产的投资者、开发者,还是房地产的消费者,对于信贷的依赖性都很强。没有金融的支持,房地产交易的规模将受到很大的限制。而金融政策、市场利率的变动,也会对房地产交易的数量、价格等产生很大影响。

(9) 政府的干预性强

政府对房地产市场的干预较之于一般产品市场来说是较强的,这是由房地产的稀缺性、房地产对国民经济发展的重要性决定的。无论何种社会制度的国家,政府都以社会管理者的身份出现,一般通过金融政策、财政政策、土地利用规划、城市规划以及环境保护等手段,来鼓励或限制房地产开发,对房地产市场进行干预和调节。

### 3.1.2 房地产市场供需关系

1) 房地产市场需求

(1) 房地产需求的含义

需求是指在一定的时期内,一定的价格水平下,消费者愿意而且能够购买的商品和劳务。房地产需求的概念应该从微观和宏观两个角度去理解。从微观角度看,房地产需求是指人们在某一特定时间内,在一定的价格水平下愿意而且能够购买的房地产商品数量,也可以叫做房地产市场需求,也即房地产的有效需求。从宏观角度看,房地产需求是指房地产总需求,即某一时期全社会房地产需求的总量。

房地产需求是房地产生产的出发点。房地产需求的结构、规模、质量等,直接影响到房地产的生产和供给。人们对房地产的需求有两类:住宅需求和非住宅需求。

① 住宅需求

住宅作为居民的主要生活资料,是居民生存的基本条件。它对居民生存与发展的空间保障功能具有不可替代性,是人们生活所必需的长期性消费品。住宅是一种价值大、使用价值消费周期长的超级耐用消费品。它具有生存资料、享受资料和发展资料的全部特征,特别是在当前,居民对住宅的享受功能和发展功能的追求日益强烈,进而导致住宅需求的日益扩大。

② 非住宅需求

非住宅需求包括厂房、仓库、商店、饭店、办公楼等用于生产经营活动等方面的房地产需求。非住宅需求的房地产数量会随着社会生产力水平的提高而增加。

(2) 房地产需求的特点

房地产需求与一般商品需求基本上是相同的,因此经济学中的基本原理对房地产需求也是适用的。同时,房地产作为一种特殊商品,具有自身的一些显著特点。

① 房地产需求的多样性

世界是五颜六色的,生活是五彩缤纷的,人类对房地产需求也是多种多样的。人们对房地产的多种需求大致可以分为生产性需求、消费性需求和投资性需求。这三种需求之间常常是互相重叠、无法加以区分的,在每一种需求的内部又包括极其复杂多样的具体需求。多样的需求带来了多样的产品形式,其作为生产资料,可以是厂房、商店、饭店等,作为消费资料,可以是普通住宅、公寓、别墅等。

② 房地产需求的普遍性和增长性

房地产既是生活资料,又是生产资料,是人们生产生活必不可少的空间条件和活动场所。作为生产需求,它是生产对象、生产资料、生产条件;作为生活资料,它既是人们最必需的生活资料,也是人们的发展资料和享受资料。所以不管是生产还是生活,在任何时候和任何地方,都需要一定数量的房地产。这就是房地产需求的普遍性。

人们对房地产的需要相对于有限的地球可用面积而言具有无限性,但人们对房地产的需求受支付能力的限制,受经济发展水平的限制。随着经济持续增长及人们生活水平的不断提高,人们的支付能力不断增强,因此对房地产的需求将越来越大,越来越多。

③ 房地产需求的连续性和间断性

经济社会每时每刻都在发展,人口在不断增长,因而随时随地都提出了对房地产的需求。只要社会还在发展,对房地产的需求就不会停止,这就是房地产需求的连续性。但是对于一个具体的单位,对于个人而言,在市场对房地产的需求则是间断的。由于房地产商品是耐用消费品,使用价值存在的时间很长,一次购买可以满足长期的消费,所以对于具体单位和特定的个人,对于房地产的需求则是间断的。

④ 住宅房产需求具有多层次性

人们对住宅的需求具有明显的多层次性。从满足需要的程度可划分为对住宅的生存需求、生理需求以及享受、发展需求。生存、生理需求是人们的基本需求,这种需求被满足之后,人们会在住宅产品上追求享受和发展需求的满足。这时人们会对住宅的面积、朝向、采光、通风、生活配套设施、交通状况等,提出更高的要求。这些都是比基本生活需要更高层次的需求。

⑤ 地产需求通常是一种引致需求

土地在房地产经济中一般是作为一种生产要素投入到经济活动中去的。除农业用地外,人们需要土地并不是因为土地本身的生产力,而是表现为一种要素投入,其需求是由人们对住宅、厂房、办公场所等方面的需求引起的,是对这些房产需求的引致需求。

(3) 房地产需求的变化

根据经济学常识,如果其他条件不变,某种商品或服务的价格下降时,其需求数量就会上升,反之,需求就会下降,即对某种商品或服务的需求数量与该商品或服务的价格呈逆相关关系。通常我们可以用需求曲线来表示这变化趋势,如图 3-1 所示。

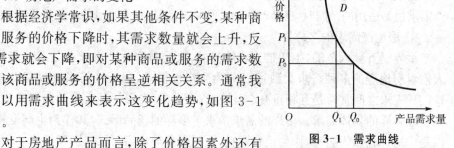

图 3-1 需求曲线

对于房地产产品而言,除了价格因素外还有一些其他因素影响着消费者对房地产需求,如消费者收入变化、其他商品价格变化、消费者对未来的预期、政府政策变化等,都会影响房地产产品需求。

① 消费者收入变化

一般说来，消费者收入增加会导致对大多数商品需求的增加，从而使需求曲线向右平移。但也有例外，如收入增加导致对商品住宅购买需求增加，但对出租住宅的需求会相应减少。

② 其他商品价格变化

在表示某种产品的需求曲线中，通常假设其他商品的价格保持不变，但实际的市场情形并不一定是这样。例如，某地的商品住宅市场，由于多层住宅价格的迅速上升使居民对高层住宅需求增加，进而导致高层住宅价格攀升，使高层需求曲线向右平移。所以，某些商品的替代品价格变化会影响产品需求。

③ 消费者预期

消费者对未来收入、利率水平和产品价格涨跌的预期也会影响某种商品的当前需求。例如，居民预期未来住房抵押贷款利率可能下调、收入上升或者在某一区域的房地产产品价格可能上升，就会引起需求的增加，使当前需求曲线向右平移。

④ 政府政策变化

房地产税收政策、住房政策、金融政策的变化或城市规划的变更，也会影响对当前房地产的需求。例如，降低交易税费、降低信贷门槛，将推动住房需求的增加。

经济学上常常用需求函数来表示消费者对某种商品的需求数量与影响因素的关系。房地产需求函数可以表示为：

$$Q_d = f(P, P_1, E, W)$$

式中：$Q_d$——房地产在一定时期的市场需求量；

$P$——房地产价格；

$P_1$——替代产品价格；

$E$——房地产预期变化；

$W$——政策因素或其他影响因素。

在一定时期内市场上消费者对房地产的需求量，是一个具有多变量的函数。通常认为对房地产需求量影响最大的是房地产价格，其他因素的影响则相对要小一些，要间接一些。

2）房地产市场供给

（1）房地产供给的含义

房地产供给的内涵可以从宏观和微观两个层次进行把握。从宏观经济角度来看，所谓房地产供给指的是房地产总供给量，是指在某一时期内，在某一价格水平的情况下，全社会房地产供给的总量，由房地产一级市场、二级市场和三级市场的供给量之和构成。从微观经济角度来看，房地产供给是指生产者在某一特定的时期内和某一价格水平条件下愿意而且能够提供的某一地区和品种的房地产商品量。这里房地产的供给主要是指特定地区或特定种类的市场供给。

房地产供给具备两个条件：一是生产者出售或出租的愿望，这主要取决于以价格为主的交易条件；二是供应能力，这主要取决于房地产生产者的经济实力和经营管理水平，两者缺一不可。在市场经济条件下，以价格为主的交易条件是主要的，一般情况下，价格下跌，市场供给量减少；价格上升，市场供给量增加。

（2）房地产供给的特点

房地产作为一种特殊商品，它的供给具有自身的一些显著特点。

① 房地产供给缺乏弹性

与一般商品相比，房地产供给缺乏弹性，也即通常所说的房地产供给的刚性。土地是一种不可再生的稀缺资源，一个国家、一个地区的土地自然供给是一个既定量，总量供给存在着一个恒量的限制。另外，由于房地产开发建设周期长，在短期内房地产很难直接地、迅速地生产出来，短期的房地产供给就是一个变化较小的量。

② 房地产供给的长期性和滞后性

同一般的商品相比，房地产商品往往生产周期较长，从取得土地使用权开始，到形成产品，最后出售或出租该产品，要经历一个较长的时间。一般的房地产项目开发，少则两年，多则三五年，产品形成后，即使采用出售的方式，也需要一定的推销时间。较长的生产周期和销售时间决定了房地产供给相对于需求的变化存在着滞后性，短期内房地产供给是固定的，长期来看房地产供给的弹性也是有限的，远跟不上需求的变化，这又导致了房地产供给的风险性。

③ 房地产供给的规划性

房地产业是一个特殊的行业，城市房地产供给要以国家对城市的总体规划为前提。城市规划的地域功能分工，是确定房地产供给对象的基础。建筑密度、建筑物高度、建筑的功能用途都要以城市规划为前提。城市规划所确定的商业区、工业区、住宅区等规定着各地段房地产供给的具体用途。因此，房地产供给不能像其他商品那样，由生产者意志和市场需求决定，而是受城市规划的限制。

④ 房地产供给的异质性

房地产供给的异质性主要是指房地产商品是不同质产品，因此不能像普通商品那样进行标准化。就地产而言，人们不可能也无法找出两宗完全相同的土地，每块土地的地理位置、地质结构、升值潜力都是不同的。就房产而言，也存在着位置、面积和使用年限等差异。房地产供给产品的异质性决定了房地产市场不是批量供给、规格划一的市场，而是多种互不相同又相互联系的次级市场和细分市场。

（3）房地产供给的变化

就像价格和需求数量之间存在相关关系一样，价格与供给数量之间也存在着一定的相关关系。由于价格上升或者降低会导致供给数量的增减，所以，供给数量与价格的关系为正相关关系。通常我们用供给曲线来表示这种变化趋势,如图 3-2 所示。

与需求曲线一样,不仅仅是价格,产品开发成本、建造技术、政府政策、相关产品价格、对未来预期、开发商获取利润等因素都影响着市场供给数量的变化。下面我着重解释几个重要的非价格因素对市场供给数量的影响。

① 房地产开发成本

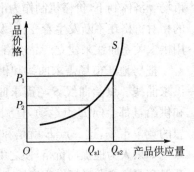

图 3-2 供给曲线

房地产开发成本的变化会直接影响开发商的利润水平,也会直接影响到其决定开发的商品数量。例如,自 1998 年以来低银行贷款利率和较低水平的通货膨胀率,使普通商品住宅开发成本下降,从而导致普通商品住宅供给数量增加,供给曲线向右平移。需要说明的是,这种局面自 2004 年国家宏观调控之后开始有所改变,政策力量的影响在这里大于经济状况的影响。

② 政府政策变化

政府的各项政策都有可能影响着房地产产品供给。1998 年开始出台的一系列房地产政策都在鼓励着房地产市场加大供应量,如降低房地产开发中的税费,降低土地出让金的收取标准,连续出台的扩张型财政政策都使房地产产品供应加大,使供给曲线向右平移。而自 2004 年宏观调控后出台一系列政策,如商品房交易税征收、抑制过度投机政策又使房地产产品供给减少,供给曲线向左移动。

③ 对未来的预期

对未来房地产市场价格变化的预期会影响到房地产企业当前的投资行为,进而影响到市场供给。例如,开发商预计未来房地产价格上升,那么他就将其开发的部分产品搁置起来暂不销售,使当前商品房供应减少。

经济学上常常用供给函数来表示生产者对某种商品的供给数量与影响因素的关系。房地产供给函数可以表示为:

$$Q_s = f(P, C, T, W)$$

式中:$Q_s$——房地产开发企业在一定时期内愿意向市场提供的房地产数量;

$P$——房地产价格;

$C$——房地产成本;

$T$——房地产开发商投资预期;

$W$——政策因素或其他因素。

3) 房地产市场机制

房地产市场的运行机制,在很大程度上取决于整个国家的经济体制。社会主义市场经济体制下,价格机制作为市场调节的主要机制。价格机制中,各种商品和服务的相对价格在不断发生着变化,及时反映着供给与需求的关系变化。经济学中通常用供求关系曲线来建立产品价格和该产品在某个时间段内的供求数量关系。

把房地产市场需求曲线和供给曲线画在同一直角坐标系中,就构成了房地产供求曲线。供给曲线 $S$ 与需求曲线 $D$ 有一个交点 $E$。在价格发生变化时,需求量和供给量都会向 $E$ 点运动,直到 $E$ 点,价格才是稳定的。如果市场是一个完全理想的竞争市场,这一点 $E$ 就是和房地产价值相适应的价格。

如果人为地提高价格,使之由 $P$ 上升至 $P'$,这个价格对开发商是有利的,此时,开发商愿意多向市场供应房地产,把供给量 $Q_s$ 增加到 $Q'_s$,但对消费者来说,价格 $P'$ 可能太高了,在这个价格水平下需求量只能是 $Q'_d$,出现了 $Q'_s > Q'_d$ 即供大于求的不均衡现象。由于房地产市场出现了 $Q'_s - Q'_d$ 的房地产无人购买,也由于自由竞争的原因,自然会有开发商愿意降价出售,使价格呈下降趋势。随着价格的下降,买主又会自然增加,使需求量产生上升的趋势。但另一方面,由于房地产价格的下跌,开发商越来越不愿意多供应房地产,这样价格逐渐下降直到平衡点 $E$ 为止。

若价格从平衡点 $E$ 继续下降,从 $P$ 点下降至 $P''$(图3-3),则情况恰好相反。由于价格下降,新的价格对购买者来说是有利的,这样,需求量 $Q_d$ 提高至 $Q''_d$,但对开发商来说,价格 $P''$ 对开发商不利,会减少供给量至 $Q''_s$,出现了 $Q''_s < Q''_d$ 即供小于求的不均衡现象。同样,由于竞争价格又会上升,使得供给不断增加,需求逐渐下降导致价格又开始向平衡点 $E$ 靠拢。显然,无论是提高还是降低价格,供给和需求均不平衡,在完全自由竞争的条件下,供给和需求平衡,价格才能稳定。

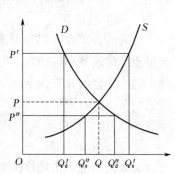

图 3-3 供求平衡曲线图

从理论上讲,能够保持价格稳定的只有一个平衡点 $E$。另外,在实际市场中,除了价格以外还有其他的因素也会影响供求的变化,从而导致平衡的变化。房地产市场的供求关系同其他商品的供求关系一样,均衡是相对的、有条件的,而不均衡则是绝对的、普遍的。

## 3.2 房地产市场调研的目的、内容与方法

### 3.2.1 房地产市场调研的含义和目的

在信息技术时代,信息变得如此重要,已和资金、材料、设备和人力等并列为管

理的五大资源。随着房地产市场由卖方市场向买方市场的转变,房地产市场竞争由价格竞争向非价格竞争发展,使得对房地产市场信息的需要比过去任何时候都更为强烈。市场调研是企业营销活动中必不可少的重要组成部分。实践证明,在错综复杂、激烈竞争的经营环境中,只有通过认真细致、有效的市场调研,才能制定出切实可行的战略,使企业立于不败之地。

1) 房地产市场调研的含义

在20世纪初,随着商品经济的高度发展,市场调研作为一门学科在美国首先产生。第二次世界大战以后,随着现代科学技术和信息经济的大发展,市场调研得到了迅速的普及和发展。现在,新型的现代化信息系统已经形成,使得市场调研的发展进入了一个新的时代。随着社会主义市场经济体制的确立和不断完善,市场调研日益为人们所重视,我国不少企业也相继建立了市场调查机构,并开始实地开展对市场需求和消费意图的调研。

房地产市场调研是房地产企业为了确定投资经营的方向,选择目标市场,运用系统的、科学的方法,有目的、有计划地收集和分析相关的房地产产品信息、企业的外部环境和内部条件信息以及业内其他企业相关信息等各种资料,通过对过去与现在的营销状况及动态性影响因素的分析研究,从而为企业预测未来发展、制定正确的决策提供依据。由于土地和房屋位置的固定性,房地产市场调研也具有很深的地域特征。我们对房地产市场的切入,也习惯依据地域形态,由单个楼盘到区域市场,再由区域市场到宏观环境,然后再从宏观环境回到单个楼盘、区域市场。不断的循环往复,融会贯通,才能真正把握市场的脉搏。

市场调研有广义和狭义之分。狭义的市场调研是以科学方法收集消费者购买和使用商品的动机、事实、意见等有关资料,并予以研究。例如进行住宅市场购买力的调研,只有通过一定数量的各种年龄结构的人员进行抽样调查,才能分析消费者房地产购买力的情况。广义的市场调研则是针对商品或劳务,即从生产者到达消费者这一过程中全部商业活动的资料、情报和数据作系统的收集、记录、整理和分析,以了解商品的现实市场和潜在市场。

2) 房地产市场调研的目的

这是进行市场调研应首先明确的问题。目的确定以后,市场调研就有了方向,不至于出现太大的过失。也就是说,调研人员应明确为什么要进行市场调研,通过调研要解决哪些问题,有关调研结果对于企业来说有什么作用。如果开始抓的问题就不够准,会使以后一系列的市场调研工作成为浪费,造成损失。

任何一项房地产市场调研都应是为一定的目标服务的,企业对开发项目有多种多样的目标要求,因此市场调研也应该是多种多样的。通常情况下,开发企业所做的市场调研大多是服务于项目开发,表现为项目定位调研、项目营销调研等,也有服务于企业战略层面的市场调研。

### 3.2.2 房地产市场调研的程序

房地产市场调研是一种有系统、有组织、有计划的研究工作，要想取得可靠的一手资料，掌握详尽的市场信息，必须遵循一定的程序与步骤，才能达到期望的效果。由于调研的类型、目的和范围等有所不同，因而调研所采取的步骤也各有繁简，但无论是哪种类型的调研，大致可以分为三个阶段：准备阶段、实施阶段、分析和总结阶段。

1) 准备阶段

房地产市场调研准备阶段是调研工作的第一步。资料准备是否充足，对实际调研工作和调研的质量影响很大。一个良好的开始，往往可以达到事半功倍的效果。准备阶段的工作主要解决调研的目的、范围、规模、手段等问题。这个阶段的工作具体如下：

（1）提出问题，明确调研的目标

房地产市场调研的任务是为营销决策提供信息，帮助发现并解决营销问题。调研人员需要牢记调研是为营销服务的，任何偏离主题的调研都不是有效的调研。

（2）初步情况分析和假设

在界定问题的基础上对已有的资料、信息、情报进行初步分析，在初步分析的基础上，提出假设并对多个假设进行推断，从而缩小调研范围，明确调研边界。

（3）初步调研

初步调研的目的是了解产生问题的一些原因，通常需要有三个过程：研究搜集的信息资料；与熟悉市场的专业人士一同进行市场分析；与决策者进行讨论，了解市场现状及需要解决的问题。

（4）制定调研方案和工作计划

对房地产市场调研经过上述分析后，如果决定要进行正式调研，就应制定调研方案和工作计划，即拟订调研计划书。

房地产市场调研方案是对某项调研本身的设计，目的是为了调研有秩序的进行，它是指导调研实施的依据，对于大型的市场调研显得更为重要。调研方案的内容如下：

① 完成调研所需的信息资料的收集。
② 运用数据对问题进行分析。
③ 明确获得解决问题的方法。
④ 掌握信息资料的收集渠道和方法。
⑤ 方案的可行性评价和核算费用的说明。
⑥ 方案进一步实施的准备工作。

房地产市场调研工作计划的设计是指在某项调研之前，对组织领导、人员分配、工作进度、费用预算等做出安排,保证调研工作有条不紊的进行。表 3-1 给我们提供了一些计划内容的参考。

表 3-1 市场调研的计划内容表

| 项 目 | 内 容 |
|---|---|
| 调研目的 | 为什么要进行调研,需要知道些什么 |
| 调研方法 | 采用观察法或实验法等 |
| 调研范围 | 被调研者的居住地区等 |
| 调研对象、样本 | 对象的选择、样本规模等 |
| 调研时间、地点 | 调研所需的时间、开始和完成时间等 |
| 调研项目 | 访问项目、问卷项目等 |
| 分析方法 | 统计的项目、分析和预测方法等 |
| 提交调研报告 | 报告的形式、内容、份数等 |
| 调研进度表 | 策划、实施、统计、分析、提交等 |
| 调研费用 | 各项开支 |
| 调研人员 | 策划人员、调研人员和资历等 |

2) 实施阶段

房地产市场调研方案和调研计划经过论证后,就进入了实施阶段。这个阶段的主要任务是,组织调研人员深入实际,按照调研方案的要求,系统地收集各种资料和数据信息,听取被调研者的意见。具体步骤如下:

(1) 建立调研小组

房地产市场调研部门,应该根据调研目的和规模的大小,配备好调研人员,建立专门的调研小组。

(2) 收集资料

资料收集分为第一手资料和第二手资料收集。房地产市场调研中收集的第一手资料往往需要进行实地考察,通过问讯、问卷、访谈等一些方式获得楼盘信息、市场供需状况等资料。如果一手资料不能满足调研要求,就需要寻找二手资料。以二手资料作为调研依据时还需要鉴别资料的准确性,特别是非官方和非权威资料,必须对资料的可信性进行验证。

3) 分析和总结阶段

房地产市场调研资料的分析和总结,是获得调研结果的阶段。这一阶段的工作是调研工作的最后环节,也是关键一环。这一阶段的工作包括以下几个步骤:

(1) 数据资料的整理与分析

对收集的原始数据进行编辑加工、分类归档,在数据之间建立起有机的联系,进行编辑整理、比较和综合分析得出所需的结论。

(2) 撰写调研报告

调研报告需要清晰简明地归纳研究结果,以使决策人员能够在剔出干扰的情况下做出合理的决策。

通常的房地产市场调研报告的主要内容包括:调研目的简单描述;调研方法及调研数据阐述;调研结果的分析和说明。

### 3.2.3 房地产市场调研的内容

任何企业在其生存发展过程中都必须与社会各个方面发生这样那样的联系,即企业必须能够适应市场营销环境才能够得以生存和发展。房地产企业及其开发的房地产产品需要贴近市场,适应环境才能获得认可,得到长期生存和发展。

对市场营销环境的划分方法有很多种,其中较常用的是将其分为微观环境和宏观环境。微观环境包括企业内部因素和企业外部的供应者、营销中介、顾客、竞争者和公众等因素;宏观环境是由一些综合的社会约束力量所组成,包括人口、经济、自然、科技、政治、法律和文化等因素。房地产企业的市场调研也必须围绕着市场环境展开,内容主要包括以下几个方面:

1) *房地产市场环境调研*

(1) *政治法律环境调研*

政府颁布的各项方针、政策、法令等,对企业的经营和市场营销行为的影响很大。房地产业又是国民经济的支柱产业,其受国家宏观调控的影响非常明显。企业必须适应这些政治法律环境,遵从政策的引导。

(2) *经济环境调研*

经济环境是制约企业生存和发展的重要因素,企业应该也必须对本地区市场范围经济环境信息有细致的了解,以扬长避短,发挥经营优势。

(3) *社区环境调研*

社区环境直接影响着房地产产品的价格,这是房地产商品特有的属性。优良的社区环境,对发挥房地产商品的效能,提高其使用价值和经济效益有重要的作用。

(4) *项目微观环境调研*

项目的微观环境调研又称为项目开发条件分析。其目的是分析项目本身的开发条件及发展状况,对项目自身价值提升的可能性与途径进行分析,同时为以后的市场定位做好准备。

2) *房地产市场需求和消费行为调研*

房地产市场需求和消费行为调研的内容主要包括以下几个方面:

(1) 房地产市场需求影响因素调研。

(2) 消费者需求动机调研

如消费者的购买意向,影响消费者购买动机的因素,消费者购买动机的类型等。

(3) 消费者购买行为调研

不同的消费者具有不同的购买行为特征,这些行为特征最终影响着消费者对房地产产品的购买。

3) 房地产产品调研

房地产产品的调研一般来说包括:商品形态和供求状况、市场占有率、市场趋势等方面的调研。

(1) 商品形态及供求状况调研

产品形态调研就是要了解某个区域市场在某段特定时间存在的产品形态的信息,包括产品类型,各类产品所占的比例,消费者对该类产品的认可程度。供求状况调研就是对区域市场中各类产品的供求状况进行分析,了解市场缺口,判断市场供需变化方向。

(2) 市场占有率调研

市场占有率有绝对市场占有率和相对市场占有率之分。绝对市场占有率,是指企业生产的产品在一定时期内的销售量占同类产品市场销售总量的份额;相对市场占有率,是指本企业某种产品销售额与同行业销售额最高的企业同量产品销售额的比值。通过市场占有率的调研,能反映出本企业产品在市场上的地位和竞争能力。

市场趋势分析难度较大,一般由专业人员通过对宏观经济状况、区域经济发展状况及以区域房地产市场供需状况的综合分析得出,这种分析结果可以作为企业制定长期发展战略的依据。

4) 房地产价格调研

房地产产品的价值大,价格高,是影响顾客购买行为的重要因素之一,企业制定价格策略应慎之又慎,既要做到科学合理,又要考虑到顾客对价格变动的反应及对价格的承受能力。

房地产价格调研包括:影响房地产价格变化的因素,房地产市场供求情况的变化趋势,开发项目所在区域房地产市场价格,价格变动后消费者可能的反应等。

除了上述的基础情况调研外,房地产开发企业在进行项目营销策划时,还要进行房地产营销渠道调研、促销方式调研等。

### 3.2.4 房地产市场调研的方法

房地产市场调研的方法多种多样,通常采用的方法包括:询问法、观察法和实验法三种。

1) 询问法

询问法是以询问的方式,作为收集资料的手段,以被访者的答复作为调研资料依据的调研手段。询问法的内容包括三个方面:一是事实询问,要求被调研者用事实回答问题;二是意见询问,要求被调研者提出自己的意见;三是阐述询问,要求被调研者说出自己意见的理由。询问法通常有面访询问、电话询问、邮件询问、小组座谈和问卷调查等几种形式。在房地产市场调研中,面访询问、小组座谈和问卷调查三种方式较为常用,因为这三种方式较容易获得答案,并且面访询问和小组座谈这两种形式更容易使调研者和参与者们在谈论过程中深入问题的实质,得到理想的答案。

2) 观察法

观察法是指调研人员通过直接观察和记录被调研者的言行来收集资料的方法。调查人员需要到调查现场耳闻目睹现场发生的情况,并给以真实的记录,以获得调研资料。在房地产市场调研中常用于商铺调研、消费行为调研、销售现场调研、设备调研等方面的调查。

观察法最大的优点是直观和可靠,它可以比较客观地收集第一手的资料,直接记录调研的事实和被调查者在现场的行为,调研结果更接近于实际。而缺点则在于观察只能反应现象表面,不能揭示原因和动机。

3) 实验法

实验法是指将调查范围缩小到一个比较小的规模上,进行试验后取得一定结果,然后再推断出现实情况中可能出现的结果。实验法是研究因果关系的一种重要方法。例如,调查广告效果时,可选定一些消费者作为对象,对他们进行广告宣传,然后根据接受的效果来改进广告词语、声像等。又如,用实验法研究广告对销售的影响,可在其他因素不变的情况下研究广告投放量的变化所造成的销售量的变动,并将它和未进行广告宣传的区域进行比较。实验法投资大,周期长,往往容易丧失市场机会,因此带有一定的风险性,虽然如此,实验法在研究因果关系时仍能提供询问法和观察法所无法得到的资料,因此具有独特的价值。

此外,根据调研目的的不同,还有其他很多种类的调研方法。房地产市场调研应该根据项目进展状况和需要解决的问题进行有针对性的调研。从完整的房地产项目开发活动来看,房地产市场调研是其中的一个组成部分,它是一个分阶段、分层次、由浅入深的循序渐进的过程。

## 3.3 案例分析

以南京某项目为例,其中简略了一些描述性内容。

### 3.3.1 调研计划

1) 项目背景

该项目是由南京某大型置业有限公司倾力打造的精品力作,项目地处南京下关滨江板块核心之地,占地 13 947 $m^2$,总建面积 33 397.32 $m^2$,容积率为1.97,绿化率高达 36%。本市场调研以项目前期策划为目标,从市场、消费者、竞争楼盘三个方面进行针对性的市场调研。

2) 调研目的

通过对项目的市场调研分析,旨在为项目开发定位提供决策依据,为整个项目运作奠定良好的基础。

3) 调研原则(略)

4) 调研方法(略)

### 3.3.2 市场环境调研

1) 宏观市场环境调研(简)

长远分析来看,随着南京城市定位变化和其在长三角以及全国地位的提升,南京房地产市场对于那些制定长远发展目标的开发商吸引力大增,新规划片区因为未来可以预期的巨大发展潜力,将成为开发商角逐的热点。与此同时,受益于2014年青奥会557亿元的城建投资,房地产仍享"经济发展红利",南京房地产还有较大的发展潜力。

2) 区域市场环境调研

(1) 河西板块(略)

(2) 项目所在区域及相关配套设施建设(略)

3) 微观市场环境调研(略)

### 3.3.3 消费者调研

1) 被访者基本情况

(1) 年龄

本次发放问卷针对的对象是各年龄层、各种职业的有可能成为潜在购房者的人群,如图 3-4 所示。

(2) 家庭结构

问卷调查显示被访者的家庭结构如图 3-5 所示。上述数据差别不是很悬殊,说明对购房有兴趣人群的家庭结构比较丰富。

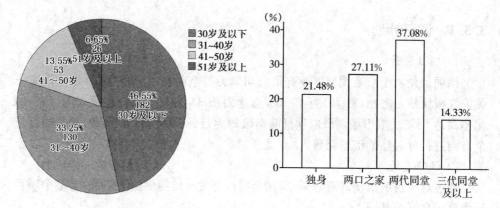

图 3-4 被访者年龄情况　　　　图 3-5 被访者家庭结构情况

(3) 区域分布

被访者的工作区域分布如图 3-6 所示。

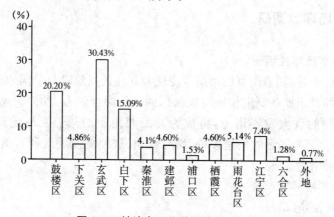

图 3-6 被访者工作单位的行政区域

(4) 收入

被访者家庭月收入情况如图 3-7 所示。

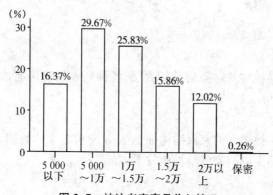

图 3-7 被访者家庭月收入情况

2）被访者购房意向

(1) 对未来市场的预期

被访者对于南京市房价在未来的走势看法如图 3-8 所示。

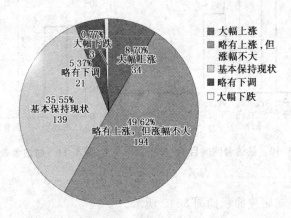

**图 3-8 被访者对南京房价未来走势的看法**

调查表明,绝大部分的被访者对于未来的房价走势持居中偏乐观的观点,他们心目中的价格在未来的 2～3 年呈缓慢上升的趋势。

(2) 购房计划

被访者的购房计划如图 3-9 所示。

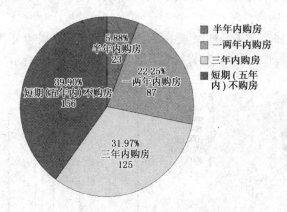

**图 3-9 被访者未来购房计划**

(3) 购房目的

被访者中,购房目的分布比例如图 3-10 所示。

(4) 装修需求

被访者购买时希望的装修状况如图 3-11 所示。

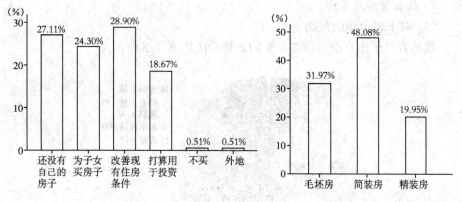

图 3-10 被访者购房目的　　　　图 3-11 被访者希望的装修情况

① 住房面积

被访者期望的居住面积如图 3-12 所示。

② 户型

被访者偏好的户型分布如图 3-13 所示。

③ 对河西地区房价的预期

消费者在河西购房时的预期单价如图 3-14 所示。

④ 付款方式

消费者倾向的购房付款方式如图 3-15 所示。

⑤ 购房影响因素

被访者购买住宅所关心的因素主要集中在交通情况、周边公共设施配置、楼盘地理位置、物业管理水平和户型设计这几个方面,如图 3-16 所示。

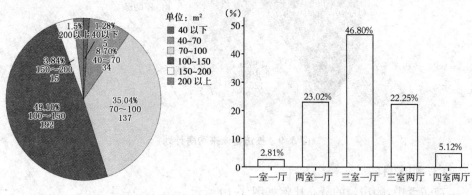

图 3-12 被访者期望的住宅面积　　　　图 3-13 被访者偏好的户型

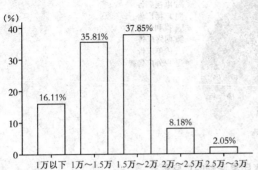

图 3-14　被访者预期的河西购房价格　　图 3-15　被访者倾向的购房付款方式

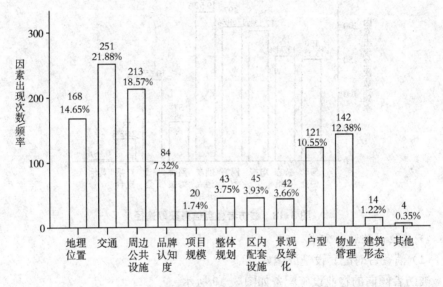

图 3-16　购房影响因素

3）被访者购房渠道

(1) 对广告的偏好

广告是告知消费者本楼盘信息的最普遍方式,但是发布广告的媒体有很多,在多种多样的平台之间选择合适的平台进行宣传并推出产品是房地产开发的重要一步。调查结果如图 3-17 所示。

(2) 楼盘信息的获取途径

被访者楼盘信息的获取途径比较多元化,如图 3-18 所示。

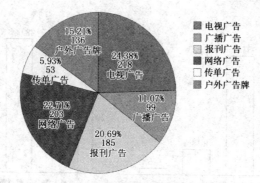

图 3-17 被访者印象深刻的广告形式

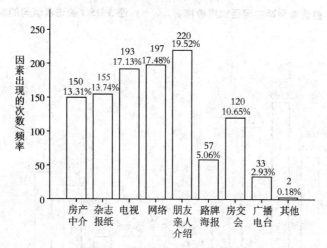

图 3-18 被访者楼盘信息获取途径

4)其他设施服务需求

(1)消费者对配套设施的偏好

被访者倾向的物业设施配备如图 3-19 所示。

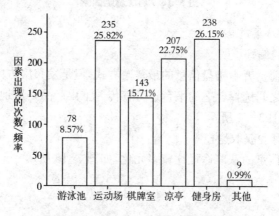

图 3-19 被访者倾向的物业设施配备

(2) 对物业管理费的意愿

被访者对于物业的看法调查如图3-20所示。

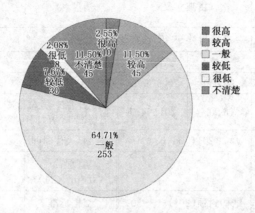

图3-20 被访者对于现住小区物业费的看法

5) 消费者调研结论与建议

(1) 调研结论(略)

(2) 建议(略)

### 3.3.4 竞争楼盘调研

本项目竞争楼盘调研根据竞争程度分为已建项目和新开地块两个类别。

1) 同质同区楼盘调研

本项目同质同区的竞争楼盘主要为以下五个项目：世茂外滩新城(表3-2)、凯鸿隽府、长江峰景、天正桃源、江雁依山郡(后四个楼盘略去)。虽然均为住宅项目，且区域相同，但其特点和目标客户群仍有区别。

表3-2 "世茂外滩新城"竞争分析

| 楼盘名称 | | 世茂外滩新城 | | 物业类型 | | 公寓式超高层住宅 |
|---|---|---|---|---|---|---|
| 位置 | | 下关区南通路89号 | | 使用年限 | | 70年 |
| 占地面积(m²) | | 518 900 | | 建筑面积(m²) | | 1 454 638 m² (约145万 m²) |
| 轿车车位(个) | | 6 400 | | 总户数 | | 800 |
| 容积率 | | 2.3 | | 绿化率 | | 38% |
| 户型及其比例 | 户型结构 | 1室2厅 | 2室2厅 | 3室2厅 | 4室2厅 | 5室2厅 |
| | 面积(m²) | 86.8 | 127.4 | 167.8 | 257.5 | 273.5 |
| | 户型比例 | 12% | 2% | 24% | 25% | 37% |

续表 3-2

| 建筑风格 | | 古典主义 | | 楼盘形象 | 豪华居住区,宜居生态地产,打折优惠楼盘 |
|---|---|---|---|---|---|
| 付款方式及优惠 | | 一次性付款99折,按揭付款无折扣 | | | |
| 分期 | 体量 | 价格 | 销售时间 | 优惠 | |
| 一期 | 200 | 20 000 | 2009-9-25 | 赠送家具 | |
| 二期 | 500 | 16 000 | 2011-4-1 | VIP开盘一房总价减8万,二房减12万,三房减18万,四房减26万 | |
| 封顶时间 | | 2011-06-08 | | (计划)入住时间 | 2011-10-1 |
| 实收均价(元/m²) | | 12 237 | | 管理费(元/m²·月) | 2.0 |
| 工程进度 | | 结构封顶(2011-03-30) | | 交楼标准 | 精装交付 |
| 开发商 | | 南京世茂房地产开发有限公司 | | 销售率 | 80.36% |
| 建筑设计 | | 华东建筑设计研究院有限公司 | | 整体规划 | 戴德梁行 |
| 建筑施工 | | 上海市第一建筑有限公司 | | 园林设计 | 深圳奥雅园林设计有限公司 |
| 物业管理(顾问) | | 世茂物业 | | 销售代理(顾问) | 戴德梁行 |
| 公共交通路线 | | 10、34、54、810、815等十多条公交线路 | | | |
| 公共配套 | | 医院:省妇幼保健医院,省人民医院,海军414医院,南京医科大学第二附属医院,下关医院<br>银行:中国银行,农业银行,交通银行,工商银行,建设银行<br>超市:家乐福,苏果,联华便利<br>学校:第十二中学本部,多伦路小学,姜家园小学,天妃宫小学 | | | |
| 商业配套 | | 五星级希尔顿酒店、国际渔人码头商业休闲中心、田亮阳光俱乐部 | | | |
| 营销/推广特色 | | 以不同类型的房模展示各种户型未来的生活情境 | | | |
| SWOT分析 | Strength | 精装修交付,基本可以拎包入住;景观东西合璧,周边配套完善;宜居生态地产,规模较大; | | Opportunity | 希尔顿酒店或成南京新名片;南京江景楼盘第一家 |
| | Weakness | 距离市区较远,暂无地铁到达;容积率较高; | | Threaten | 沿江带大量地块待开发,竞争多;以大户型为主,可能不是主流 |

2) 同质异区楼盘调研

同质异区楼盘调研项目"万科金域蓝湾"(省略)。

3) 同区新地块(略)
4) 综合分析(略)

## 复习思考题

1. 市场的供需量与价格有何种关系?
2. 影响市场价格的因素有哪些?
3. 市场调研对房地产项目开发的重要性有哪些?
4. 针对房地产开发项目的市场调研应包括哪些主要内容?
5. 通常对房地产市场调研主要采用哪些方法?

# 4 土地制度与房地产开发土地的获取

**本章概要**

土地是房地产开发的基础,取得土地是房地产项目开发的起点。本章通过对我国现行土地制度,以及西方主要国家土地制度的介绍,揭示我国现行土地制度的特点。通过分析土地使用权的流转方式,了解房地产开发商取得土地使用权的方式途径。在此基础上,学习开发商在获取土地时地价的测算技术和方法,并了解土地获取过程中的相关问题。

## 4.1 我国现行土地制度

### 4.1.1 我国土地产权制度

1) 产权

产权是经济所有制关系的法律表现形式,是现代市场经济的核心范畴,土地资源优化配置的实质是土地产权在各个产权主体间的顺利流动。

现代企业产权制度是人类社会经济长期发展的结果。从私有财产的出现到市场经济体系的确立,产权一直被视为仅仅是一个法律上的概念,指的是财产的实物所有权和债权,它侧重于对财产归属的静态确认和对财产实体的静态占有,基本上是一个静态化的范畴。而在市场经济高度发达的时期,这一法律意义上的产权概念已经日益深化,含义更加宽泛,它更侧重于从经济学的角度来理解和把握,侧重于对财产实体的动态经营和财产价值的动态实现,它不再是单一的所有权利,而是以所有权为核心的一组权利(权利束),包括占有、使用、收益、处分等权益。

所谓产权制度则是制度化的产权关系或对产权的制度化,是划分、确定、界定、保护和行使产权的一系列规则。

现代产权制度是权责利高度统一的制度,其基本特征是归属清晰、权责明确、保护严格、流转顺畅。产权主体归属明确和产权收益归属明确是现代产权制度的基础;权责明确、保护严格是现代产权制度的要求;流转顺畅、财产权利和利益对称是现代产权制度健全的标志。

建立归属清晰、权责明确、保护严格、流转顺畅的现代产权制度,是市场经济存在和发展的基础,是完善基本经济制度的内在要求。当前,我国经济社会发展中出现的一些矛盾和问题都直接或间接地涉及产权问题,建立健全现代产权制度是实现国民经济持续快速健康发展和社会有序运行的重要制度保障。

2）土地产权

土地产权分为物权、债权两类。物权包括自物权、他物权。

（1）自物权

自物权是权利主体对自己所有的财产依法享有的物权，即所有权，亦称完全物权。所有权是整个产权制度的核心，具有绝对性、排他性和永久性等特点。除土地所有权以外，我国不动产所有权还设有建筑物所有权，以及高层建筑等产生的建筑物区分所有权（由区分所有建筑物专有部分所有权、共用部分持有权及因共有关系所生的成员权所构成的特别所有权）。

（2）他物权

他物权是权利主体对他人所有的财产依法享有的权利，亦称限制性物权，包括用益物权和担保物权。用益物权是以物为标的，以使用、收益为内容的物权，主要有建设用地使用权（土地使用权）、土地承包经营权、宅基地使用权、地役权等。担保物权是为了担保债的履行而设定的物权，主要是土地的抵押权，即为担保债权的清偿以不动产为标的而设定的物权。

债权是一方当事人对相对方当事人的权利，亦即相对方对该方当事人承担的义务，它以契约自由为原则。我国土地产权设置如图4-1所示。

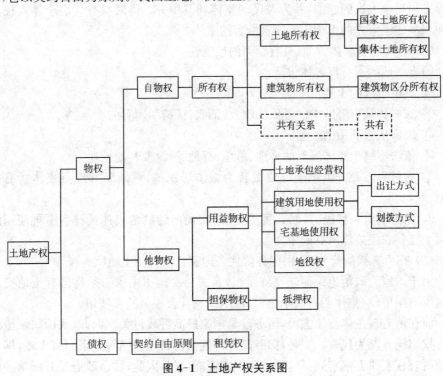

图4-1 土地产权关系图

土地的权利具有排他性,包括占有、使用、收益和处分四项权能(权利束)。不同的权利体系,所拥有的权利不同。土地产权制度是土地法律制度的核心。

### 4.1.2 土地所有权制度

土地所有权是土地所有者对自己所有的土地享有完全的占有、使用、收益和处分并依法排除他人干涉的权利。土地所有权是土地产权制度在法律上的体现。我国"实行土地的社会主义公有制,即全民所有制和劳动群众集体所有制"。土地的全民所有制,具体采取的是国家所有制形式,称国家所有土地,简称国有土地;土地的劳动群众集体所有制,具体采取的是农民集体所有制形式,称农民集体所有土地,简称集体土地。

1) 土地国家所有权制度

国家是国有土地唯一的、统一的所有者。这一土地所有权制度主要由承继、没收、土地改革、依宪法直接取得和征用等五种途径得以实现。这是我国现阶段最重要的土地所有权制度。

我国国有土地所有权具有以下三项法律规定:

(1) 在所有权主体方面,国家所有的土地只属于国家

由于我国土地国有实质为全民所有,因此对于国有土地的占有、使用、收益和处分必须反映人民的意志,并为人民的整体利益服务。同时只有代表全体人民意志和利益的国家才能作为土地国家所有的主体。

(2) 在所有权客体方面,具有相当的广泛性

国有土地的所有权客体包括:

① 城市市区的土地。

② 农村和城市郊区中已经依法没收、征收、征购为国有的土地。

③ 国家依法征用的土地。

④ 依法不属于集体所有的林地、草地、荒地、滩涂及其他土地。

⑤ 农村集体经济组织全部成员转为城镇居民的,原属于其成员集体所有的土地。

⑥ 因国家组织移民、自然灾害等原因,农民成建制地集体迁移后不再使用的原属于迁移农民集体所有的土地。

(3) 在所有权的行使上,由国务院代表国家依法行使土地所有权

由于国家为政治组织而非经济组织,客观上决定了国家必须将国有土地交由全民所有制单位、集体所有制单位、其他组织及社会成员经营使用。

而在所有权主体行使方面,国务院是国家最高行政机关。因此,我国国家土地所有权以国务院为代表。但是,国务院并不能亲自管理全国每一宗国有土地,国有土地所有权实质上落实到具体地方和国家职能部门,因此,城市政府是其所辖的区

域范围内的国有土地所有权的实质代表。

这里产生了一个国家土地所有权主体的移位问题,即在国家所有土地权的行使方面,实质上的城市政府(地方层面)与法理上的国务院(国家层面)存在理论上的偏差。并实质上导致了土地管理方面的偏差或问题的产生,如耕地保护问题、城市间低地价竞争问题、外部性问题等。

2) 土地集体所有权制度

土地集体所有权制度,是指农村劳动群众集体经济组织在法律规定的范围占有、使用、收益和处分自己所有土地的权利,是我国土地公有制的另一重要形式。

我国土地集体所有权制度具有以下特征:

(1) 未有一个统一的主体

集体所有的土地只属于各劳动群众集体所有,其土地集体所有权的主体有:

① 村农民集体,"集体所有土地依法属于村农民集体所有,由村集体经济组织或者村民委员会经营、管理"。

② 农业集体经济组织的农民集体,"已经分别属于村内两个以上农村集体经济组织的农民集体所有的,由村内各农村集体经济组织或者村民小组经营、管理"。

③ 乡(镇)农民集体,"已经属于乡(镇)农民集体所有的,由乡(镇)农村集体经济组织经营、管理"。由于法律规定上的模糊性,土地集体所有权存在实质上的主体虚位。

(2) 集体土地所有权的客体具有广泛性

集体土地所有权的客体包括:

① 除由法律规定属于国家所有的以外农村和城市郊区的土地。

② 由法律规定的属于集体所有的森林、山岭、草原、荒地、滩涂。

③ 宅基地、自留地和自留山。

(3) 国家法律重视集体土地所有权的保护

集体所有的财产受法律保护。禁止任何组织或个人侵占、哄抢、私分、破坏或非法查封、扣押、冻结、没收的规定也适用于农村集体所有土地的保护。

(4) 集体土地所有权权能的不完整性

在占有、使用、收益、处分方面,集体土地所有权的权能并不完整,即集体所有土地并不是完整的所有权,受到一定的限制。主要体现如下:

① 收益权的限制,如集体土地不能直接用于房地产开发,若要进行房地产开发,必须先经国家征收程序转变为国有土地后再由国家出让给开发商进行开发。

② 处分权的限制,集体土地不得出让、转让、出租用于非农业建设,不得擅自改变土地的用途。

③ 国家以法律法规的形式限制集体土地直接进入市场,而国家有权根据公益

的需要征收集体所有的土地。

④ 国家所有土地与集体所有土地之间的所有权的流转是单向的,即只能由集体所有土地经征收程序而流转为国家所有土地,不能相反。

### 4.1.3 土地使用权制度

土地使用权是指,土地使用者依法使用其占有的土地,并享有收益及一定处分的权利。土地使用权有两种概念,一是土地所有权人对自己拥有的土地享有的使用权,仅是使用的含义;二是非土地所有人对他人所有土地所享有的使用权,具有占有、使用、收益和处分的部分或大部分权能。我国现阶段的土地使用权即是第二种情况。

我国土地使用权中,根据所有权不同,又分两种情况,一是国有土地使用权(《物权法》中命名为建设用地使用权),二是集体土地使用权(土地承包经营权)。在国有土地使用权中,视土地使用的"有偿性",又分为出让土地使用权和划拨土地使用权。

对于房地产开发而言,只讨论国有土地使用权这一范畴。

1) 出让土地使用权

出让土地使用权,即国有土地使用权的有偿出让。出让是指国家(所有权主体)将国有土地使用权在一定年期内出让给土地使用者,由土地使用者向国家支付土地使用权出让金的行为。土地使用权出让,也称土地的一级市场,由国家所垄断,任何个人和单位不得出让国有土地使用权。

我国出让土地使用权具有较完整的权能,也受到相应的限制,主要体现在四个方面。

(1) 使用期限

出让土地使用权人对国家所有土地具有合法前提下的占有,但其占有时间视出让合同具有一定的限制。如住宅用地最高出让年限为70年;商业、旅游娱乐用地最高出让年限为40年;工业用地,教育、科技、文化卫生、体育用地及综合用地的最高出让年限为50年。

(2) 积极使用

出让土地使用权人在出让时间内具有合法使用的权能,但其使用必须是积极的,即土地使用权人不得履行不使用土地的消极权。《关于促进节约集约用地的通知》(国发〔2008〕3号)明确规定,土地闲置满两年、依法应当无偿收回的,坚决无偿收回,重新安排使用;不符合法定收回条件的,也应采取改变用途、等价置换、安排临时使用、纳入政府储备等途径及时处置、充分利用;土地闲置满一年不满两年的,按土地价款的20%征收土地闲置费。

(3) 具有收益的权能

因利用土地而产生的收益归土地使用者所有。但由经济社会发展、城市化、土地周围基础设施与环境改善等而产生的土地增值收益应归国家所有,这是由土地增值收益之贡献原则所决定的。

(4) 具有部分处分的权能

土地使用权人可以将其使用的土地或连同土地上的建筑物或附着物一并处分,如转让、出租或抵押等。如房地产开发用地,经开发完成后,开发商将土地(使用权)连同地上建筑物进行转让或再转让等,形成活跃的房地产市场。

国有土地使用权之出让,主要有协议、招标、拍卖、挂牌等四种方式。

2) 划拨土地使用权

(1) 划拨土地的概念与范围

划拨土地使用权,是指国有土地使用的行政划拨,是有批准权的人民政府依法批准,在用地者缴纳补偿、安置等费用后将该幅土地交其使用,或者将土地使用权无偿交给土地使用者使用的行为。

国有土地使用权之划拨不具有市场性,其划拨具有严格的规定。通常情况只能用于国家机关用地和军事用地、城市基础设施和公用事业用地、国家重点扶持的能源、交通、水利等项目用地等。

(2) 划拨土地的特性

与出让土地使用权相比,划拨土地使用权亦有相应的权能,但限制有所不同。主要特性有:

① 占有方面,划拨土地使用权人对国家所有而划拨的土地行使占有,且占有没有时间限制,但国家因建设等需要可以在适当时间收回,或无偿或适当补偿。

② 使用方面,划拨土地的使用必须是积极的,即土地使用权人不得履行不使用土地的消极权,如不得使土地闲置、荒芜等。

③ 收益方面,划拨土地使用权具有收益的权能,但划拨使用土地不得用于经营。

④ 处分方面,划拨土地使用权不具有处分的权能,未经许可不得进行转让、出租、抵押等经营活动,但在一定条件下(经合法的出让程序后)可以转让、出租、抵押等。

3) 地役权

(1) 地役权概念

地役权是指为增加自己土地(需役地)的利用价值,而在他人土地(供役地)上设置的某种权利,即为另一土地使用权的不动产之使用及需要而对某一不动产所加的负担,亦即地役权是施加于不动产(称供役地)的负担以使其他不动产(称需役地)获益。

在土地使用权出让条件中,一般会因规划而规定红线退让。红线退让实质是一类通行地役权。《物权法》对地役权的规定,实质是地役权的显化,是我国物权制度的重要进步。

(2) 地役权之存在要素

地役权之存在一般需有三个要素。

① 土地之存在。

② 建立于两块土地之间,该两块土地分属两个土地使用权人。

③ 其中一块土地向另一块土地提供服务。

地役权不能直接或间接地与土地分离,需役地的用益权人或抵押权人由地役权而获得利益,供役地的用益权人或抵押权人则承受其利益。地役权不可单独出售或抵押,它总是伴随土地在不同所有人之间转移而转移。

### 4.1.4 土地征收制度

我国《宪法》第十条第三款"国家为了公共利益的需要,可以依照法律规定对土地实行征收或者征用并给予补偿"。

1) 土地征收与土地征用

(1) 土地征收

土地征收是指国家基于社会公共利益的目的,按照法定程序,强制性地取得他人土地且给予合理补偿,而他人土地所有权归于消灭的一种制度。

(2) 土地征用

土地征用是指国家基于特殊情形而使用他人土地且给予合理的补偿,待使用完毕后,仍将土地归还所有人或使用人的一种方式。

(3) 土地征收与土地征用的异同

土地征收与土地征用具有共同点,也存在本质的差异。主要表现为:

① 都属于通过运用国家强制力而对公民的土地权利进行限制的形式

征地属于政府行为,带有强制性,有国家强制力作保证;而土地征收的对象是集体土地所有权,土地征用的对象是土地的使用权,使用完毕应归回原集体经济组织,并不改变土地所有权的性质。土地征收意味着土地所有权的转变,土地征用则是土地使用权的改变,有着本质的区别。

② 都是为了公共利益的需要而征地

不论"征收",还是"征用",其对象都是集体所有土地。《宪法》规定,只有国家为了公共利益的需要,才能对集体所有土地实行"征收"或"征用",也只有国家才可以为了公共利益的需要,对土地动用"征收权"或"征用权";而土地征用一般适用于临时性的紧急状态,也适用于临时性的公共用途,土地征收则不一定,其根本是共同利益之需。

③ 都要经过法定的程序并依法给予补偿

无论是"征收"或"征用",《宪法》规定都要依照法律规定,经过严格的程序批准并给予被征对象相应补偿。这对切实维护土地所有者和使用者的权益,保障公民合法财产不受侵犯具有重要意义,但两者的补偿标准不同。在土地征用情况下,如果标的物没有毁损灭失,就应当返还原物;而在土地征收的情况下,不存在返还的问题。由于土地征收是所有权的转移,对其做出的补偿也相对更高。

2) 我国目前主要的安置补偿模式

(1) 货币补偿

货币补偿是自我国征地工作开展以来实施时间最长、实施范围最广的一种征地补偿安置模式,是指在征地时按照国家法定的征地补偿标准,一次性足额支付的安置补助费,让失地农民自谋生路。货币安置主要有两种安置模式:一种是一次性货币安置,即对失地农民一次性发放征地补偿款;另一种是分期货币安置,即征地补偿款由村集体或其他经济组织分期定额支付征地补偿款。

就地方政府和用地单位而言,货币安置补偿操作简单,而且成本不高;就失地农民而言,可以获得一定的经济收入,利于征地工作的开展,故货币安置补偿仍是我国大部分地区征地补偿中所采取的主要安置模式。

但货币安置补偿也存在诸多问题,突出表现在以下方面:

① 由于我国的征地补偿标准偏低,对于失地农民的日后生活,所得到的补偿款对保障其后期生活仍是"杯水车薪"。

② 货币安置只是生活指向性安置,而非就业指向性安置,只考虑了失地农民眼前的生活安排,并没有为其长远打算。

③ 失地农民如没有利用征地补偿款为以后的生活做好打算,待消费一空时,又会找政府、用地单位,带来新的不安定因素。故有关学者认为,货币安置等于不安置。

(2) 农业安置

农业安置是指通过调整分配村集体机动地、承包户自愿交回的承包地、承包地流转和土地开发整理新增加耕地,保证被征地农民有必要的耕作土地,继续从事农业生产,主要是针对人均耕地比较多,而被征用土地相对较少的村。

农业安置对农民来说,土地被征收后仍然不失地,有生产资料,相对较为合理。

(3) 就业安置

就业安置也称为招工安置,是指土地由于开发区和城市扩展建设被征用后,地方政府或用地单位依据征地数量对失地农民进行上岗培训,安排其"农转非"就业。

(4) 入股分红安置

入股分红安置是指对于长期有稳定收益的项目用地,在农户自愿的前提下,被征地农村集体组织经与用地单位协商后,可以采用以征地补偿安置费入股,或以经批准的建设用地土地使用权作价入股,农村集体经济组织和农户通过合同约定以优先股的方式获取收益。

入股分红安置虽然可以给失地农民带来长期的土地收益,但也存在着经营、资产难以保值增值等风险。

（5）社会保障安置

社会保障安置是指在征地补偿中,不再向失地村集体和农民个人支付土地补偿和安置费用,而是核定农转非人员,将征地补偿费用列入劳动和社会保障部门设立的"安置费"专户,由劳动和社会保障部门与失地农民签订安置协议,对符合缴纳社会养老保险统筹条件的失地人员,为其设立社会保险个人账户,达到退休年龄的,按月发放养老金。

社会保障安置可以使失地农民老有所养,维护了社会稳定,有效化解了失地农民的生活风险。但在实施的过程中,常常无法满足未达到保障年龄的年轻人的需要。

（6）留用地安置

留用地安置是指政府在征用集体所有的土地时,按照征地面积或村集体人口的一定比例核定留用地指标,让被征地集体经济组织用于发展第二、三产业,壮大集体经济,安置失地农民的征地方式。留用地安置模式是经济发达地区为了缓解征地过程中所产生的矛盾,弥补征地补偿标准偏低、无法维持失地农民的正常生活水平,所采取的一种变相提高征地补偿标准的方式。

3）征地补偿与安置费用标准

根据《土地管理法》的规定,国家建设征地由用地单位支付土地补偿费和安置补助费,并向税务和财政部门缴纳有关税费。土地补偿费、安置补助费和相关税费组成了征地行为中需要支付的费用。

（1）土地补偿费

征用耕地的补偿费,按该耕地被征用前3年平均年产值的6～10倍计算。年产值的计算,一般根据统计年限算出征地前3年该耕地的平均年产量,乘以单位产品价格。

即年产值 = 征前3年平均产量 × 单位产品价格。

具体标准由各省、自治区、直辖市规定。

其他土地的补偿费,由省、自治区、直辖市参照征地的补偿费标准规定。年产值可按统计年限数,也可由政府分区定出平均数作为被征用土地上附着物和青苗补偿标准。

（2）安置补助费

按《土地管理法》规定,用地单位除支付土地补偿费外,还应支付安置补助费。

① 安置补助费,按照需要安置的农业人口数计算。

安置补助费 = 该耕地被征前3年平均年产值的4～6倍 × 需要安置的农业人口数

需要安置的农业人口数 = 被征单位耕地总数 / 人均占有耕地数

每亩被征耕地的安置补助费,最高不超过被征前3年平均年产值的15倍。

② 其他土地的安置补助费标准,由省、自治区、直辖市参照耕地的安置补助费标准规定。

③ 特殊情况下,如在城郊,劳动力安置难度大,或年产值低,计算补偿和安置费用后仍不能维持原生活水平的,经省级政府审查批准可适当提高标准。

土地补偿费与安置补助费的总和不超过土地被征前3年平均年产量的30倍。

④ 征收房屋及其他建筑物的地基,在付给拆迁费后,不另给安置补助费。

⑤ 土地、青苗、房屋拆迁等各项补偿费和安置补助费的分配,除被征土地上属于个人的附着物和青苗的补偿费付给个人外,其他部分应由被征地单位用于发展生产和安置农民生活,不得移作他用,任何单位和个人不得占用。

⑥ 征收宅基地、荒山、荒地不支付安补费。

(3) 青苗补偿费

为避免损失,办理征地手续时,就应先明确移交土地的具体时间,以便被征地单位做好准备。青苗补偿标准如下:

① 刚种的农作物,按季产值的1/3补偿。

② 对成长期的农作物,最高按一季产值补偿。

③ 对粮、油及蔬菜、青苗,能收获的,不补偿。

④ 对多年产经济林木,要尽量移植,由用地单位按实际价值补偿;对成林树木,由树林所有者自行砍伐。

(4) 附着物补偿

① 电话线、电力线、自来水、桥、涵、铺石道路、排水站、水泥场地等,参照建筑造价,由土地部门与被征地单位具体商定补偿、迁移和复建等事宜。

② 房屋拆迁补偿费。被征土地上的房屋等设施需拆迁的,必须在申请的同时,一起编制拆迁计划,上报批准。在建设工程开工前,土地管理部门帮助拆迁户安排好住房。拆迁房屋按"拆什么补偿什么,拆多少补偿多少,不低于原水平"的原则,根据原建筑面积及结构类型按当地现行价格给予补偿。拆迁所需三材指标,由建设单位解决。所需价款及运输费,包括在拆迁费之内。

被征土地上附着物和麦苗的补偿标准,也由省、自治区、直辖市规定。

③ 其他多年耕作土地、人工养殖场、宅基地,按邻近耕地补偿费标准计算。

(5) 新菜地建设基金

对于城市郊区的菜地,用地单位应按新菜地开发建设基金收取标准予以补偿。

① 100万以上人口的城市(不包括郊县人口,仅指城市、市郊非农人口)征1亩菜地,缴纳7 000~1万元;

② 城市人口50万~100万,征1亩菜地,缴纳5 000~7 000元;

③ 人口不足50万的中小城市,每征1亩菜地,缴纳3 000~5 000元。

对于无收益的非耕地,不给补偿费。国家兴建的流域性防洪工程、跨流域性调水骨干工程、兴建公路,按土管法规定,由国务院另行规定办理。粮食副食补贴由各省自定。造地费根据造地发生的成本核算。

(6) 耕地占用税

耕地占用税在占用耕地作为非农建设用地时缴交。这是为了合理利用土地资源,加强土地管理,保护农用耕地,包括国家所有和集体所有的耕地。农用耕地包括:用于种植农作物的土地;占用前3年内曾用于种植农作物的土地;占用渔场及其他农用土地建房或从事其他非农业建设,也视同占用耕地。

占用耕地建房或从事其他非农业建设的单位和个人,都是耕地占用税的纳税人。

纳税人在土地部门批准占用耕地之日起30日内一次性纳税,按实际占用面积计。纳税人按规定向土地部门办理退还耕地,不退税款;未按期交纳,从滞纳之日起按日交纳税款的0.5%作为滞纳金。

(7) 土地管理费

土地管理费是县、市土地管理机关从征地费中提取的,由市、县土地管理机关根据不同情况确定土地管理费比率。

① 一次性征地面积较少、动迁安置工作量少、牵涉人力较少的,可提取1%左右;有特殊情况,经省级(自治区、直辖市)人民政府批准,可适当提高比率,但最高不超过2%。

② 一次性征地数量较多、动迁安置工作量大、牵扯人力较多的,提取2%左右;有特殊情况,经省级(自治区、直辖市)人民政府批准,可适当提高比率,但最高不超过4%。

③ 县、市提取的土地管理费,应按一定比例上交给上级土地主管机关作为征地服务必须费用。上交比例由省级(自治区、直辖市)人民政府确定。

### 4.1.5 城市土地供应制度

1) 城市土地供应机制

城市土地供应来源于增量土地与存量土地两类。

(1) 增量土地

是指将农用地转化为城市建设用地的新增城市土地,这是我国土地所有权转移的唯一形式,且是单向的,即只能由农用地转化为国有土地。法律规定,国家为了基础设施和公众利益,可以依法征用农村集体土地,同时规定,国家保护耕地,严格控制耕地转为非耕地。

增量土地是任何一个国家或地区城市化过程的一个必然过程。

扩大城市土地增量供给,意味着只能用越来越少的土地提供越来越多的城市人口消费所需的粮食,以及相应的农副产品和原料。同时,土地是农民赖以生存的基本生产资料,城市在扩张和占用农用地的同时,也要相应的消化这些依靠土地生活的农业人口,而且还要求这些人口具备从事非农产业的基本素质。这对于中国这样的人地关系来说尤为困难。而且由于农用地向建设用地转变后再转变的不可逆性,占用农用地扩大城市土地总量供给应尤为慎重。

(2) 存量土地

存量土地是原城市土地的再利用,是通过土地投资在一定限度内的增加或更加集约化利用现有的城市土地等方式,在土地面积不增加的情况下提高土地的使用效率,从而相对增大城市土地经济供给,是城市土地利用的存量调整。具体表现为在原有城市建成区范围内对土地进行二次开发,如适度的增加资金和劳动力、提高土地的容积率和增加建筑密度、改变旧城区的土地利用结构、消除影响土地利用的阻碍因素、改善城市基础设施、做好城市土地利用总体规划等,使平均单位面积的城市土地具有更大的使用效率,从而达到内涵是扩大土地供给的目的。

在计划经济时代,不论是增量土地还是存量土地,土地使用权一律采用无偿划拨的方式,土地使用者只有土地的使用权,没有处分权,不得将其使用的土地转让和出租。当国家有建设需要时,土地使用者应无偿归还土地,国家不作补偿,实行无偿、无流动、无限期的"三无"土地使用制度。

改革开放后,尤其是1988年《宪法》及相继的《土地管理法》对土地可以依法转让的条例进行修改后,城市国有土地使用制度的改革全面展开,城市土地使用实行有偿与无偿使用并列的"双轨制",土地市场逐步建立和发育,土地国家所有权逐渐在经济上得以实现,土地有偿供应机制逐步建立,并在逐步提高。

我国城市土地供应机制如图4-2所示。

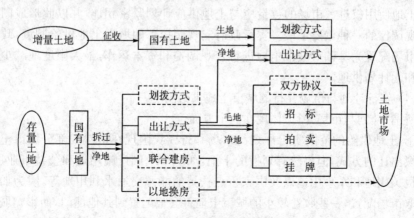

图4-2 城市土地供应机制图

2) 城市土地供给制度的特征

我国城市土地供给制度的形成,主要受经济发展、人口增长、城市规划、土地市场、技术因素及相关政策因素的影响,具有如下一些制度特征:

(1) 实行国家垄断一级市场的供给制度

我国城市土地所有权的唯一主体是国家,国家垄断了城市土地供给的一级市场,土地二级市场和三级市场是土地使用者之间转让土地使用权的市场,并形成相应的土地供给管理制度。只有实行垄断,政府才可以实施土地利用总体规划,以土地供给来引导用地需求,确定土地投向;也只有实行垄断,政府才可以控制土地供给总量,形成土地公开竞争的局面。这也是我国有别于其他西方资本主义国家城市土地供给制度的基本特征。

(2) 实行城市土地有偿供给制度

把无偿无限制的土地变为有偿有限期的土地使用,通过建立和培育土地市场,引入市场机制,使市场在国家宏观调控下对土地资源配置发挥基础性作用。实行城市土地有偿供给制度的直接效果就是国家通过出让土地取得土地收益,土地既然是宝贵财产,就不能像阳光、空气那样可以无偿使用。只有加强土地资产管理,加强土地市场建设,严格土地有偿供给制度,国有土地资产流失的漏洞才能堵上。

(3) 实行政府宏观调控下的城市土地供给制度

土地具有资源和资产的双重属性,作为资源,它具有自然供给的有限性、质量的差异性、整体生态性等特性;作为资产,它又具有保值和增值特性。我国的城市土地除了具有资源和资产的共性外,还有别于其他国家和地区的特性,这就是我国城市土地的所有权归国家所有,是不能进行交易的,进入市场的只能是土地的使用权,在城市土地所有权国有化的前提下,形成的土地使用权出让市场必须由国家垄断。土地使用权进入市场的数量应与土地供应计划紧密相连,并以此形成国民经济宏观调控的一种重要手段。实行政府宏观调控下的城市土地供给制度,政府可以以市场配置为基础对城市土地进行宏观调控和资本运作,最大限度地减少盲目供地和无计划供地。

(4) 实行计划与市场并行的城市土地供给制度

所谓"计划与市场并行"体现在两个方面:

① 土地供给的范围实行计划与市场并行。我国现在虽然大部分城市土地采取有偿出让的方式,但仍然有划拨的土地,如城市基础设施用地和公益事业用地、国家机关用地和军事用地以及国家重点扶持的能源交通水利用地等,因为如果完全采取市场配置,一些收益较小的城市土地将会被配置到其他部门,而影响城市的总体发展。因此,我国在土地供给的范围上实行的是计划与经济并行。

② 土地供给配置实行计划与市场并行。如土地供给的数量、土地供给的用地

类型不能完全由市场需求来决定,而要由国家有计划地引导,具有明显的中国特色。

(5) 实行"收购—储备—出让"模式的城市土地供给制度

我国已经在全国大部分城市初步形成了政府主导下的统一收购、统一储备、统一出让和统一管理的城市土地供给市场,使政府能够根据市场变化有计划地供给土地,严格控制土地供给总量和供给结构配置,调节市场供求关系,提高市场机制配置土地资源的效率,促进土地开发由粗放经营逐步转变为集约经营。

(6) 实行用途管制的城市土地供给制度

新的《土地管理法》以土地用途管制为核心,从机制、法制、体制上牵动了土地供给制度的全面改革,在构筑一个不断完善的土地制度体系中,实现土地科学有序利用,使耕地保护置于社会经济发展、环境保护统一的有机体内。实行用途管制的城市土地供给制度,规定使用土地的单位和个人必须按照土地利用总体规划确定的用途来使用土地,使得土地的供给受到一定限制。

### 4.1.6 城市土地储备制度

1) 城市土地储备制度的概念

城市土地储备制度起源于1896年的荷兰阿姆斯特丹市,随后在包括德国、法国、美国等在内的众多欧美国家开始实施,其目的是通过土地的事先收购储备,抑制土地投机和地价增长。关于城市土地储备的概念,从社会经济制度、土地所有制形式、土地管理政策以及社会经济发展状况等方面,有不同的认识,概括如表4-1所示。

表4-1 城市土地储备概念比较表

| 定义者 | 定 义 | 特 点 |
| --- | --- | --- |
| (美)<br>Ann L. Strong | 政府取得或授权取得并保有土地,供未来公共使用,实现公共目的 | ① 突出政府目的,但不包括学校等特定用途的土地;② 政府可获得公共开发政策所带来的土地收益的大部分;③ 实现公共目的的手段 |
| (英)<br>Rechard P. Pishman | 政府为控制城市发展速度与方向而取得土地,在适当时机按城市规划所限制的使用条件进行开发后出售或出租 | ① 与城市规划紧密结合,重视土地的使用限制条件;② 并不取代已有的土地使用管制政策,而是相互补充相互配合;③ 实现城市规划和土地利用管制的手段 |

续表 4-1

| 定义者 | 定 义 | 特 点 |
|---|---|---|
| （英）Harold B. Dunkerley | 政府预先获取将来政府需要使用之土地或者已被规划为未来城市所需使用的未开发土地 | ① 与城市规划相结合,实现城市规划的重要手段之一,服务于规划目标;② 积极干预私有土地市场但并非取而代之;③ 注重城市边缘区土地的取得,注重获取相当面积的土地,对低价有较大调控作用 |
| （中国台湾）黄健二 | 公共部门预先取得土地,并按规划限制条件出让土地以控制城市发展速度与方向,控制土地投机与地价上涨 | ① 与现有的土地计划与管制手段相结合;② 实现城市规划与公共目标的手段;③ 控制土地投机与平抑地价的手段 |
| 朱寅传、毛镇林、贾生华(2002)、徐建春(2002) | 城市土地储备中心通过征用、收购、置换、收回等方式,从分散土地使用者手中,把土地集中起来,经适当开发整理后储备,再根据城市规划和土地出让年度计划,有计划地将土地投入市场 | ① 强调政府垄断土地一级市场供应,增强政府对土地市场调控能力,规范市场秩序,防止土地收益流失;② 我国基本上采用这一定义 |

从表 4-1 可以看出,国外与我国台湾地区的学者对土地储备的概念主要是强调城市规划与公共政策的目的,土地储备的主体可以是政府部门或其他公共机构,主要目的是为实施城市规划目标或其他公共利益,同时也兼顾调控土地市场与平抑地价的作用。我国大陆土地储备的概念主要强调政府对土地一级市场的垄断,增强政府对土地市场的宏观调控能力,规范市场秩序,防止土地收益流失。强调解决当前我国土地市场与经济发展中存在的实际问题,这是因为我国的土地储备主要是为了国有企业改制、盘活存量土地资产、对存量土地进行合理与高效配置而产生的。

由上述城市土地储备的概念,可以认为,城市土地储备制度是指城市政府按照法律程序,运用市场机制,根据土地利用总体规划和城市规划,通过收购、收回、置换、征用等方式取得土地使用权,并进行土地的前期开发整理与储备,以适时适量供应和调控城市各类建设用地的需求,规范土地市场,为城市发展提供土地资源、资产和资本的一种城市土地管理制度,是城市土地储备过程、相关法律法规配套及其实施管理的完整整体。

2) 城市土地储备的特点

城市土地储备的特点主要有:

(1) 土地储备的行政性

土地储备的主体一般是城市政府或受其委托的其他储备机构,这些储备机构可能是由政府直接组成并加以控制,也可能是由与政府有密切关系的国有企业或公司合营企业来运作。土地储备是城市政府或受其委托的储备机构依照法律程序收回、优先购买或征用适量的土地,并加以储存。土地储备是法律赋予城市政府的一种行政管理行为,土地储备的主体与运行方式都具有行政性。

(2) 土地储备的计划性

土地储备是城市政府根据城市发展和土地供求的现状与趋势进行的一种有计划的土地收购及储备行为。土地储备一般要根据城市发展状况、土地市场的供求关系、城市建设状况等因素,进行科学的安排,有计划地收购与储备土地并适时地将储备的土地投入土地市场,因而土地储备具有较强的计划性。土地储备一般要与城市总体规划、城市土地利用规划一致,以便统筹安排各类城市用地,解决土地市场中土地交易无序、土地投机与地价上涨等问题,实现政府宏观调控土地市场的功能。

(3) 土地储备目标的整体性与公共性

土地储备的目标多种多样,既有经济目标和社会目标,也有生态环境目标,各种目标之间相互影响,相互制约。在土地储备的实施过程中,一般要注意各种目标之间的协调,不能片面追求某一目标,尤其是单纯的经济目标。要注重目标的协调性与整体性,包括在空间上的经济、社会、生态环境三个效益的统一和时间上的近期效益和长远效益的统一,把宏观调控土地市场与土地的生态经济管理相结合,土地储备的目标取向应是以社会效益、生态环境效益为主要目标,兼顾经济效益。经济效益不应该成为土地储备追求的唯一目标或主要目标,土地储备不能以盈利为主要目的,而应以社会公共利益与生态环境保护为主要目的。

(4) 地域差异性

土地具有很强的区位性与地域性,受土地位置、自然环境条件、开发历史、周围社会经济状况等因素影响。土地的种类特征、质量优劣、土地价值高低等都具有明显的区域差异。城市间、区域间土地利用类型、利用方式、土地供求状况等差别很大。即使在同一城市内部,由于区位条件的不同,不同地区、不同地段的土地利用程度、人口密度等差别很大,具有很强的区位性。因此,城市土地储备要根据不同城市、不同区域的特点,坚持因地制宜的原则。

(5) 系统性

土地储备是一项系统工程,在操作过程中涉及规划、建设、税务、金融、房产、土地等许多政府相关部门,需要这些部门从整体利益出发,互相协调、相互配合。以促进土地储备工作的顺利进行。土地储备又是一项配套工程,土地储备工作的顺利开展需要相关配套政策的支持,主要包括配套的法律依据与法规政策、配套的财政金融政策以及相关的土地利用规划与城市规划。

(6) 资金需要量大

土地储备既是土地的储备,也是资金的储备,土地储备的运作需要大量资金来实现。土地收购、征用、前期开发与整理等过程需要大量的资金投入,国外一般通过建立土地银行为土地储备提供资金保障。土地储备的资金来源一般包括政府拨款、政府贷款、发行房地产证券或土地债券、各种社会福利基金等。国外实践证明,保证资金有效供给对于城市土地储备具有重要意义。

### 4.1.7 我国香港、台湾的土地制度制度简介

1) 香港土地制度

1997年7月1日,中国对香港恢复行使主权之后,香港土地全部回归中国。《中华人民共和国香港特别行政区基本法》规定:"香港特别行政区境内的土地和自然资源属于国家所有,由香港特别行政区政府管理、使用、开发、出租或批给个人、法人或团体使用或开发,其收入全归香港特别行政区政府支配。"

香港土地使用制是土地租用制。其特色之一是只租不买断,政府将土地租给房地产开发商或其他土地使用者,要签订土地契约(俗称租约)。一般而言,租约有效期为75年,租户可于租约期满后续约75年,在租约有效期内,根据租约所定的条款建造地上建筑物,并连同租约在市场上出售。在香港,所谓土地市场,只是土地租约的交易市场。租约期满,土地连同地上建筑物一并由政府无偿收回。香港特区政府出让土地的方式有五种:拍卖、招标、私人协议、无偿划拨、临时出租。对于不牟利的公益用地,采取私人协议方式出让,而且只收象征性的地价,不受市场行情左右。至于特区政府机关用地,则完全是无偿划拨。对于暂不长期出让的土地或临时闲地(如拆迁地间隙期),以及认为不宜长期出让的土地,通常以短期临时出租的方式租出。

2) 台湾土地制度

台湾是中国最大的海岛,全地区面积3.6万 $km^2$。以台湾当局的说法,台湾现行的是"平均地权"的土地制度。这种土地制度,既非单一的土地公有制,亦非纯粹的土地私有制,而是二者之综合发展。是公有还是私有取决于实行哪种制度更有益。平均地权体系的三大特点是:农地农有,市地市有,富源地国有。所谓农地农有,是指农地归农民所有、所耕,耕作所获的成果归农民所有;市地市有,是指市地属于市民公有,而由市政府管理;富源地国有,是指富源地属于全体国民所公有,由政府管理。

台湾在土地上设置的权利有土地所有权和土地他项权。土地他项权包括地上权、永佃权、地役权、抵押权、典权、耕作权、租赁权等七种,土地所有权为土地的基本权利,土地他项权为土地所有权的负担。

## 4.2 国外土地制度

### 4.2.1 国外土地制度模式与特征

1) 国外土地制度模式

经济发达国家(地区)的土地制度归纳起来可以分为两种模式,一种是以美国和日本等国家为代表的,以土地私有制为主体的模式;另一种是以德国和英联邦国家(地区)为代表的,名义上土地国家所有制为基础的模式。

2) 国外土地特征

两种土地制度模式虽有一定的差异,但就其本质上看,具有以下共同特征。

(1) 土地可以自由交易

在这些国家(地区),土地作为一种商品可以自由买卖、租赁、抵押和赠予等。土地市场与资本市场、劳务市场等一样,是市场经济体系中的一个子系统,是整个市场体系不可分割的一部分。土地市场的进出是自由的,只要有买卖土地的意愿和买卖土地的能力,各市场主体都可以自由地进入。土地价格基本上由土地市场的供给与需求决定,土地的供给与需求通过市场机制来调节,议定的价格水平反过来又通过市场机制来影响土地的供给与需求。

(2) 对土地市场的规制

由于市场运行的外部性等原因,致使土地市场不可能实现理论上的土地公共物品的有效供给,即"市场失灵"。由于土地资源的特殊性,土地自然供给缺乏弹性,土地经济供给弹性也相对较小。在同一地域性土地市场内,土地价格主要由需求决定。而土地需求是一种引致需求,政府的经济增长政策,在许多情况下也刺激了土地需求的变动,容易引起土地价格的上涨。为了实现"公共利益"的用地目标和控制土地价格过快上涨,西方发达国家都对土地私有和土地市场进行干预或规制。主要措施如下:

① 对公共用地实行征用制度。
② 对土地进行收购、储备和出售。
③ 制定土地利用计划和规划。
④ 实行土地交易登记制度、申报制度。
⑤ 制定相应法规等。

(3) 土地市场的有效性

从现实运行效率看,两种市场模式都是同样有效的。这是由于两种市场模式的经济制度基础都是市场经济,市场机制对资源的配置都发挥基础性作用。即使是在实行土地国家所有的国家（地区），其土地国家所有在很大程度上只是名义的。土地所有权名义上属于国家，但若干年的土地使用权以有偿、有期、有条件方式通过市场"批租"出去，获得土地的持有人只要不违反法律，就可以自由地利用和处分保有的土地，并享有和获得相应的土地财产权益。例如，英国自1066年以来，全部土地在法律上都归英王或国家所有，即英王（国家）是唯一的土地所有人，个人、企业和各种机构团体仅拥有土地的使用权。在英国法律上，土地使用权者常被称为土地持有人，土地持有人所保有的有关土地权利的总和称为产业权。具体又分为无条件继承的土地产业权、限定继承的土地产业权、终身保有的土地产业权和期限保有的土地产业权等。完全拥有土地权益的土地持有人纯粹是该土地的永久占有者，只要他不违反有关土地法规就可以自由地占有使用和处分土地。其他土地持有人可以在土地契约有效期内对其所持有的土地进行使用和处分。

### 4.2.2 美国土地制度

1) 美国土地产权制度

美国实行多元化的土地所有制。美国联邦政府所有的土地约占国土面积的28%，私人所有的土地约占58%，州、县、市所有的土地为占12%，另有2%为印第安人托管的保留地。联邦、州、县、市在土地所有权、使用权和收益权上各自独立，不存在任意占用或平调，确实需要也要依法通过买卖、租赁等有偿方式取得。在联邦政府所有的土地中也存在多元化的形式，隶属农业部的国家森林局约占30%，隶属内政部的国家土地管理局约占42%，国家渔业和野生动植物局约占13%，国家公园局约12%，国防部管理为3%。上述五个联邦政府机构在各自管辖范围内，对国土资源管理具有各自不同的职能和责任。

美国城市土地大多为私人所有。房地产买卖时，土地连同地上建筑物一同买卖，实行房地统一登记。所以，如果购买的是完全保有的绝对继承的房地产，是没有法定使用期限的。只有土地所有者或从土地所有者那里得到许可的人，才能拥有对地表或地下的资源进行勘查和开发的权利。但政府对于土地所有者反对政府的行为和不与政府合作的举动拥有抑制的权利。

美国一般没有处理土地产权转让的专门法规。所有的土地都实行有偿使用，在政策规定许可的范围内，土地可以自由买卖、出租和抵押。土地无论公私，在交易中地位、利益平等，而且手续十分简单，在双方自愿依照有关处理不动产和契约的法律签订协议之后，只需向政府缴足规定的税金，进行注册登记即可。矿产资源勘查在进行勘查前，通常需要同土地所有者签订勘察契约，开发利用需要签订租借契约或买卖契约。

2) 美国土地征用制度

美国将土地征用称之为"最高土地权的行使"。1976年美国国会通过的《美国联邦土地政策管理法》规定,政府有权通过买卖、交换、捐赠或征用的方式获得各种土地或土地权益。美国联邦宪法规定:"非经正当法律程序,不得剥夺任何人的生命、自由或财产;非有合法补偿,不得征用私人财产供公共使用。"这就意味着土地征用必须具备三个要件,即正当的法律程序、合理补偿、公共使用。

(1) 正当的法律程序

美国是一个以土地私有为核心的国家,其土地分属联邦和州政府管理。对于土地所有者来说,当政府征用其土地后,他可以通过所获补偿较容易到其他地方购得土地。也就是说,在美国征用或强制性征用土地实际上是买地。

在美国,不仅政府可以实施征地行为,从事公益事业建设或经营的法人也可以实行征地。这些机构通常指,为了实施公益事业或公共需要的项目或为了从事公益事业所进行的商业活动,由民间法人组织起来并在一定程度上受到政府控制的、具有一定垄断性的机构。经营或建设公益事业就会出现土地征用问题,即利用私有土地达到发展公益事业的目的。

美国联邦宪法规定,只有通过公正的法律程序后,土地才能被征用。政府需要出公告。在没有出示公告时要召开听证会,采取司法或类似司法的程序。

(2) 合理的补偿

美国《宪法》规定,只有用于公共目的且必须有公正的补偿,政府及有关机构才能行使征用权,如果政府或个人需要使用不是自己的土地就必须通过购买或租赁来取得。联邦政府对州政府或地方政府的土地没有平调或处置权,即联邦政府要使用州政府或地方政府土地、私有土地时,也要通过交换或购买等途径。

根据美国财产法,合理补偿是指赔偿所有者财产的公平市场价格,包括财产的现有价值和财产未来盈利的折现价格。美国土地征用补偿根据征用前的市场价格计算标准,充分考虑到土地所有者的利益,不仅补偿被征土地现有的价值,而且考虑补偿土地可预期、可预见的未来价值。在土地征用补偿时,必须考虑补偿因征用而导致邻近土地所有者经营上的损失。

(3) 公共使用目的

政府只要是为了公共目的就可以征用私有土地,之后将其划分给土地使用者。为了城市新区开发,政府需征用大量土地,再将土地交给开发者,建成新的小区和住宅。

美国联邦法律规定,政府拥有的土地只能用于政府办公用房和公立大学、公办实验农场、公园、道路、车站、军事设施等。而且,政府拥有的土地不允许长期闲置,也不允许政府储备土地,进而在地价上与土地私有者竞争,政府拥有的闲置土地只能通过拍卖等方式出售。当然,政府从事经济建设和公益事业,需用地时只要有充分证据证明政府征收土地是用于公益事业,土地所有者必须出卖,绝不可待价而沽。事实上,土地所有者也都能够服从,价格按当时的市场价格确定。

3) 美国土地用途管制制度

美国土地用途管制起源于民法的地权限制,其基本内涵是在行使土地所有权、使用权时不能给社会公共利益和他人利益造成损害。早期美国对私人土地利用限制很少,土地所有权超越社会控制之外。随着人口增长、经济发展和社会进步,逐渐意识到公共管制的必要性。在美国土地用途管制制度形成和发展过程中,监察权起到重要作用,它是由公证干预演化而来的,后来使用范围扩展到公共福利和社会利益的保障,尤其是在土地用途管制方面,为土地用途管制提供了法律依据。

美国土地用途管制的核心是:控制土地利用密度和容积,控制城市规模,保护农地。

(1) 控制土地利用密度和容积率

如住宅环境应有充足的光线和空气、住宅形态和建筑景观、住宅密度与公共设施需求,建筑物的高度、层数、规模,建筑密度,最小空地率,最小建筑用地面积和最高容积率等。

(2) 控制城市规模

如根据建筑许可总量控制城市发展规模,通过土地资源数量配置限制建设用地的扩大以保护土地资源。通过分期分区发展以适当有效地提高公共设施,防止不成熟的土地开发行为、跳跃式发展、大量占用耕地和破坏城市景观;通过控制开发公共设施来限定城市发展的区位和时序,将土地利用规划与城市发展规划有机结合,用公共设施的配置来引导土地开发利用的区位和时序。通过设立城市发展边界,引导城市发展到适当的范围,在城市发展边界内允许土地开发,提供充足的公共设施,而在城市发展边界外则限制发展。

(3) 保护农地

如通过划定优质农地,确定保护范围和先后次序。优质农地包括土壤质量、地块大小、距交通线远近以及灌排条件等因素;通过制定税收优惠、减免方案,激励农民确保土地的农业利用;通过制定农业区划,将农业用地与工业用地、其他用地严格区分开,严禁农业用地区域内建设住宅或发展其他城市基础设施;通过购买、转让土地开发权,鼓励农民耕种并保持土地的农业用途,并可以用出卖土地发展权获得的补偿金改良土壤、提高产量。

## 4.2.3 英联邦土地制度

1) 英联邦土地产权制度

就严格的法学理论来说,现行英国所有的土地都属于国王所有。土地所有权名义上是女王的,女王将土地分给功臣和国民,其土地权力称为土地保有权。因此,英国真正的土地权力为不同形式的土地保有权。为确保土地利用效益,不同形式的土地保有权总体上只是年限不同,基本权利是一致的。保有权形式有自由保有权和租用保有权。自由保有权为保有权人永久所有,一般以契约或居住、耕作使用等形式为基础确定。租用保有权有125年、40年、20年、10年等,并通过合同或协议确定土地权力和内容,而且在租赁期内,确定的土地权力和内容不能随意更改,自由保有权人不能随意干涉。从自由保有权的确定到租用保有权权力较为完整等内容,不难看出英国土地产权制度的基本属性:以利用定归属,从归属转向利用,重视保护土地的动态利用,其保护土地权益的次序为租用保有权—自由保有权—土地所有权,即侧重保护土地使用者,有效提高了土地使用效率和经济效益,较好地实现土地的可持续利用。

2) 英联邦土地用途管制制度

1947年英国制定的《城乡规划法》规定所有土地的发展权均归国家所有,任何人欲开发土地均须申请并取得开发许可以获得土地发展权,即更高强度或更高价值的使用权;土地所有者或土地开发者必须就因获得开发许可证而取得的发展价值缴纳发展价值税。此后,经过多次修改和补充,并制定大量相关法规,形成了较为完整的规划立法体系。

英国土地用途管制制度的核心是土地开发许可制度,该制度规定:土地所有者或土地开发者欲从事地中、地表、地下及地上建筑、土木工程、采矿或其他工程,或土地、建筑物任何使用做实质性改变的土地开发行为,均须向地方规划机关申请开发许可;地方规划机关根据相关政策和对公共利益的影响程度而决定是准许开发,还是有限制条件的准许开发,或是不准许。这种先审查后开发的土地开发许可制度是为了确保把开发建设活动对环境的影响降到最低,更加有效地利用土地资源。英国的城乡规划虽然也对不同地块进行了功能分区,但是土地所有权人或土地开发者要改变土地的用途即使与发展计划不冲突,也必须得到规划机关的开发许可。另外还规定,土地开发者接到地方规划机关的开发许可后,必须在五年内着手开发,以确保规划的实施。对农地转用,政府在程序和权利上也进行了限制,规划机关在审批开发申请时若是对农地的用途变更利用,应向农业部部长咨询,但农业部只是陈述其主张,不得有任何指示;因开发而损失过多农地的,环境大臣有权收回地方规划机关的申请核准权,以遏制开发活动对农地的过度侵占。

3) 英联邦土地征用制度

英国规定,只有政府出于公共目的才能征用土地,如基础设施建设。享有这项权利的有政府和其他机构,包括中央政府各部、地方政府、高速公路局、城市发展公司以及自来水和电力公司等。而何种用地功能属于公共利益范畴则由议会决定,并以法律形式确定下来。英国对土地征用的补偿做了较详尽的规定,包括土地征用补偿原则、补偿范围和标准、土地征用补偿的估价日期、补偿争议的处理等。

为了防止滥用土地征用法律赋予的权力,政府规定了非常详细的征地程序。政府部门和法定机构提出土地征用建议前必须经过充分的调查和研究,充分论证开发项目的合理性和必要性,征用土地者的正当理由和合理要求,搞清同项目开发相关的一切技术问题。此外,关于土地被征后的价格补偿问题,严格保护被征地者的利益。补偿费偏低导致征地者与被征者之间的矛盾发生时,法庭会倾向于被征地者。

4)英联邦土地租赁制度

英国房地产投资市场的保险公司和退休基金等所投资的房地产权利中,土地租赁权和土地使用权即占28%以上。大的土地持有机构,如皇室、政府、机构投资者和以土地资产为主的财团,为了保持其土地所有者的地位和从土地资产中获取长期、持续的收益,并不经常出售手中的土地所有权。一般情况下,他们将土地出租给开发商,由开发商进行房地产开发,开发以后的房地产往往进入房地产投资市场。这些土地所有者通过契约对房地产的开发和使用进行直接控制,以获取最大的土地收益和其他利益。租期届满时,土地和建筑物无偿归于土地所有者,他们可将其转租或作其他使用。

一般而言,英国用于租赁的土地是地价较高的土地,包括城镇中心商业用地、较大城市的办公用地和住宅用地、交通方便的工业用地。其原因是土地租赁的交易费用较高,对土地所有者来说,地价较低的土地采用租赁的方式不如出让合算。

土地租赁的期限十分灵活,历史上曾有999年的租期,这些租约到现在还有未到期的。19世纪和20世纪初期广泛使用的期限是99年。20世纪60年代以来机构投资者往往对商业、办公用地要求125年的期限,以方便投资者在60年左右时间进行建筑物重建。20世纪90年代以来,机构投资者认识到新建筑物的主要设备在20~25年便要更换,到时候建筑无需大修或重建,为了有效回收建设资金,他们对商业、办公用地要求更长的租期,现在广泛使用的期限为150年。其他非机构投资者或用地者对期限的要求各不相同,期限的长短不一。

土地租赁的地租是按土地价格来确定的,而土地价格可通过剩余法评估。对商业和办公用地而言,地租以开发后房地产的租金的一个比率来表示,该比率在签约时约定,在房地产首次产生租金时最后确定,确定后在合同有效期内就不再更改。

## 4.2.4 德国土地制度

1)德国土地产权制度

德国的土地产权虽实行私有制,但其所有权的概念已发生很大变化。理论上讲土地所有者的权利是无限的,其所有的土地可以自由出售、出租、抵押和转让,但实际上绝对的自由是不存在的,土地所有者已不能享有完全的支配权,土地所有权已经向社会化转变。为了社会公共利益和保护他人的合法权益,在承认土地所有者的合法权益的同时,通过立法程序对其加以限制,要求每个公民遵循法律规定,服从国家的需要。

(1) 农业用地方面

严禁农用耕地的产权转让方向以及经营方向的变更。农场主相互间的土地交易,如果买卖双方的用途相同,买方又具有一定的经营能力,双方才可商定交易价格,签订交易合同,并要报政府批准,同时在变更登记和更改地籍后方可生效。如果本来就具有一定经营规模的农场主为了更大的扩张而买地(超过规定的 300 hm²),政府同样给予限制,同时农业用地不能随便买卖。

(2) 土地整理方面

土地整理区内的地产主在进行土地交易时,须申请土地整理主管部门审查批准,审查中如确认该土地交易不会影响土地征地规划方案的实施,方可允许交易。交易时买卖双方必须到登记局申请注记,土地整理部门在整理期间为大型项目工程用地或为村镇改造及整理中的公共设施用地而进行土地交易时不需公证。

(3) 建设用地方面

土地交易后的用途必须服从规划的需要。建设小区规划中的地产买卖必须服从建设小区规划的具体规定,如不能满足这一点,政府可行使优先购买权,如业主要价远高于当时的市场价或者不愿卖给政府,政府就可以依法按市场价格强行予以征购。这个市场价格由估价委员会定出,这样做的目的是保证建设规划实施和公共利益的需要。

(4) 租地造屋权方面

承租人在"租地造屋权"租赁期间,可将其权利作为财产进行买卖、转让、抵押,但这里买卖的是"租地造屋权",因此再卖时必须征得出租人的同意。承租人在抵押时也必须经出租人同意,这主要是考虑出租人不希望承租人多抵押钱款,因为银行认地不认人。当租期届满时,出租人对承租人在地产商所建的房屋等地上物应付一些折价款,目的是促使承租人精心护理所建房屋。

2) 德国土地交易制度

联邦宪法规定德国的土地买卖是自由的,但不能影响公共利益,否则,德国地方政府可以通过买卖契约申请登记制度和行使先买权制度参与私人的土地交易。德国登记是物权变动的有效条件,对于没有登记或登记申请遭拒的土地所有权便不能发生转移。所以必须办理好登记才能在土地市场上予以交易,登记机构在查明不存在先买权或不行使先买权后才能登记。

德国土地交易的形式主要有出售、出租、抵押三种。交易的内容主要包括:

① 完整产权,即土地所有权;

② 不完整产权,即部分所有权、使用权或最终处置权,如租地造屋权、抵押权等。

德国土地价格的评定以市场比较法、收益还原法等为主。在交易过程中,从契约的签订到最后的登记都有政府公证人的参与,以保证交易的公正、公平和价格的合理。

### 4.2.5 日本土地制度

1) 日本土地产权制度

日本土地所有制分为三种主要形式,即国家所有、公共所有、个人与法人所有。其中,公共所有是指都道府县市町村等地方公共团体所有;土地的个人所有与法人所有都属于私人所有,构成私有制的主体。目前,日本国土面积中有 3/4 掌握在私人和企业手中,国有和公共所有的土地仅占 1/4,且主要是山林。

2) 日本土地交易制度

二次世界大战后,日本经济和社会发展迅速,经济高速增长,产业结构急剧变化,人口和产业大量向城市集聚。于是,城市土地供不应求,土地投机现象严重,进而造成地价飞涨。日本政府为了抑制这种状况,于 1974 年制定了以限制土地交易为主要目的的《国土利用计划法》,建立了一套土地交易管理制度。该制度主要包括:

(1) 土地交易许可制

这是政府控制土地交易活动的重要手段之一,目的在于直接控制某些地区的地价水平及土地利用方式。依据《国土利用计划法》规定的原则,再由地方政府所确定的限制区域内实施。

(2) 土地交易申报制

这是政府为了控制土地价格,采取以控制那些足以影响土地价格,或影响土地利用形式的大规模土地交易的方式,将其限制在合理的价格水平上。

(3) 土地交易事前确认制

这是对土地交易申报制的一种补充,只要土地交易双方所提出的交易价格不违背申报制的基准,土地使用用途又属于公共事业或建造自用住宅的,都可向地方政府提出事前确认的申请,而不再提出交易申报。

(4) 土地交易监视区制

这是对土地交易过程中政策可能缺陷的一种补充。日本自建立大规模土地交易申报制度后,对控制各地土地价格上涨确实起到了一定的作用。但是,土地交易申报制度对于规模较少的土地交易就难以控制,使得 1975 年以后东京等大城市圈以商业用地为首的土地价格急剧上升,其中较少规模的土地交易占了很大比重。为此,日本于 1987 年建立了土地交易监视区制度。制度规定,凡地方政府认为某一地区土地价格上涨过快,或由于土地价格的上涨影响了土地的合理利用,都可根据有关法律确定其为地价监视区。监视区实行的时效为 5 年,期满后可根据监视区内和附近的地价动向以及土地交易的情况,决定取消或者重新确定监视区。

(5) 空地闲置制

这是日本政府为了提高土地利用程度,使土地发挥最大效用,也为了防止投机型囤积土地而建立的。根据具体规定,凡属于以下情况的土地都被认为是空闲地:城市区域内 2 000 m² 以上;城市区域以外、城市规划区以内 5 000 m² 以上;城市规划区以外 10 000 m² 以上的土地;土地所有者取得土地已经超过 3 年以上时间;其土地未做任何使用(未利用),或土地利用程度被认为非常低(低利用)。对于上述土地必须按照土地利用基本规划或其他有关土地利用规划,实现土地有效合理利用。

3) 日本土地税收制度

日本的土地税制按土地之取得、保有与转让,有两种不同形式的税类。所谓土地取得,是指对土地所有权的实际获取,不论是有偿还是无偿。获取的方式有买卖、交换、赠与、遗赠等;土地保有,是指对土地的实际占有,不论是对土地所有权的占有还是对土地的地上权、租赁权的占有;土地转让,是指对土地权利的出让转移。目前土地市场上的税收主要有以下几种:

(1) 不动产取得税

不动产取得税是指在该不动产所在的道府县向该不动产的取得者课征的税。除对因继承或因法人的合并取得土地者免收不动产取得税之外,其他形式的土地获取(如买卖、交换、赠与或对法人的土地出资,或在公有水面上填土)都需要缴纳土地取得税。其标准税率为 4%,道府县若超过该标准税率课征不动产取得税时,须在事前向自治大臣提出申请。如果购入土地使用于住宅开发或建筑,税率可以减轻 1/4,按 3% 课征。

(2) 特别土地保有税

特别土地保有税是为了促进土地供给,抑制地价而由市町村对坐落于该区域的土地及其取得者所课征的税。特别土地保有税分为对土地取得课征的特别土地保有税和对土地保有课征的特别土地保有税两种。这两种都是以取得或保有基准面积以上的土地为课税对象。其税率以土地取得价格为基准,土地取得课征的特别土地保有税是 3%,对土地保有课征的特别土地保有税是 1.4%。

(3) 登记许可税

登记许可税是进行不动产登记时应课征的税种。其纳税义务人是受登记的人,其课税标准是不动产登记时的价格,但可以以申请日的上年 12 月 31 日或当年 1 月 1 日在固定资产课税台账上所登记的不动产价格为课税标准。不动产课征登记许可税的税率按登记类型不同而有所不同,所有权的保存登记为 0.6%;所有权的转移登记,其中继承者为 0.6%,法人的合并者为 0.6%,遗赠、赠与或其他无偿名义者为 2.5%,共有物的分割者为 0.6%,其他原因者为 5%。

(4) 固定资产税

固定资产税是向登记在固定资产课税台账上的固定资产所有者课征的税。所谓固定资产,是指土地、房屋及折旧资产的总称,其中土地包括农田、城市土地、盐田、矿泉地、山林、牧场、原野及其他土地。课税标准是土地固定资产评估额。但对住宅用地,特别是小规模住宅用地,课税标准适当降低。固定资产税的标准税率为1.4%,如以超过此标准税率的税率课征时,税率最高不得超过2.1%。

(5) 城市规划税

城市规划税是市町村对城市规划区域的市街化区域内的土地与房屋,以其价格为课税标准,向该土地与房屋所有者课征的税。征收城市规划税是为了筹措城市规划事业以及土地区划整理事业所需要的经费,所以这是一种目的税,与固定资产税不同,此外税率也有差异。其余如纳税义务人、课税标准、赋课期日、缴纳日期、征收方法等均与固定资产税相同。城市规划税的税率不得超过0.3%。

(6) 土地转让所得税

土地转让所得税是对土地权利出让者课征,具体可分为所得税和居民税。土地转让所得税的课税标准为土地转让所得金额。日本为了有效地控制土地投机,将土地转让分为长期转让、短期转让和超短期转让,转让所得税的税率也因此而不同。所谓长期转让,是指自获得土地后到出让土地时,保有期超过十年者。短期转让,是指自获得土地后到出让土地时,保有期未超过十年者。超短期转让,是指自获得土地后到出让土地时,保有期在两年以下者。对个人长期转让土地和短期转让土地所得金额所征收的居民税和所得税有着不同的计算方法,对个人超短期转让土地所得实行重税制,对法人短期和超短期转让土地所得更施以重税制。

## 4.3 房地产开发项目用地的获取与评价

土地使用权的获得是房地产开发的基础,没有土地,再宏伟的开发计划也都只能是空中楼阁。房地产开发商在对一个特定的房地产市场进行调研后,如果总体市场状况得到开发商的认可,接下来的工作就是寻求合适的项目,即获取房地产开发的土地使用权,俗称"拿地"。

### 4.3.1 土地使用权出让

1) 土地使用权出让的法律特征

(1) 土地出让的主体

我国土地使用权的出让方是土地的所有者——国家,土地使用权的受让方是中华人民共和国境内外的公司、企业、其他组织和个人。由于国家是一个抽象主体,因而在具体行使出让权时,一般是由土地所在地政府作为具体代表。

(2) 土地出让的客体

土地出让的客体是城镇国有土地使用权,即城市、县城、建制镇、工矿区开发区范围内属于国有土地的使用权。城镇规划区内的集体土地,征为国有后方可出让。

(3) 土地出让的内容

土地出让是土地出让方将一定年限的国有土地使用权转让给受让方,而让受让方支付相应的出让金。受让人取得的是具有独立意义的土地使用权,具有占有、使用、收益和一定程度的处分权,具体表现为对土地的使用权、转让权、出租权、抵押权等。

2) 土地出让的方式和程序

我国现行的土地出让方式主要有以下几种方式。

(1) 拍卖

拍卖使用于经济条件好、交通便利、区位优异的地段以及利用上有较多灵活性的土地。房地产开发企业一般通过这种方式获得开发成熟的商业性用地的使用权。拍卖的特点是公平、公正、简便易行。

根据我国土地使用权拍卖的有关规定和实际做法,拍卖的程序如下:

① 土地管理部门以公告方式发布拍卖消息,告知可以参加竞投的单位或个人。

② 有意向竞投的房地产开发企业在交纳保证金后领取拍卖文件、编码牌并向土地部门索取地块资料,以取得正式参加拍卖的权利。

③ 拍卖活动按公告日期和地点举行,由土地管理部门主持拍卖,简介土地位置、面积、用途、使用年限、规划要求并报出拍卖的底价,竞投者按规定方式应价。

④ 签订出让合同,支付出让金。得主与土地管理部门签订拍卖出让合同,交付订金(10%出让金),其余出让金在60日之内交齐后领取"付清出让金"凭证。

⑤ 领取土地使用证,办理使用权登记。得主按合同规定,支付全部出让金后,向主管部门领取土地使用权证,在规定时间内办理使用权登记手续。

(2) 招标

招标方式一般适用于对开发有较高要求的建设性用地。采取这种方式可以引进竞争机制,有助于政府部门选择最合适的受让人。

通常情况下招标方式有两种:第一:公开招标,即由土地管理部门发出招标公告,吸引房地产开发企业投标;第二:邀请招标,即土地管理部门向符合条件的开发企业发出招标文件,吸引它们来竞标。

根据我国有关招标的规定和土地使用权招标的实践,招标的一般程序如下:

① 招标人发出招标公告或通知,由有意受让人提出招标申请。

② 招标人对投标者进行资格审查后,土地管理部门根据出让地的具体要求,向被批准的投标单位提供招标文件。这些文件包括:(ⅰ)地块基本情况;(ⅱ)地块使用条件;(ⅲ)投标者应具备的资料;(ⅳ)投标地点、截止日期、招标程序、要求、规定、决标标准、开标方式;(ⅴ)投标需缴纳的保证金额;(ⅵ)投标书格式。

③ 标书投入标籤。投标者在规定的投标日期和时间内,在指定的地点,向招

标单位提交保证金(不计息),然后将密封后的投标书投入指定的标籍。

④ 评标委员会主持决标。土地管理部门会同有关部门聘请专家组成评标委员会,由评标委员会主持开标、验标、评标和决标工作。对不具备投标资格的投标人标书,或不符合招标文件规定的标书,或超过截止日期的标书,确认为无效标书。评标委员会对有效标书进行评审,决定中标者。在选定中标者后,由土地管理部门签发中标通知书。为示公正,在开标、验标、决标过程中也可由公证机关参加并出具公证书。

⑤ 签订出让合同,并支付出让金。中标者接到中标通知书,并在规定时间内与土地管理部门签订招标出让合同后 60 日内,支付全部土地使用权出让金。逾期未全部支付的,出让方有权解除合同,并可请求违约赔偿。在交纳出让金后,出让方按合同的规定提供土地使用权,未按合同规定提供土地使用权的,土地使用者有权解除合同,并可请求违约赔偿。

⑥ 领取土地使用证。中标者按合同规定支付出让金后,根据土地管理部门核发的《付清地价款》凭证,在规定时间内办理土地使用权登记手续,并领取土地使用证。

(3) 协议

采用协议方式,在议定合同条款时具有较大的灵活性。基于这个特点,该方式一般适用于以公益事业或福利事业为目的的用地的出让,如国家机关、文化、教育、卫生、体育、科研和市政设施,微利商品房用地等非营利性用地。

根据我国协议出让的实践,协议出让程序如下:

① 出让方向受让方提供地块有关资料,这些资料包括:(ⅰ)地形图,反映土地坐落、四至、面积、地面现状和地质情况等;(ⅱ)规划要求,反映规划用途、建设项目完成年限、投入的最低建筑费用、开发面积的下限;(ⅲ)环境保护、园林绿化、卫生防疫、交通和消防等要求;(ⅳ)市政公用设施现状和建设计划或建设要求;(ⅴ)出让年限、出让付款方式和要求,受让人的经济责任等;(ⅵ)有关再转让的规定,建筑物出售及管理的有关规定等;(ⅶ)出让合同标准格式。

② 申请用地:有意受让土地者在得到上述资料后,在规定时间内向土地管理部门提交土地开发建设方案和包含出让金付款方式等在内的文件,提出用地申请。

③ 答复:土地管理部门应在接到提交的文件后,在规定时间内给予回复。如深圳规定 30 日之内须向申请人发出《协议用地通知书》,不同意提供土地的,也应在规定时间内书面通知申请人。

④ 签订协议出让合同。申请人接到通知书后 15 日之内到土地管理部门协商用地面积、年期、用途、地价等,经同级人民政府批准后,对外公布。随后,由土地管理部门作为出让人与受让人签订土地出让合同,并由受让人支付出让金,土地管理部门核发《付清地价款》凭证。

⑤ 办理土地使用权登记。受让人凭《付清地价款》凭证,向土地管理部门领取土地使用证,并在规定时间内办理土地使用权登记。

(4) 挂牌

挂牌出让国有土地使用权,是指出让人发布挂牌公告,按公告规定的期限将拟出让宗地的交易条件在指定的土地交易场所挂牌公布,接受竞买人的报价申请并更新挂牌价格,根据挂牌期限截止时的出价结果确定土地使用者的行为。

挂牌出让综合体现了招标、拍卖和协议方式的优点,并同样具有公开、公平、公正的特点,尤其适用于当前我国土地市场,具有独特的优势:一是挂牌时间长,且允许多次报价(挂牌时间不得少于10个工作日,挂牌期间可根据竞买人竞价情况调整增价幅度),有利于投资者理性决策和竞争;二是操作简便,便于开展;三是有利于土地有形市场的形成和运作。

挂牌依照以下程序进行:

① 在挂牌公告规定的挂牌起始日,出让人将挂牌宗地的位置、面积、用途、使用年限、规划要求、起始价、增价规则及增价幅度等,在挂牌公告规定的土地交易场所挂牌公布。

② 符合条件的竞买人填写报价单报价。

③ 出让人确认该报价后,更新显示挂牌价格。

④ 出让人继续接受新的报价。

⑤ 出让人在挂牌公告规定的挂牌截止时间确定竞得人。

⑥ 出让人与竞得人签订成交确认书。签订成交确认书后,出让人改变竞得结果,或者竞得人放弃竞得宗地的,应当承担责任。竞得人按照成交确认书约定的时间,与出让人签订出让合同。竞得人的竞买保证金抵作土地使用权出让金。

(5) 四种土地出让方式的比较

根据对我国现行几种土地出让方式,可以比较得出其特点:

① 协议出让

协议出让的基本特点是在受让方没有第三者参与竞争的条件下,通过双方协商,达到出让国有土地使用权的目的。因此该方式缺乏竞争机制,市场透明度不高,主观随意性较大。但这种出让方式,政府对地价容易控制,灵活性较大。因而在市场发育的初始阶段及对一些特殊性质的项目用地,如市政项目、非营利性项目及政府为调整产业结构、实施产业政策而给予优惠扶持的项目用地等较为适用。由于协议方式操作过程存在着诸多弊端,目前我国对该方式的应用有严格的限制,我国规定经营性项目禁止协议出让。

② 招标与拍卖

这两种方式的基本特点是都引入了市场竞争机制,二者的区别在于:一是招标出让时各投标者相互不知道对方所投标书的内容,而且每个投标者只有一次投标机会,标书一旦投入,不能随便更改;而拍卖出让时采用公开竞价,各竞买人根据当场情况报价,而且可以多次报价。二是拍卖出让时,出价最高者即为受让人,而招标出让时,受让人的确定还要考虑投标设计方案、投标者的资信情况、业绩等相关内容,因而报价最高者并不一定就能成为受让人。

③ 挂牌出让

挂牌方式实质上同拍卖方式相同,是一种公开竞价并以报价高低决定受让人的出让方式。由于挂牌方式的成功与否与参与挂牌竞价的人数多少无关,而拍卖方式出让土地,土地部门规章对竞买人数有规定,所以对于一些投资巨大而又竞争性较弱的经营性用地,挂牌方式可谓是一种既经济又有效的出让方式。同时,由于挂牌方式有一个合理的交易期限(不少于10个工作日),因此,该方式可以避免拍卖会上的一些不理智行为,使竞买人可以通过充分的理性判断来进行报价决策,从而可以有效防止地价被不合理地炒高。

总之,从引入市场机制的程度来说,协议方式最低,招标方式次之,挂牌与拍卖方式最高。从国有土地使用权出让价格来讲,一般也是协议方式最低,招标方式次之,挂牌与拍卖方式最高。

3) 土地使用权出让合同

土地使用权出让合同是指,国有土地所有者或其代表与土地使用权受让人之间,就出让土地使用权及如何行使使用权等所达成的明确相互权利义务关系的协议。在我国现有的土地使用权出让实践中,出让合同一般采取类似于标准合同的格式,即合同的主要条款、格式一般均由出让方提出,土地使用权受让人在合同的订立上只有通过协议或竞争确定出让金的权利。

出让合同具体包括以下内容:

(1) 合同双方基本信息

双方当事人(出让方和受让方)的法定地址,法定代表人姓名、职务、邮政编码。

(2) 规定土地使用规则

合同规定对土地利用的要求,要求包括:

① 主体建筑物性质

② 附属建筑物性质、类别

③ 建筑容积率(建筑面积密度)

④ 建筑覆盖率(建筑密度)

⑤ 建筑总面积

⑥ 建筑层数,最高层数或平均层数

⑦ 绿化比率

⑧ 室外地面标高

⑨ 建筑物设计标准等

(3) 规定受让方应修建的公益工程

用地者同意在用地红线范围内一并建筑下列公益工程,并同意免费提供使用,一般包括:

① 公共厕所

② 小区公用停车场

③ 自行车棚

④ 配电室开关站

用地者同意政府的市政工程可在其红线范围内的规划位置建造或通过,而无需作任何补偿。

(4) 合同还规定了设计、施工、竣工方面的要求

① 合同规定建筑设计、土地用途等必须符合土地利用要求,涉及交通、管线、消防、环保、人防、航道等问题时,需报经有关主管部门审批,并由地方政府派出机构管理,由此所发生的一切费用均由用地者负担。

② 规定了受让方动土施工的日期和完成一定建筑面积的日期。

(5) 对配套设施的责任

合同规定用地者在红线范围内建设和维修时,对周围环境及配套设施应承担的责任,包括:

① 所属建筑物及废弃物(建筑垃圾、碎石、土)不得侵占红线以外的土地及设施,需临时用地,应报批,需临时占用市政道路,报请市公安部门批准。

② 不得在公共用地上倾倒、储存任何材料或进行工程活动。

③ 用地范围内的污水、污物、恶臭物或影响环境的排泄物均应有可靠的排除方法,不得损害周围环境。

④ 对用地范围内的城市市政设施妥善保护。

⑤ 不得开辟、铲除或挖掘毗邻地段的土地。

(6) 对环境的责任

合同规定利用土地时对环境保护、园林绿化、消防、环保、卫生防疫等的要求;规定了土地出让的期限、出让金的数额、支付期限和方式。

(7) 其他条款

合同规定双方违约的责任和纠纷的解决方式,以及合同订立的地点、日期。

## 4.3.2 土地使用权的转让

1) 土地使用权转让的概念

土地使用权转让是指通过出让方式获得土地使用权的土地使用者,通过买卖、赠与或其他合法方式将土地使用权再转移的行为。

通常人们把由土地使用权出让而形成的土地市场称为一级市场,由国家垄断

经营;把允许土地使用权转让而形成的土地市场成为二级市场。要建立完善的土地市场体系,就需要一级市场和二级市场的融合,只有这样才能使土地使用权真正作为商品进行流通,只有这样才能推动整个房地产业的健康发展。

2) 土地使用权转让的法律条件

世界各国为了防止"炒卖"地皮现象的发生和削弱土地投机的负面效应,都对土地的转让作了有附加条件的限制,这是国际上通行的对地产市场进行的调节和控制的基本方法。

(1) 土地使用权转让的条件

我国以立法的形式对土地使用权的转让做了规定。《城市房地产管理法》第36条规定了土地使用权转让,应当满足以下条件:

① 土地使用权转让只能在原土地使用权出让合同规定的权利义务范围内进行,权利人不得扩张其权利的内容。

② 按照出让合同的约定,受让方已经支付全部土地使用权出让金,并取得土地使用权证书。

③ 按照出让合同进行投资开发,属于房屋建筑工程的,要完成开发投资总额的25%以上,属于成片开发用地的,要形成工业用地或者其他建设用地条件。

(2) 土地使用权不得转让情形

《城市房地产管理法》还规定了土地使用权不得转让的情况,主要包括:

① 以出让方式取得土地使用权的,不符合本法第38条规定条件的。

② 司法机关和行政机关依法裁定、决定查封或者以其他形式限制房地产权利的。

③ 依法收回土地使用权的。

④ 共有房地产未经其他共有人书面同意的。

⑤ 权属有争议的。

⑥ 未依法登记领取权属证书的。

⑦ 法律、行政法规规定禁止转让的其他情形。

(3) 土地转让的增值税

《土地增值税暂行条例》对土地转让过程中征收土地增值税作了规定:转让国有土地使用权、地上建筑物及其附着物并取得收入的单位和个人,应当缴纳土地增值税。土地增值税的征收,为国家规范土地、房地产市场交易秩序,合理调节土地增值收益提供了重要手段。

3) 土地使用权转让的特点

(1) 土地使用权转让的法律效力

土地使用权转让时,土地使用权出让合同载明的权利义务随之转移,转让人不能保留一部分权能而只转让其他权能。国家虽然不参与土地使用权转让双方之间的法律关系,但新的受让人使用土地必须按照国家与原受让人之间订立的合同进行,不得随意变更土地使用权的使用年限、用途及其他限定规则。《城镇国有土地出让和转让暂行条例》第 22 条规定:"土地使用者通过转让方式取得的土地使用权,其使用年限为土地使用权出让合同规定的使用年限减去原土地使用者已使用年限后的剩余年限"。同时,《城市房地产管理法》第 43 条规定:"受让人改变原土地使用权出让合同约定的土地用途的,必须取得原出让方和市、县人民政府城市规划行政主管部门的同意,签订土地使用权出让合同变更协议或者重新签订土地使用权出让合同,相应调整土地使用权出让金"。另外,《城镇国有土地出让和转让暂行条例》第 23 条还规定:"土地使用权转让时,其地上建筑物、其他附着物所有权随之转让"。第 24 条规定:"土地使用者转让地上建筑物、其他附着物所有权时,其使用范围内的土地使用权随之转让,但地上建筑物、其他附着物作为动产转让的除外"。从这两条规定可以看出,由于在自然状态下土地与地上建筑物及其附着物具有不可分性,因而土地使用权转让时,其地上建筑物、其他附着物所有权随之转让。

(2) 土地使用权转让的方式

土地使用权转让的方式有三种,即出售、交换和赠与。

① 出售:土地使用权的出售,是指土地使用者将土地使用权转移给其他公民、法人,并获得土地使用权出让金的行为。这种出售行为与一般意义上的买卖不同,一般买卖行为涉及所有权的转移,而土地使用权的出售只转移使用权,所有权仍属于国家。

② 交换:土地使用权交换,是指双方当事人约定互相转移土地使用权,其本质是一种权利交易。在很多情况下,交换的双方都是为了更好地满足自己的经济需要。

③ 赠与:土地使用权赠与,是指赠与人把所占有的土地使用权无偿转移给受赠人的行为。土地使用权作为一种财产,其权利人可以将其赠与任何公民、法人,其法律关系与一般赠与关系一致。

在实际经济生活中,土地使用权还存在其他转让方式,如土地入股联建联营、企业兼并等经营性土地使用权转移方式,以及土地使用权继承,用地单位合并、分立等非经营性土地使用权转移方式。

4) 土地使用权转让的程序

(1) 转让申请

由原受让人向出让人提出转让土地使用权的申请,出让人(土地管理部门)就转让情况对再受让人的资信、转让合同草案、转让金标准进行审查。如果审查无异议,则向出让人发出同意转让通知书;若不同意转让,则应指出原因和改进建议。在审查申请时,土地管理部门应对拟转让地价进行评审,若发现转让价过低,政府可优先收购。价格过高的,可采取必要调控措施。对于转让土地使用权是否需要经过申请,各地规定不一,事实上只有少数地方规定转让须经过申请。如天津和广州两市规定,受让人应向出让人即国土局提出申请,经批准同意后,才能进行土地使用权转让。一般情况下,当事人只要符合规定的转让条件,就可自行决定转让土地使用权。

(2) 签订转让合同

原受让人通过招标、拍卖或协议方式确定新的受让人后,要与新受让人签订转让合同,明确双方当事人的权利义务,转让合同的内容必须符合出让合同的要求。《房地产管理法》第44条规定:"房地产转让,应当签订书面转让合同,合同中应当载明土地使用权取得的方式。"

(3) 转让合同公证

转让合同公证,就是由公证机关证明转让合同的真实性和合法性的非诉讼活动。由于转让合同属经济合同的性质,虽然《国有土地出让和转让暂行条例》并没有规定转让合同要进行公证,但各地方政府法规基本上都规定了土地使用权转让合同必须进行公证。有些地方规定,公证是转让合同生效的必要条件,而转让合同经过公证后才具有强制执行的效力。

(4) 缴纳土地出让金和增值税

转让合同签订后,再受让人应按合同要求及时向转让人支付土地转让金,同时转让人要在合同签订后的7日内到税务部门缴纳土地增值税。由于国家建设投资等原因而使土地增值,使得转让方在转让时获得增值收益,国家要对这部分收益征税,这就是土地增值税。征收土地增值税是防止土地投机和规范房地产交易市场的有效措施之一。

我国现行土地转让增值税收取办法规定,计算增值额时所扣除的项目有:

① 取得土地使用权时支付的金额。

② 房地产开发成本。

③ 房地产开发费用(开发土地和新建房屋及配套设施的费用),即与房地产开发项目有关的销售费用、管理费用、财务费用。

④ 转让房地产的税金(与房地产转让有关的),包括营业税、城市维护建设税、印花税、教育费附加。

⑤ 财政部规定的其他扣除项目。

土地增值税的收取采用四级超额累进税率。其计算公式为:

土地增值税额 = 增值额 × 超额累进税率 — 扣除项目金额 × 速算扣除系数

具体公式如下:

增值额未超过扣除项目金额50%的,其计算公式为:

土地增值税税额＝增值额×30%

增值额超过扣除项目金额50%，未超过100%的，其计算公式为：

土地增值税税额 = 增值额×40% — 扣除项目金额×5%

增值额超过扣除项目金额100%，未超过200%的，其计算公式为：

土地增值税税额 = 增值额×50% — 扣除项目金额×15%

增值额超过扣除项目金额200%的，其计算公式为：

土地增值税税额 = 增值额×60% — 扣除项目金额×35%

式中：5%、15%、35%——速算扣除系数。

(5) 土地使用权变更登记

双方当事人共同到所在地市、县人民政府土地管理部门办理土地变更登记手续，换领土地使用证。办理变更登记时，须提交转让登记申请书、土地使用证和房产证、土地转让合同、付款凭证、受让人资信证明、法人代表证书等。同时也应就地上建筑物所有权转让合同向房地产管理部门办理过户登记。

5) 土地转让的评价

我国法律允许房地产开发土地依法转让，也丰富了开发土地合理流转的途径。但在现实市场运作中，很少看到开发公司通过土地转让的方式获取土地，这又是为什么呢？

由土地转让的相关规定可以看出，土地转让对受让方来说有诸多不利。主要体现在：

(1) 转让手续复杂

符合土地转让条件的项目土地，起码已投资25%，此时原土地使用权拥有者已拥有土地使用权证、土地规划许可证、项目施工许可证等一系列合法手续，这些手续上的开发商均为原开发企业。当土地转让给另一开发商时，必须办理相关手续，并及时变更企业名称。而这项不得不做的工作，手续非常复杂。

正常情况下，开发商转让项目，往往都会有一些项目之外的问题，比如债务、管理、运作、纠纷等。如果考虑上诸如此类问题，转让手续的办理将更加复杂。

(2) 转让成本过高

土地转让，受让方除了支付土地转让价款外，还必须支付为数可观的相应税费，如土地契税、土地增值税，办理每项手续时支付的相应费用等。这些税费对受让方来说往往是一笔不小的支出。

(3) 转让过程耗时长

正常转让手续的办理基本上是顺序进行，除了转让双方办理相关手续，更多的是各个职能部门的相关手续办理，即使转让双方"快马加鞭"地办理，也往往要花掉大量的时间。这也往往是开发商顾虑的问题。

因此,市场中实际的土地转让,绝大都是以收购、兼并、参股项目公司的方式来完成。通过收购项目公司,实际取得土地开发权,又避免缴纳绝大多数的税费,手续也大大地简化,省时省费。

### 4.3.3 房地产开发项目可接受地价的测算

什么价格的土地可以拿,是开发商取得项目前必须首先清楚的,否则会犯"只拉车,不看路"的严重错误。测算土地开发价值的最佳方法是假设开发法。

1) 假设开发法的概念

假设开发法又称预期开发法、剩余法,是预测评价对象未来开发完成后的价值,然后减去预测的未来开发成本、税费和利润等,以求取评价对象客观合理价格或价值的方法。假设开发法的本质是以房地产的预期收益能力为导向求取评价对象的价值。

2) 假设开发法的理论依据

假设开发法是一种科学实用的项目评价方法,其理论依据是预期原理。假设开发法的基本思路,用下列模拟一个典型房地产开发商的思想活动的例子,可以较好地反映出来。

假如我是一个房地产开发商,同时有一块可供开发建设的土地,我将愿意以多高的价格来购买它?无疑,我明白购买这块土地的目的不是为了自己享有,而是要通过它赚取利润。我也清楚想得到这块土地的房地产开发商不止我一个,他们都怀有与我一样的动机。因此,我不能企求从这块土地的开发建设中获得超出寻常的利润,否则,争夺这块土地的竞争将使我得不到它,从而我会一无所获。但是,我打算从这块土地的开发建设中获得的利润也不能比别人所愿意获得的最低利润少,或者将此资金、时间和精力投到其他方面所能取得的正常利润少,否则我还不如将此资金、时间和精力投到其他方面。所以,我只求得到社会上同类房地产开发项目的一般正常利润。而为了得到这块土地,我首先得仔细分析这块土地的内外部条件,如坐落位置、面积大小和形状、地质和水文状况,基础设施完备程度和土地平整程度、规划允许的用途、建筑高度和容积率,等等。根据土地的内外部条件,我知道了这块土地在规划允许的范围内最适宜做何种用途、建筑规模多大、什么档次,例如,是商场,还是建写字楼或住宅。在做了这些工作之后,我要预测这个建筑物假如建成后连同土地一起出售,将会卖到多高的价钱;为了建造这个建筑物我将要花多少费用,包括投资利息;此外,我不能忘了在交易中要缴纳有关税费,以及要获得开发利润。确定了这些之后,我便知道了愿意为这块土地支付的最高价格是多少。毫无疑问,它等于预测的未来开发完成后的价值,减去各种开发成本、费用以及利息、税费和利润等之后所剩的数额。

由以上可以看出,假设开发法在形式上是评估新开发完成房地产价格的成本法的倒算。两者的主要区别是:成本法中的土地价格为已知,需要求取的是开发完成后的房地产价格;假设开发法中开发完成后的房地产价格以事先通过预测得到,需要求取的是土地价格。

假设开发法更深层的理论依据,类似于地租原理,只不过地租是每年的租金剩余,假设开发法通常测算的是一次性的价格剩余。

3) 假设开发法适用的对象和条件

(1) 适用对象

假设开发法适用于具有开发或再开发潜力的房地产估价,如待开发的土地、在建工程、可装修改造或可改变用途的旧房等。

运用假设开发法测算地价的可靠性,关键取决于下列两个预测:

① 是否正确地判断了房地产的最佳开发利用方式,包括用途、规模、档次等。

② 是否根据当地房地产市场行情或供求状况,正确地预测了未来开发完成后的房地产价值。

由于这两个预测包含着较多的可变因素,假设开发法有时被指责为较粗糙。这一点也可以从同是参加土地使用权招标、拍卖、挂牌出让,均是采用假设开发法测算其出价,但不同的竞买者所愿意出的最高购买价格可能相差悬殊中反映出来。不过,当估价对象具有潜在的开发价值时,假设开发法几乎是唯一实用的估价方法。

(2) 适用条件

运用假设开发法估价的效果如何,除了取决于对假设开发法本身掌握得如何,还要求有一个良好的社会经济环境,包括:

① 要有一个明朗、开放及长远的房地产政策。

② 要有一套统一、严谨及健全的房地产法规。

③ 要有一个完整、公开及透明度高的房地产资料库。

④ 要有一个稳定、清晰及全面的有关房地产投资开发和交易的税费清单。

⑤ 要有一个长远、公开及稳定的土地供给计划。

如果这些条件不具备,在运用假设开发法估价时会使本来就难以预测的房地产市场的客观方面,掺入了许多人为的主观影响因素,使未来的房地产市场变得更加不可捉摸,从而使对未来开发完成后的房地产价值、开发成本和税费等的预测也会更加困难。

4) 假设开发法的操作步骤

(1) 测算步骤

运用假设开发法评价项目,一般分为下列六个步骤进行:

① 调查待开发房地产的基本情况。

② 选择最佳的开发利用方式。
③ 估算开发经营期。
④ 预测开发完成后的房地产价值。
⑤ 测算开发成本、管理费用、投资利息、销售费用、销售税费、开发利润及投资者购买待开发房地产应负担的税费。
⑥ 进行具体计算,求出待开发房地产的价值。
(2) 土地基本情况调查
对于土地出让,政府都要事先进行地价评估,以确定出让底价或做到心中有数。有意购买者也需要估价,以确定购买时的出价或者作为与政府讨价还价的依据。这类待开发土地的使用年限、城市规划设计条件等,通常政府在事先已确定,购地者如果获得该类土地,只能在政府的这些限制之内开发利用。因此,开发商必须深入调查土地的基本情况,主要包括下列四个方面:
① 土地的位置
调查土地所在城市的性质、土地所在城市内的区域的性质、具体的坐落状况,为选择最佳的土地用途服务。此外还需要搞清楚这块土地在该区内的具体坐落状况,如周围环境、进出交通便利与否等。
② 土地的形状
调查土地的面积大小、形状、地质和水文状况、基础设施完备程度、平整程度等为测算开发成本、费用等服务。
③ 土地规划设计条件
调查土地规定的用途、建筑高度、容积率等,为确定最佳的开发利用方式服务。
④ 将拥有的土地权利
调查将拥有的权利性质、使用年限、可否续期,以及对转让、出租、抵押等的有关规定等,为预测未来开发完成后的房地产价值、租金等服务。
5) 假设开发法的主要用途
假设开发法用于房地产开发项目投资分析,是房地产开发项目投资分析的常用方法之一。具体可为房地产开发商提供三种分析:
(1) 确定拟开发场地的最高价格
如果房地产投资者有兴趣取得某个开发场地,就必须事先测算出能够接受的最高价格,实际的购买价格应低于或等于此价格,否则就不值得购买。
(2) 确定开发项目的预期利润
在确定预期利润时,假定开发场地已经按照某个价格购买,即场地购置费被看成已知。预计可取得的收入扣除场地购置费、开发成本及投资利息等后的余值,为开发项目所能产生的利润。此利润如果高于房地产投资者期望的利润,则该开发项目被认为是可行的;否则,应推迟开发,甚至取消投资。

(3) 确定开发中可能出现的最高费用

在确定最高费用时,场地购置费也被视为已知。确定最高费用的目的是为了使开发利润保持在一个合理的范围内,同时使整个开发成本、费用在开发过程的各个阶段得到有效的控制,不至于在开发过程中出现费用失控。

6) 假设开发法的计算公式

房地产产品的价格可表示为:

房地产价格＝地价＋建造成本＋顾问费用＋利息＋管理费用＋
　　　　　　销售费用＋税＋利润

通过移项,可得:

地价＝房地产价格－(建造成本＋顾问费用＋利息＋管理费用＋
　　　　销售费用＋税＋利润)

此即假设开发法的计算公式。

## 4.4 国有土地出让文件及地价测算案例

本案例为南京市国土资源局公布的国有土地使用权公开出让文件。

### 4.4.1 国有土地出让文件

1) 国有土地使用权公开出让公告

根据《中华人民共和国土地管理法》、《招标拍卖挂牌出让国有土地使用权规定》及《江苏省国有土地使用权招标拍卖挂牌出让办法》等法律、法规规定,南京市国土资源局对下列地块国有土地使用权进行公开出让。现就有关出让事项公告如下:

(1) 公开出让地块的基本情况

① 地块编号:NO.2005G78 地块(略)

② 地块编号:NO.2005G79 地块

土地坐落:南京市玄武区忠林坊地块,东、西至南京军区联勤部机关,南至中山东路,北至住宅区。

用地面积:用地总面积 5 850 $m^2$,其中城市道路用地 590 $m^2$,实际出让面积 5 260 $m^2$。

规划用地性质:商业、办公。

容积率:≤1.2。

建筑密度:≤25%。

建筑高度：≤24 m。

③ 地块编号：NO. 2005G80 地块（略）

（2）土地交付条件及土地使用权出让年限

土地交付条件：NO. 2005G78、NO. 2005G79、NO. 2005G80 三幅地块现状，用地范围内的拆迁均由受让人自行调查，依法实施拆迁。

外部条件（道路、水、电、气等）均以现状为准。

土地使用权出让年限：居住份额用地 70 年，商业、办公份额用地 40 年，其他份额用地按法定最高出让年限。

（3）挂牌出让起始价、加价幅度及竞买保证金

| 地块编号 | 挂牌出让起始价（万元） | 加价幅度（万元） | 竞买保证金（万元） |
| --- | --- | --- | --- |
| NO. 2005G78 | 700 | 20 或其整数倍 | 200 |
| NO. 2005G79 | 1 000 | 50 或其整数倍 | 300 |
| NO. 2005G80 | 1 850 | 50 或其整数倍 | 300 |

（4）中华人民共和国境内外的公司、企业和其他组织，除法律另有规定者外，均可参加竞买。可以独立竞买，也可以联合竞买。在竞得人所持股份大于 50% 的前提下，可就该地块开发成立项目公司。

（5）有意竞买者请于 2005 年 11 月 3 日至 2005 年 11 月 16 日下午 1:00（工作日），到南京市土地矿产市场管理办公室办理报名手续（截止时间以现场公证部门确认的时间为准），按规定交付竞买保证金。

有关挂牌出让文件可于 2005 年 10 月 21 日起到南京市国土资源局一楼大厅 2 号窗口按规定申领。

（6）接受竞买报价时间（工作日）：

起始时间：2005 年 11 月 3 日上午 8:30。

截止时间：2005 年 11 月 17 日下午 2:30（以现场公证部门确认的时间为准）。

竞买人报价必须采用南京市土地矿产市场管理办公室统一制作的《国有土地使用权挂牌出让竞买报价书》，进行现场书面报价。不接受电话、邮寄、口头等报价方式。

在挂牌期限截止时，对出让地块有两个竞买人，且该地块已有有效报价的，出让人主持对挂牌出让地块进行现场书面竞价，出价最高者为竞得人。

在挂牌期限截止时，对出让地块有三个或三个以上竞买人，且该地块已有有效报价的，出让人主持对该地块进行现场拍卖竞价，出价最高者为竞得人。

（7）竞买人竞得后，凭《国有土地使用权挂牌出让成交确认书》、《国有土地使用权出让合同》办理项目审批等有关手续。

(8) 本次国有土地使用权挂牌出让由南京市土地矿产市场管理办公室具体承办。

(9) 南京市土地矿产市场管理办公室对本公告有解释权。

2) 国有土地使用权公开出让竞买须知(略)

3) NO.2005G79地块国有土地使用权公开出让竞买报价书(略)

4) 国有土地使用权公开出让竞买报名表(略)

5) 国有土地使用权公开出让成交确认书(略)

6) 国有土地使用权出让合同(略)

7) 规划用地范围及控制要求

(1) 规划用地范围及外部条件(略)

(2) 建设工程规划设计要点通知书

### 南京市规划局建设项目规划设计要点（单体建筑）

| 案卷编号 | 城中20051601JY01 | | | | |
|---|---|---|---|---|---|
| 用地单位 | 南京市土地储备中心 | | 联系人 | 陆云峰 | |
| 项目名称 | 玄武区忠林坊地块（储备用地） | | 联系电话 | 83210207 | |
| 用地位置 | 玄武区忠林坊 | | 地块编号 | | |
| 总用地面积 | 5 850 m² | 建设用地 | 5 260 m² | 其他代征用地 | 590 m² |
| 规划用地性质 | 商业办公用地 | | | | |
| 规划控制要求 | 控制指标 | 地块编号 | 地块1 | | |
| | | 建筑容积率 | ≤1.2 | | |
| | | 建筑密度(%) | ≤25 | | |
| | | 绿地率(%) | 30 | | |
| | | 建筑高度(m) | ≤24 | | |
| | | 控制指标说明 | 容积率为地上建筑部分 | | |
| | 交通组织 | (1) 机动车出入口在征得交管部门的书面同意的情况下可在中山东路上设置；<br>(2) 按《南京市建筑物配建停车设置标准与准则》配置机动车和非机动车停车场库；<br>(3) 规划方案应充分考虑无障碍设计 | | | |
| | 退让 | (1) 中山东路规划道路红线不得小于8 m；<br>(2) 规划建筑退让用地边界应满足《南京市城市规划条例实施细则》要求 | | | |

续表

| 规划控制要求 | 建筑间距 | 规划建筑与北侧住宅的间距应满足1:1.25,且最小距离不得小于15 m |
|---|---|---|
| | 配套 | (1) 结合地铁系统的开发建设,合理开发利用地下空间,与新街口地区地下空间开发利用形成整体,处理好与地铁及周边地下空间的高程衔接,并须安排中山东路南北地下通道一处;<br>(2) 项目配套设施,如锅炉房、配电房、冷冻机房等应一并考虑,统一规划,并尽可能利用地下空间解决 |
| 规划引导要求 | | (1) 建筑体量和建筑形象应重点处理,应与城市空间及景观相互协调,沿东、南方向应作为城市景观的主要立面进行设计;<br>(2) 建筑风格力求简洁、明快、高雅;<br>(3) 建筑色彩应考虑与保留建筑及周边建筑的呼应和协调,以明快、淡雅的浅色作为主色调 |
| 关联性要求 | | □规划设计须进行交通组织专项分析 |
| | | □规划设计须进行环境影响分析 |
| | | □规划设计须进行日照分析 |
| | | □规划设计须组织多方案比选,送选方案不少于_____个。 |
| | | ■规划设计须组织不少于3家设计单位进行多方案比选,送选方案不得少于3个 |
| | | □规划设计须由南京规划委员会专家咨询委员会咨询评选 |
| | | □规划设计须有区域分析图 |
| | | □规划设计须进行公示 |
| | | 规划设计须征求以下部门意见:■消防、■人防、■交通、□教育、□文物、■环保、□卫生、□安全、□水利、□航空、□电力、□通讯、■其他 |
| | | 本规划设计要点的有效期为自发出之日起12个月内有效 |
| 备注 | | 一、同意在图示设计红线范围内做商业、办公、酒店等建筑的规划方案设计,用地及建筑内不得安排住宅内容<br>二、由于规划地块用地规模较小且不规整,鼓励与西北侧地块整体开发改造,本次出让土地(6 000 m²)的地面建筑总面积可计入今后的总用地(25 000 m²)的地面总建筑面积<br>三、报审成果应包含以下内容:<br>(1) 规划总平面图(落放在1/500地形图上)<br>(2) 单体平、立、剖面图<br>(3) 必要的分析图、表现图(采用实景插入法)、模型等<br>(4) 规划设计说明书(包括经济技术指标)<br>四、规划方案必须同时满足国家现行的有关法规和规范的要求,并征得消防、人防、交管、地铁、环保等部门的书面同意 |

### 4.4.2 南京忠林坊地价测算案例

美国富顿集团拟在南京进行房地产投资,通过各种渠道了解南京市土地上市信息。公开挂牌出让 NO.2005G79 地块符合该企业对南京房地产开发项目的构想。该企业通过南京市国有土地使用权公开出让公告了解地块的情况,并通过内部分析研究为该地块竞价做准备。

富顿集团通过实地勘察,以及对南京、新街口地区市场调研、分析,在没有规划方案的前提下,对忠林坊地块价值进行了初步的测算。采用"假设开发法"进行测算,过程如下。

1) 指标计算

建筑面积:$5\,850\,m^2 \times 1.2(容积率) = 7\,020\,m^2$

2) 技术参数测算

(1) 销售均价估计:1.5 万元/$m^2$。根据当时区域市场的销售状况,开发商做出了一个较为保守的售价估计,项目未来总销售额可达到 10 530 万元。

$$7\,020\,m^2 \times 1.5\,万元/m^2 = 10\,530\,万元$$

(2) 建造费

根据地块区域特征,决策层将项目未来定位为中高档商住综合楼,建造费用按照中高档综合楼进行估计。

$$3\,500\,元/m^2 \times 7\,020\,m^2 = 2\,457\,万元$$

(3) 顾问费

根据开发商经验,顾问咨询及设计费用基本在建造费用的 8% 左右。

$$2\,457\,万元 \times 8\% = 197\,万元$$

(4) 销售费用

根据开发商经验,销售费用通常会占到销售额的 3% 左右。

$$10\,530\,万元 \times 3\% = 316\,万元$$

(5) 管理费用

管理费用完全根据开发商自身管理能力和管理经验所定,管理费用取建造费用的 5%。

$$2\,457\,万元 \times 5\% = 123\,万元$$

(6) 税金

税金费用按照营业税的计提方式简便处理,其中包括了房地产项目开发期间的税费与房地产项目经营期间的税费。

$$10\,530\ 万元 \times 6\% = 632\ 万元$$

(7) 利润

根据开发商对以往项目的经营状况,假设利润率为总投资的15%。

$$利润 = (地价 + 建造费用 + 顾问费用 + 管理费用 + 销售费用) \times 15\%$$
$$= (X + 2\,457 + 197 + 123 + 316) \times 15\%$$
$$= 15\%X + 464$$

(8) 利息(设年利率为6%)

$$利息 = (X + 2\,457 + 197 + 123 + 316) \times 6\% = 186 + 6\%X$$

3) 地价计算

$$10\,530 = X + 2\,457 + 197 + 123 + 316 + (15\%X + 464) + (186 + 6\%X) + 632$$

$$1.21X = 6\,155$$

$$X = 5\,086(万元)$$

即,取得土地成本上限为5 086万元。

4) 单位地价

$$单位地价 = 5\,086\ 万元 / 5\,850\ m^2 = 8\,694\ 元/m^2$$

$$楼面地价 = 5\,086\ 万元 / 7\,020\ m^2 = 7\,245\ 元/m^2$$

在此测算的基础上,富顿集团根据项目基本状况、项目的初步定位,以及企业自身管理状况,对该地块价值做出了基本的判断,并为地块竞价制定了一套完整的策略。在后来的竞标中,该企业以底价摘得忠林坊地块的土地使用权。

## 复习思考题

1. 简述我国现行的土地制度。
2. 我国现行国有土地出让年限是如何规定的?
3. 国有土地出让、转让、划拨的区别是什么?
4. 房地产抵押与按揭是一回事吗?为什么?
5. 开发商大都以出让方式取得土地使用权,很少看到转让方式,为什么?
6. 使用假设开发法测算土地价值,影响精度的主要因素有哪些?如何控制?

# 5 房地产开发项目财务评价

**本章概要**

房地产开发项目财务评价技术,是房地产开发、投资、经营分析的基本工具。任何一个房地产项目在其开发经营过程中,都需要不同程度、不同时点、不同精度地进行财务分析和评价。因此,掌握房地产开发项目财务分析、评价技术和方法,是房地产从业人员的一项基本功。本章通过介绍财务评价基本技术,结合多项案例分析,全面、深入地阐述房地产开发项目的成本、效益分析,并在此基础上,介绍开发项目的不确定性分析和风险分析。使读者全面了解、掌握房地产开发项目的财务评价。

## 5.1 现金流量与资金时间价值

房地产开发投资的目的是通过资本、劳动力、土地资源和管理技术等生产要素的投入,向社会提供有用的房地产产品或服务,并获得相应的投资回报。因此,用货币量化房地产开发投资项目的投入产出是房地产投资分析工作的基础,也是正确计算房地产投资项目经济效果评价指标的前提。

### 5.1.1 现金流量

房地产开发活动可以从物质形态与货币形态两个方面进行考查。从物质形态上看,房地产开发活动表现为开发商使用各种工具、设备,消耗一定量的能源,通过对土地进行开发活动、使用各种建筑材料与建筑部件,最终生产出可供人类生产或生活入住的房地产商品。从物质形态上来看,房地产开发活动则表现为投入一定量的资金,花费一定量的成本,通过房屋销售或出租获得一定量的货币收入。

对于一个特定的经济系统而言,投入的资金、花费的成本和获取的收益,都可以看成是货币形式(包括现金和其他货币支付形式)体现的资金流出或资金流入。在房地产投资分析中,把某一项投资活动作为一个独立的系统,把一定时期各时间点上实际发生的资金流出或流入叫做现金流量,其中,流出系统的资金称为现金流出,流入系统的资金称为现金流入。现金流出与现金流入之差称净现金流量。

经济活动的类型和特点不同,现金流入和现金流出的具体表现形式也会有很大差异。对于房地产开发投资项目来说,现金流入通常包括销售收入、出租收入、利息收入和贷款本金收入等,现金流出主要包括土地费用、建造费用、还本付息、经营费用、税金等。

房地产投资分析的目的就是要根据特定房地产投资项目所要达到的目标和所拥有的资源条件,考查项目在不同运行模式或技术方案下的现金流出与现金流入,选择合适的运行模式或技术方案,以获取最好的经济效果。

## 5.1.2 资金时间价值

1) 资金时间价值的概念

生产建设过程中的大小投资活动,从发生、发展到结束,都有一个实践上的延续过程。对于投资者来说,资金的投入与受益的获得往往构成一个时间上有先有后的现金流量序列,客观地评价房地产项目的经济效果或对不同投资方案进行经济比较时,不仅要考虑支出和收入的数额,还必须考虑每笔现金流量发生的时间,以某一个相同的时间点为基准,把不同时间点上的支出和收入折算到同一个时间点上,才能得出正确的结论。

在不同的时间点付出或得到同样数额的资金在价值上是不等的,也就是说,资金的价值会随时间发生变化。今天可以用来投资的一笔资金,即使不考虑通货膨胀因素,也比将来可获得的同样数额的资金更有价值,因为当前可用的资金能够立即用来投资并带来收益,而将来才可取得的资金则无法用于当前的投资,也无法获得相应的收益。

因此,同样数额的资金在不同时间点上具有不同的价值,而不同时间发生的等额资金在价值上的差别称为资金的时间价值。对于资金的时间价值,可以从两个方面理解:

(1) 随时间的推移,资金的价值会增加,这种现象叫资金增值。在市场经济条件下,资金随着生产与交换的进行不断运动,生产与交换活动会给投资者带来利润,表现为资金的增值。从投资者的角度来看,资金的增值特性使其具有时间价值。

(2) 资金一旦用于投资,就不能用于即期消费,牺牲即期消费是为了能在将来得到更多的消费,个人储蓄的动机和国家积累的目的都是如此。从消费者的角度来看,资金的时间价值体现为放弃即期消费的损失所应得到的补偿。

资金的时间价值的大小取决于多方面的因素,从投资的角度来看主要有透支利润率,即单位投资所能取得的利润;通货膨胀率,即对因货币贬值造成的损失所应得到的补偿;风险因素,即对因风险可能带来的损失所应获得的补偿。

在技术经济分析中,对资金时间价值的计算方法与银行利息的计算方法相同,实际上,银行利息也是一种资金时间价值的表现方式,利率是资金时间价值的一种标志。

由于资金存在时间价值,所以就无法直接比较不同点上发生的现金流量。因而要通过一系列的换算,在同一时间点上进行比较,才能符合客观实际,这种经济分析方法考虑了资金的时间价值,因而能提高方案评价和选择的科学性和可靠性。

2)利息与利率

(1)利息

利息是指占用资金所付出的代价或放弃资金所得到的补偿。如果将一笔资金存入银行,这笔资金就称为本金。经过一段时间之后,储户可在本金之外再得到一笔利息,这一过程可表示为:

$$F_n = P + I_n$$

式中:$F_n$——本利和;

$P$——本金;

$I_n$——利息。

下标 $n$ 表示计算利息的周期数。计息周期是指计算利息的时间单位,如"年"、"季度"、"月"或"周"等,但通常采用的时间单位是年。

(2)利率

利率是在单位时间(一个计息周期)内所得的利息额与借贷本金额之比,一般以百分数表示。用 $i$ 表示利率,其表达式为:

$$i = \frac{I_1}{P} \times 100\%$$

式中:$I_1$——一个利息周期的利息。

上式表明,利率是单位本金经过一个计息周期后的增值额。

利率又分为基础利率、同业拆放利率、存款利率、贷款利率等类型。基础利率是投资者所要求的最低利率,一般使用无风险的国债收益率作为基础利率的代表。同业拆放利率指银行同业之间的短期资金贷款利率。同业拆放中大量使用的利率是伦敦同业拆放利率(LIBOR),指在伦敦的第一流银行借款给伦敦的另一家第一流银行资金的利率。我国对外筹资成本即是在 LIBOR 利率的基础上加一定百分点。从 LIBOR 变化出来的,还有新加坡同业拆放利率(SIBOR)、纽约同业拆放利率(HIBOR)等。

(3)利率的影响因素

马克思的利率决定论以剩余价值在不同的资本家之间分割为起点,认为利息是贷出资本的资本家从借入资本的资本家那里分割来的一部分剩余价值。剩余价值表现为利润,所以,利息量的多少取决于利润总额,利率的高低取决于平均利润率。由于利息只是利润的一部分,利润本身也就成为利息的最高界限。总之,利率的变化范围在零与平均利润率之间。

马克思明确指出,在利率的变化范围内,有两个因素决定着利率的高低:一是利润率,二是总利润在贷款人与借款人之间分配的比例。利润率决定利率,从而使利率具有以下特点:

① 随着技术发展和资本有机构成的提高,平均利润率有下降趋势,因而也影响平均利率有同方向变化的趋势。

② 平均利率虽有下降趋势,但却是一个非常缓慢的过程,换句话说,平均利率具有相对稳定性。

③ 由于利率高低取决于两类资本家对利润分割的结果,因而使利率的决定具有很大的偶然性,也就是说,平均利率无法由任何规律决定,而传统习惯、法律规定、竞争等却可以直接或间接地对利率产生影响。

需要注意的是,平均利率是一个纯理论概念,在现实生活中,人们面对的是市场利率而非平均利率,市场利率的多变性直接决定于资本借贷的供求对比变化。

至于总利润在贷款人与借款人之间分配的比例,也可能出现不同情况。如果总利润在贷款人和借款人之间的分割比例是固定的,则利率随着利润率的提高而提高;相反,则会随利润率的下降而下降。

在市场经济条件下,利率的高低主要取决于社会平均利润率、资本供求状况、通货膨胀率水平、政策性因素和国际经济环境等。贷款利率水平主要取决于资金成本,此外还要加上税收、经营费用、风险成本以及收益等。其他各种类型利率的高低及其与基础利率的差异,则主要取决于资金筹措的成本费用和融资所承担的风险大小等。

3) 单利计息与复利计息

(1) 单利计息

单利计息是仅按本金计算利息,利息不再生息,其利息总额与借贷时间成正比。单利计息公式:

$$I_n = P \cdot n \cdot i$$

$n$ 个计息周期后的本利和为:

$$F_n = P(1 + i \cdot n)$$

我国个人储蓄存款和国库券的利息就是以单利计算的,计息周期为"年"。

(2) 复利计息

复利计息是指对于某一计息周期来说,如果按本金加上先前计息周期所累计的利息进行计息,即"利息再生利息"。按复利方式计算利息时,利息的计算公式为:

$$I_n = P[(1+i)^n - 1]$$

$n$ 个计息周期后的本利和为：

$$F_n = P(1+i)^n$$

我国房地产开发贷款和住房抵押贷款等都是按复利计息的。由于复利计息比较符合资金在社会再生产过程中运动的实际情况，所以在投资分析中，一般采用复利计息。

复利计息还有间断复利和连续复利之分。如果计息周期为一定的时间区间（如年、季、月等），并按复利计息，称为间断复利；如果计息周期无限地缩短，成为连续复利。从理论上讲，资金在不停地运动，每时每刻都在通过生产和流通领域增值，因而应该采用连续复利计息，但在实际使用中都采用较为简便的间断复利计息方式计算。

4）名义利率与实际利率

（1）名义利率与实际利率的概念

在实际经济活动中，计息周期有年、季度、月、周、日等，也就是说，计息周期可以短于一年。这样就出现了不同计息周期的利率换算问题，但当利率表明的时间单位与计息周期不一致时，就出现了名义利率和实际利率的区别。

名义利率指一年内多次复利时给出的年利率，它等于每期利率与年内复利次数的乘积；实际利率指一年内多次复利时，年末终值比年初的增长率。

（2）名义利率与实际利率的管理

设名义利率为 $r$，若年初借款为 $P$，在一年中计算利息 $m$ 次，则每一计息周期的利率为 $\dfrac{r}{m}$，一年后的本利和为：$F = P\left(1+\dfrac{r}{m}\right)^m$，其中，利息为 $I = F - P = P\left(1+\dfrac{r}{m}\right)^m - P$。故实际利率 $i$ 与名义利率 $r$ 的关系式为：

$$i = \frac{F-P}{P} = \frac{P\left(1+\dfrac{r}{m}\right)^m - P}{P} = \left(1+\dfrac{r}{m}\right)^m - 1$$

名义利率与实际利率存在下述关系：

① 实际利率比名义利率更能反映资金的时间价值。
② 名义利率越大，计息周期越短，实际利率与名义利率相差越大。
③ 当每年计息周期数 $m = 1$ 时，名义利率与实际利率相等。
④ 当每年计息周期数 $m > 1$ 时，名义利率大于实际利率。
⑤ 当每年计息周期数 $m$ 趋于无穷，名义利率 $r$ 与实际利率 $i$ 的关系为：

$$i = e^r - 1$$

## 5.2 开发项目经济评价指标与方法

对于房地产开发投资活动来说,总成本、销售或出租收入、税金、利润等经济量,是构成房地产开发投资项目现金流量的基本要素,也是进行投资分析最重要的基础数据。总成本费用包括开发项目总投资、开发产品成本与经营成本以及期间费用。

为更好地对每个概念进行阐述,以南京"润开华府"开发项目为例进行经济评价。

**案例背景:**

"润开华府"项目位于南京市下关区热河南路二板桥369号,渡江广场南300 m,紧邻下关区人民法院。项目用地性质为居住用地,占地面积13 947 m²,规划容积率≤2.0,覆盖率≤21%,绿地率≥30%,建筑高度多层≤24 m,高层≤50 m,其中,多层建筑的南北向间距不得小于1∶1.25,最小距离不小于15 m。二板桥地块居外滩区域中心黄金地段,底蕴深厚,人文荟萃。地块周边有31、32、34、特1、游4路等多路公交路线,规划地铁5号、9号线在此交汇。目前距离南京市区交通较为不便,但随着地铁的建设会得到改善。

周边配套:北距渡江纪念碑广场仅300 m,东眺小桃园、绣球公园风景区,西临梅家塘绿地市民广场。靠近南京医学院第二附属医院,学校有天妃官小学、第十二中学。小区主要为住宅用地,辅以小部分的商业配套设施用地,地处热河南路商贸街核心地段,周边有葡鲸酒楼、KFC、苏果卖场等。

### 5.2.1 投资、效益的构成及测算

1) 开发项目总投资

房地产开发项目总投资是由固定资产投资(即工程造价)和流动资金(即流动资产投资)两部分构成,在房地产开发项目中,一般情况下,流动资金需要量较少,因此暂不考虑。

(1) 土地使用费

土地使用费是指取得项目用地使用权而发生的费用。可分为土地征用及拆迁安置补偿费和土地使用权出让金。

开发商的土地取得价款,往往是通过土地挂牌摘得一个明确的价格,而本案的土地是开发商前几年取得,与当今的市场价已相差很大。为更准确地测算当下的市场价值,采用市场比较法测算项目土地的市值。

可比实例A为下关区白云亭路以南地块,成交时间为2010年7月30日,容积

率≤3.8;可比实例 B 为下关区梅家塘地块,成交时间为 2010 年 11 月 19 日,容积率≤3.5,项目 B 地块绿地面积 3 816.7 m² 已纳入容积率计算。地价月涨幅定为 1‰,具体计算如表 5-1、表 5-2 所示。

表 5-1  土地出让金估算表

| 比较因素内容 \ 可比实例 | 可比实例 A | 可比实例 B |
|---|---|---|
| 成交价格(万元) | 34 500 | 56 500 |
| 出让面积(m²) | 15 123.8 | 13 174.1 |
| 土地出让单价(万元/m²) | 2.281 | 4.289 |
| 楼面地价(万元/m²) | 0.600 | 0.950 |
| 成交时间修正 30% | 105/100 | 102/100 |
| 地块交通修正 35% | 101/100 | 101/100 |
| 周边环境修正 35% | 99/100 | 99/100 |
| 修正系数 | 1.02 | 1.01 |
| 比准楼面地价(万元/m²) | 0.612 | 0.960 |

因此,本项目比准楼面地价为 (0.612+0.960)/2 = 0.786(万元/m²),

土地出让单价为 0.786×2 = 1.572(万元/m²),

土地出让总价为 1.572×13 947 = 21 925(万元)。

表 5-2  土地费用计算表

| 项目名称 | 计算标准 | 金额(万元) |
|---|---|---|
| 1. 土地出让金 | — | 21 925 |
| 2. 用地保证金 | 1.5 元/m² | 2 |
| 3. 土地契税 | 土地出让金×5% | 1 096 |
| 土地费用 | 以上相加 | 23 023 |

(2)前期开发费

前期开发费主要包括可行性研究费、勘察设计费、设计和施工招投标管理费、建设工程招投标业务代理费、人防建设费、建筑工程质量监督费、执照费、申照手续费等。

本案例前期开发费见表 5-3 所示。

表 5-3 前期开发费计算表

前期开发费计算

| 项目名称 | 计算标准 | 金额(万元) |
| --- | --- | --- |
| 1. 项目可行性研究费 | 建安工程费×0.4% | 21 |
| 2. 规划设计费 | 建安工程费×2% | 103 |
| 3. 水文、地质勘察费 | 5元/m² | 7 |
| 4. 筹建开办费 | 建安工程费×2.5% | 128 |
| 5. 场地准备费("三通一平") | 5元/m² | 7 |
| 6. 工程招标管理费 | 建安工程费×0.1% | 5 |
| 7. 标底编制费 | 建安工程费×0.12% | 6 |
| 8. 标底审核费 | 建安工程费×0.3% | 15 |
| 前期开发费 | 以上相加 | 292 |

(3) 建筑安装工程费

建筑安装工程费是指直接用于工程建设的总成本费用,主要包括基础工程费、土建工程费(建筑、结构)、房屋设备及安装工程费(给排水、电气照明、各种管道、通讯设施、消防设施、电梯、空调等设备及安装)和室内装修工程费等。建安工程费的估算方法有单位指标估算法、工程量近似匡算、概算指标法等。

本案例地块大致呈方形。规划为二类居住用地。项目的基本技术指标如表 5-4、表 5-5、表 5-6 所示。

表 5-4 用地平衡表

| 项　　目 | 用地面积(m²) | 所占比重(%) |
| --- | --- | --- |
| 居住小区规划总用地 | 13 947 | — |
| 住宅用地 | 1 375.26 | 10% |
| 公建用地 | 5 020 | 36% |
| 道路用地 | 2 789 | 20% |
| 公共绿地 | 4 741 | 34% |

表 5-5 项目主要技术经济指标表

| 项　目 | 数　量 |
|---|---|
| 总户数 | 200 |
| 居住人口 | — |
| 总建筑面积 | 27 561 m² |
| 其中：住宅建筑面积 | 22 292 m² |
| 平均每套建筑面积 | 112 m² |
| 平均每户人口 | — |
| 绿地率 | 34% |
| 容积率 | 1.97 |
| 机动车车位 | 170个(1:1.2)，地下：150个，地面：20个 |

表 5-6 建安工程费计算表

建安工程费计算

| 项目名称 | 计算标准 | 金额(万元) |
|---|---|---|
| 1. 建筑工程费 | | |
| 1.1 桩基础 | 90元/m²(按住宅建筑面积计) | 201 |
| 1.2 地下室 | 300元/m²(按住宅建筑面积计) | 669 |
| 1.3 土建工程 | 1 150元/m²(按住宅建筑面积计) | 2 564 |
| 2. 设备及安装工程费 | | |
| 2.1 一般水电安装 | 220元/m²(按住宅建筑面积计) | 490 |
| 2.2 消防 | 50元/m²(按住宅建筑面积计) | 111 |
| 2.3 通讯 | 20元/m²(按住宅建筑面积计) | 45 |
| 2.4 电梯 | 160元/m²(按住宅建筑面积计) | 357 |
| 2.5 对讲机系统 | 15元/m²(按住宅建筑面积计) | 33 |
| 2.6 智能化系统 | 220元/m²(按住宅建筑面积计) | 490 |
| 3. 室内装饰费 | | |
| 3.1 普通装修 | 80元/m²(按住宅建筑面积计) | 178 |
| 建安工程费 | 以上相加 | 5 138 |

(4) 工程监理费

工程监理费是指建设单位委托工程监理单位对工程实施监理所需费用。工程监理费应根据国家发改委、原建设部下发的《建设工程监理与相关服务收费管理规定》来计取。

根据本项目的计费额,应计取工程监理费为120万。

(5) 配套设施费

配套设施费是指为住宅小区配套的水、电、燃气、通讯、绿化、道路、公共设施等费用,主要分为小区内配套设施费和住宅建设配套费。

本案配套设施费见表5-7、表5-8。

表5-7 基础设施配套费计算表

基础设施费计算

| 项目名称 | 计算标准 | 金额(万元) |
|---|---|---|
| 1. 绿化 | 50元/m²(按场地面积计) | 70 |
| 2. 室外管线费 | 8元/m²(按场地面积计) | 11 |
| 3. 室外供电 | 30元/m²(按场地面积计) | 42 |
| 4. 室外供水 | 15元/m²(按场地面积计) | 21 |
| 5. 排污工程 | 18元/m²(按场地面积计) | 25 |
| 6. 小区道路 | 10元/m²(按场地面积计) | 14 |
| 基础设施费 | 以上相加 | 183 |

表5-8 公共配套设施费计算表

公共配套设施费计算

| 项目名称 | 计算标准(元/m²) | 建筑面积(m²) | 金额(万元) |
|---|---|---|---|
| 1. 体育娱乐场地 | 60 | 200 | 1 |
| 2. 物业管理所 | 400 | 200 | 8 |
| 3. 游泳池 | 100 | 3 000 | 30 |
| 4. 垃圾处理站 | 300 | 200 | 6 |
| 5. 会所 | 800 | 1 669 | 134 |
| 公共配套设施费计算 | | | 179 |

(6) 建设单位管理费

建设单位管理费是指房地产开发项目从立项、筹建、建设、竣工验收交付使用等全过程管理所需费用,主要包括建设单位开办费和建设单位经费。建设单位管理费按照建安工程费的3%计取。

本项目建设单位管理费为 5 138 万元×3‰ = 154 万元。

(7) 工程保险费

工程保险费是指房地产开发项目在建设期间根据需要实施工程保险所需的费用。工程保险费一般为建筑安装工程费的 3‰。

本项目工程保险费为 5 138 万元×3‰ = 154 万元。

(8) 建设期贷款利息估算

建设期贷款利息是指建设单位为项目融资而向银行贷款,在项目建设期内应偿还的贷款利息。为简化计算,建设期贷款一般按贷款计划分年均衡发放,建设期利息的计算可按当年贷款在年中支用考虑,即当年贷款按半年计息,上年贷款的本息按全年计息。建设期每年应计利息的近似计算公式如下:

建设期每年应计利息 = (年初贷款本息累计 + 本年贷款额/2)×年利率

总投资测算得准确与否,不仅影响对项目财务、经济效益的正确分析,而且影响项目资金筹措、建设资金的供应。因此,应尽量估算得切合实际,并适当留有余地,以保证项目的顺利实施。

本案例建设期利息计算如下:

当时,六个月以内短期贷款年利率为 5.85%,本项目假定按季度计息,则每个季度的利率为 1.64%。

结合本公司及本项目实际情况,利息偿还从 2011 年第二季度起至建设期末为止,共计六次,采用等额本息偿还方式,每年还本金额利用公式 $A = P(A/P, 6\%, 6)$ 计算。本项目的财务费用计算如表 5-9 所示。

表 5-9 借款还本付息表

| 单位:万元 | 合计 | 2011年 | | | | 2012年 | | | |
|---|---|---|---|---|---|---|---|---|---|
| 偿还方式:等额本息 | | 每季度利息:1.64% | | | | | | | |
| 项目 | | 1 | 2 | 3 | 4 | 1 | 2 | 3 | 4 |
| 本季初累计 | | 0 | 10 398 | 8 454 | 6 478 | 4 470 | 2 428 | 354 | |
| 本季贷款 | | 10 313 | | | | | | | |
| 本季应计利息 | | 85 | 171 | 139 | 106 | 73 | 40 | 6 | |
| 等额本息偿还 | | | 2 114 | 2 114 | 2 114 | 2 114 | 2 114 | | |
| 本期偿还本金 | 10 404 | | 1 943 | 1 975 | 2 008 | 2 041 | 2 074 | 362 | |
| 本期偿还利息 | 534 | | 171 | 139 | 106 | 73 | 40 | 6 | |

财务费用即贷款利息和为 534 万元。

2) 开发产品成本

开发产品成本是指房地产开发项目建成时,按照国家有关财务和会计制度,转入房地产产品的开发建设投资。

本项目中,开发产品成本为以上(1)~(8)项之和,即 29 777 万元。

3) 经营成本

经营成本是指房地产产品出售、出租时,将开发产品成本按照国家有关财务和会计制度结转的成本。主要包括:土地转让成本、商品房销售成本、配套设施销售成本和房地产出租经营成本。对于分期收款的房地产项目,房地产销售成本和出租经营成本通常按当期销售或出租收入占全部销售收入和出租收入的比率,计算本期应结转的经营成本。

本项目经营成本为土地转让成本、商品房销售成本、配套设施销售成本之和,即 28 815 万元。

4) 期间费用

开发项目的期间费用是指企业行政管理部门为组织和管理开发经营活动而发生的经营费用、管理费用和财务费用。房地产开发项目用于销售时,期间费用计入开发建设投资中的管理、财务和销售费用,不另行计算;房地产开发项目用于出租或自营时,开发期的期间费用计入开发建设投资,经营期的期间费用计为运营费用;房地产置业投资项目的期间费用计为运营费用。

本案例中,期间费用如表 5-10 所示。

表 5-10 期间费用总表

期间费用总表

| 项 目 名 称 | 计 算 标 准 | 金额(万元) |
| --- | --- | --- |
| 1. 管理费用 | 建安工程费×3% | 154 |
| 2. 销售费用 | 销售收入的2% | 1 149 |
| 3. 财务费用 | 银行贷款利息支出 | 534 |
| 期间费用 | | 1 837 |

5) 经营收入

经营收入是指向社会出售、出租房地产商品或自营时的货币收入,包括销售收入、出租收入和自营收入。

销售收入=销售房屋面积×房屋销售单价,

出租收入=出租房屋建筑面积×房屋租金单价,

自营收入=营业额-营业成本-自营中的商业经营风险

因为房地产开发投资企业的产品只有在市场上被出售、出租或自我经营,才能成为给企业或社会带来收益的有用的劳动成果,因此,经营收入比企业完成的开发量(完成投资额)更能反映房地产开发投资项目的真实经济效果。

本案例中,收入分为两部分:房屋销售收入和车库销售收入。

(1) 销售价格估算

在财务评价阶段,对于销售价格的估算,参考定位分析中的价格定位,通过市场法对周边四个地块的楼盘进行系数修正,得到本项目地块的楼盘均价以及销售总收入,可比实例修正系数见表 5-11。

表 5-11 可比实例修正系数表

| | | A | B | C | D |
|---|---|---|---|---|---|
| | 销售均价(元/m²) | 24 000 | 26 000 | 28 000 | 20 000 |
| | 交易时间 | 104/100 | 102/100 | 101/100 | 101/100 |
| | 交易情况 | 100/100 | 100/100 | 100/100 | 100/100 |
| 房地产状况 | 地理位置(0.15) | 100/100 | 100/100 | 100/100 | 100/100 |
| | 交通(0.22) | 100/100 | 100/100 | 100/100 | 100/100 |
| | 周边公共设施(0.19) | 98/100 | 102/100 | 98/100 | 98/100 |
| | 品牌认知度(0.07) | 100/100 | 100/100 | 100/100 | 98/100 |
| | 项目规模(0.02) | 96/100 | 97/100 | 96/100 | 100/100 |
| | 整体规划(0.04) | 50/100 | 260/100 | 200/100 | 3/100 |
| | 区内配套设施(0.04) | 100/100 | 100/100 | 100/100 | 100/100 |
| | 景观及绿化(0.04) | 100/100 | 100/100 | 100/100 | 100/100 |
| | 户型(0.1) | 100/100 | 101/100 | 100/100 | 100/100 |
| | 物业管理(0.12) | 101/100 | 100/100 | 104/100 | 98/100 |
| | 建筑形态(0.01) | 100/100 | 100/100 | 100/100 | 100/100 |
| | 修正系数 | 0.976 6 | 1.068 2 | 1.040 2 | 0.953 6 |
| | 修正价格(元/m²) | 23 438 | 27 773 | 29 125 | 19 072 |

考虑到本项目与可比实例 A、B、C、D 都很接近,处于正中位置。因此对调整后的比准价格进行加权平均,各占 25%,则本项目的市场比较法的均价为:

$$(23\,438 + 27\,773 + 29\,125 + 19\,072) \times 25\% = 24\,852(元/m^2)$$

故按照市场比较法得出的项目均价为 24 852 元/$m^2$。项目可售总的住宅面积为 22 292.1 $m^2$,则销售总额为 24 852 元/$m^2$ × 22 292.1 $m^2$ = 5.54 亿元。

(2) 车库销售收入估算

本项目车库参照周边物业车位价格,通常在 10 万到 16 万之间,最终本项目车库售价定位为 12 万/个,项目共计 170 个车库,收入总额为 12 万/个 × 170 个 = 2 040 万元,车库的销售比例按照住宅的销售比例计算。

本项目销售总收入为 55 400 万元 + 2 040 万元 = 57 440 万元,结合营销策划人员给出的销售分期,简化到季度计算本项目的销售收入综合估算见表 5-12。

表 5-12 销售收入估算表

销售收入估算

| 单位:万元 | 合计 | 2011 年 | | | | 2012 年 | | | |
|---|---|---|---|---|---|---|---|---|---|
| | | 1 | 2 | 3 | 4 | 1 | 2 | 3 | 4 |
| 每季度销售收入 | 57 440 | | 5 744 | 10 914 | 11 775 | 5 026 | 5 026 | 11 775 | 7 180 |
| 销售比例 | | | 10% | 19% | 20.50% | 8.75% | 8.75% | 20.50% | 12.50% |

根据《中华人民共和国营业税暂行条例》规定,销售不动产的营业税为 5%,根据南京市地方税务局相关规定,城市维护建设税为营业税的 7%,教育税附加为营业税的 3%,交易印花税为销售收入的 5‰,土地增值税按照销售收入的 1%,所得税为应税所得额的 25%,每季度的销售税金及所得税计算如下:

营业税 = 销售收入 × 5%

城市维护建设税 = 营业税 × 7%

教育税附加 = 营业税 × 3%

交易印花税 = 销售收入 × 5‰

销售税金合计 = 营业税 + 城市维护建设税 + 教育税附加 + 交易印花税

土地增值税 = 销售收入 × 1%

所得税 = 应税所得额 × 25%

应税所得额 = 销售收入 − 总成本 − 营业税及附加;

具体计算详见表 5-13、表 5-14。

表 5-13 项目全部投资现金流量表

项目全部投资现金流量表

| 单位:万元 | | 2011年 | | | | 2012年 | | | |
|---|---|---|---|---|---|---|---|---|---|
| 序号 | 项目名称 | 1 | 2 | 3 | 4 | 1 | 2 | 3 | 4 |
| 1 | 现金流入 | | 5 744 | 10 914 | 11 775 | 5 026 | 5 026 | 11 775 | 7 180 |
| 1.1 | 销售收入 | | 5 744 | 10 914 | 11 775 | 5 026 | 5 026 | 11 775 | 7 180 |
| 1.2 | 其他收入 | | | | | | | | |
| 2 | 现金流出 | 28 815 | 2 034 | 4 203 | 3 010 | 980 | 2 231 | 4 039 | 1 531 |
| 2.1 | 建设投资(不含建设期利息) | 28 815 | 1 463 | 2 068 | 614 | 626 | 1 877 | 1 643 | 525 |
| 2.2 | 销售税金及附加 | | 345 | 655 | 707 | 302 | 302 | 707 | 431 |
| 2.2.1 | 营业税 | | 287 | 546 | 589 | 251 | 251 | 589 | 359 |
| 2.2.2 | 城市维护建设税 | | 20 | 38 | 41 | 18 | 18 | 41 | 25 |
| 2.2.3 | 教育税附加 | | 9 | 16 | 18 | 8 | 8 | 18 | 11 |
| 2.2.4 | 交易印花税 | | 29 | 55 | 59 | 25 | 25 | 59 | 36 |
| 2.3 | 土地增值税 | | 57 | 109 | 118 | 50 | 50 | 118 | 72 |
| 2.4 | 所得税 | | 169 | 1 371 | 1 571 | 2 | 2 | 1 571 | 503 |
| 3 | 净现金流 | −28 815 | 3 710 | 6 711 | 8 765 | 4 046 | 2 795 | 7 736 | 5 649 |
| 4 | 折现后净现金流 | −28 815 | 3 499 | 6 146 | 7 795 | 3 494 | 2 344 | 6 301 | 4 468 |
| 5 | 累计净现金流 | −28 815 | −25 105 | −18 394 | −9 629 | −5 583 | −2 788 | 4 948 | 10 597 |
| 6 | 折现后累计净现金流 | −27 983 | −24 484 | −18 338 | −10 543 | −7 048 | −4 704 | 1 597 | 6 065 |

表 5-14 项目自有资金现金流量表

项目自有资金现金流量表

| 单位:万元 | | 2011年 | | | | 2012年 | | | |
|---|---|---|---|---|---|---|---|---|---|
| 序号 | 项目名称 | 1 | 2 | 3 | 4 | 1 | 2 | 3 | 4 |
| 1 | 现金流入 | | 5 744 | 10 914 | 11 775 | 5 026 | 5 026 | 11 775 | 7 180 |
| 1.1 | 销售收入 | | 5 744 | 10 914 | 11 775 | 5 026 | 5 026 | 11 775 | 7 180 |
| 1.2 | 其他收入 | | | | | | | | |

续表 5-14

项目自有资金现金流量表

| 序号 | 项目名称 | 单位：万元 | 2011年 | | | | 2012年 | | | |
|---|---|---|---|---|---|---|---|---|---|---|
| | | | 1 | 2 | 3 | 4 | 1 | 2 | 3 | 4 |
| 2 | 现金流出 | | 13 002 | 4 319 | 6 455 | 5 231 | 3 167 | 4 385 | 6 158 | 1 531 |
| 2.1 | 自有资金 | | 13 002 | | | | | | | |
| 2.2 | 销售收入再投入 | | | 1 633 | 2 206 | 721 | 699 | 1 917 | 1 648 | 525 |
| 2.3 | 偿还贷款 | | | 2 114 | 2 114 | 2 114 | 2 114 | 2 114 | 2 114 | 0 |
| 2.3.1 | 偿还贷款本金 | | | 1 944 | 1 976 | 2 008 | 2 041 | 2 075 | 2 109 | 0 |
| 2.3.1 | 偿还贷款利息 | | | 171 | 139 | 106 | 73 | 40 | 6 | 0 |
| 2.4 | 销售税金及附加 | | | 345 | 655 | 707 | 302 | 302 | 707 | 431 |
| 2.4.1 | 营业税 | | | 287 | 546 | 589 | 251 | 251 | 589 | 359 |
| 2.4.2 | 城市维护建设税 | | | 20 | 38 | 41 | 18 | 18 | 41 | 25 |
| 2.4.3 | 教育税附加 | | | 9 | 16 | 18 | 8 | 8 | 18 | 11 |
| 2.4.4 | 交易印花税 | | | 29 | 55 | 59 | 25 | 25 | 59 | 36 |
| 2.5 | 土地增值税 | | | 57 | 109 | 118 | 50 | 50 | 118 | 72 |
| 2.6 | 所得税 | | | 169 | 1 371 | 1 571 | 2 | 2 | 1 571 | 503 |
| 3 | 净现金流 | | −13 002 | 1 426 | 4 459 | 6 544 | 1 859 | 641 | 5 617 | 5 649 |
| 4 | 累计净现金流 | | −13 002 | −11 576 | −7 117 | −573 | 1 286 | 1 927 | 7 544 | 13 193 |

6）利润

利润是企业经济目标的集中表现,企业进行房地产开发投资的最终目的是获取开发或投资利润。房地产开发投资者不论采用何种直接的房地产投资模式,其销售收入扣除经营成本、期间费用和销售税金后的盈余部分,称为投资者的经营利润(或称盈利),这是房地产企业新创造价值的一部分。要在全社会范围内进行再分配。经营利润中的一部分由国家以税收的方式无偿征收,作为国家或地方的财政收入;另一部分留给企业,作为其可分配利润、企业发展基金、职工奖励及福利基金、储备基金等。根据财务核算和分析的需要,企业利润可分为经营利润、利润总额、税后利润和可分配利润等四个层次。

经营利润＝经营收入－经营成本－期间费用－经营税金及附加－土地增值税

经营收入＝销售收入＋出租收入＋自营收入

销售收入＝土地转让收入＋商品房销售收入＋配套设施销售收入

出租收入＝房屋出租租金收入＋土地出租租金收入

利润总额＝经营利润＋营业外收支净额

税后利润＝利润总额－所得税

可供分配利润＝税后利润－（法定盈余公积金＋法定公益金＋未分配利润）

本案例中2011年第二季度的利润计算过程为：

经营利润＝经营收入－经营成本－期间费用－经营税金及附加－土地增值税
　　　　＝5744－4666－345－57＝676（万元）

经营收入＝销售收入＋出租收入＋自营收入＝5744＋0＋0
　　　　＝5744（万元）

销售收入＝土地转让收入＋商品房销售收入＋配套设施销售收入
　　　　＝5744（万元）（计算方法详见表5-11和表5-12）

出租收入＝0

利润总额＝经营利润＋营业外收支净额＝676＋0＝676（万元）

税后利润＝利润总额－所得税＝676－676×25％＝507（万元）

可供分配利润＝税后利润－（法定盈余公积金＋法定公益金）
　　　　　　＝507－（51＋51）＝405（万元）

以后每季度利润计算步骤同上。

7）税金

税金是国家或地方政府依据法律对有纳税义务的单位或个人征收的财政资金，国家或地方政府的这种筹集财政资金的手段叫税收。税收是国家凭借政治权力参与国民收入分配和再分配的一种方式，具有强制性、无偿性和固定性的特点。税收不仅是国家和地方政府获得财政收入的主要渠道，也是国家或地方政府对各项经济活动进行宏观调控的重要杠杆。

本案例利润及税金的计算见表5-15。

表 5-15 损 益 表

损 益 表

| 序号 | 项目 | 单位：万元 合计 | 2011年 | | | | 2012年 | | | |
| --- | --- | --- | --- | --- | --- | --- | --- | --- | --- | --- |
| | | | 1 | 2 | 3 | 4 | 1 | 2 | 3 | 4 |
| 1 | 销售收入 | 57 440 | | 5 744 | 10 914 | 11 775 | 5 026 | 5 026 | 11 775 | 7 180 |
| 2 | 总成本费用 | 32 662 | | 4 666 | 4 666 | 4 666 | 4 666 | 4 666 | 4 666 | 4 666 |
| 3 | 销售税金及附加 | 3 446 | | 345 | 655 | 707 | 302 | 302 | 707 | 431 |
| 4 | 土地增值税 | 574 | | 57 | 109 | 118 | 50 | 50 | 118 | 72 |
| 5 | 利润总额 | 20 755 | | 676 | 5 484 | 6 284 | 8 | 8 | 6 284 | 2 011 |
| 6 | 所得税 | 5 189 | | 169 | 1 371 | 1 571 | 2 | 2 | 1 571 | 503 |
| 7 | 税后利润 | 15 566 | | 507 | 4 113 | 4 713 | 6 | 6 | 4 713 | 1 508 |
| 8 | 盈余公积金 | 1 557 | | 51 | 411 | 471 | 1 | 1 | 471 | 151 |
| 9 | 盈余公益金 | 1 557 | | 51 | 411 | 471 | 1 | 1 | 471 | 151 |
| 10 | 可分配利润 | 12 452 | | 405 | 3 291 | 3 771 | 4 | 4 | 3 771 | 1 206 |

## 5.2.2 经济评价指标体系

房地产开发投资项目经济评价的目的是考察项目的盈利能力和清偿能力。

盈利能力指标是用来考察项目盈利能力水平的指标，包括静态指标和动态指标两类。其中，静态指标是在不考虑资金的时间价值因素影响的情况下直接通过现金流量计算出来的经济评价指标。静态指标的计算简便，通常在概略评价时采用。动态指标是考虑了资金的时间价值因素的影响，要对发生在不同时间的收入、费用计算资金的时间价值，将现金流量进行等值化处理后计算出来的经济评价指标，动态评价指标能较全面反映投资方案整个计算期的经济效果，适用于详细可行性研究阶段的经济评价和计算期较长的投资项目。

清偿能力指标是指考察项目计算期内偿债能力的指标。除了投资者重视项目的偿债能力外，为项目提供融资的金融机构更加重视项目偿债能力的评价结果。

应该指出的是，由于房地产开发投资项目与房地产置业投资项目的效益费用特点不同，在实际操作中，两种类型投资项目的经济评价指标体系略有差异。具体见表 5-16。

表 5-16 房地产投资项目经济评价指标体系

| 项目类型 | 盈利能力分析 | | 清偿能力指标 |
|---|---|---|---|
| | 静态指标 | 动态指标 | |
| 房地产开发投资 | 成本利润率 | 财务内部收益率 | 借款偿还期 |
| | 投资利润率 | 财务净现值 NPV | 利息备付率 |
| | 资本金利润率 | 动态投资回收期 $P_b$ | 偿债备付率 |
| | 静态投资回收期 $P'_b$ | | 资产负债率 |
| 房地产置业投资 | 投资报酬率 | 财务内部收益率 | 借款偿还期 |
| | 现金报酬率 | 财务净现值 NPV | 偿债备付率 |
| | 静态投资回收期 $P'_b$ | 动态投资回收期 $P_b$ | 资产负债率 |
| | | | 流动比率、速动比率 |

## 5.2.3 项目盈利能力测算方法

1) 静态指标

(1) 成本利润率

成本利润率($RPC$),指开发利润占总开发成本的比率,是初步判断房地产开发项目财务可行性的一个经济评价指标。成本利润率的计算公式为:

$$RPC = \frac{GDV - TDC}{TDC} \times 100\% = \frac{DP}{TDC} \times 100\%$$

式中:$RPC$—— 成本利润率;

　　　$GDV$—— 项目总开发价值;

　　　$TDC$—— 项目总开发成本;

　　　$DP$—— 开发商利润。

计算项目总开发价值时,如果项目全部销售,则等于总销售收入扣除销售税金后的净销售收入;当项目用于出租时,为项目在整个持有期内净经营收入和净转售收入的现值累计之和。

项目总开发成本,是房地产开发项目在开发经营期内实际支出的成本,在数值上等于开发建设投资,包括土地费用、前期工程费用、基础设施建设费用、建筑安装工程费用、公共配套设施建设费用、开发间接费用、财务费用、管理费、销售费用、开发期税费、其他费用和不可预见费用等。

计算房地产开发项目的总开发价值和总开发成本时,可依评估时的价格水平进行估算,因为在大多数情况下,开发项目的收入与成本支出受市场价格水平变动的影响大致相同,使项目收入的增长基本能抵消成本的增长。

开发商利润实际是对开发商所承担的开发风险的回报。成本利润率一般与目标利润率进行比较,超过目标利润率,则该项目在经济上是可接受的。目标利润水平的高低,与项目所在地区的市场竞争状况、项目开发经营周期长短、开发项目的物业类型以及贷款利率水平等相关。一般来说,对于一个开发周期为两年的商品住宅开发项目,其目标成本利润率大体应为35%~45%。

成本利润率是开发经营期的利润率,不是年利润率。成本利润率除以开发经营期的年数,也不等于年成本利润率,因为开发成本在开发经营期内逐渐发生,而不是在开发经营期开始时一次投入。

(2) 投资利润率

投资利润率是指项目经营期内一个正常年份的年利润总额或项目经营期内年平均利润总额与项目总投资的比率,它是考察项目单位投资盈利能力的静态指标。对经营期内各年的利润变化幅度较大的项目,应计算经营期内年平均利润总额与项目总投资的比率,其计算公式为:

$$投资利润率 = \frac{年利润总额或年平均利润总额}{项目总投资} \times 100\%$$

$$利润总额 = 经营收入(含销售、出租、自营) - 经营成本 - 运营费用 - 销售税金$$

$$销售税金 = 营业税 + 城市维护建设税 + 教育费附加$$

$$项目总投资 = 开发建设投资 + 经营资金$$

投资利润率可以根据损益表中的有关数据计算求得。在财务评价中,将投资利润率与行业平均利润率对比,以判别项目单位投资盈利能力是否达到本行业的平均水平。

$$本项目总投资利润率 = (20\,755/32\,662) \times 100\% = 63.54\%$$

本项目总投资利润率与房地产同行业相应指标比较,可以接受。

(3) 资本金利润率

资本金利润率是指项目经营期内一个正常年份的年利润总额或项目经营期内的年平均利润总额与资本金的比率,它反映投入项目的资本金的盈利能力。资本金是投资者为房地产开发投资项目投入的资本金或权益资本。资本金利润率的计算公式为:

$$资本金利润率 = \frac{年利润总额或年平均利润总额}{资本金} \times 100\%$$

(4) 资本金净利润率

资本金净利润率是指项目经营期内一个正常年份的年税后利润总额或项目经营期内的年平均税后利润总额与资本金的比率,它反映投入项目的资本金的盈利

能力。其计算公式为:

$$资本金净利润率 = \frac{年税后利润总额或年平均税后利润总额}{资本金} \times 100\%$$

(5) 静态投资回收期

静态投资回收期($P'_b$),是指当不考虑现金流折现时,项目以净收益抵偿全部投资所需的时间。一般以年表示,对房地产投资项目来说,静态投资回收期自投资起始点算起。其计算公式为:

$$\sum_{t=0}^{P'_b}(CI-CO)_t = 0$$

式中:$P'_b$——静态投资回收期。

静态投资回收期可以根据财务现金流量表中累计净现金流量求得,其详细计算公式为:

$P'_b = $ [累计净现金流量开始出现正值期数 $-1$] $+$

$$\frac{上期累计净现金流量的绝对值}{当期净现金流量}$$

上式得出的是以计算周期为单位的静态投资回收期,应该再把它换算成以年为单位的静态投资回收期,其中的小数部分也可以折算成月数。

本项目的静态回收期 $P'_b = 7 - 1 + 2788/7736 = 6.64$(季度),可以接受。

(6) 现金回报率

现金回报率指房地产置业投资过程中,每年所获得的现金报酬与投资者初始投入的权益资本的比率。该指标反映了初始现金投资或首付款与年现金收入之间的关系。现金回报率有税前现金回报率和税后现金回报率。其中,税前现金回报率等于净经营收入扣除还本付息后的净现金流量除以投资者的初始现金投资;税后现金回报率等于税后净现金流量除以投资者的初始现金投资。

例如,某商业店铺的购买价格为60万元,其中40万元由金融机构提供抵押贷款,余款20万元由投资者用现金支付。如果该项投资的经营收入扣除运营费用和抵押贷款还本付息后的年净现金流量为2.8万元,则该项投资的税前现金回报率为:$2.8/20 \times 100\% = 14\%$;如果该项投资年税后净现金流量为2.2万元,则该项投资的税后现金回报率为 $2.2/20 \times 100\% = 11\%$。

现金回报率指标非常简单明了:它与资本化率不同,因为资本化率通常不考虑还本付息的影响;与一般意义上的回报率也不同,因为该回报率可能是税前的,也可能是税后的。

(7) 投资回报率

投资回报率指房地产置业投资过程中,每年所获得的净收益与投资者初始投入的权益资本的比率。相对于现金回报率来说,投资回报率中的收益包括了还本付息中的投资者所获得的物业权益增加的价值,还可以考虑将物业升值所带来的收益计入投资收益,该指标反映了初始权益投资于投资者实际获得的收益之比。

在不考虑物业增值收益时:

$$投资回报率 = \frac{(税后现金流量 + 投资者权益增加值)}{权益投资数额}$$

当考虑物业增值收益时:

$$投资回报率 = \frac{(税后现金流量 + 投资者权益增加值 + 物业增值收益)}{权益投资数额}$$

2) 动态指标

(1) 财务净现值

财务净现值(FNPV),是指项目按行业的基准收益率或设定的目标收益率 $i_c$,将项目计算期内各年的净现金流量折算到开发活动起始点的现值之和,是房地产开发项目财务评价中的一个重要经济指标。计算期的选取规则如表 5-17 所示。

表 5-17 房地产投资项目计算期选取规则

| 项目类型 | | 计算期(开发经营期)界定 |
|---|---|---|
| 开发投资 | 出售 | 为项目开发期与销售期之和。开发期是从购买土地使用权开始到项目竣工验收的时间周期,包括准备期和建造期;销售期是从正式销售(含预售)开始到销售完毕的时间周期;当预售商品房时,开发期与销售期有部分时间重叠 |
| | 出租或自营 | 为开发期与经营期之和。经营期为预计出租经营或自营的时间周期,以土地使用权剩余年限和建筑物经济使用寿命中较短的年限为最大值;为计算方便,也可视分析精度的要求,取 10~20 年 |
| 置业投资 | | 为经营准备期和经营期之和。经营准备期为开业准备活动所占用的时间,从获取物业所有权(使用权)开始,到出租经营或自营活动正式开始截止;经营准备期的时间长短,与购入物业的初始装修状态等因素相关 |

基准收益率是净现值计算中反映资金时间价值的基准参数,是导致投资行为发生所要求的最低投资报酬率,称为最低要求收益率(MARR)。决定基准收益率大小的因素主要是资金成本和项目风险。

财务净现值的计算公式为:

$$FNPV = \sum_{t=0}^{n}(CI - CO)_t(1+i_c)^{-t}$$

$$= \sum_{t=0}^{n}CI_t(1+i_c)^{-t} - \sum_{t=0}^{n}CO_t(1+i_c)^{-t}$$

式中：$FNPV$——项目在起始时间点的财务净现值；

$i_c$——基准收益率或设定的目标收益率。

如果 $FNPV \geq 0$，说明该项目的获利能力达到或超过了基准收益率的要求，因而在财务上是可以接受的；如果 $FNPV < 0$，则项目不可接受。

本项目的：税前 $NPV = 5\,095$ 万元

税后 $NPV = 2\,058$ 万元

项目的财务净现值>0，因此项目可以接受。

(2) 财务内部收益率

财务内部收益率($FIRR$)，是指项目在整个计算期内，各年净现金流量现值累计等于零时的折现率，是评估项目盈利性的基本指标。其计算公式为：

$$\sum_{t=0}^{n}(CI-CO)_t(1+FIRR)^{-t}=0$$

式中：$CI$——现金流入量；

$CO$——现金流出量；

$(CI-CO)_t$——项目在第 $t$ 年的净现金流量；

$t$——项目开始进行的时间点，$t=0$；

$n$——计算期，即项目的开发或经营周期(年、半年、季度或月)。

财务内部收益率的经济含义是在项目寿命期内项目内部未收回投资每年的净收益率。同时意味着，到项目寿命期终了时，所有投资可以被完全收回。

财务内部收益率可以通过内插法求得，如图 5-1 所示。即先按目标收益率或基准收益率求得项目的财务净现值，如为正，则采用更高的折现率使净现值为接近于零的正值和负值各一个，最后用内插法公式求出，内插法公式为：

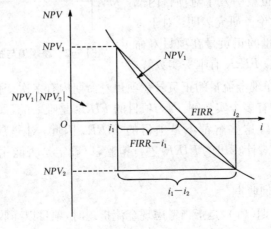

图 5-1 $FIRR$ 试算内插法图示

$$FIRR = i_1 + \frac{|NPV_1| \times (i_2 - i_2)}{|NPV_1| + |NPV_2|}$$

式中：$i_1$——当净现值为接近于零的正值时的折现率；
$i_2$——当净现值为接近于零的负值时的折现率；
$NPV_1$——采用低折现率时净现值的正值；
$NPV_2$——采用高折现率时净现值的负值。

式中$i_1$和$i_2$只差不应超过1‰～2‰，否则，折现率$i_1$、$i_2$和净现值之间不能近似于线性关系，从而使所求得的内部收益率失真。

内部收益率表明了项目投资所能支付的最高贷款利率。如果贷款利率高于内部收益率，项目投资就会面临亏损。因此所求出的内部收益率是可以接受贷款的最高利率。将所求出的内部收益率与行业基准收益率或目标收益率$i_c$比较，当$FIRR$大于$i_c$时，则认为项目在财务上是可以接受的。如$FIRR$小于$i_c$，则项目不可接受。

$$本项目的 FIRR = 14.89\%$$

项目的内部收益率 > 基准收益率 = 11.90%，因此项目可以接受。

当投资项目的现金流量具有一个内部收益率时，其财务净现值函数$NPV(i)$如图5-2所示。可以看出，当$i$值小于$FIRR$时，对于所有的$i$值，$NPV$都是正值；当$i$值大于$FIRR$时，对于所有的$i$值，$NPV$都是负值。

值得注意的是，求解$FIRR$的理论方程应有$n$个解，这也就引发了对项目内部收益率唯一性的讨论。研究表明：对于常规项目（净现金流量的正负号在项目寿命期内仅有一次变化）$FIRR$有唯一实数解；

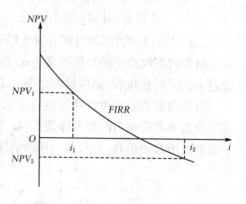

图 5-2 净现值与折现率的关系

对于非常规项目（净现金流量的正负号在项目寿命期内有多次变化）计算$FIRR$的方程可能但不一定有多个实数解。因为项目的$FIRR$是唯一的，如果计算$FIRR$的方程有多个实数解，这些解都不是项目的$FIRR$。因此，对非常规项目，须根据$FIRR$的经济含义对计算出的$FIRR$进行检验，以确定是否能用$FIRR$评价该项目。

（3）动态投资回收期

动态投资回收期（$P_b$），是指当考虑现金流折现时，项目以净收益抵偿全部投资所需的时间，是反映开发项目投资回收能力的重要指标。对房地产投资项目来说，

动态投资回收期自投资起始点算起,累计净现值等于零或出现正值的年份即为投资回收终止年份,其计算公式为:

$$\sum_{t=0}^{P_b}(CI-CO)_t(1+i_c)^{-t}=0$$

式中:$P_b$——动态投资回收期。

动态投资回收期以年表示,其详细计算公式为:

$P_b=$［累计净现金流量现值开始出现正值期数 $-1$］$+$

$$\frac{上期累计净现金流量现值的绝对值}{当期净现金流量现值}$$

上式得出的是以计算周期为单位的动态投资回收期,应该再把它换算成以年为单位的动态投资回收期,其中的小数部分也可以折算成月数,以年和月表示。

在项目财务评价中,动态投资回收期($P_b$)与基准回收期($P_c$)相比较,如果$P_b \leqslant P_c$,则开发项目在财务上就是可以接受的。动态投资回收期指标一般用于评价开发完结后用来出租经营或自营的房地产开发项目,也可用来评价置业投资项目。

本项目的动态回收期 $P_b = 7-1+4\,704/6\,301 = 6.75$(季度)

与整个项目的建设经营期 $P'$(8个季度)相比,$P_b < P'$,因此项目可以接受。

### 5.2.4 清偿能力计算方法

房地产投资项目的清偿能力,主要是考察计算期内项目各年的财务状况及偿还到期债务的能力。

1) 利息计算方法

按年计息时,为简化计算,假定借款发生当年均在年中支用,按半年计息,其后年份按全年计息;还款当年按年末偿还,按全年计息。每年应计利息的近似计算公式为:

每年应计利息 ＝(年初借款本息累计＋本年借款额/2)×贷款利率

还本付息的方式包括以下几种:

(1) 一次还本利息照付,借款期间每期仅支付当期利息而不还本金,最后一期归还全部本金并支付当期利息。

(2) 等额还本利息照付,规定期限内分期归还等额的本金和相应的利息。

(3) 等额还本付息,在规定期限内分期等额摊还本金和利息。

(4) 一次性偿付,借款期末一次偿付全部本金和利息。

(5) "气球法",借款期内任意偿还本息,到期末全部还清。

2) 借款偿还期

借款偿还期是指在国家规定及房地产投资项目具体财务条件下,项目开发经营期内使用可用作还款的利润、折旧、摊销及其他还款资金偿还项目借款本息所需要的时间。房地产置业投资项目和房地产开发之后进行出租经营或自营的项目,需要计算借款偿还期。房地产开发项目用于销售时,不计算借款偿还期。

借款偿还期的计算公式为:

$$I_d = \sum_{t=1}^{P_d} R_t$$

式中:$I_d$——项目借款还本付息数额(不包括已用资本金支付的建设期利息);

$P_d$——借款偿还期(从借款开始期计算);

$R_t$——第 $t$ 期可用于还款的资金(包括:利润、折旧、摊销及其他还款资金)。

借款偿还期可用资金来源与运用表或借款还本付息计算表直接计算,其详细计算公式为:

$P_d = $(借款偿还后开始出现盈余期数 — 开始借款期数)

$$+ \frac{上期偿还借款额}{当期可用于还款的资金额}$$

上述计算是以计算周期为单位,实际应用中应注意将其转换成以年为单位。当借款偿还期满足贷款机构的要求期限时,即认为项目是有清偿能力的。

3) 利息备付率

利息备付率,指项目在借款偿还期内各年用于支付利息的税息前利润,与当期应付利息费用的比率。其计算公式为:

$$利息备付率 = \frac{税息前利润}{当期应付利息费用}$$

式中:税息前利润为利润总额与计入总成本费用的利息费用之和;当期应付利息是指当期计入总成本费用的全部利息;利息备付率可以按年计算,也可以按整个借款期计算。

利息备付率表示使用项目利润偿付利息的保障倍数。对于一般房地产投资项目,该指标值应该大于 2;否则,表示项目付息能力保障程度不足。对于出租经营或自营的房地产投资项目,该指标的计算非常重要。

4) 偿债备付率

偿债备付率(Debt Coverage Ratio,简称 DCR),指项目在借款偿还期内各年用于还本付息的资金与当期应还本付息资金的比率。其计算公式为:

$$偿债备付率 = \frac{可用于还本付息资金}{当期应还本付息资金}$$

式中:可用于还本付息资金,包括可用于还款的折旧和摊销、在成本中列支的利息费用、可用于还款的利润等;当期应还本付息资金包括当期应还贷款本金及计入成本的利息。

偿债备付率可以按年计算,也可以按整个借款期计算。偿债备付率表示可用于还本付息的资金偿还借款本息的保障倍数。对于一般房地产投资项目,该指标值应该大于1.2。当指标小于1.2时,表示当期资金来源不足以偿付当期债务,需要通过短期借款来偿还已到期的债务。该指标的计算对出租经营或自营的房地产投资项目非常重要。

5)资产负债率

资产负债率是反映项目各年所面临的财务风险程度及偿债能力的指标,属长期偿债能力指标,反映债权人所提供的资金占全部资产的比例,即总资产中有多大比例是通过借债来筹集的,它可以用来衡量客户在清算时保护债权人利益的程度。其表达式为:

$$资产负债率 = \frac{负债合计}{资产合计} \times 100\%$$

资产负债率高,则企业的资本金不足,对负债的依赖性强,在经济萎缩或信贷政策有所改变时,应变能力较差;资产负债率低,则企业的资本金充裕,企业应变能力强。房地产开发属于资金密集型经济活动,所以房地产开发公司的资产负债率一般较高。

6)流动比率

流动比率是反映项目各年偿付流动负债能力的指标。其表达式为:

$$流动比率 = \frac{流动资产总额}{流动负债总额} \times 100\%$$

流动比率越高,说明营运资本(即流动资产减流动负债的余额)越多,对债权人而言,其债权就越安全。通过这个指标可以看出百元流动负债有几百元流动资产来抵偿,故又称偿债能力比率。在国际上银行一般要求这一比率维持在200%以上,因此人们称之为"银行家比率"或"二对一比率"。

对房地产开发项目来说,200%并不是最理想的流动比率。因为房地产开发项目所需开发资金较多,且本身并不拥有大量的资本金,其资金一般来源于长、短期借款。此外,房地产开发项目通常采取预售期房的方式筹集资金。这些特点使得房地产开发项目的流动负债数额较大,流动比率相对较低。

7)速动比率

速动比率是反映项目快速偿付流动负债能力的指标。其表达式为:

$$速动比率 = \frac{流动资产总额 - 存货}{流动负债总额} \times 100\%$$

该指标属短期偿债能力指标。它反映项目流动资产总体变现或近期偿债的能力,因此它必须在流动资产中扣除存货部分,因为存货变现能力差,至少也需要经过销售和收账两个过程。且会受到价格下跌、损坏、不易销售等因素的影响。一般而言,房地产开发项目的存货占流动资产的大部分,其速动比率较低,不会达到100%。

资产负债率、流动比率、速动比率指标,可结合房地产开发企业的资产负债表进行计算。对于房地产开发项目,不需要编制资产负债表。

### 5.2.5 通货膨胀的影响

对通货膨胀或通货紧缩程度的预期,影响投资者对未来投资收益的预测和适当收入或收益率的选择。在通货膨胀的情况下,现金的购买力肯定会下降,因此投资者往往提高对名义投资回报率(或收益率)的预期,以补偿购买力的损失。也就是说,投资者要提高期望投资回报率以抵消通货膨胀的影响,因为投资者所希望获得的始终是一个实际的投资回报率。

从理论上来说,全部期望投资回报率应该包含所有预期通货膨胀率的影响。因此,预期收益率通常随着对通货膨胀率预测的变化而变化。当折现率不包括对通货膨胀的补偿时,房地产投资收入现金流的折现值才是一个常数。

由于通货膨胀率和收益率经常同时变动,因此很难找到一个特定的折现率来准确反映当前的市场状态,尽管人们一直在追求这样一个目标,以使得该折现率的选择与对市场的预期、通货膨胀率、收益率相协调。应该注意的是,房地产投资分析人员进行投资分析工作的关键是模拟典型投资者对未来市场的预期,而没必要花很多精力去寻找准确可靠的收益率和通货膨胀率。

还应该说,通货膨胀和房地产增值是两回事。通货膨胀往往首先导致资金和信用规模以及总体价格水平的上升,并进一步导致购买力下降。而房地产的增值往往是由需求超过供给从而导致房地产价值上升造成的。通货膨胀和增值对未来的钱来说有类似的影响,但对折现率的影响不同。通货膨胀导致折现率提高,因为投资者希望提高名义投资回报率以抵消通货膨胀带来的价值损失;增值则不影响折现率,除非与物业投资有关的风险因素发生变化。

在实际投资分析工作中,考虑到通货膨胀的可能影响,在估计未来收益现金流时,可以允许未来年经营收入以及运营成本随着通货膨胀分别有所增加。这样就可以消除通货膨胀因素对分析结果准确性的部分影响,使分析结果更加接近真实。如果在收益现金流估算过程中没有考虑通货膨胀的影响,则可在选择折现率时适当考虑(适当调低折现率估计)。

## 5.3 房地产开发项目不确定性分析

房地产开发投资是一个动态的过程，它具有周期长、资金投入量大等特点，因此很难在一开始就对整个开发投资过程中有关费用和建成后的收益情况做出精确的估计。因此，有必要就上述因素或参数的变化对评价结果产生的影响进行深入研究，以使开发投资项目经济评价的结果更加真实可靠，从而为房地产开发投资决策提供更科学的依据。

房地产投资项目不确定性分析是分析不确定性因素对项目可能造成的影响，并进而分析可能出现的风险。不确定性分析是房地产投资项目经济评价的重要组成部分，对房地产投资项目的投资决策成败有着重要的影响。房地产投资项目不确定性分析可以帮助投资者根据房地产项目投资风险的大小和特点，确定合理的投资收益率水平，提出控制风险的方案，有重点地加强对投资风险的防范和控制。

### 5.3.1 房地产开发不确定性因素分析

由于不同的因素对房地产经济评价指标有着各不相同的影响，因此，在评估过程中，找出这些主要影响因素，分析其变化对评估结果的影响，为开发商或投资者提供更多的决策支持，并为以后对开发投资进行有效的控制提供基础。

1) 房地产开发项目的主要不确定性因素

对于房地产开发项目而言，涉及的主要不确定性因素有：土地费用、建安工程费、租售价格、开发期与租售期、贷款利率、建筑容积率等，这些因素对房地产开发项目经济评价的结果影响很大。

2) 不确定性因素的相互作用

房地产开发过程中所涉及的这些不确定性因素，或者以独立的形式，或者以相互作用或不同步的形式发生着变化。这些变化的最终结果，是对房地产项目的费用和效益产生影响。假如开发项目的总收入和总费用是以同步形式发生变化的，那么开发商的纯利润将基本保持不变。在这种前提下对项目进行不确定分析的意义不大。

但实际项目中，总收入和总费用的变化并不同步。因此，有必要对各不确定性因素的变化情况，以及这些变化对开发商或投资者的收益有何影响及其影响程度进行详细分析，以保证开发投资决策有充分的依据。

### 5.3.2 盈亏平衡分析

1) 盈亏平衡分析的基本原理

盈亏平衡分析是在完全竞争或垄断竞争的市场条件下，研究房地产开发项目在一定时期内的开发数量、成本、税金、利润等因素之间的变化和平衡关系的一种分析方法。盈亏平衡分析的基本方法是通过建立成本产量、租售收入与租售量之间的函数关系,从而找出盈亏平衡点。找出盈亏平衡点即可以判断项目对不确定因素的承受能力并以此进行分析。

盈亏平衡分析分线性和非线性盈亏平衡分析。当产销量的变化不影响市场租售价格和生产成本时,成本与产量、租售收入与租售量之间呈线性关系,此时的盈亏平衡分析属于线性盈亏平衡分析。当市场上存在垄断竞争因素的影响时,产销量的变化会导致市场租售价格和生产成本的变化,此时的成本与产量、租售收入与租售量之间呈非线性关系,所对应的盈亏平衡分析也就属于非线性的,实际工作中,线性盈亏平衡分析较为常见,因此这里主要介绍线性盈亏平衡分析。

线性盈亏平衡分析的基本公式是:

$$年销售收入方程:B = P \times Q$$

$$年总成本费用方程:C = C_f + C_v \times Q$$

其中,$B$ 为销售收入,$C$ 为总成本,$C_f$ 为固定成本,$C_v$ 为变动成本,$Q$ 为产销量,$P$ 为销售单价。

当实现盈亏平衡时,有 $B = C$,即由此可以推导出:盈亏平衡产量,盈亏平衡价格,盈亏平衡单位产品的变动成本。

当产销量超过平衡点数量时,项目盈利;当产销量小于平衡点数量时,项目亏损,如图5-3所示。

图中:$Q$——盈亏平衡点产量(或销售量);

$C$——固定成本;

$P$——销售单价;

$V$——单位产品变动成本。

盈亏平衡点产量 $Q = C/P - V$。

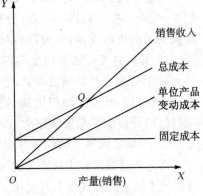

图 5-3 盈亏平衡基本原理图

2) 房地产开发盈亏平衡分析

房地产项目的盈亏平衡分析,有临界点分析和保本点分析两种,两者的主要差异在于平衡点的设置。临界点分析时分析计算一个或多个风险因素的变化而使房地产项目达到允许的最低经济效益指标的极限值,以风险因素的临界值组合显示房地产项目的风险程度。保本点分析,是分析计算一个或多个风险因素变化而使房地产项目达到利润为零时的极限值,以风险因素的临界值组合显示房地产项目的风险程度。

3）案例盈亏平衡分析

总成本 $C = 32\,665$ 万元

可变成本 $C_v =$ 建安工程费＋基础设施费＋公共配套设施费
$$= 5\,138 + 183 + 179 = 5\,500(万元)$$

固定成本 $C_f =$ 总成本－可变成本 $= 32\,665 - 5\,500$
$$= 27\,165(万元)$$

单位可变成本 $C_X =$ 可变成本／总建筑面积 $= 5\,500 \times 10\,000/22\,292.1$
$$= 2\,467(元/m^2)$$

单位价格 $P =$ 销售收入／总建筑面积 $= 57\,440 \times 10\,000/22\,292.1$
$$= 25\,767(元/m^2)$$

单位产品销售税金及附加 $T_b =$ 销售税金及附加／总建筑面积
$$= 3\,446 \times 10\,000/22\,292.1 = 1\,545.8(元/m^2)$$

单位产品土地增值税 $T_v =$ 土地增值税／总建筑面积
$$= 574.4 \times 10\,000/2\,2292.1 = 257.7(元/m^2)$$

盈亏平衡产量 $Q^* = C_f/(P - T_b - T_v - C_X)$
$$= 2\,7166 \times 10\,000/(25\,767 - 1\,545.8 - 257.7 - 2\,467)$$
$$= 12\,637.4(m^2)$$

由计算可得，当住宅销售面积达到 12 637.4 m² 时，即销售量达到 56.69％时，住宅全部投资利润率为零，也即投资刚能保本。一般认为，当盈亏平衡点的销售率≤70％时，表示方案适应市场变化的能力越强，即抗风险能力较强。本住宅项目盈亏平衡点的销售率为 56.69％，可见其风险程度较低。

## 5.3.3 敏感性分析

1）敏感性分析的概念

敏感性分析是经济决策中常用的不确定性分析方法。它是通过分析、预测各种不确定因素发生变化时对方案经济效果的影响，从而找出对投资项目经济效益指标有重要影响的敏感性因素，并分析、测算其对项目经济效益指标的影响程度和敏感性程度，进而判断项目承受风险能力的一种不确定性分析方法。如果某变动因素变化幅度很小但对项目经济评价指标的影响极大，则认为项目对该变量的不确定性很敏感。

敏感性分析的目的在于：

(1) 找出影响项目经济效益变动的敏感性因素，分析敏感性因素变动的原因，并为进一步进行不确定性分析（如概率分析）提供依据。

(2) 研究不确定性因素变动如引起项目经济效益值变动的范围或极限值，分析判断项目承担风险的能力。

(3) 比较多方案的敏感性大小，以便在经济效益值相似的情况下，从中选出不敏感的投资方案。

根据不确定性因素每次变动数目的多少，敏感性分析可以分为单因素敏感性分析和多因素敏感性分析。

2) 敏感性分析的步骤

房地产项目敏感性分析主要包括以下几个步骤：

(1) 确定用于敏感性分析的经济评价指标。通常采用的指标为内部收益率，必要时也可以选用财务净现值、开发商利润等其他经济指标。在具体选定评价指标时，应考虑分析的目的，显示的直观性、敏感性以及计算的复杂程度。

(2) 确定不确定性因素可能的变动范围。

(3) 计算不确定性因素变动时，评价指标的相应变动值。

(4) 通过评价指标的变动情况，找出较为敏感的不确定性因素，作出进一步的分析。

(5) 根据不确定性分析和敏感性分析的结果，综合评价方案，并选择最优方案。

3) 单因素与多因素敏感性分析

单因素敏感性分析是敏感性分析的最基本方法。进行单因素敏感性分析时，首先假设各因素之间相互独立，然后每次只考察当项可变参数的变化而其他参数保持不变时，项目经济评价指标的变化情况。

多因素敏感性分析是分析两个或两个以上的不确定性因素同时发生变化时，对项目经济评价指标的影响。由于各种因素可能发生的不同变化幅度的组合关系非常复杂，组合方案较多，所以多因素敏感性分析的计算较为复杂，但在实际项目评估过程中，参数或因素同时发生变化的情况非常普遍，所以多因素敏感性分析也有很强的实用价值。

多因素敏感性分析一般是在单因素敏感性分析基础上进行，且分析的基本原理与单因素敏感性分析大体相同，但需要注意的是，多因素敏感性分析需进一步假定同时变动的几个因素都是相互独立的，且各因素发生变化的概率相同。

4) 敏感性分析的"三项预测值"法

单因素的敏感性分析忽略了各因素之间的相互作用，在一般情况下，多因素同时发生变化所造成的评估结果失真比单因素大，因此，对一些重要的、投资额大的开发项目除了要进行单因素敏感性分析外，还应进行多因素敏感性分析。"三项预测值"法是多因素敏感性分析方法中的一种。"三项预测值"的基本思路是,对房地产开发项目中所涉及的变动因素,分别给出三个预测值,即最乐观预测值、最可能预测值以及最悲观预测值,根据各变动因素三个预测值的相互作用来分析、判断开发商利润受影响的情况。

5) 案例敏感性分析

在对本项目进行敏感性分析时,主要对项目的销售价格以及建安工程费进行分析。分别分析这两个因素对内部收益率、总投资财务净现值的影响。销售价格的变化幅度为±5%,±10%,建安工程费变化幅度为±10%,±20%,具体分析如表5-18所示。

表 5-18 敏感性分析表

敏感性分析表

| 单位:万元 | | 售价变化 | | | | 建安工程费变化 | | | |
|---|---|---|---|---|---|---|---|---|---|
| 全部投资 | 基准方案 | −10% | −5% | 5% | 10% | −20% | −10% | 10% | 20% |
| 财务净现值 | 2 058 | −354 | 583 | 3 204 | 4 351 | 2 619 | 2 338 | 1 755 | 1 449 |
| 财务净现值变化幅度 | | −117.2% | −71.7% | 55.7% | 111.4% | 27.3% | 13.6% | −14.7% | −29.6% |
| 财务内部收益率 | 14.89% | 11.37% | 13.15% | 16.51% | 18.10% | 15.70% | 15.30% | 14.45% | 14.01% |
| 财务内部收益率变化幅度 | | −23.6% | −11.7% | 10.9% | 21.6% | 5.4% | 2.8% | −3.0% | −5.9% |

再利用线性内插计算各不确定因素的临界点百分比,令 $NPV=0$,列方程

$$\frac{-5\%-(-10\%)}{583-(-354)}=\frac{X-(-5\%)}{0-583}$$

$$\frac{10\%-20\%}{1\ 755-1\ 449}=\frac{Y-10\%}{0-1\ 755}$$

可得售价变化的临界百分比为−8.11%,建安工程费变化的临界百分比为67.35%

由以上分析可以得出,售价和建安工程费都是该项目的敏感因素,相比之下,售价因素更为敏感。除了售价对本项目影响较大之外,工期和销售率对本项目的影响也值得注意。工期延误除了导致资金不能及时回收再投入之外,NPV 和 IRR 会下降,回收期大大延长,若因此导致延误交楼,要向买家赔偿违约金,还会影响楼盘的信誉和形象;而销售率低下,即意味着投资资金不能快速回收,这样会使整个项目陷入僵局。

## 5.3.4 风险分析

在项目经济评价中采用的基础数据大部分来自对未来情况的预测和估算,由

此得出的评价指标及作出的决策具有很大程度的风险。为了给项目投资决策提供更可靠和全面的依据,在经济评价中除了要计算和分析基本方案的经济指标外,还需要进行不确定分析和风险分析,并提出应对各风险的措施。

上述的敏感性分析主要是分析开发项目评价中所选变量的估计值与实际情况发生差异时该项目的盈利性所发生的变化以及变化的敏感程度。仅敏感性分析并不能提供项目盈利变化可能性的大小,也不能说明在乐观或悲观的估计中,究竟哪种情况出现的可能性最大,相对于敏感性分析,它可以作为定量分析的方法,而不可以取代风险分析。风险分析不但考虑了风险因素在未来变动的幅度,还考虑了这种变动幅度在未来发生变动的可能性大小及对项目主要经济效益指标的影响,其可对开发商所承担的风险作出比较精确的估计。

1)风险分析的一般过程和方法

对一个房地产项目进行风险分析的过程一般可分为两个阶段,即风险识别和风险预测。

(1)风险识别

风险识别是风险管理的首要环节。只有在全面了解各种风险的基础上,才能够预测危险可能造成的危害,从而选择处理风险的有效手段。由于每一个项目本身就是一个复杂的系统,因而影响它的因素很多,而且各风险因素所引起的后果的严重程度也不相同。

风险识别常用的方法有专家调查法、故障树分析法等。

(2)风险预测

风险预测实际上就是估算、衡量风险,由风险管理人运用科学的方法,对其掌握的统计资料、风险信息及风险的性质进行系统分析和研究,进而确定各项风险的频度和强度,为选择适当的风险处理方法提供依据。风险的预测一般包括以下两个方面:

预测风险的概率:通过资料积累和观察,发现造成损失的规律性。一个简单的例子:一个时期一万栋房屋中有十栋发生火灾,则风险发生的概率是 1/1 000。由此对概率高的风险进行重点防范。

预测风险的强度:假设风险发生,导致企业的直接损失和间接损失。对于容易造成直接损失并且损失规模和程度大的风险应重点防范。

常用的风险分析的方法包括解析法和蒙特卡洛法。解析法是在利用德尔菲法进行风险辨识和估计的基础上,将风险分析与反映开发项目特征的收入流和支出流结合起来,在综合考虑主要风险因素影响的情况下,对随机收入流、支出流的概率分布进行估计,并对各个收入流、支出流之间的各种关系进行探讨,进而得到表示风险程度的净效益的概率分析。蒙特卡洛法则是一种通过对随机变量的统计实验、随机模拟求解物理、数学、工程技术问题近似解的一种数学方法,其特点是用数学方法在计算机上模拟实际概率过程,然后加以统计处理。

解析法和蒙特卡洛法的主要区别在于:解析法要求对影响现金流的各个现金来源进行概率估计,蒙特卡洛法则要求在已知各个现金流概率分布情况下实现随机抽样。此外,解析法主要用于解决一些简单的风险问题,比如只有一个或少数因素是随机变量,一般不多于2~3个变量的情况;当项目评估中有若干个变动因素,每个因素又有多种甚至无限多种取值时,就需要采用蒙特卡洛法进行风险分析。

(3) 概率分析

在风险分析中需要采用概率分析来研究和预测不确定性因素对房地产项目经济效益的影响。通过分析不确定性因素的变化情况和发生概率,计算在不同概率条件下房地产项目的经济评价指标,就可以说明房地产项目在特定收益状况下的风险程度。概率分析的一般步骤是:

① 列出需要进行概率分析的不确定性因素。

② 选择概率分析使用的经济评价指标。

③ 分析确定每个不确定因素发生的概率。

④ 计算在规定的概率条件下经济评价指标的累计概率,并确定临界点发生的概率。

(4) 蒙特卡洛法

虽然不确定因素是不可避免的,但是它们的变化是有一定规律的,并且是可以预见的。对其进行模拟,通过大量统计实验,可以使之尽可能接近并反映出实际变化的情况。蒙特卡洛法能够随机模拟各种变量间的动态关系,解决某些具有不确定性的复杂问题,被公认为是一种经济而有效的方法。蒙特卡洛模拟法的实施步骤一般分为三步:

① 分析每一可变因素的可能变化范围及其概率分布。

② 通过模拟试验随机选取各随机变量的值,并使选择的随机值符合各自的概率分布。

③ 反复重复以上步骤,进行多次模拟实验,即可求出开发项目各项效益指标的概率分布或其他特征值。

蒙特卡洛法的结果是否被开发商所接受,取决于开发商对待风险的态度和其接受风险的准则。与前面所述的敏感性分析比较,用蒙特卡洛法进行风险分析能为开发商决策提供更加充分、翔实的信息。

蒙特卡洛法的要点是需要准确估计各因素的变化范围以及各因素变化的概率,这是保证分析结果准确的前提,而这一点在实际评估中,当市场资料不完整时又是比较困难的。因此,在房地产评估中,有些学者认为它虽然在理论上比较完善,但是实用性不强,因而对其持否定态度,但从国外近十几年房地产评估发展状况来看,由于计算机的大量使用和在房地产开发项目的信息收集、分析、处理、预测等方面所作的大量研究,在实际评估中运用此种方法分析开发项目的风险已相当普遍。

2) 房地产开发的风险类型

(1) 系统风险

系统风险是指由于某种共同因素的影响和变化引起所有房地产价格的下跌或成交量萎缩,导致房地产开发带来利润或本金损失的可能性。经济方面的如利率、现行汇率、通货膨胀、宏观经济政策与货币政策、能源危机、经济周期循环等。政治方面的如政权更迭、战争冲突等。社会方面的如体制变革、所有制改造等。由于这些因素来自企业外部,不是房地产企业能抗拒和回避的,因此又称为不可回避风险。

① 政治风险

政治风险是指一个国家所处的国际国内政治环境变动(如战争、罢工、社会动荡)与相应的政策法律调整(如金融政策和财政政策变动、土地使用制度改革、住房制度改革),造成房地产开发商经济上的损失。对房地产开发商影响最为直接的是金融政策和财政政策。就金融政策而言,实行紧的货币政策还是实行松的货币政策直接影响开发者和购买者所持有的资本,影响项目的开发和出售。同时银行关于房地产方面的业务也会对房地产的需求发生影响。就财政政策而论,政府实行紧的财政政策还是实行松的财政政策,对房地产的税收政策,对住宅是实行福利供给政策还是实行对低收入阶层采取有限的补贴政策,政府对房地产的投资等,都会对房地产开发和需求发生影响。这一风险在我国尤其需要关注。

② 经济风险

经济风险是指由于经济形势(如市场需求、购买力、利率、税率、汇率等)变动导致房地产开发商经济上的损失。由于从可行性研究到楼盘上市的时段内,市场需求变动的可能性很大,消费者对户型结构及单元面积的偏好也会发生变化。原来的该类物业还供不应求,而不久却可能大量积压,难免使投资收益远远偏离预期。通货膨胀时期,纸币贬值,价格全面上涨,房地产虽然具有一定的抵抗通货膨胀的能力,但其价格也会上涨。而人们手中持有的货币量是一定的,这样购买力相对下降,可能无力支付日渐升值的房地产,从而导致房地产企业开发的项目难以售出而承担风险。一般来说,房地产开发资金需要量大,完全依靠自有资金周转是非常困难的,通常需要采用外界资金,如向银行贷款或预售,以自己开发的房地产作为抵押获得用于该项投资的贷款时,如果不能按照抵押贷款协议规定的期限偿付本息时,就必须承担作为抵押品的房地产将可能成为他人财产的风险。采用预收房屋筹集开发资金时,如果不能按照预售协议规定的日期交房,就必须承担支付巨额的赔偿金的风险。

③ 自然风险

自然风险是指由于自然因素（如洪水、火灾、地震等）对房地产开发造成的影响，从而使房地产开发商造成经济上的损失。自然风险出现的机会较少，但是一旦出现，造成的损失就相当大。

④ 技术风险

技术风险是指由于科技进步、技术结构及其相关变量的变动给房地产开发商可能带来的损失。例如，由于科技进步可能对房地产商品的适用性构成威胁，迫使开发商追加投资进行房地产的更新、翻修和改造。由于建筑设计变动可能导致建安工程成本增加，从而影响项目形成后的租售。

⑤ 经营风险

经营风险是指由于开发商因开发项目经营管理不善导致预期收益不能实现，或不足以补偿经营费用的可能性。该类风险主要归因于开发商主观上对开发成本、租金售价、开发周期以及资金筹措等的预测错误和决策失误。

(2) 非系统风险

非系统风险通常是由某一特殊的因素引起，可以通过经营管理消除掉的风险，与整个房地产市场的价格不存在系统、全面的联系。因此，非系统风险又称可分散风险或个别风险，其包括运营风险、财务风险、变现风险等。

① 运营风险

运营风险是指公司在经营管理过程中出现失误而导致公司预期收益下降的风险。公司的运营风险直接表现在产品滞销、库存增加和盈利水平、资产价值的下降等。

运营风险来自内部因素和外部因素两个方面。企业的内部因素主要有：一是项目投资决策失误，未对投资项目做可行性分析，草率上马，造成产品不符合市场需求；二是不注意理念、技术、服务的更新，在行业中的竞争实力下降；三是不注意市场风险和公司实力，造成开发资金短缺；四是营销失误，导致产品滞销；五是工程建设风险等。外部因素是公司以外的客观因素，如竞争对手的实力、市场需求变化等使公司处于相对劣势地位，引起公司经营管理水平的相对下降等。

② 财务风险

财务风险是指公司财务结构不合理、融资不当、房地产开发存在资金缺口导致企业经营困难的风险，如果营销未能与开发进度同步，财务风险将严重影响房地产开发进度。若出现财务风险，公司就面临生存问题。

③ 变现风险

变现风险是指投资者在某一时间里需要把投资转换成现金而导致资产价值损失的风险。作为不动产，房地产是特殊的商品，当价格出现异动，房地产产品变现能力差,造成资产流动性差,引发收益损失。

④ 其他风险

其他风险主要包括售后服务、物业管理风险、合同风险、自然风险等。

上述各种风险是房地产投资开发中比较常见的风险。实际上,由于房地产投资开发的复杂性,其中的风险也是纷繁复杂、列举不尽的。

3) 房地产开发风险的应对措施

房地产开发是高风险的行业,开发公司往往为其高收益所吸引,忽略对风险分析与控制。而当面临风险时,又显得惊慌失措,匆忙应对。风险与机遇共存,如何规避风险和管理风险,开发公司应当给予足够的重视。最有效的办法是建立完善的风险管理制度,并根据企业和项目情况,制定科学的风险控制策略。

(1) 建立风险管理制度

决策风险是企业最大的风险。企业要树立风险意识,居安思危,自觉约束自己的决策行为和经营行为,改进各项工作;房地产项目必须进行风险分析和评价,通过分析评价来判断风险状况,要自觉认识内、外部环境,注意各种不确定性因素的变化,提高对风险的适应能力和驾驭能力;建立风险管理制度,采取灵活多变的政策,趋利避害,从而完成项目的预期目标。

(2) 强化企业风险管理流程

做好风险评估、风险控制、风险管理保障、行政管理等工作。开发公司通过企业制度进行风险管理,完善企业制度,从而在制度上保证投资开发风险造成的损失降到最低。

(3) 完善风险管理过程

房地产风险管理是一个完整的过程,即风险识别、风险评估、风险回避与转移、风险控制、风险损失处理的五个步骤,同时也是个动态的循环反复的过程。

(4) 制定科学的风险控制策略

① 系统性风险的控制策略

控制系统性风险,应时刻关注国家各项方针政策变化,特别是政府对房地产开发的态度和国家经济政策动态,如国家税收政策、财政政策及货币政策、产业政策、住宅制度改革等,对房地产开发规避和防范风险十分重要。

具体措施应从加强分析判断宏观经济、技术发展趋势;关注政府政策变化及其对房地产业的影响;加强对市场监测,有效规避市场供求风险等方面入手。

② 非系统性风险的控制策略

房地产开发项目在考虑系统风险后,在具体房地产开发操作过程中,还应注意非系统性风险给项目带来的不利影响。具体可采取加强组合投资、拓宽融资渠道、加强全面计划管理、提高资金使用效率等措施。

## 5.4 案例分析

### 5.4.1 项目概况

1) 项目位置

某项目位于南京市玄武区中山东路与邓府巷交汇处,东临南京市全民健身中心西侧,西临邓府巷。

2) 项目规划控制指标

(1) 项目面积

占地:4 940 m²,其中代征道路 850 m²,实际出让用地面积约为 4 090 m²。

(2) 容积率:≤6

(3) 建筑高度:≤100 m

(4) 用地性质:研发办公、商业、酒店式公寓(≥25%)

3) 项目当前开发进度

目前项目已完成拆迁安置工作,正在进行方案设计报审工作。

### 5.4.2 项目微观环境

1) 项目位置介绍(略)

2) 项目区位环境(略)

3) 区域交通状况(略)

### 5.4.3 项目周边高档楼盘分析(略)

### 5.4.4 项目方案

1) 项目建设指标

(1) 总建筑面积:约 30 500 m²

(2) 地上建筑面积:24 540 m²

(3) 地下两层建筑面积:6 040 m²

2) 项目功能分布及体量

(1) 地下车库

本项目地下 2 层,建筑面积约 6 040 m²,可设置 140 个地下停车位。

(2) 裙楼商业部分

本项目 1~2 层为商业部分,建筑面积约 3 700 m²,其中 1 层层高 6.8 m,2 层层高 6.5 m。未来将以休闲、餐饮、精品店等业态形式销售经营。

3）办公写字楼及酒店式公寓部分

本项目 3～20 层为酒店式公寓部分，建筑面积共约 20 800 m²。

### 5.4.5 项目投资估算

1）主要指标（表 5-19）

表 5-19 某项目主要基本经济指标

| 土地面积 | 容积率 | 地上建筑面积(m²) | 地下建筑面积(m²) | 总建筑面积(m²) | 地下车库 |
|---|---|---|---|---|---|
| 4 940 m² | 6 | 24 540 | 6 040 | 30 580 | 140 |

2）成本估算（表 5-20）

表 5-20 某项目成本估算

| 序号 | 类别 | 项目 | 取费标准（元/m²；%） | 计算基础（建筑面积/工程造价） | 费用（万元） | 备注 |
|---|---|---|---|---|---|---|
| （一）开发成本 | | | | | | |
| 1 | 土地费用 | | 11 000 | 24 540 | 26 994.00 | 经过市场转让后，取得土地费用为楼面地价 1.1 万元/m² |
| 2 | 规费 | | 250 | 30 580 | 764.50 | 250 元/m²（包括环境评估费、基础设施配套费、人防异地建设费、新墙体发展基金、白蚁防治费、散水集资费、地形图管网费、噪声及排污费、验线放大样及规划核准费等） |
| 3 | 前期工程费 | | | | | |
| 3.1 | | 设计费 | 2% | 11 314.6 | 226.29 | 工程造价 2% |
| 3.2 | | 勘察费 | 0.50% | 11 314.6 | 56.57 | 工程造价 0.5% |
| 3.3 | | 审图费 | 4 | 30 580 | 12.23 | 4 元/m²（包括施工图、消防、防雷、装饰装修图审查） |
| 3.4 | | 招标费用 | 0.30% | 11 314.6 | 33.94 | 工程造价 0.3% |

续表 5-20

| 3.5 | | 监理费 | 1.20% | 11 314.6 | 135.78 | 工程造价 1.2% |
|---|---|---|---|---|---|---|
| 3.6 | | 工程质量监督费 | 0.25% | 11 314.6 | 28.29 | 工程造价 0.25% |
| 3.7 | | 小　计 | | | 493.10 | |
| 4 | 土建及安装工程费 | 土建工程费 | 3 200 | 30 580 | 9 785.60 | 土建工程费按照 3 200 元/m² 估算 |
| | | 安装工程费 | 500 | 30 580 | 1 529.00 | 安装工程费按照 500 元/m² 估算 |
| | | 小　计 | | | 11 314.60 | |
| 5 | 市政设施配套费 | | | | | |
| | | 其他各项市政费用 | 38 | 30 580 | 1 162.04 | 38 元/m² |
| | | 电力接驳及增容费 | 200 | 30 580 | 611.60 | 200 元/m² |
| | | 小　计 | | | 727.80 | |
| 6 | 各项检测费用 | | 30 | 30 580 | 91.74 | |
| 7 | 不可预见费 | | 2% | 40 294.01 | 805.88 | 1、2、3、4、5 项费用之和的 2% |
| 8 | 开发成本 | 共　计 | | | 41 099.89 | |

(二)开发费用

| 1 | 项目管理费 | | 2% | 41 099.89 | 822.00 | 根据公司同时运作多个项目,按开发成本的 2%预估管理费用 |
|---|---|---|---|---|---|---|
| 2 | 销售费用 | | 2.00% | 50 000.00 | 1 000.00 | 按收益 5 亿元预估销售费用 |
| 3 | 财务费用 | | 5.81% | 18 000 | 2 091.60 | 贷款额 18 000 万元,贷款利率 5.81%,贷款期限 2 年 |
| 4 | 开发费用 | 共　计 | | | 3 913.60 | |

(三)总成本

| 1 | 开发成本 | | | 41 099.89 | |
|---|---|---|---|---|---|
| 2 | 开发费用 | | | 3 913.60 | |
| 3 | 总成本 | 共计 | | 45 013.48 | |

3) 项目销售收入(表5-21)

表5-21 某项目销售收入

| 序号 | 项目 | 面积、数量 | 单位价值 | 销售价值(万元) |
|---|---|---|---|---|
| 1 | 1~2层商业 | 3 700 | 40 000 | 14 800 |
| 2 | 3~14层酒店式公寓 | 14 710 | 18 000 | 26 478 |
| 3 | 15~20层酒店式公寓 | 6 130 | 25 000 | 15 325 |
| 4 | 地下停车库 | 140 | 30 | 4 200 |
| 5 | 共计 | 30 580 | | 60 803 |

4) 项目利润(表5-22)

表5-22 某项目利润

| 序号 | 项目 | 合计(万元) | 备注 |
|---|---|---|---|
| 1 | 总成本 | 45 013.48 | |
| 2 | 销售收入 | 60 803.00 | |
| 3 | 营业税及附加 | 3 040.15 | 按5%计征 |
| 4 | 印花税及管理费 | 304.02 | 按0.5%计征 |
| 5 | 土地增值税 | 1 216.06 | 按2%预征。若按实际增值额计征将超过此税额 |
| 6 | 利润总额 | 11 229.29 | |
| 7 | 所得税 | 2 807.32 | 按25%计征 |
| 8 | 税后利润 | 8 421.97 | |

5) 项目利润率

项目总投资利润率为18.71%。

6) 项目取得银行贷款前投资计划(表5-23)

表5-23  某项目取得银行贷款前投资计划表

1. 土地取得

| 编号 | 项  目 | 预计转让总价（万元） | 预计转让资金需要时间 | 备  注 |
|---|---|---|---|---|
| 1 | 土地转让 | 26 994 | 2009年9月 | 项目已取得土地证，不需缴纳契税等费用 |

2. 设计、勘察等前期工程费用

| 编号 | 项  目 | 费用(万元) | 预计支付时间 |
|---|---|---|---|
| 1 | 建筑设计费 | 226.29 | 2009年9月—2010年 |
| 2 | 支付工程设计费 | 30.00 | 2009年9月—11月 |
| 3 | 地质勘察费 | 12.00 | 2009年9月—11月 |
| 4 | 招标代理、清单编制 | 50.00 | 2009年9月—12月 |
| 5 | 工程质量监督费 | 28.29 | 2009年9月—12月 |
| 6 | 申请临时用水接驳 | 10.00 | 2009年9月—12月 |
| 7 | 申请临时用电接驳 | 80.00 | 2009年9月—12月 |
| 8 | 合  计 | 436.58 | |

3. 各项规费及行政性收费

| 编号 | 项  目 | 费用(万元) | 预计支付时间 |
|---|---|---|---|
| 1 | 各项规费及行政性收费 | 764.5 | 2009年9月—2010年2月 |

4. 取得银行贷款前投资计划

| 编号 | 项目 | 金额(万元) | 备注 |
|---|---|---|---|
| 1 | 土地出让金 | 26 994.00 | 2009年9月 |
| 2 | 前期工程费用 | 436.58 | 2009年9月—12月 |
| 3 | 各项规费及行政性收费 | 764.5 | 2009年9月—2010年2月 |
| 4 | 合  计 | 28 195.08 | |

5. 申请银行贷款

| 项目评估价值预计（万元） | 贷款折扣 | 预计贷款金额（万元） |
|---|---|---|
| 30 000 | 60% | 18 000 |

## 复习思考题

1. 什么是资金的时间价值?
2. 房地产开发项目的成本由哪几项构成?
3. 通常人们都认为房地产开发是高收益投资,但很多投资测算报告的结论又显示不出来高收益,这是为什么?
4. 房地产开发项目的敏感性分析如何进行?"三项预测值"法有何实际意义?
5. 房地产开发项目的盈亏平衡分析有何实际意义?如何进行?
6. 通常情况下,房地产开发项目风险分析如何进行?

# 6 房地产开发项目策划

**本章概要**

房地产项目策划是最能体现房地产产品开发独特性的一个环节,同时也是整个房地产开发过程中技术性较强的一个环节。对市场的深刻理解和丰富的产品开发经验,是成功进行房地产项目策划的关键,而这两点都非直白的文字描述所能深刻展现。在本章中,我们通过全景式的描述,展示房地产项目策划的框架,使读者对房地产开发项目策划有一系统的认识和直观的感受。

在我们的日常生活中,策划一词被广泛地使用。而房地产开发项目策划,则是从20世纪90年代伴随着市场竞争的日趋剧烈、房地产法制的逐渐规范化、消费者日益的理性化、市场供需结构的变化逐步兴起的。经过多年的研究与实践,策划已从最初的"策划万能论"和"策划无用论"两个极端观点,渐渐地被人们理性地认识,合理地运用于房地产项目开发中,并发挥着越来越重要的作用。

## 6.1 房地产项目策划概述

### 6.1.1 策划的概念

1) 策划的含义

策划,在日本通常称为企划。而在美国,则更新过被称之为咨询。

日本长期从事企业经营策划研究的专家和田创认为,"策划是通过实践活动获取更佳成果的智慧或智慧创造行为"。在这一定义中,有三个关键词是极其重要的,即智慧、实践和成果。

美国哈佛企业管理丛书认为,"策划是一种程序,在本质上是一种运用脑力的理性行为。基本上所有的策划都是关于未来的事物,也就是说策划是对未来要发生的事情做当前的决策,是找出事物因果关系,衡度未来可采取之途径,作为目前决策之依据,亦即策划是预先决定做什么、何时做、如何做以及谁来做。策划的科学内涵是指在人类社会活动中,人们为达成某种特定的目标,借助一定的科学方法和艺术,为决策、计划、构思、设计和制作策划方案的过程。策划的步骤是以假定目标为起点,然后定出策略、政策以及详细的内部作业计划,以求目标之达成。最后还包括成效之评估及反馈,然后返回起点,开始策划的第二循环"。

在中国,策划被称为"出谋划策"。

究竟什么是策划呢?"策"简单地讲就是点子,或出点子,是创造性思维的结晶,是由思维者的灵感火花凝聚而成。策划离不开点子。同时,策划中也应有具体实施的"计划",即"划"的成分。总的说来,"策划"含义的核心应该是:为实现特定的目标,提出新颖的思想对策,并制定出具体的实施计划方案的创造性思维活动。它亦即策略和谋划的结合,是对未来将要发生的事情所做的当前决策,表现为一种借助脑力进行模拟操作的理性行为,出主意、想办法、制订实施方案。要解决的是做什么、何时做、谁来做、怎么做的问题。任何一个成功的策划都是策略和谋划高度统一的结果,策略是前提,谋划是关键,策略是"源",谋划是"流",无源不成流,有流必有源。策划特别是房地产项目策划其本身具有哪些属性呢?它具有资源整合的合理性,实施运作的可控性、可操作性,把握市场不同凡响的准确性和利润最大化的经济性,这些基本元素的有机构成是策划万变不离其宗的要义,是保证策划质量的根本。

策划尽管包含着计划和创意,或者说计划和创意是策划最重要的组成部分,但是作为策划,它有它自己的特定内涵和特点,与计划和创意有着根本的不同。策划与计划是不同的两个概念。策划更多地表现为战略决策,包括分析问题、发现问题、确定目标、设计和优化方案,最后形成具体工作计划等一整套环节。计划是根据成功经验和现实条件采取的理性行动,它在很大程度上只是策划的最终结果,比较多的表现为在目标、条件、战略和任务等都已明确的情况下,为即将进行的活动提供一种可具体操作的指导性方案。策划与创意也是不同的。策划需要创意,需要出点子、出主意,但又不仅仅是创意。创意要有一点新东西,但过分追求"新、奇",则效果可能不好,甚至适得其反。而策划需要一定创意,但策划更强调要科学、周密地统筹安排,创意则可能使这种安排更合理或某个环节得到优化,但绝不是策划的全部。当然,好的创意可以成为成功策划的有力保障。有人用一句话形象的话表述出创意与策划的关系:"创意就像一颗颗珍珠,而策划就是那条珍珠项链。"

2) 策划的基本内容

策划是一个创造过程。策划必须是提出新鲜的、独特的、适当的方案,解决面临的问题。应包含以下几个基本内容:

(1) 研究项目的背景

通过环境考察和文献研究来研究项目的背景。现场考察可以获得最基本的感性认识。文献研究包括书籍、期刊及项目所覆盖学科资料的查询,策划人员可以获得更多相关信息。

(2) 确定目标

目标可以确定策划工作的方向,在这里说的目标在某种程度上是具体化的,它是策划所要完成的具体任务。

(3) 收集和分析信息

目前策划人员收集信息很重要的来源是进行市场调研。收集信息前我们应该明确什么样的信息才有价值,明确本次策划的目标;对于收集来的信息我们还应该知道怎么利用,这就涉及信息的分析、处理。

(4) 拟定策划方案

这个过程也是让思想自由发展的过程,这个阶段的主要工作是产品定位;目标客户的确认;主要卖点的提炼;推广建议。

(5) 编制正式的策划报告

基于以上工作,编写正式的文字报告,即完整的策划方案。正式策划报告的形成并不是策划工作的结束,还要从策划报告中提炼出实施方案,制定出具体实施计划,并对实施过程进行有效控制和信息反馈,及时修正偏差,这样才能实现策划目标。

3) 房地产项目策划的概念

(1) 房地产策划的定义

房地产项目策划,有两种不同的理解:一种观点认为,房地产项目策划就是促销策划,即如何想方设法把楼卖出去,这是一种狭义的理解;另一种观点认为,房地产项目策划就是从发展商获得土地使用权、市场调查、消费者行为和心理分析直到物业管理全过程的策划,即业界人士所说的房地产项目全程策划。本书中讲述的房地产项目策划认同后一种观点。

我们可以将房地产项目策划定义为:为达到投资目标,在调查、分析有关资料的基础上,按照一定的程序对房地产项目的实施事先进行系统的、全面的构思、谋划,并制定和选择合理可行的执行方案,以及根据目标要求和现实环境变化,对方案进行修改、调整的一种创造性的活动。

这里的房地产项目策划强调"全程"的概念,也就是要对房地产项目进行全过程的策划,即从市场调研、土地取得、投资分析、项目定位、规划设计、建筑方案、建筑施工、项目形象、项目营销、品牌培植以及物业服务等各个环节都进行全方位策划,使项目的开发价值提升到最理想的位置。

(2) 房地产项目策划的实质内涵

策划是为项目服务的,项目的最终目标就是盈利,策划就是为这个目标服务。策划不是凭空想象,房地产项目策划是建立在市场分析和调研的基础上的,没有对市场的了解和把握,就不可能选择合适的地块,也不可能进行正确的投资决策,没有对市场需求与供给情况的准确了解,就不可能设计出符合市场需要的房地产产品,没有对消费者需求心理的了解,就无法在产品设计、环境设计和概念包装上获得成功,也就不可能取得市场的成功。房地产项目策划的一个特征就是多方案的选择,而全程策划更是体现对方案实现动态的跟踪,调整方案,实现方案的最佳。

### 6.1.2 房地产项目策划的重要性与特征

1) 房地产项目策划的重要性

房地产开发项目的前期策划,是项目前期的一项重要工作。主要工作内容是通过全面的市场调研、分析,对项目实施过程中的主要环节和重要事件进行系统谋划,并制定和优化实施方案。在这期间开发商需要投入相当的精力和一定的费用,但将此过程花费费用与整个项目投资相比较就可以发现,前期策划费用往往只占整个项目投资很小的比例。但是,由于策划工作关系到项目的方向、做什么、怎么做、如何做好等关键问题,所以说策划对项目的影响却又是非常重大的。

房地产项目的策划的重要性,可以用项目投资—影响曲线图清晰地表示出来,见图 6-1。

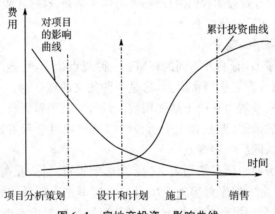

图 6-1 房地产投资—影响曲线

2) 房地产项目策划特征

(1) 地域性

第一,要考虑房地产开发项目的区域经济情况;第二,要考虑房地产开发项目周围的市场情况;第三,要考虑房地产项目的区位情况。

(2) 系统性

房地产项目策划是一个庞大的系统工程,各个策划子系统组成一个大系统,缺一不可,密切联系,有机统一。

(3) 前瞻性

房地产项目策划的理念、创意、手段应着重表现为超前、预见性。在市场调研阶段,要预见到几年后房地产项目开发的市场情况;在投资分析阶段,要预知未来开发的成本、售价、资金流量的走向;在规划设计阶段,要在小区规划、户型设计、建筑立面等方面预测未来的发展趋势;在营销推广阶段,要弄清当时的市场状况,并在销售价格、推广时间、楼盘包装、广告发布等方面要有超前的眼光。

(4) 市场性

房地产项目策划要适应市场的需求,吻合市场的需要。一是房地产项目策划自始至终要以市场为主导;二是房地产项目策划要随市场的变化而变化;三是房地产项目策划要造就市场、创造市场。

(5) 创新性

房地产项目策划创新,首先表现为概念新、主题新;其次表现为方法新、手段新、新技术等。但是,房地产开发项目的创新不是为创新而创新,其目的是为了更好地实现项目目标。因此,创新必须根据市场现实状况把握好度。因为领先一步是先进,领先两步、三步就可能不小心成为"先驱"。

(6) 操作性

一是在实际市场环境中有可操作的条件;二是在具体的实施上有可操作的方法;三是策划方案要易于操作、容易实施。

(7) 多样性

房地产项目策划要比较和选择多种方案。房地产项目策划方案不是一成不变的,应在保持一定稳定性的同时,根据房地产市场环境的变化,不断对策划方案进行调整和变动,以保证策划方案对现实的最佳适应状态。

(8) 效益性

房地产项目策划的效益性是指策划能给项目投资方带来经济上的最大回报。效益性是项目策划要实现的目标,是策划的基本功能之一,也是项目策划存在的前提。

3) 房地产项目策划与可行性研究、决策的区别

(1) 与可行性研究的区别

项目策划和可行性研究有着很大的区别,它们的作用也不同,详见表 6-1。

表 6-1 房地产项目策划与房地产项目的可行性研究的区别

| 项目 | 项目策划 | 项目的可行性研究 |
| --- | --- | --- |
| 内容 | 总体性、全局性的方案策划 | 项目在经济、技术上是否可行 |
| 研究范围 | 从项目开始直至物业管理全过程 | 项目立项之前 |
| 地位 | 整体性的 | 是策划过程中的一个步骤或一部分 |
| 结果 | 从多个方案中选择科学的、合理的最优方案 | 仅仅回答是否可行,不一定是最优的 |
| 落实 | 通常必须落实到计划、予以实施 | 并不一定落实到计划,只是一个阶段性工作 |

(2) 与决策的区别

项目策划与决策也是不同的,项目策划的过程包括制订方案、选择、调整方案;

决策是对方案的优选。项目可行性研究、决策都应是策划工作的具体内容,策划更广泛。

### 6.1.3 房地产项目策划的分类

房地产项目策划的分类方法很多,本书从实践角度出发,把房地产项目策划分为三类:第一类是项目明确的前期全过程策划;第二类是还没有明确项目的投资策划;第三类是单项策划。

1) 项目明确的前期全过程策划

已有明确项目的房地产开发前期全过程策划,是指已有项目批文,或已拿到土地的项目全过程策划。这种类型的策划一般是在项目前期进行,对项目进行全面分析的基础上,就项目开发的主要环节进行全面、系统的策划。其核心内容包括项目投资分析策划、项目定位策划、项目规划策划、项目融资策划、项目开发建设策划、项目营销策划,以及项目物业与设施管理策划、项目风险分析等。

2) 还没有明确项目的投资策划

还没有明确项目的投资策划,往往是投资者还没有明确项目时所进行的投资方向寻找、项目筛选、项目确定等策划。它和已有项目的全过程策划的主要区别是土地是否已获取,前者是针对项目宏观性投资方向的策划,后者是针对项目实施的具体策划。对还没有明确项目的策划的主要内容包括:投资开发区位分析与选择、投资开发方向及内容分析与选择、投资规模分析与选择、投资开发合作方式分析与选择、项目融资方式的分析与选择、项目经营方式的分析与选择等。

3) 单项策划

单项策划指的是对项目策划中某个具体环节进行的策划。这种情况往往是开发商比较有经验,对所开发项目有较准确的把握和成功经验,对市场的把握有足够的信心,但在某个别环节上存在一些疑惑或没把握,需要进行深入的分析谋划,以确保该环节的顺利实施。比如营销策划、融资策划、物业招商策划等。

## 6.2 已有明确项目的全过程策划

### 6.2.1 项目全程策划流程

按照工作实施,我们可以将已有明确项目的全过程策划分为三个阶段,即调研定位阶段、规划设计阶段、平行实施阶段等。其中调研定位阶段的主要内容包括:项目市场调研与分析、项目定位策划;规划设计阶段的主要内容包括:项目规划设计任务书策划、规划设计方案确定。平行实施阶段是在前两阶段工作的基础上,对后续的关键环节进行平行策划,主要内容包括:项目融资策划、项目开发过程策划、项目营销策划和项目物业管理策划等。

对项目的资源和市场分析,是项目策划的基础。只有全面、准确地把握市场,才能做出合理的项目定位,而科学、合理的项目定位是项目成功的根本。

合理、准确的项目定位,是项目规划设计的坚实依据。通常情况下,规划设计公司是以设计规范为依据,按照规划要点的要求进行项目的规划设计,其结果往往既符合规范又满足规划要点。但是,房地产投资是在满足市场需求的前提下,实现项目和企业投资目标的,而规范和规划要点与现实市场往往是有距离的。因此,成熟有经验的开发商不能将此关键环节寄希望于别人来替自己完成,必须自己通过合理市场分析、准确定位的项目理念,结合规划要点形成完整的项目规划设计任务书,下达给设计单位。设计单位用建筑、规划设计的形式,将开发商的思想表达出来,实现政府、开发商要求的有机结合与统一。

在前两个策划阶段工作的基础上,可以平行进行其他后续阶段的策划。

房地产开发项目的全过程策划流程见图6-2。

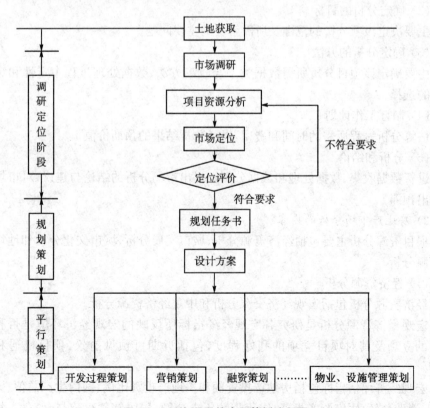

图6-2 已有项目的全程策划流程图

## 6.2.2 项目策划的市场分析与预测

房地产市场分析与预测是房地产开发项目策划工作的重要基础。通过房地产市场的分析与预测,开发商可以达到如下目的:了解影响房地产市场的宏观社会经济因素,进而把握投资机会和方向;了解房地产市场各类物业的供求关系和价格水平,对拟开发项目进行市场定位(服务对象、规模、档次、租金或售价水平等);了解房地产使用者对建筑物功能和设计形式的要求,以指导项目的规划设计。

1) 市场分析与预测的步骤

房地产市场分析依据所服务的对象不同,其所需收集的信息范围和内容也有所差别。一般来说,房地产市场分析需要遵循以下步骤:

(1) 确定分析的目的

即确定分析是为选择投资与决策方案服务,为解决某一具体问题或发现市场机会服务,为产地选择或产品定位服务,还是为编制一般的市场研究报告服务。

(2) 确定分析的目标

主要决定该项分析的范围及所需解决的主要问题。

(3) 确定分析的方法

主要确定该项目分析所需数据类型与收集方法、数据处理过程中定性和定量方法的选择。

(4) 制订工作计划

估算分析过程所需的时间和费用,以及分析结果的预期价值。

(5) 分析和结论

进行数据收集、数据处理和数据分析。提出市场分析的结论与建议,对市场情况做出预测。

2) 房地产市场分析的内容

项目资源分析主要包括经济资源分析、城市发展分析、城市文化分析和地块自身资源分析。

(1) 经济资源分析

经济资源分析包括宏观经济资源分析和中观经济资源分析。

宏观经济资源分析是研究各宏观经济指标所反映的宏观经济环境是否利于项目的立项及其对项目立项的利好程度,包括近期可预见前景、项目机遇和挑战等。

宏观经济评估指标包括房地产投资额和房地产投资比例、国内生产总值、人均GDP、消费总额、固定资产投资、银行贷款年末余额、居民储蓄存款与余额、人均可支配收入、恩格尔系数、房地产景气指数、国家宏观金融政策和房地产宏观发展情况分析。

中观经济资源分析是研究各项中观指标所反映的房地产市场运行状况,判断项目所属区域市场状况,判别项目立项的方向、发展威胁程度,确定项目发展的突破口方向所在。

中观经济评估指标包括项目所在城市的商品房施工面积、商品房竣工面积、商品房销售额、商品房销售面积、商品房空置面积及空置率、房地产市场价格指标及分布、项目所在地的居民住宅形态及比重以及政府对各类住宅的开发和流通方面的政策法规。

(2) 城市发展分析

城市发展分析是指系统掌握项目所在城市和项目区域的规划情况,掌握城市重点发展方向对项目的影响,并预见规划变更情况。

城市发展评估指标包括总体规划要点,城市重点发展方向及其规划,项目区域和地段内的规划详细情况,政府关于商品住宅在金融、市政规划等方面的政策法规,短中期政府在项目所在地及项目地块周边的市政规划。

(3) 城市文化分析

城市文化分析是指从地理位置、城市文脉、人文特点、城市经济等方面分析城市性格,以达到项目与城市的动态互补。

城市文化评估指标包括城市的经济、交通地理优势、城市人文研究、城市综合竞争力和历史文脉的研究。

(4) 地块自身资源分析

地块自身资源分析是指对地块内和周边的资源进行梳理,初步确定项目资源的整合纲领。

主要评估指标包括项目地形地貌、地质条件、地块内及周围的自然景观资源,以及地块周边的城市配套状况。

3) 房地产市场预测

对于房地产开发而言,市场调研重要,市场预测更为重要。因为开发项目所面对的产品、市场、客户、政策等,都可能是未来的,或者说房地产开发项目所涉及的很多问题都有未来的成分。所以开发商必须很好地把握未来,才可能立于不败之地。如何才能了解未来,从而把握未来? 只能依赖于预测。

房地产市场预测是指运用科学的方法和手段,根据房地产市场进行调查分析所提供的信息资料,对房地产市场的未来及其变化趋势进行预算和判断,以确定未来一段时期内房地产市场的走向、需求量、供给量以及相应的租金售价水平。房地产市场预测方法主要有定性和定量两种。

定性预测主要是依据人们的经验、专业知识和分析能力,参照已有的资料,通过主观判断对事物未来状况,如总体趋势、各种可能性及其后果等做出分析和预测。

定量预测的基本思想是根据过去和现在的有关客观历史数据,从中鉴别出其发展的基本模式,并假定其不变,由此建立数学模型,用以定量描述预测对象未来的状态或发展趋势。

4) 目标市场确定

目标市场确定就是通过市场细分来确定目标市场,从而最终实现目标市场定位。

所谓市场细分就是营销者通过市场调研,依据购买者在需求上的各种差异(如需要、欲望、购买习惯和购买行为),把某一产品的市场整体划分为若干购买者群体的市场分类过程。在这里每一个购买者群体就是一个细分市场,也称为"子市场"或"分市场"。房地产项目的目标市场就是在房地产市场调研与预测的前提下,针对房地产项目的目标市场,根据消费者的不同需求,划分不同的目标客户群的过程。它是房地产目前策划的一个重要步骤,为以后的区位选择、目标客户、客户需求分析、产品规划定位等工作做好准备。

目标市场细分的依据主要有人口细分、心理细分、行为细分、地理细分和利益细分。

具体可分为九个步骤,按照顺序依次为:依据需求选定产品市场范围、列举潜在顾客的基本要求、分析潜在客户的不同需求、移去潜在客户的共同需求、各个分市场暂时取名、进一步认识各个分市场的特点、测量不同分市场的规模、确定目标细分市场、发现目标客户,为市场定位打好基础。

## 6.2.3 项目定位策划

定位策划包含项目市场定位、项目开发概念定位、项目产品初步定位、项目开发核心定位、项目产品形态定位等几个方面。在进行项目定位策划的时候,要注意产品和市场的互动,产品要弥补市场方面的空白点,要引领市场发展潮流,树立市场及目标;要考虑到发展商与消费者的互动,通过项目树立发展商的品牌形象,提升开发商品牌价值;要注意消费者与产品的互动,产品的设计要符合消费者的消费习惯、审美情趣。

1) 项目定位策划流程

一项成功的项目定位策划,首先需要遵循科学的策划流程。图 6-3 所表示的是一个较为系统的定位策划流程。

2) 目标市场定位

目标市场定位是通过对项目资源的分析,确定目标市场,对目标市场进行定位的过程。一般采用 SWOT 分析法对项目进行分析,对项目资源进行评估,通过竞争力分析来定位。

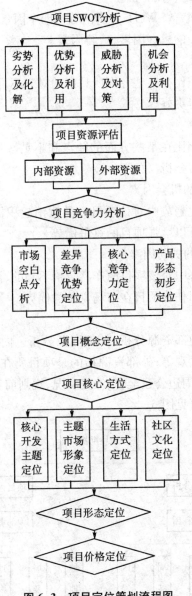

图 6-3 项目定位策划流程图

(1) 项目 SWOT 分析

所谓项目 SWOT 分析,也称为态势分析,是运用系统分析的思想,把各种因素相互匹配起来加以分析,从中得出一系列相应的对策。运用这种方法,有利于市场竞争参与者对所处环境进行全面、系统、准确的分析,借此制定相应的市场对策,提高市场竞争力。SWOT 分析法能够较客观而准确地分析和研究一个项目的现实情况,是市场竞争者分析的常用方法。

对一个房地产项目而言,SWOT分析法分为四个因素:内部优势因素、内部劣势因素和外部市场环境中的机会因素、威胁因素。

① 内部优势因素

指项目与竞争对手相比在某些方面所具有的对方不可模仿的独特能力或是在哪些方面比竞争对手做得更好。

② 内部劣势因素

指项目与竞争对手相比在某些方面的缺点和不足。对内部劣势因素的分析,还包括对劣势因素的化解分析。

③ 外部市场环境中的机会因素

指外部市场环境变化趋势中对该项目产品营销起积极的正向作用的方面,若能把握和利用机会因素可以增强项目的竞争优势。

④ 外部市场环境中的威胁因素

指外部环境变化趋势中对该项目的产品营销不利的、消极的方面,若不能回避或处理这些威胁因素会损伤该项目在市场竞争的优势。

(2) 项目资源分析

项目资源分析分为内部资源分析、外部资源分析。内部资源指的是项目自身资源,如地块状况、环境景观等;外部资源指的是项目所在区域能对本项目发展造成影响的资源因素,包含周边公建配套、治安状况、规划前景等。

项目资源分析关系可见图6-4。

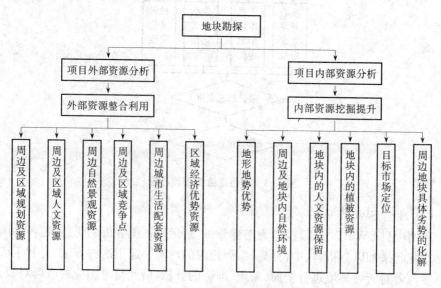

图6-4 项目资源分析关系

(3) 项目竞争力分析

项目竞争力分析要在充分了解市场的基础上进行,通过分析项目所在板块的代表性项目,研究判断市场的空白点,并结合项目SWOT分析及项目资源审核,确定项目具有竞争力的因素在哪里,并将这些竞争力因素系统化,从市场和消费者两个方面确保项目的竞争力。

类比项目分析。类比项目分析就是对同一板块相似项目的研究,确定项目应该达到的基本要求及可能达到的较高要求,获得一些市场信息资料,比如:规划设计应达到的水平、户型应该怎么设计、市场空白点的获取、怎么样的推广方式等。分析资料主要包括类比竞争楼盘基本资料、项目户型结构详析、项目规划设计及销售资料、综合评判。

项目竞争力分析工作的步骤。首先,寻找市场空白点。重点研究项目所在地的重点类比项目和竞争项目的产品和开发特点,通过研判代表总体房地产市场发展水平的重点项目特点,分析总体市场和竞争项目的弱势和空白点所在。其次,项目核心竞争力分析。根据市场空白点,研究项目的针对性差异化竞争优势所在,整合项目的自身资源审核结果,得出项目的核心竞争力所在。最后,树立差异化竞争优势。对于差异化竞争优势的研究是重点环节,从横向分析(针对空白点的填补和超越、针对竞争对手的差异化竞争力)和竖向分析(项目的资源审核、基于消费市场的需求),从大层次来树立项目的差异化竞争优势所在。

项目竞争力体系。一个项目的竞争力体系包括资源优势、品牌优势、产品优势。资源优势主要指地块所处位置的交通状况、规划前景、景观资源、社会资源等。品牌优势是指发展商是否具备品牌优势。产品优势是指产品是否引领了一种新的生活潮流,是否符合目标客户的消费需求。

3) 项目概念定位

概念设计是项目的灵魂,是技术创新和资源整合的杰作,是房地产全程精深设计成果的结晶和精髓。概念集中体现了项目的价值、功能和卖点。概念是一个系统,具体包括:主题概念、产品实体概念、规划概念、景观概念、建筑概念、空间概念、服务概念、概念卖点等,而主题概念是项目要集中表达的特殊优势和独特主题。概念设计的目标是有效功能价值最大化。

(1) 概念定位的主要过程

① 确定生活蓝本的引入范围

对项目狭义消费群——目标客户的深层次分析,掌握目标客户的生活形态、阶层性格、对产品的需求,从而初步了解目标客户的性格和品味,以及为之追求的生活方式,也就是确定生活蓝本引入的范围。

② 选择生活蓝本

这种生活蓝本可以是借鉴成熟优越的现实生活蓝本,也可以是结合客户性格和追求、项目资源为项目独创的两种方式。

③ 确定项目开发概念

项目开发概念,主要考虑两大层次,一是基于消费市场的针对性深度研究,二是针对生活蓝本的范畴,与生活蓝本的定位同步。使目标客户的最直接需求、成熟优越的生活蓝本本能体现在这个概念中,使项目资源达到与目标客户的需求及理想居住环境和生活对接。

项目概念定位的工作流程见图 6-5。

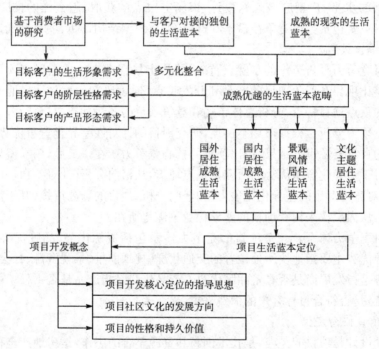

**图 6-5 项目概念定位流程**

(2) 几种常见的概念定位

① 地段价值概念,如 CBD、CLD、会展物业等。

② 景观价值概念,如山、河、湖、海、城市天际线、标志性建筑等。

③ 未来开发价值概念,如地铁概念、城市规划新区等。

④ 项目功能价值概念,如智能化、生态、智慧、园林等。

⑤ 风格品位价值概念,如澳洲风情式、纯现代式的建筑风格,"简约就是美"、"简约就是力量"。

⑥ 品牌整合价值概念,如景观、建筑设计单位的名声,全程精深设计组织的声誉,强强联手等。

⑦ 个性价值概念,如教育、健康、运动、社区文化等。

4）项目的核心定位

在项目的核心定位中，发展商应根据开发概念及生活蓝本的定位，推导出项目的生活模型，并将项目的生活模型与目标客户群需求现状对接，建立项目核心开发主题定位体系。项目核心定位工作步骤主要有：

(1) 建立核心开发主题定位体系

在项目的核心开发主题过程中，首先应依据开发概念及生活蓝本的定位，细化项目的生活蓝本。在总结项目性格和整合项目差异化竞争优势的基础上，将生活蓝本与项目目标客户需求及其居住环境、客户需求现状对接，建立项目核心开发主题定位体系。

(2) 指导产品定位

依据项目的核心开发主题，指导项目的产品形态定位和价格定位等硬件因素，也进一步指导项目的生活形态及生活方式、社区文化的定位及应用等软件因素。

(3) 产品形态定位

项目的生活蓝本决定了项目居住环境形态和生活方式。这种生活方式和生活形态不仅与社区文化互动发展，还与基于项目开发主题理念上的初步产品定位互动发展，并在此基础上最终形成了产品形态的初步定位。

(4) 社区文化定位

社区文化是项目核心开发主题的体现之一，主要通过产品的两个层次（软件平台和硬件平台）来体现，其中硬件平台指的是规划和建筑产品、特色配套、景观环境，软件平台指的是物业服务、专业管理、居住氛围和社区活动。

项目核心定位流程见图6-6。

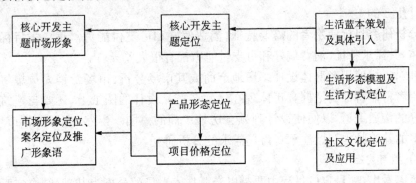

图6-6 项目核心定位流程

5）产品定位

产品定位包括产品的形态定位和功能定位。

(1) 产品形态定位

产品形态定位是将一个细化了的产品建立经济模型的过程。在产品形态定位时,发展商不仅仅要考虑到项目投入成本,还要考虑到项目产品的市场可接受程度。因此,我们这里将产品形态定位划到投资策划模块,而不是规划策划模块。

产品形态定位时由动态和静态的定位两部分进行。通过静态的开发模型,比选出在对接开发主题(对接目标客户、生活蓝本、资源整合)、抗市场风险能力(突出差异化竞争优势和核心竞争力)、成本与盈利能力提高的效率三个主要指标上最优化的方案,来进行动态的开发模型分析。

(2) 产品的功能定位

产品的功能定位是指在目标市场选择和市场定位基础上,根据潜在的目标消费者使用需求的特征,结合房地产特定产品类型的特点,对拟提供的房地产产品应具有的基本综合和辅助功能作出规定的过程。

功能定位的目的就是为市场提供适销对路、有较高性能的产品。因此,功能定位的准确与否,在很大程度上决定了房地产商所提供的产品能否被市场所接受,能否按照房地产商所期望的价格被接受,这对房地产商投资目标的实现有着重要影响。随着房地产市场的不断发展,人们对房屋空间的认识和购买观念也不断地变化,使房屋的平面布局及功能设计,成为房地产项目市场策划的一个重要内容。

以未来潜在使用者对功能需求特征为导向,站在使用者的立场上精打细算,体现以人为本和对人的关怀,是进行房地产产品功能定位应遵循的根本原则。对房地产产品定位的具体原则如下:

明确目标使用者群体:任何房地产产品,都是为满足某一种特定类型的使用者设计生产的。

分析研究目标使用者的需要特征、消费偏好和可支付能力。每一类目标使用者群体,其需求特征、消费偏好和可支付能力都有很大差异。

针对目标使用者群体设计。房地产商或其市场分析、市场营销人员想将对目标使用者群体特征的把握真正体现在房地产产品设计的图纸上,还要与建筑师建立良好的沟通渠道,以便使设计师领会房地产商的意图。当然,为了占领市场,越来越多的建筑师也开始注重对市场需求的分析研究。

6) 项目定位评价

可以看出,项目定位过程主要是以专业技术人员的分析为基础,结合实际经验得出的,因而其初步结果存在着不是最准确、最合理的可能,尤其是存在项目成本不准确的情况。所以,必须对项目的定位进行评价分析。

假设项目定位的内容是准确、合理的,在此基础上需要进行成本分析,以确定项目在成本上是否合理,否则必须对定位进行调整、完善。

这种思想的依据是,房地产价格是市场长期形成的,其价格中枢对本时点的价格有着明显的吸引力。当价格过高时,价格中枢对其有向下的引力,而当价格过低时,价格中枢对其有向上的引力。因此,确立稳健的项目定位,不能将产品成本定得过高,过高的成本会使价格偏高,造成销售困难,或者损失利润。当然,成本过低容易保证利润,但这必须是在质量确保的前提下实现的。

当通过成本分析发现定位偏高时,策划人员应该通过降低定位档次,或者减少内容来降低成本,以使项目成本与市场价格中枢相匹配。比如,铝合金窗有200元/m²的,也有1 000元/m²的,如果项目需要降低成本,就可以通过选择较低价格的产品替代较高价格的产品,从而达到合理成本,降低项目风险。

只有通过评价的项目定位,才能被用于下阶段的策划。

### 6.2.4 项目规划设计策划

通过完整科学的项目投资分析,发展商也有了明确的市场定位,从而进入了产品设计阶段。房地产业经过多年的发展以后,市场需求发生了根本性的变化,消费者对房地产产品的建筑规划和单体设计要求愈来愈高,他们追求实用又好看的商品房,这就要求发展商将"以人为本"的规划思想和提高人居环境质量作为目标去实现消费者的需求。项目规划设计策划正是基于以上市场需求而专业设计的工作流程。

项目规划设计策划是以项目的市场定位为基础,以满足目标市场的需求为出发点,对项目地块进行总体规划布局,确定建筑风格和色彩计划,紧紧围绕目标客户选定主力户型,引导室内装修风格,并对项目的环艺设计进行充分提示,最终得出详细规划任务书。

1) 项目规划设计策划总体工作流程(图6-7)

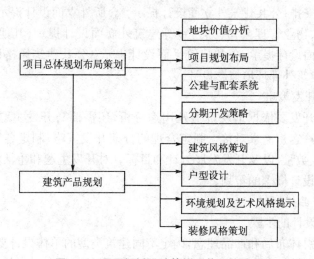

图6-7 项目规划设计策划总体工作流程

2）项目总体规划布局策划

依据项目策划定位的主要核心对设计工作进行市场性和概念性的指导,合理划分项目地块的可利用程度,把项目差异化竞争优势转化到规划设计工作中。

(1) 地块价值分析

地块价值分析包括项目地块概述和项目地块情况分析。

项目地块概述是指对项目所属区域现状、项目临界四周状况、项目地貌状况等的概述。

项目地块情况分析包括发展商对项目的初步规划和设想、影响项目总体规划的不可变的经济技术因素、土地 SWOT 分析在总体规划上的利用和规避、项目市场定位下的主要经济指标参数。

(2) 项目规划布局

项目规划布局包括建筑空间布局、道路系统布局、绿化系统布局。

建筑空间布局。项目总体平面规划及其说明、项目功能分区示意及其说明。

道路系统布局。地块周边交通环境示意：地块周边基本路网、项目所属区域道路建设及未来发展状况；项目道路设置及其说明：项目主要出入口设置、项目主要干道设置、项目车辆分流情况说明、项目停车场布置。

绿化系统布局。地块周边景观环境示意：地块周边历史、人文景观综合描述、项目所属地域市政规划布局及未来发展方向；项目环艺规划及说明：项目绿化景观系统分析、项目主要公共场所的环艺设计。

(3) 公建与配套系统

项目公建与配套系统内容包括：项目所在地周边市政配套设施调查；项目配套功能配置及安排；公共建筑外立面设计提示：会所外立面设计提示、营销中心外立面设计提示、物业管理公司、办公室等建筑外立面设计提示、其他公建（如巴士站、围墙）外立面设计提示；公共建筑平面设计提示：公共建筑风格设计的特别提示、项目公共建筑外部环境概念设计。

(4) 分期开发策略

项目分期开发要依据地块价值及用途分析,还需要与开发主题、生活蓝本对接,与市场竞争、客户需求对接。制定合理的分期开发策略,制定各期合理的位置规模、产品线及数量,以及开发发展方针和目标。对开发主题和生活蓝本如何在规划上实现进行设计概念的策划。

3）建筑产品规划

(1) 产品设计的步骤

依据规划总体布局和产品理念,确定不同建筑类型的单体设计要求,提出对建筑风格、外立面处理、色调配搭组合等方面的设计意见。依据对市场各物业的户型研究分析,结合项目定位,客户需求制定户型的面积配比和设计要求。依据项目周边资源,结合项目定位客户需求,进行公共建筑设施的功能分布及面积配比设计。

(2) 建筑风格策划

建筑风格策划主要包括项目总体建筑风格及色彩计划和建筑单体外立面设计提示。

① 项目总体建筑风格及色彩计划

项目总体建筑风格和色彩计划包括项目总体建筑风格的构思和项目总体色彩。

② 建筑单体外立面设计提示

建筑单体外立面设计提示主要包括:商品住宅房外立面设计提示,多层、小高层、高层外立面设计提示,不同户型的别墅外立面设计提示;针对屋顶、屋檐、窗户等外立面局部设计提示,其他特殊设计提示,商业物业建筑风格设计提示。

(3) 户型设计

户型设计主要由以下步骤构成:项目所在区域同类型楼盘户型比较分析,分析市场定位及产品功能定位,项目动态分析及项目户型配置比例,主力户型设计提示。户型设计提示包括一般住宅套房户型设计提示,跃式、复式、跃复式户型设计提示,别墅户型设计提示,商业物业户型设计提示,商业裙楼平面设计提示、商场楼层平面设计提示、写字楼平面设计提示。

(4) 环境规划及艺术风格提示

环境规划和艺术风格提示是对项目建筑外的环境和艺术风格的规划。主要包括:项目周边环境调查和分析,项目总体环境规划及艺术风格构想。项目总体环境规划及艺术风格构想包括地块已有的自然环境利用和项目人文环境的营造;项目各组团环境概念设计包括:组团内绿化及园艺设计、组团内共享空间设计、组团内雕塑小品设计提示、组团内椅凳造型设计提示、组团内宣传专栏、导视系统位置设定提示、项目公共建筑外部环境概念设计;项目公共建筑外部环境概念设计有项目主入口环境概念设计、项目营销中心外部环境概念设计、项目会所外部环境概念设计、项目营销示范中心沿途可营造环境概念设计,以及针对本项目的其他公共环境概念设计。

(5) 装修风格策划

装修风格策划是一个很大块的内容,特别是随着房地产市场竞争的激烈化,很多开发商地提出了精装修的服务。装修风格策划涉及的内容包括装修材料的选择、装修方式的选择等。

## 6.2.5 项目建设过程策划

项目开发过程策划是采用现代项目管理的手段对项目开发进行策划。它的主要内容包括项目招投标和项目实施管理。

1) 项目招投标

项目招投标是指开发商通过招投标优选工程承包商和监理单位。项目招投标策划,就是对项目招投标进行计划。

(1) 招投标

招投标活动,是指招标人对货物、工程和服务事先公布采购条件和要求,吸引众多投标人参加竞争,并按规定程序选择交易对象的行为。招标和投标是一个过程的两个方面。对于工程项目来说,为业主进行招标就是择优选择承包商,择优的目标有最佳质量、最优技术、最短工期、最低价格。在工程项目中实行招投标,有利于展开公平竞争,引进先进技术和管理经验,同时对于规范市场也起了很好的作用。

(2) 招标方式

工程建设的招标的常见方式有:公开招标、邀请招标、两阶段议标和议标。从世界各国来看,工程招标主要采用的是公开招标和邀请招标方式,对于房地产行业,几乎都是公开招标。

公开招标。公开招标又叫无限竞争性招标,是指招标人以招标公告的方式邀请不特定的法人或者其他组织投标。

邀请招标。邀请招标也称选择性招标,是指招标人以投标邀请书的方式邀请特定的法人或者其他组织投标。

两阶段议标。两阶段议标也称两步法招标,是无限竞争招标和有限竞争招标相结合的一种招标方式,适用于内容复杂的大型工程项目或交钥匙工程。

议标。议标又称非竞争性招标。这种招标方式的做法是业主邀请一家自己认为理想的承包商或监理直接进行协商谈判。

(3) 公开招投标的基本程序

招标和投标要遵循一定的程序,工程建设已经形成一套相对固定的招标投标程序,按照惯例,国际竞争性招标程序是:招标—投标—开标—评标—定标—签订合同。

2) 项目管理与控制

工程项目管理是工程建设的核心内容,简单的理解就是对工程项目进行管理,现代项目管理的发展是现代项目管理理论和计算机技术发展的必然结果。PMBOK(国际项目管理知识体系)将项目管理分为九个内容。

范围管理。项目范围管理是项目管理的一部分,包括项目范围的确定、范围管理等的组织责任、范围控制、范围变更管理、竣工阶段的范围核查等工作。

集成化管理。是对项目进行全寿命期的"规划－设计－施工－供应－运营"一体化集成管理。

人力资源管理。在国内体现为项目组织管理。项目组织形式有多种可以选择,如寄生式组织、独立式组织、矩阵式组织。

进度管理。进度管理是传统项目管理的三大核心内容之一,它包括工期计划和工期控制。

成本管理。成本管理也是传统项目管理的三大核心内容之一,包括成本计划和成本控制。

质量管理。质量管理是传统项目管理的三大核心内容之一,工程项目质量管理的目的就是为项目的用户和其他项目相关者提供高质量的工程和服务,实现项目目标,使用户满意。

采购管理。采购管理是项目管理中的一部分,工程项目管理采购管理是对整个工程项目采购工作的全面、系统的计划和安排管理。

风险管理。在现代项目管理中,风险管理问题成为研究热点问题之一,提出了全面风险管理,全面风险管理是用系统的、动态的方法进行风险控制,减少项目过程中的不确定性。

沟通管理。沟通是达到组织协调的手段,解决组织成员障碍的基本方法,通过沟通,不但可以解决各种协调的问题,而且还可以解决各参加者心里的和行为的障碍和争执。

### 6.2.6 项目营销策划

房地产项目营销策划是以综合运用市场营销学及相关理论为基础,以房地产市场调研为前提,从项目竞争的需要出发,科学地配置企业可运用的资源,制定切实可行的营销方案并组织实施,以实现预定的营销目标。

房地产项目的营销策划是房地产项目策划的一个核心部位,可以引用一句话,在今天的房地产业"营销不是万能的,但没有营销是万万不能的"。

1) 营销计划书

讲到营销就不能不提营销计划书,营销计划书是营销的一个重要组成部分。房地产营销计划书的编制是房地产营销策划的一个组成部分。它的主要内容包括:

(1) 计划概要

对拟计划的扼要综述,包括营销目标、主要策略、建议及本计划书的主要内容。

(2) 市场描述

针对本项目面临的市场营销环境及竞争环境的客观描述,主要包括:

① 市场分析:消费对象分析、购买力水平、供求、营销业绩分析等。

② 竞争环境:竞争对手状况、地理位置分布、销售价格、项目特点等描述。

③ 项目环境:包括项目自然环境、地理环境、交通环境、公共配套服务设施等。

④ 其他环境:是指宏观环境,中观环境和地方的产业政策,税收等。

(3) 机会与问题

对项目的机会分析一般利用 SWOT 分析,对项目在竞争环境中分析项目的优势和劣势,以及本项目销售所面临的主要问题等。

(4) 营销目标

营销目标包括财务目标和市场目标。财务目标是由一系列受益和成本、利润指标构成；市场目标是由财务目标转换而来的市场营业额、商品销售率等。

(5) 营销策略

营销策略是依据项目所面临的市场现状、机会与问题，按照目标的实现要求来制定的。应注重如下问题：

① 市场定位：销售与服务对象，项目建筑设计及装饰标准等。

② 营销渠道：包括销售形式的选择，代理商的选择。

③ 促销手段：包括广告、展销、人员推销手法的选择及广告形式的确定。

④ 竞争手段：可以采用价格、质量、环境、服务等手段。

⑤ 其他：是指付款方式、营销方式以及保险、公证等。

(6) 营销方案

营销方案着重研究营销策略的实现形式及进度安排。

(7) 财务报表

它以现金流的形式描述项目营销过程的财务状况。项目的营销收入主要有项目的预计销售量及销售收入，支出主要有各种营销方法、促销手段的费用。

(8) 营销控制

营销控制是指该计划实施过程中的监控与检查。为了便于控制，项目营销方案的进度安排均按月列出各项工作及其效果，作为控制与检查的依据。

2) 营销策划系统(图 6-8)

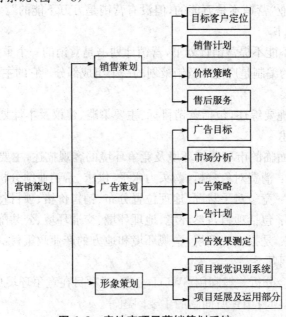

图 6-8 房地产项目营销策划系统

营销策划系统从策划的内容来看,可分为三个子系统:销售策划系统、形象策划系统和广告策划系统。三个子系统之间不是孤立的,它们相互影响、相互促进、相互制约。销售策划、形象策划和广告策划都是营销计划的重要组成部分,任一部分出错,都会影响另一部分的执行。

3) 销售策划

销售策划的作用主要是为要销售的产品做好项目的态势分析、优劣分析、提出项目产品的销售价格和推广策略,为产品的推出做好一切案头的、可以执行的系列工作,为产品的推出做好预先的准备。销售策划主要包括目标客户定位、销售计划、价格策略和售后服务。

(1) 目标客户定位

目标客户的定位或者说确定,对产品的销售推广至关重要,目标客户的定位也是对前面项目投资策划中的目标市场定位的再一次检验。我们在进行目标客户的定位时,一般从两个方面考虑:一是目标客户的类型。目标客户的类型有很多,针对某个类型而言,不一定能够反映项目产品的销售的具体情况,一般可以从年龄、收入、阶层、职业来进行划分。二是目标客户类型分析。目标客户类型定位是有很多原因的,对一个产品来说,不外乎项目的市场、特征、位置、环境以及居住氛围等。

(2) 销售计划

销售计划包含的东西很多,主要有销售前资料准备、销售方式的选择、销售的财务策略、销售培训、销售组织和控制等。

(3) 价格策略

无论是以获取高额利润还是以快速回笼资金为主要目标,在为项目产品确定价格时通常需考虑的三个因素:一是成本(地价、建安成本、税收及其他费用的总和);二是竞争(市场供求总量、直接和间接竞争对手们的价格情况);三是消费者(目标消费者能够接受何种价格)。价格策略也主要考虑这三种因素,一般项目定价方法有两种:成本+竞争和消费者+竞争。价格策略是房地产营销中事关项目成败的关键一环。通常所采用的价格策略有整体价格策略、开盘价格策略和调整价格策略。

(4) 售后服务

售后服务主要是指在销售完成时帮助客户办理两证,移交相关销售文件等。

4) 形象策划

形象策划的作用主要是为产品推出正面的、良好的形象展示在人们面前,进而提高产品的形象高度,为产品的销售顺利进行增添光彩。

项目形象策划主要是对项目本身形象进行包装策划,它主要包括两个方面,一是项目视觉识别系统核心部分;二是延展及运用部分。

(1) 项目视觉识别系统核心部分

主要包括名称,有项目名、道路名、建筑物名、组团名。

(2) 延展及运用部分

首先是工地环境包装视觉策划,这包含着建筑物、围墙、绿化等;其次是营销中心包装设计,有营销中心室内设计、功能分区、营销中心形象墙设计、展板设计、销售人员服装设计、示范单位样板房说明牌、示范单位导示牌等;三是公司及物业管理系统包装设计,包括有办公功能导视系统设计和物业管理导视系统设计。

5) 广告策划

广告策划的作用是产品通过媒体的宣传,进一步树立起品牌形象,从而有效地占领市场和开拓市场;同时,通过对广告活动的统一运筹,可以节约广告费用,提高广告效益。

房地产广告策划内容丰富,步骤众多。策划者各有各的想法,繁简不一,没有统一模式。大体上可分为五个部分,即广告目标、市场分析、广告策略、广告计划和广告效果测定。

(1) 广告目标

主要确定广告的类型,广告欲达到的目标和有关建议。

(2) 市场分析

主要包括营销环境分析、客户分析、个案分析和竞争对手分析等。

(3) 广告策略

广告策略的制定可以从下面五个方面着手:一是目标市场策略,二是市场定位策略,三是广告诉求策略,四是表现策略,五是广告媒体策略。

(4) 广告计划

又称广告实施计划,内容包括广告周期安排、确定广告主题、广告媒体安排、广告费用预算等。

(5) 广告效果测定

广告效果通常是在广告发布后测定的,对于房地产广告却不太合适,事后测定不利于控制广告效果。较为明智的做法是在广告发布前就进行预测。先邀请目标客户群中的一些代表对广告的内容和媒介的选择发表见解,通过分析反馈意见再结合部分专业人士的建议,反复调整,就可使广告计划日臻完善。

## 6.2.7 项目融资策划

房地产是资金密集型产业,单靠开发商自有资金投入来开发房地产是不现实的,也是不经济的。在现实的开发中,"借鸡生蛋"几乎是每个开发商都采用的方式。在房地产开发中,资金计划是非常关键的一步,在开发过程中必须保持资金的投入。融资策划是根据项目资金需求、项目资金回收,以及可以投入项目的自有资金情况,测算出关键时点的资金缺口,并以此为依据进行资金筹集的策划过程。由于资金安排是房地产开发项目成功最关键的因素之一,所以项目的融资策划就显得尤为重要。

开发项目融资策划一般首先进行项目财务分析,在此基础上分析资金需求,然后制定融资计划并实施。

1) 项目财务分析

项目财务分析是策划的一个部分,其主要数据来源于前期不同阶段的分析测算、营销策划中的相关参数等。

(1) 财务评价

① 项目成本分析

项目成本主要指的是土地成本、开发成本和开发费用。主要财务报表包括:建设资金投资估算表、总成本费用估算表、流动资金估算表、投资计划和资金筹措表。

② 项目效益评价

项目效益评价就是通过一些经济指标对项目进行评价,主要的财务报表有利润表、销售收入和销售税金及附加估算表等。

③ 项目评价指标和方法

项目的评价指标主要有:投资收益率、内部收益率、自有资金收益率和投资回收期等。评价方法:静态和动态的现金流分析、盈亏平衡分析、敏感性分析。主要的财务报表有全部资金现金流量表、自有资金现金流量表、借款还本付息表。

(2) 不确定性分析

建设项目的经济效果与其投资、成本、产量售价等经济要素之间呈一种函数关系,这些经济要素取值的变化会引起经济效果数值的变化,也就是说,经济要素是变化的,不确定的。一般来说,不确定分析方法主要有:盈亏平衡分析、敏感性分析和概率分析。

2) 项目资金需求分析

(1) 资金投入计划

根据项目成本测算、工程计划安排,制定项目资金投入计划,并形成相应图、表,多角度表达资金计划。

(2) 资金回笼计划

根据项目营销计划,制定项目销售资金回笼、项目经营收入计划,并形成相应图、表,多角度表达资金回笼计划。

将项目资金投入计划与资金回笼计划进行比较,可以得出不同时点的资金缺口。

项目运作期间的资金投入和回收见图 6-9。

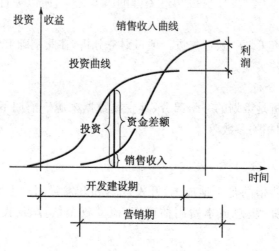

图 6-9 项目资金投入和回收示意

(3) 确定项目融资额度

房地产开发企业都有一定数额的注册资金,企业在不同时期,都会拥有不同数量的自有资金。企业会根据具体情况考虑自有资金的投放计划。假如对于某个特定的开发项目,企业计划以一定数额的自有资金投入,则(2)中测算出的资金缺口再减去自有资金投入额,即为项目某时点的融资额度。

当然,具体的项目融资可能会更加灵活,如通过"工程垫资"、采购款项滞后支付等,也能降低融资额度。

(4) 融资方案确定

根据上述分析结果,企业可以制定出不同的融资方案,通过分析比较,确定最优方案,并制定相应的融资计划。

关于融资方案的选择要根据企业自身情况来定,当然能从银行贷款是最好的,在银根紧缩的情况下,采取其他融资方式时应全盘考虑。

## 6.2.8 项目物业管理策划

项目的后期策划主要是物业管理策划。物业管理是项目开发的最后一个阶段,是业主最关注的环节之一。物业管理虽然属于项目后期工作,但是物管策划必须提前介入。因为,良好的物业管理及其服务是项目销售的有利保证。策划人员应本着以人为本的思想,为购房者制定好完善的物业管理措施。

1) 物业管理标准确定

物业管理前期工作重要内容之一,是根据物业档次及功能定位确定各项服务所要达到的标准。

2) 物业管理的模式策划

物业管理的趋势是社会化、专业化、市场化的结合。物业管理的传统模式主要有：房地产开发公司组建的物业管理公司模式、按照现代企业制度建立起来的物业管理公司模式，以及街道居委会、社区服务站及物业管理公司三者合一的管理模式。在当今社会快速发展的背景下，如何根据项目要求制定更加完善的物管模式，是物业管理策划必须解决的，如当今政府大力提倡的保障房项目建设，相应的物业管理如何实施，既是一个理论问题，又是一个现实问题。

## 6.3 房地产开发项目系统策划反馈控制

### 6.3.1 房地产开发项目系统策划反馈控制概念

1) 房地产开发项目系统策划反馈控制定义

系统策划反馈控制，是指对房地产项目系统策划活动、开发活动、经营管理活动进行的检查、衡量、修正及控制，以确保系统策划目标得以最终实现。

房地产开发项目系统策划反馈控制是指，在房地产开发项目系统策划方案实施过程中，根据实际情况的变化和实施中出现的问题，进行的分析、研究，并在此基础上对方案进行调整、完善，甚至重新再策划的过程。

用系统原理分析，就是控制整个系统，跟踪整个系统，随时监督，随时反馈，发现问题随时纠偏，以确保项目投资系统按总体目标进行。

2) 房地产开发项目系统策划反馈控制的重要性

房地产开发项目系统策划反馈控制的重要性主要体现在以下几个方面：

（1）系统动态性的需要

在实施系统策划方案过程中，对实施工作进行改进和完善，是房地产投资项目策划的系统动态性所决定的，也是项目系统策划主要的工作方式。项目系统策划是在项目前期进行，先天地带有主观、经验的色彩，在项目实施过程中不可避免地会遇到不准确、不协调等问题。因此，必须针对问题进行分析、改进和完善。

（2）对系统策划方案中的一些思路、内容、程序进行调整完善的需要

任何策划方案都不可能是十全十美的。在实施过程中，或许是由于方案的先天不足，或许是由于方案运行的环境有突发性的改变，如新政策出台、主要竞争对手的重大营销策略变动等，都会影响方案的正常实施。一旦发现问题，特别是较大的问题，策划人要立即针对问题就方案的进一步实施提出调整性思路，以便纠正系统策划方案实施的失误，使项目能够继续良性运作。

(3) 对实施工作中系统方案策划的作用和影响力进行系统评估和总结

这一点对于策划方来讲是十分重要的。通过各阶段的评估和总结,有利于对整个项目实施工作的良性发展,同时,评估和总结也有助于策划人吸收本次系统策划工作的经验和教训,使未来的策划工作能够做得更好。

3) 房地产开发项目系统策划反馈控制分类

房地产项目开发是一个较长的过程,投入大,管理量更大。巨额的资金、纷繁的工序、复杂的计划,人、财、物的调配,几乎每一个环节都能影响到整个运作的效果。如果没有一个良好的控制系统体系,项目的系统策划方案将难以贯彻实施。

控制系统可分为反馈控制、前馈控制及防护性控制三类。

(1) 反馈控制

管理控制是一个反馈控制系统,如图 6-10 所示。

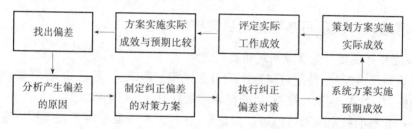

图 6-10 反馈控制系统

由上述控制过程可以看出,反馈控制系统的最大优点是始终伴随对象的运动过程而工作,系统的效益与效率高。但是,由于无可避免的等待时间,这种系统时间滞后效应是客观存在的。

为了尽可能地缩短反馈控制系统的滞后时间,减少偏差带来的损失,应该改善系统结构,提高控制效率,建立有效的早期预警系统,改善反馈决策程序与方法。为此,人们在管理控制系统中提出了前馈控制与防护性控制两类系统。

(2) 前馈控制

鉴于反馈控制系统利用输出信息实施控制的滞后性,人们设想有效的控制应当是面向未来的控制,即未来导向的控制,这便是前馈控制的基本思想。

前馈控制依据对系统未来发展的预测来实施控制。如根据充足的事实,对系统的未来发展作出尽可能准确的预测,再将预测结果与计划值相比较,寻找偏差,制定措施,实施控制。因而,前馈控制往往在偏差出现之前就实行了有效的控制,彻底解决了反馈控制的滞后性问题。前馈控制的基本依据是对系统未来发展的预测,因而,在这里信息的收集与处理就显得尤为重要。前馈控制系统中最为重要的控制工具是预测技术与计划评审技术。

(3) 防护性控制

防护性控制是指在方案实施过程中采取的控制手段,以及建立的互相制约、互相监督的制度所分解与落实的目标责任,通过定期检查、报告、评审、审计等管理措施所形成的检查与审核职能,对计划的执行情况进行防护性的控制。

显然,防护性控制充其量是上述两种控制系统在控制手段与方法上的补充。对于复杂事项的控制,如大型项目投资控制,并不能独立形成一个有效的控制系统。

### 6.3.2 房地产开发项目策划反馈控制内容

房地产投资项目系统策划反馈跟踪是非常繁杂务实的工作。具体包括:

1) 贯彻监督策划方案的实施

房地产开发项目策划方案,是为项目顺利实施、更好地实现项目目标而制定的,而项目策划与开发实施往往不是同一团队。因此,在项目实施过程中,应该有项目策划者的监督执行,按照策划方案的思路开展各项开发工作。

2) 策划方案实施过程中接受开发团队的征询

策划方案是策划者分析、整理客观资料,凭借经验得出的,带有主观色彩的结论,其中掺杂着许多专业性的理念,更免不了存在一些属于策划者"市场感觉"的东西。因此,开发团队不一定能够完全把握策划方案的内涵和思路。所以,在策划方案实施过程中,策划者应负起对方案的解释工作,帮助实施团队更好的理解系统策划方案,尽量使实际操作中少走或不走弯路。

3) 对策划方案中的一些思路、内容、程序进行适时调整

系统策划方案是客观基础上的主观综合,这也就不可避免地与现实情况存在出入。因此,随着方案实施的推进,会出现各种与现实有差异的地方。策划者应该根据实际情况进行分析、调查,对于那些与实际情况不符的部分进行适时调整,如成本预算、收益测算等。另外,由于我国的法律正在不断完善,不断有新的规定出台,因此,对于那些与新出台的规定有悖的内容应根据国家规定来修改,涉及面广的还应及时的重新再做。

4) 对于一些关键环节、关键指标应实行全程阶段性跟踪调查

在策划方案中,有些指标及数值是根据经验取得的,但由于各个项目之间的差异,彼此之间肯定不能完全套用,即使范围大致无误,其细部上还是要根据项目实际情况来进行调整,这样才能保证与事实吻合。因此,对于项目投资过程中的关键环节和关键指标应该全程跟踪,了解项目实施中这些参数是如何变化的,以便更清楚地了解其变化规律。

5) 自身的总结和提高

每个策划项目对于策划者来说都是一次难得的实践,但是仅仅停留在方案的策划永远只能是"纸上谈兵"。只有真正了解了策划方案在实际中的运用情况,与事实的吻合程度,才能不断提高自身的策划水平,在以后的策划中越做越成功,在实际中具有更强的操作性,对现实具有更强的指导意义。

### 6.3.3 房地产开发项目系统策划反馈控制对策

房地产开发项目系统策划的一个重要特点就是调试性。随着市场、环境的变化,策划方案也应作相应调整,而实现这一点,策划反馈控制是关键。只有把策划反馈控制做好,并相应调整系统策划方案,才能使系统方案更贴近实际,才能对项目实施起到有效的指导和控制作用。具体措施有:

1) 事先筹划

在进行开发项目系统策划时,就应将项目策划反馈控制考虑在内,充分考虑策划过程中涉及的项目资料在实际操作中的可收集性和可检验性,这样才能对于一些关键环节和关键指标有一个全面的了解,才能在项目进行过程中更有效地实施系统控制,保证项目的顺利推进。

2) 策划人员参与

项目策划反馈控制实施者最好是策划参与者,至少也应该是了解整个策划过程的专业人员,因为只有这样才能保证控制的针对性,有利于在策划控制中发现方案设计的不足,及时做出调整,为项目更好地进行创造条件,使项目向有序的方向发展,而这些是一般人员无法做到的。

3) 及时交流信息

反馈控制的结果应做到及时汇总,及时向策划团队及房地产开发团队反馈所搜集到的信息,并对系统策划方案提出合理化的建议,帮助策划者和投资商对系统方案做出及时、相应的调整,以促使项目顺利的按计划进行。

4) 不断总结

反馈控制的过程对策划者来说,是检验策划成果和自身资料积累再提高的重要手段,只有注重策划反馈控制才能使策划项目做得一个比一个成功。因此,策划者应充分体会到这一阶段的重要性,踏踏实实地完成这一阶段的工作。

对于房地产开发项目策划反馈控制工作,说到底就是一句话:从思想上重视系统策划反馈控制工作,从技术上满足反馈控制工作需要。做到这一点,反馈策划控制工作是可以很好开展的。

### 复习思考题

1. 何谓房地产开发项目系统策划?具有哪些特点?
2. 房地产开发项目前期策划有何重要意义?
3. 房地产开发项目策划主要有哪几个关键环节?项目策划与可行性研究有何区别?
4. 房地产开发项目如何进行项目定位?初步定位后为什么要进行财务评价?
5. 在项目策划过程中,策划者应如何把握创新度?
6. 如何对房地产开发项目系统策划实施反馈控制?

# 7 城市规划与房地产开发

**本章概要**

城市规划是建设城市和管理城市的依据,同时它也在很大程度上影响房地产产品的开发建设。本章主要介绍城市规划的基本概念、特征与作用,并分析、阐述了城市规划是如何影响着房地产业及房地产项目的开发建设。通过本章的学习,读者能够对城市规划的过程和方式,房地产开发企业如何进行房地产产品设计有一定的理解。

## 7.1 城市规划的概念与任务

### 7.1.1 城市规划的概念

城市的发展是人类居住环境不断演变的过程,同时也是人类对居住环境进行自觉或不自觉规划安排的过程。20世纪以来,世界政治、经济、社会形势发生了巨大变革,科技获得长足进步,人文观念开始盛行,城市规划的现实背景发生重大变化。此时的城市规划远远超出城市外观的形式和环境中的建筑物、街道、公园、公共设施等布局问题,还涉及城市各物质要素的匹配性,物质要素与非物质要素以及当地氛围的融合性等。城市规划由单纯的物质规划转向物质规划与非物质规划并重,城市规划的内容序列变得更加发散,其目标趋向变得更加多元化。

对于城市规划,目前学术界尚没有统一的定义,各种观点众说纷纭。有代表性的观点有以下几种:

(1) 城市规划是一种决策行为,其目的是解决城市中各种物质要素在空间布局与时间序列上的各种矛盾,使其各得其所,有机联系,以取得良好的经济、社会和环境效益。

(2) 城市规划是一定时期内城市发展的目标和计划,是城市建设的总体部署,也是城市建设管理的依据。

(3) 城市规划是政府干预城市发展的一种手段,由于有意识的干预,因而也就是实践(即行动)。

(4) 城市规划的工作对象是城市社区,其手段是对城市物质环境的布局与设计,其目的是满足全社会的现实需要和促进全社会的发展与进步。

总之,城市规划是根据城市经济社会发展目标和生产力布局的要求,对城市各项建设所作的前瞻性和综合性部署,其目的是为城市经济社会的发展和居民生活提供服务。城市规划实质上是一种社会规划,是各级政府指导城市合理发展、建设和管理的重要依据。在当前和今后一个时期内,我国城市规划的核心任务是以维护国家利益、公众利益为目标,调控空间资源的开发和利用,实现经济社会的可持续发展。

## 7.1.2 城市规划的任务

城市规划既是一门学科,又是一种政府行为和社会实践活动,这种政府行为和社会实践活动体现为依法编制、审批和实施城市规划。在实践中,人们逐渐意识到城市的发展是有其自身规律的,经济社会发展计划和城市规划都是政府调控的手段,两者互为依据、互为补充。20世纪80年代,在研究我国城市规划法过程中,提出的城市规划的任务是:城市规划是指城市人民政府为了实现一定时期内城市经济社会发展目标,确定城市性质、规模和发展方向,合理利用城市土地,协调城市空间布局和各项建设的总体部署和具体安排。

随着社会主义市场经济体制的逐步确立,城市规划的作用和地位也越来越为人们所认识。城市规划是建设城市和管理城市的基本依据,是保证城市土地合理利用和开发活动协调进行的前提条件,是实现城市经济和社会发展目标的重要手段。经验证明,要把城市建设好、管理好,首先必须规划好,并以城市规划为依据指导建设和管理。在城市建设和发展进程中,城市规划处于重要的龙头地位。城市规划的内容包括发展目标、土地利用、空间布局和各项建设具体安排,强调的是综合部署,其核心内容是城市土地及空间的利用。城市规划工作的不同阶段有不同的规划任务,一般有以下几个方面:

1) 发展目标

根据城市当前的经济、社会、文化、环境等情况,确定城市发展目标,进一步确定城市性质、规模和发展方向。

2) 土地利用

土地是城市的重要资源,从某种程度上讲,城市的规划是以土地为载体的。通过城市规划,进而确定城市各项用地的使用性质、功能分区、数量比例、开发强度等,以实现合理用地和节约用地,实现城市的可持续发展要求。

3) 空间布局

确定城市各项建设的空间构成和组合,包括地上空间的合理利用,地下空间开发利用,以及城市轮廓线、景观和城市风貌特色的塑造等。

4）建设部署

依据发展建设目标,确定近期建设目标和当前建设安排。通过统一规划,分期实施,使近、远期目标相结合。

城市规划的工作内容包括城市规划的编制及城市规划管理。要实现"综合部署"就要提高城市规划编制的科学性和权威性;要实现具体安排就要加强城市规划管理,使各项建设严格按城市规划进行。

## 7.2 城市规划的特征与作用

### 7.2.1 城市规划的主要特征

1）政策性

城市规划是城市各项建设的综合部署,是合理安排城市生产生活的重要手段,其制定与实施必然会涉及政府各个部门。城市规划范畴中若干问题如城市性质定位、城市规模确定、基础设施布置、各类用地分配等,不仅是简单的经济和技术问题,而且还是重大的政策问题,体现了城市管理者对于城市发展的近景和远景构想,因而城市规划体现了很强的政策性和指导性。

2）前瞻性

城市规划是对未来一定时期内城市各项建设(经济、社会、文化等)的总体设想,目的是使城市各项建设与未来城市长远定位、经济社会发展、城市居民生活需求相适应。城市规划要综合分析影响城市发展的各种限制性因素与非限制性因素,统筹规划,全面协调,使城市自身对社会经济的发展变化具有较强的适应能力。

3）区域性

每个城市都有其特定的地理位置、建设条件、社会经济发展水平、历史渊源及区域文化等,在进行城市规划时必须因地制宜,踏实工作,努力体现城市特色,塑造独特的城市形象。

4）综合性

城市规划无疑是一件综合性很强的工作,原因如下:

（1）城市发展受到诸多因素的影响和制约,各要素间还存在着复杂的互动关系。

（2）城市规划目标日益多元化,经济、社会、环境目标三者之间需要权衡与协调。

（3）城市规划是一项多部门规划,涉及多个规划部门。

（4）城市规划需要地理学、经济学、社会学、工程学等众多学科的支持。

5）实践性

城市规划编制的目的在于总结城市建设,并用来指导新的城市建设。规划目标能否实现不仅在于规划的科学性与否,还在于规划的实施情况如何。城市建设必须围绕城市规划的要求进行,加强各项建设的前、中、后期管理,以实现既定的规划目标。实践性是城市规划指导城市发展的关键所在。

### 7.2.2 城市规划的作用

1) 城市规划推动了城市社会经济发展

城市规划作为政府干预城市发展的手段,起着宏观调控、指导城市社会经济发展的作用。其对经济发展的牵动性具体体现在以下几个方面:

(1) 城市规划促进了城市功能分区,改善了城市物象的布局,有利于充分发挥生产生活的规模效应、聚集效益与节约效应。例如,许多现代化的城市在城市规划中,依据城市的地理、原有布局等特征,按功能分别规划为居民居住区、工业区、商业区、高科技区等。

(2) 城市规划和城市建设增强了城市的人口、产业吸引力和承载力,积聚了城市发展所需的各种经济要素。

(3) 城市规划促进了城市若干新兴产业(主要是房地产业)的发展。城市规划催生了技术密集型产业,而新兴产业的发展则改善了城市的经济形象,创造了就业机会,改善了产业发展环境。房地产业对城市社会经济发展的贡献更大。房地产业在带动城市经济发展、改善城市形象的同时,也以其经济贡献促进了城市的各项建设尤其是基础设施建设。

城市社会经济的发展过程是一个自组织过程,其自我发展完善往往具有缓慢性与盲目性等缺点。因此,有必要发挥城市规划对城市社会经济发展进行宏观调控的作用,使之符合城市发展的需要。

2) 城市规划改善了城市总体形象

经济是城市发展的主导因素,城市面貌与城市经济发展阶段相适应。在经济发展的工业化后期阶段以前,通常的事实是城市缺乏规划,片面强调直接生产部门的投资,忽视基础设施的建设,城市发展往往与高失业率、贫富分化严重、环境恶化以及犯罪活动猖獗等社会现象相联系,城市简直就成了社会问题的源泉。20世纪以来,人们逐渐意识到城市规划的重要性,城市规划成为各国政府的一项重要工作。对城市各项建设进行设计与规范,推进新城区的建设和老城区的改造极大地改善了城市形象,对现代城市的意象往往就是某一标志性建筑或最吸引人的某些方面,而不是过去所说的"脏、乱、差"。

3) 城市规划优化了城市人口布局

传统城市的特点是功能分区不明显,各种用地交互分布,既不利于生产,又影响了市民的生活质量。现代城市规划强调城市功能区的分离,使居住区分散组团布局,形成若干条件优越、特色鲜明的住宅小区。CBD、住宅区等由于其聚集效益,自然会产生相应第三产业聚集效应,从而更加方便市民工作、生活、休闲。

4) 城市规划促进了城市环境保护

20世纪六七十年代以来,全球性多重危机的凸显促使人类开始反思传统的经济发展道路,研究自然的、社会的、生态的以及利用资源的基本关系,追求经济社会的可持续发展。对城市传统发展观的深刻反思和城市经济社会持续发展的需要,向城市规划提出了新的任务,即优化空间资源的配置。

城市规划促进了城市环境的改善,具体体现在:城市规划使生产生活节约了对资源、能源的消耗,减少了污染物的排放;城市规划推动了城市产业结构高级化,产业结构"非工业化"趋势改善了区域生态环境,增强了城市的文化氛围;城市内部功能区改造和边缘区建设优化了城市生态系统;新兴生态住宅小区的建设提升了居民的生活质量。

5) 城市规划促进了城市建设的高效

我国有些城市以前忽视城市规划的重要作用,在城市建设中随意性太大,城市规划成为一纸空文,随着城市的发展,这种忽视城市规划造成的不和谐会越来越凸显。例如,公路建设不考虑未来发展的需要,常常不得不不断扩建;又如城市中建设实体的随意布置,其拆除是迟早的事。这都造成了城市建设的低效,更带来了社会财富的极大浪费,给市民的正常工作、生活也带来了不便。所以,合理和科学的城市规划对于城市发展是必需的。

### 7.2.3 城市规划的现状

1) 城市规划发展历程

回顾我国城市规划发展历程,我国的城市规划发展历程可分为两个阶段。

(1) 改革前的城市规划

"一五"以后,我们的城市思想是"工业城市",主要是建立我国的重工业体系。受前苏联城市规划的影响,当时的规划管理很明确,城市规划是围着工业项目来进行的。在当时苏联专家的帮助下,我们建立了城市规划制度,让城市规划跟工业化配合起来了。那时候,先有计划后有城市规划,城市规划是计划的延续。人们把这个时期称之为我国城市规划的第一个春天。但是20世纪50年代末"大跃进"以及接下来的"文革",使城市规划陷入停顿,城市发展混乱,损失巨大。

(2) 改革后的城市规划

改革开放后,中国进入了新的发展阶段,城市发展也迎来了大发展的黄金时期,市场经济要求城市有新发展。城市作为经济中心的思想、城市化的思想,使城市规划面临前所未有的大好形势。1978年,全国第三次城市工作会议召开,1984年出台《城市规划条例》,1989年出台《城市规划法》。其后的13年至今是中国城市规划最好的时期,我国迎来了城市规划的第二个春天。

1992年、1993年出现了房地产市场过热,对我国城市、经济发展产生了一些消极影响。通过经验总结,使我们更加认识到城市规划的重要作用,即切实发挥城市规划对城市土地及空间资源的调控作用,促进城市经济和社会协调发展。这是国家对社会主义市场经济条件下城市规划的新的定位。城市规划是国家对城市发展实行调控的必不可少的手段,城市规划是通过对土地的规划管理来调控城市发展的,市场经济要求规划更有预见性和弹性,更加法制化。目前,我国正在积极实施的城市化发展战略,既是城市化发展客观规律的需要,也是我国工业化由初级阶段进入中期阶段的根本要求,更是我国社会经济发展和现代化进程的必经之路。城市化离不开城市的建设和发展,而城市建设和发展的"龙头"是城市规划。因此,树立和落实科学发展观,突出城市规划的以人为本,实现人口、资源、环境的全面协调和可持续发展,具有十分重大而深远的意义。

2) 城市规划及发展现状

近年来,我国的城市规划得到了全社会前所未有的重视,城市规划编制工作硕果累累,城市规划实施管理有所加强。所有这些都印证了一个基本判断:城市规划的又一个春天来临了。但是现实情况并不这么乐观。

(1) 机遇与挑战并存

城市规划遇到了前所未有的发展机遇,但是也面临着来自方方面面的挑战,老的问题还没有真正解决,新的问题又摆在了我们面前。

在计划经济体制下,城市规划作为计划的继续与深化,直接进行城市土地资源的配置,而今政府的角色变了,规划的作用和地位也发生了变化,土地使用不再仅仅由城市规划安排,城市发展的前景也不完全由政府决定,这就要求城市规划必须更加全面、深入和细致,要求我们的规划更加具有科学性和适应性。另一方面,随着地方政府发展经济的积极性调动起来,领导部门"越位、错位、缺位"、"对规划空前重视,规划也空前失控"的现象相当普遍。中央与地方、城市政府与市辖区政府之间的矛盾也越来越明显,如何统筹发展,保障全局利益,比以往任何时候都具有现实意义。再加上政府部门之间职能的交叉,如发改委和国土系统近年来采取的一系列措施,对于城市规划综合协调职能的发挥产生了一定的影响,这些都是我们需要思考的因素。

(2) 进步与滞后共在

虽然城市规划在我国得到了极大的发展,但也不用讳言,城市规划滞后的现象是客观存在的。我们往往不能高瞻远瞩地看问题,习惯于采用陈旧的观念、方法或理论,头痛医头,脚痛医脚,抱残守缺,不利于我们的事业健康发展。

规划滞后最主要的是规划理论研究的滞后。面对基层政府的扩张欲望和房地产开发的利益驱动，城市规划没有能够及时有效地加以遏止，理想的规划方案往往被冲击得支离破碎、体无完肤，有时甚至迫于房地产开发随意更改原有规划。面对多元化的投资来源，我们在观念上和规划管理体制上都还很不适应，工作经常相当被动。面对《行政许可法》的实施，公众参与规划决策意识的提高，无论是规划的编制，还是规划管理，都显得我们自身的知识和技术储备不足。

（3）理性与盲目互动

城市的发展有自身的客观规律，尊重历史、尊重自然、尊重人，是城市规划的基本原则。城市经济的繁荣不是靠一两句口号"打造"出来的，城市文化的特点也不是靠一两个工程"张扬"出来的，但是，一些城市领导常常主观愿望多，考虑客观条件少，城市发展中存在种种盲目现象，如盲目追求经济发展速度，盲目调高城镇化目标，盲目搞大开发区，盲目扩大用地规模，盲目扩大拆迁规模，盲目美化亮化，盲目建设高耗能耗水企业，盲目上马轨道建设项目，盲目追求高层建筑，盲目摧毁传统建筑文化，盲目建设城市雕塑，城市之间盲目攀比等。这些缺乏理性的做法或许可能带来一时的广告效应，但对于城市的长远发展绝对是有害无益的。

（4）"经营城市"热

经营城市理念是随着我国市场经济体制的不断完善，政府职能的转变以及快速城市化背景下城市建设资金供求矛盾的加剧而提出的。所谓经营城市，是指城市政府运用市场经济手段，对城市的自然资源、基础设施和人文资源等进行优化整合和市场化营运，以实现资源优化配置和高效使用。它是政府管理职能不可分割的组成部分。经营城市的理论依据在于城市是有价值的客观存在。城市资源包括有形资产和无形资产，通过市场化营运，把有价值的资本要素进行优化组合，使静止的资产富于活力，能够达到资产增值，促进城市经济社会发展，满足城市居民不断提高的物质和文化生活的需求。其核心在于以功能导向为目标，以资金导向为中介，运用市场经济手段对城市资产产权经营进行机制性改造，不断提高城市资产运行效率，改善城市人居环境，提升社会福利的过程。

虽然许多城市都热衷于经营城市的实践，但在理解和具体实施上则不尽统一，大致有以下方面：

① 合理地做好城市规划，以城市规划为基础，利用政府的公益性资源，实现整个城市规划的远景。

② 只是指城市的公共基础建设这个领域，以它为对象按照市场化运作，达到建设城市的目的。这种经营的主体也是政府，例如采用 BOT 项目的运作。

③ 认为经营土地就是"经营城市"的主要对象。因为作为国有资产，土地是最大的财产，也是政治权力最广的资产。政府通过这种手段获得大量的资金，反过来

兴建城市基础设施和公益性设施。这是当前最流行的经营城市的实践。

经营城市概念提出及实践的合理性,现在还存在较大的争议。但是不可否认,结合城市规划、城市长远发展目标的科学的"经营城市",不失为城市发展的一种手段。现实中的经营城市则存在诸多偏差,导致了人们的质疑。

## 7.3 城市规划与房地产的关系

城市规划是对整个城市建设的构想和设计,但城市规划最终的控制对象是各类建设项目,由于基础设施项目一般是直接在政府的管理下进行的,所以城市规划对房地产项目的影响更大。1978年十一届三中全会后,我国的经济体制由计划经济开始向市场经济转变。在这个过程中,城市规划与房地产之间主要产生了三方面的问题,这些问题使得探讨和确立城市规划与房地产开发协调机制的思路与方法,具有极大的理论意义和实践指导作用。

1) 房地产业虽然得到了加速发展但其发展缺乏可持续性

也就是说,房地产业的发展未能与经济、社会、资源环境系统进行有效的协调,房地产业的开发未能实现经济效益、社会效益、资源环境效益高度统一。

2) 城市规划未能有效地引导和控制房地产业的开发

具体表现在:由于城市建设投资主体由以前单一的、封闭的来源发展成多元化的混合构成,一些投资主体对开发和经营房地产所带来的高额利润的追求,导致对土地利用性质和强度的过分要求,从而忽视了社会效益和环境效益。

3) 城市规划未能及时地对房地产开发的反馈作用作出反应

在现代商品经济条件下,房地产开发也会影响城市规划的制定与实施,为城市规划提供参考。如房地产的开发对住房制度、城市空间结构、城市发展都具有重要的影响。随着新形势的出现,城市规划未能及时地做出调整,城市规划理论的发展滞后于现实的需要。

总之,房地产业的高速发展促使城市面貌迅速发生了新的变化,正是这个产业把规划的一幅幅蓝图物化为一块块城市实体,这里既包含着城市规划对房地产开发经营活动的控制、引导作用,也反映出房地产开发对推动实施城市规划的积极效应。城市规划与房地产业的发展是息息相关的。总体而言,城市规划推动了房地产业的发展,而房地产业的发展也为城市规划的科学化与法制化提供了机会。

### 7.3.1 城市规划对房地产开发的影响

1) 城市规划引导房地产开发,降低投资经营风险

房地产商品具有较高的消费门槛与不可移动性,业主在购买时必然会考虑其价

格与区位。房地产开发商应努力寻求价格与区位的最佳组合,但是把握这一点有时非常困难,存在着失败的可能。作为风险投资者,房地产开发商应自觉以城市发展规划来指导投资行为才能实现预期收益。以城市规划为指导,房地产开发经营的风险性会大大降低,房地产商品的价值就容易实现和补偿。万科等房地产企业的经营模式给我们一定的启示。此外,通过城市规划引导房地产投资向优势区位聚集,有利于城市空间结构的调整,促进城市开发建设的有序进行并产生预期效果。

2) 城市规划对房地产的控制作用

城市规划是规划管理的依据,通过实施城市规划,控制建用地的用途、开发强度、空间环境等,使房地产投资开发行为能兼顾经济效益、社会效益和环境效益,而不违背城市发展的整体利益和长远利益。

市场经济条件下,不同阶层、不同利益集团对各自利益的寻求较之以往更为强烈。一方面,政府要促进城市的发展来提高市民的生活水平,要改善城市面貌来美化市民的生活环境,有些时候不得不借助于房地产公司的财力。为了得到这些公司的投资,政府就必须满足这些公司的要求,作出让步,提供优惠条件。另一方面,政府要保证市民的利益,要考虑公共利益,要通过城市规划的控制机制影响各阶层对利益的寻求。城市规划有两种控制手段:一是控制公共投资(尤其是道路、铁路、机场、学校、医院、公有住房等基础设施的投资)的权利,另一个是鼓励或限制私人投资对物质环境开发的权利。由于城市规划寻求的是公共利益,控制机制的产生也应基于此,其中最主要的是环境容量的控制。

环境容量控制即是为了保证良好的城市环境质量,对建设用地能够容纳的建设量和人口集聚量作出合理规定。其控制指标一般包括:容积率、建筑密度、人口密度、绿地率和空地率等。最关键的是容积率,它起着城市规划与经济效益之间的桥梁连接作用,容积率的大小直接决定了开发商的利润水平。从市场这个角度来看,开发商必定会想方设法甚至不择手段来争取提高地块的容积率,使经济效益达到最大化;但若从城市政府管理者的角度考虑,又希望综合效益最大化。因此,容积率的控制需要一个上下限的范围以保证能有一个双方都可以接受的满意度。人口密度是由容积率和住房户型所决定的,容积率高、平均户型小,则单位用地面积上的人口较多,即人口密度大;绿地率和空地率表示公共绿地和开放空间在建设用地里所占的比例,这两项指标是根据人口的数量按规划标准决定的。

3) 城市规划影响城市土地价值的变动

城市规划是对城市的各项用地和建设进行合理组织和协调的政府行为,其目的在于获取城市整体和长远的最大利益。合理的规划应该根据不同的级差效益安排相应的经济、社会、文化活动。这意味着对某些土地赋予其应有的开发价值,对某些土地限制其开发,使各个地块的市场价格有所不同,以土地使用权的市场定价和交易来促进城市经济社会的发展。所以城市规划在促进房地产项目在城市空间中合理布局方面有较大的作用。

城市的性质、职能与规模、城市土地配置的合理程度、用地功能布局及城市基础设施的发展水平，以及城市建设总体容量控制标准从总体层面上决定了城市地价的高低。而这些因素主要是由城市规划决策决定的。通过规划确定各个地块的市场价格可以使城市用地向最有效利用方向发展，以获取最佳土地使用效益，并在一定程度上引导房地产向合理的方向发展。

(1) 城市的性质、职能与规模对地价的影响

城市性质要求其城市功能和城市形象与之相适应，这就带来了不同性质、职能与规模的城市，其土地的供求关系、对容积率的要求、对土地的利用强度也不同。如一个城市定位于某一区域的经济中心、商贸中心，则决定了其用地构成中商业及其他第三产业用地比例较高，而商业用地级差收益最大，地价最高。同时，城市规模越大，级差地价也越大。由此可见，城市总体规划决定了城市的性质、城市用地规模和主导职能，因而影响到城市的地价水平，从而引导房地产开发的强度、方向与规模。

(2) 城市的用地结构对地价的影响

城市规划确定了城市用地功能分区，也决定了城市内部不同区域的地价水平。住宅用地要求有较好的人居环境和方便的交通条件，对区位要求较大；而工业用地主要考虑交通是否方便，地块是否够大、水电等基础设施配套是否完善等，对区位要求最低。因而不同的土地利用方式级差地租不同，级差地价也不同，导致商业用地地价最高，住宅次之，工业最低。也就是说，城市的地价水平与级差地价关系密切，表现在用地结构上，则呈现出地价与商务和商住用地的比例成正相关关系，与工业用地比重呈负相关关系。

(3) 土地使用性质控制对地价的影响

由于土地开发用途具有兼容性，对于具体一个地块，土地的微观利用结构必然会影响该地块的地价水平。同一块土地可能因为设定不同的用途和容积率而导致地价的巨大差异。城市规划中的建设发展用地使用控制规划对建设用地上的建设内容、位置、面积和边界范围等方面作出了规定。其具体控制内容包括土地使用性质、用地使用相容性、用地边界和用地面积等。通过这些对土地使用性质的控制来实现对地价的影响。

(4) 配套设施控制对地价的影响

配套设施是生产、生活正常进行的保证，配套设施控制即是对居住、商业、工业、仓储等用地上的公共设施和市政设施建设提出定量配置要求。配套设施的优劣将会直接影响到地价水平的高低。城市规划通过对配套设施的控制来改善城市经济发展的软硬件环境，使城市发展的未来溢价增加，从而使城市总体地价水平提高。

## 7.3.2 房地产业对城市规划的影响

1) 促进城市规划工作向着更深更广的领域扩展

城市规划面对日益兴起的新城开发、旧城改造、经济开发区和高新开发区的设立、新型生态住宅小区的发展建设热潮,必须加紧实践和探索,形成完善和细致的城市规划模式。同时,房地产开发投资的多元化也要求城市规划增加灵活性,城市设计和住宅区规划应成为规划的重要组成部分,城市规划的内容应更加广阔,单项规划应更加深入。

2) 促进城市规划管理的科学化和法制化

城市规划是一种长期性和前瞻性的工作,是一种政府行为,谋求的是效用最大化;房地产开发经营则是一种市场行为,追求的是利润的最大化。社会目标与企业目标之间必然会产生一些矛盾与偏差,必须予以规范与协调,使房地产开发经营行为符合城市的总体利益。为此,就必须做到城市规划管理的科学化,努力做到统筹兼顾;做到城市规划管理的法制化,建立健全规划管理和房地产管理的法律法规,使管理者的行政行为与开发经营者的市场行为都有章可循;改进和完善管理体制,提高管理效率;建立城市规划管理信息系统,实现对房地产开发经营行为的有效监督。

3) 房地产开发对城市空间结构的影响

房地产开发对城市空间结构的影响是明显的。房地产开发用地发展类型显示出商品房开发改变了城市部分用地的用途,对城市空间结构的影响表现在两方面:一方面是建成区内的空间重构,另一方面是建成区的扩展。在城市经济结构转型的前提下,不同类型商品房的空间分布改变城市用地的分布特征,促使形成新的城市功能空间结构,原来位于中心区的普通住宅用地,转变为商务和高级住宅用地,原来位于建成区内和边缘的工厂转变为住宅用地,郊区的农业用地被征用,邻近城区的转变为居住用地,离城区较远的转变为工业用地。直接原因是城市经济结构转变,由工业生产中心向第三产业中心发展,对商业用地的需求量增加,而商业用地的区位要求较高,要在城市的中心地段,原城市中心的居住用地部分转为商业用地,从而可能引起连锁变化;社会经济发展水平的提高,对改善居住状况的要求更强烈,也扩大了居住用地的需求。根本原因是国有土地使用制度的改革,使城市土地的固有价值得到体现,市场经济下的城市土地利用地租理论得以验证,支付得起最高地租的零售业占据城市的最好区位,居住其次,工业最低,工业甚至可能支付不了城市土地的地租,不得不向远郊或其他地方迁移。

4) 房地产开发对城市经济发展的影响

房地产开发通过对城市经济发展的作用来带动或影响城市中许多产业的发展,从而加强或改变城市的性质,由此带来城市规划的改变。房地产开发对城市经济发

展的作用,总起来说,有以下三点:

① 基础先导作用。随着我国经济改革的深入发展,房地产业作为国民经济的基础性和先导性产业也得到了长足的发展,对我国社会、经济的发展产生了巨大的推动和影响,特别是进入20世纪90年代后,我国房地产业发展突飞猛进,一跃成为新的经济增长点。

② 产业关联作用。房地产开发通过后向、侧向和前向关联效应带动国民经济其他产业的发展。后向联系是指带动向房地产建筑提供各种原材料的产业。侧向关联是指带动与房地产开发相关的建筑业和城镇的公用公共事业的发展。这两个产业均与房地产的开发呈直接的比例带动相关效应。房地产开发的前向关联是指为国民经济各部门特别是工业与城市第三产业中的许多服务性行业提供场地、空间和建筑物。如商业、旅馆、饭店业、运输、仓储、邮电通信业和金融、保险以及其他知识服务产业,它们要更好地发展都离不开房地产开发的产品供给。

③ 体制转型作用。房地产开发是与财产制度相关度最大的一种经济活动。房地产业的发展和土地使用制度及住房制度的改革,将有利于传统的计划经济向市场经济的转型。因为,土地与房产是最基本的生产要素,又是极为重要而基本的社会财产。改革土地和住房的计划分配和福利分配的制度,必然涉及价格体系、市场体制以及福利制度和工资制度等一系列改革。

5) *房地产开发对土地利用的影响*

房地产开发是使城市用地结构实现合理的关键。在计划经济体制下,我国的城市用地结构极不合理。表现在:城市中工业、仓储等生产性用地比重过大,而道路广场、公共绿地、市政基础设施用地又严重不足。在用地功能配置方面,出现优地劣用、土地粗放开发经营、土地利用效益低下、土地资源配置不合理等现象。随着我国经济体制与经济增长方式的根本转变,我国房地产开发也适应这一变化,满足城市产业结构调整的需要,通过集中合并、挖潜更新、综合开发等多种途径,提高城市土地利用效益和产出效益,逐步压缩工业、仓储等生产性用地所占比重,提高道路交通用地、公共绿地所占的比重,使我国城市用地结构趋于合理。

6) *房地产开发对城市景观的影响*

房地产开发对城市景观的影响表现在对城市空间形态的改变和创造上。房地产开发以创造适宜的城市空间环境为目标,将现代城市设计理念及设计控制技术引入建筑设计与居住区设计中。在房地产开发中不仅考虑到区段开发的局部问题,而且从地区和城市整体环境结构中寻找依据,更多地注重了对开发活动进行原则性引导,而不是具体的细节塑造。房地产开发对城市景观的影响具体来说表现在以下方面:

① 旧城改造与城市更新。

② 城市空间特征的创造。标志和特征无论对于城市或社区都是必要的。房地产开发使空间具有可识别性，同时也使居民具有领域感、场所感和安全感。

③ 土地的综合使用。房地产开发空间设计带来的形式美。总之，房地产开发对城市景观的影响不仅体现在平面空间特征上，而且还体现在立体空间特征上，对城市景观资源的合理开发、利用，是房地产开发的重要工作内容。

由此可见，房地产开发对城市景观具有重大影响，作为对城市土地的利用，房地产开发的目标在于创造宜人的或具有特定景观及文化内涵的城市空间。

7）房地产开发是实施城市规划的有效手段

(1) 房地产开发促进城市布局结构更趋合理

在城市规划的实施过程中，需要借助房地产开发这一手段来使城市内部土地利用经济规律起作用，从而调节和促进城市的用地结构、布局形态、功能分区趋于合理。城市土地经过综合开发后，利用房地产价格这一强有力的经济杠杆对用地单位实行有偿使用，使土地体现其真正的内在价值，可以促进城市各种功能用地在地域空间上的分布更加合理，使其获得最佳的利用区位。在城市规划过程中如能因势利导，使产业分布、房地产价值和城市合理布局取得较好的动态平衡，无疑将进一步提高城市规划的水平。

(2) 房地产开发促进城市的更新与拓展

旧城更新与新区开发，是城市规划和建设面临的两大任务，对促进完善城市用地结构、布局形态，两者是同样重要且各有独特的作用。通过房地产开发对城市老城区的布局结构和功能分区进行更新和完善，是实现规划目标的重要步骤。通过房地产开发手段，使原有城区获得一定程度的复兴，为其增加和输入新的活力，可以促进城市有机整体协调发展。开辟新区是对城市的一种拓展，通过新区建设在选址、功能上的调整完善作用，适应了规划对用地布局的要求，为原有城市注入了新的活力。以新区开发为主的城市扩展过程中，房地产开发手段的引入是非常重要和有效的。在城市规划指导下，通过房地产开发，既可提供城市建设资金，又可使对新区开发的土地性质、规模、位置的择定符合城市规划的意图和要求，克服以往完全依靠行政管理手段而存在的一些弊端，达到既满足开发的要求，又保证规划的实施与落实。

(3) 房地产综合开发是实施城市规划的最佳方式

房地产综合开发是实行"统一规划、合理布局、因地制宜、综合开发、配套建设"的开发，较好地解决了规划与实施之间的矛盾，从根本上克服了分散建设的局限性，加强了城市基础设施建设，有效地保证了城市总体规划的贯彻实施。在房地产综合开发中，从规划设计、征地拆迁到"三通一平"，以至各类房屋的建造、竣工和验收交付使用，直至开发区的整体配套管理，可以说各环节紧密衔接、互相配合、协调发展，是一项系统地实施城市总体规划的综合工程。城市规划的实施，需要大量的资金。过去那种单由国家财政出资的建设模式,已远不能满足城市建设发展的要求。走房地产综合开发之路,拓宽资金渠道,可以较好地解决这一问题。推行房地产综合开发,一方面能满足城市经济发展的需求;另一方面回收资金后,又可将资金循环、滚动地用于城市建设。从而打破了城市建设原有的投资机制,逐步形成城市建设投入产出的新机制,使城市建设实现自我积累、自我发展的良性循环,为城市规划的实施提供了强有力的保障。

(4) 促使城市规划工作者增强土地商品价值观念

土地有偿使用制度以及土地使用权流转制度使土地成为商品,成为房地产业开发经营的对象,城市规划者必须适应这一形势,遵循城市经济学和土地经济学的客观规律开展规划工作。不仅如此,规划工作者还必须意识到规划对城市土地价值变动的影响,利用规划为房地产业的发展提供导向。

## 7.4 城市规划对房地产项目的控制实施

城市规划对房地产项目的控制实施是通过一系列流程来实现的,见图 7-1。

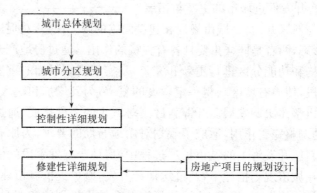

图 7-1 城市规划与房地产项目开发的关系

### 7.4.1 城市总体规划

城市总体规划是指对一定时期内城市性质、发展目标、发展规模、土地利用、空间布局以及各项建设的综合部署和实施措施。总体规划有两个特点,一是在地理范围上包括整个城市社区及其未来发展空间,二是在时间上具有长期性,规划期限一般为 20 年。

城市总体规划的主要任务是综合研究和确定城市性质、规模和空间发展形态,统筹安排城市各项建设用地,合理配置城市各项基础设施,处理好远期发展和近期建设的关系,指导城市合理发展。城市总体规划编制流程见图 7-2。

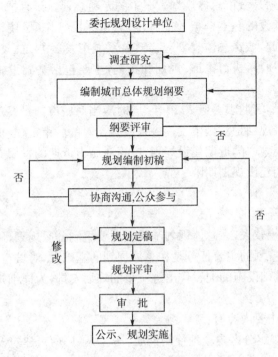

图 7-2 城市总体规划编制工作流程

城市总体规划的内容包括编制市域城镇体系规划,拟定城市规划区范围,确定城市性质、规模、城市用地空间布局和功能分区,编制各项专业规划和近期建设规划等。

概括地讲,城市总体规划由发展规划、用地布局规划和工程规划三部分组成。

1) 城市发展规划

城市发展规划是整个城市规划的基础,是城市规划的基本依据,关系到未来城市远景的一个根本性问题。它主要运用区域分析方法,对城市的未来和发展进行科学预测和论证,确定城市定位、发展模式和发展战略。

2) 城市用地布局规划

城市用地布局规划是城市总体规划的关键部分。它根据城市发展规划所提供的各种相关依据,通过对城市自然、社会、经济、历史和现状分析研究,将工业、第三产业、居住、绿地、道路交通系统等各项物质要素组织在一个功能合理、协调统一的城市结构中。布局规划包括用地功能分区、城市干道系统规划、城市形态规划、城市总体布局等项内容。

3）城市工程规划

城市工程规划是城市总体规划方案中的专项规划。只有把工程性基础设施规划落实好,城市建设的基本框架才能确定,城市居民工作、居住、出行、娱乐活动才能顺利进行。因此,城市总体规划应当对关系城市发展方向、人口规模、布局结构的重大基础设施项目,进行论证、规划和布局,主要包括基础设施工程和公园绿地工程。

城市总体规划的期限一般为20年,同时应当对城市远景发展作出轮廓性的规划安排,城市远景规划是对城市发展进入成熟期时的城市定位、城市空间结构等作出的展望,总体规划中的近期建设规划,应当对城市近期的发展布局和主要建设项目作出安排,近期建设规划期限一般为5年。

### 7.4.2 分区规划

一些城市规模较大,在总体规划基础上还要编制分区规划,以便与详细规划更好的衔接。分区规划的主要任务是在总体规划的基础上,对城市土地利用、人口分布和公共设施、基础设施的配置作出进一步的规划安排,为详细规划和规划管理提供依据。

分区规划的主要内容有：

（1）原则上规定分区内土地使用性质、居住人口分布、建筑及用地的容量控制指标。

（2）确定市、区公共设施及基础设施的分布及其用地范围。

（3）确定城市主、次干道的位置、宽度以及主要交叉口、广场、停车场位置和控制范围。

（4）确定绿化系统、河湖系统、高压线走廊、对外交通设施、风景名胜的用地界线和文物古迹、传统街区的保护范围,提出保护要求。

（5）确定工程干管的位置、走向、管径、服务范围以及主要工程设施的位置和用地范围。

分区规划文件包括规划文本和附件(包括规划说明和基础资料)。

主要图纸包括：规划分区图、分区现状图、分区土地利用及建筑容量规划图、各项专业规划图。

### 7.4.3 控制性详细规划

控制性详细规划是指以城市总体规划或分区规划为依据,确定建设地区的土地使用性质和使用强度的控制指标、道路和工程管线控制性位置以及空间环境控制的规划。它对城市新旧城区的开发与再开发活动实施引导,防止单个开发建设活动对城市整体产生不良影响。它以土地使用控制为重点,其特点是规划设计考虑规划管理要求、规划设计与房地产开发衔接,将规划控制的条件用简练、明确的方式表达出来,从而有利于规划管理实现规范化、法制化。控制性详细规划是衔接总体规划、分区规划的宏观要求与指导修建性详细规划编制的承上启下的编制层次,它既是编制修建性详细规划的主要指导性文件,为其提供规划设计准则,又是城市规划管理、土地开发的重要技术依据。

1) 控制性详细规划的主要任务

以城市总体规划或分区规划为依据,详细规定建设用地的各项控制性指标和其他规划管理要求,强化城市规划的控制功能,并指导修建性详细规划的编制。控制性详细规划的目标是规划一个健康、安全、便捷、高效的城市环境,防止对土地的不适当开发,保证各种城市设施的正常设置。控制性详细规划的工作内容核心是在准确的土地使用空间组织的基础上,具体确定土地使用性质和使用强度,制订定性、定量、定位、定界的控制要求。其具体目标是:确定各用地的使用性质,控制不相容的土地使用,以促使城市土地的合理利用,防止、消除或减少各用地之间的相互影响和干扰,并确保公共服务设施及基础设施用地。

在控制性详细规划中,对每块土地开发的关键技术、经济指标进行详细规定,一般包括用地界线、建筑性质、容积率、空地率、高度、出入口、管线接口、停车场等。

2) 控制性详细规划的具体内容

控制性详细规划的具体内容主要包括:

(1) 土地用途及其兼容范围的控制

在准确的土地使用空间组织的基础上,通过划分规划各类用地的地块界线,确定用地性质和适用范围,规定各类用地内允许、不允许、有条件允许的土地用途和适建、不适建或者有条件的允许建设的类型。

(2) 土地使用强度的控制

土地使用强度控制,主要是对开发容量的定量控制,即确定每块建设用地面积,可开发的建筑量和人口规模等。一般包括以下内容:小地块规模控制,建筑控制(容积率、建筑密度、建筑高度、后退红线等),人口控制,生态环境质量控制。

(3) 道路交通及其设施的控制

(4) 工程管线及其设施的控制

(5) 城市特色与环境景观的控制

(6) 经济估算

图 7-3 为"南京市老城区新街口分区某地块控制性详细规划"及其控制指标。

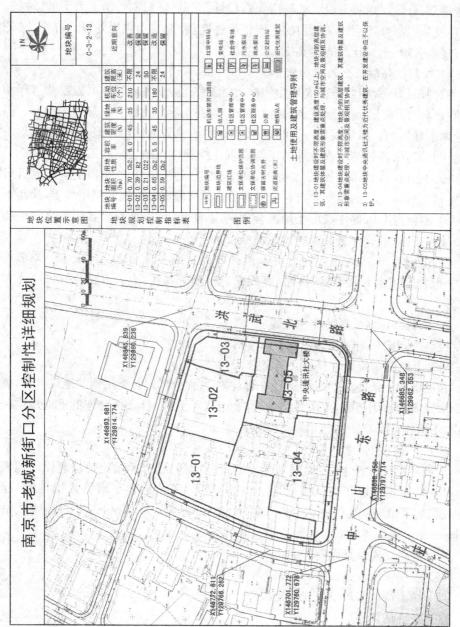

图 7-3 南京市老城新街口分区控制性详细规划及其控制指标

在这份"南京市老城区新街口分区某地块控制性详细规划"中,该区域规划为6个独立地块,每个地块的用地性质和经济技术指标不完全相同。

地块规划控制指标表中明确规定了各地块面积、用地性质、容积率、建筑高度、绿地率、机动车位、建筑限高和近期意向等主要经济指标。

### 7.4.4 修建性详细规划

1) 修建性详细规划的概念

修建性详细规划是指以城市总体规划或分区规划、控制性详细规划为依据,制定用于指导各项建筑和工程设施的设计和施工的规划设计。它是控制性详细规划的深化和具体化,其任务是对城市建设地区内的房屋建筑、市政工程、公用事业设施、园林、绿地和其他公共设施作出具体布置,选定技术经济指标,提出建筑空间和艺术处理要求,确定各项建设用地的控制点坐标和标高,为各项工程设计提供依据。

2) 修建性详细规划的编制内容

编制内容主要包括:
(1) 建设条件分析和综合技术经济论证。
(2) 建筑和绿地的空间布局、景观规划设计、总平面布置。
(3) 道路系统规划设计。
(4) 绿地系统规划设计。
(5) 工程管线规划设计。
(6) 竖向规划设计。
(7) 估算工程量、拆迁量和总造价,分析投资效益。

3) 修建性详细规划的技术文件

修建性详细规划文件为规划设计说明书。修建性详细规划图包括:规划地区现状图、规划总平面图、各项专业规划图、竖向规划图、反映规划设计意图的透视图。

城市规划是为实现一定时期内城市发展的目标和各项建设而预先进行的综合部署和具体安排行动步骤,并不断付诸实施的过程。城市总体规划是从宏观上明确城市的性质、规模和发展方向,从空间上确定城市布局结构和土地使用功能以及道路交通和市政基础设施网络,是城市发展的总框架、总蓝图。详细规划是总体规划的深入,是对各项建设的综合部署和具体安排,是指导城市中某一区域进行当前开发建设的依据和蓝图。

通过城市的总体规划、分区规划、控制性详细规划、修建性详细规划,最终形成指导城市发展、建设的设计要点及相关的示意图。而在城市建设中,房地产开发是主力军。房地产开发项目不仅实现其经济效益,同时也实现了社会效益,满足了人们的居住需求,实现了城市规划发展的要求。所以说,房地产开发项目与城市规划是紧密联系的。具体的房地产开发项目,则是直接在设计要点、示意图等城市规划控制文件的约束下进行规划设计和建设。

### 7.4.5 规划控制指标

城市规划主管部门根据各区域控制性及修建性详细规划实现对某个区域、某个地块规划控制,通常这些详细规划都以一些相关的技术经济指标表现出来。主要的规划控制技术指标包括:用地性质、建筑容量控制类指标、建筑退让指标、建筑间距、交通及车位指标等。

1)用地性质

我国《土地管理法》中规定土地用途分为:农用地、建设用地、未利用地三大类别。其中耕地、园地、林地、牧草地及新设的其他农用地等5个地类共同构成农用地。其中未利用土地(除田坎)和未进入农用地、建设用地的其他水域共同构成未利用地。而城市居住用地、公共设施用地、工业用地、仓库用地、交通道路市政和绿地水域等共同构成建设用地。

在建设用地范围内,根据国家的《城市用地分类与规划建设用地标准》,建设用地类别名称及编号统一如表7-1所示。

表7-1 建设用地类别名称及编号

| 代 号 | 用 地 类 别 名 称 |
|---|---|
| R | 居住用地 |
| C | 公共设施用地 |
| M | 工业用地 |
| W | 仓储用地 |
| T | 对外交通用地 |
| S | 道路广场用地 |
| U | 市政公用设施用地 |
| G | 绿地 |
| D | 特殊用地 |
| E | 水域和其他用地 |

各省市自治区根据《城市用地分类与规划建设用地标准》制定了更加具体明确地的用地分类和编码标准。我们在"南京市老城区新街口分区某地块控制性详细规划"中的地块规划控制性指标表中看到C23、C34、Cb2、U12等编码分别代表:商务办公用地、图书展览用地、商办混合用地和供电用地。

2) 建筑容量控制指标

建筑容量控制类指标包括：容积率、覆盖率、建筑高度、绿地率、绿化覆盖率等指标。

(1) 建筑容积率

建筑容积率是指项目规划建设用地范围内全部建筑面积与规划建设用地面积之比。附属建筑物也应计算在内，但明确注明不计算面积的附属建筑物除外。容积率是无量纲的指数。

建筑容积率 = 建筑总面积($m^2$)/建筑用地面积($m^2$)。

(2) 建筑覆盖率(建筑密度)

建筑覆盖率是指地块建筑基底面积占建设用地面积的百分比。

建筑覆盖率 = 建筑基底面积/建筑用地面积×100%。

建筑覆盖率主要取决于建筑布置对气候、防火、防震、地形条件和布局等要求。因此，建筑密度与建筑物间距、建筑层数、层高、建筑物排列方式等有关。在同样条件下，一般建筑层数愈高，建筑密度愈低。

(3) 建筑高度

建筑高度是指建筑物室外地平面至外墙顶部(檐口)的总高度。烟囱、避雷针、旗杆、风向器、天线等在屋顶上的突出构筑物不计入建设高度。

(4) 绿地率

绿地率是在建设用地范围内各类绿地面积之和与建设用地面积的比率(%)。绿地面积的计算不包括屋顶、天台和垂直绿化。

(5) 绿化覆盖率

绿化覆盖率是在建设用地范围内全部绿化种植物水平投影面积之和与建设用地面积的比率(%)。

3) 建筑退让距离

建筑退让距离指的是建筑物与道路规划红线、河道水道及其他附属设施的规划红线保持的距离。

通常沿城市道路两侧新建、改建的多层建筑，其后退道路规划红线的距离不得小于3 m。而高层建筑后退道路规划红线的距离，应按下列规定控制：

(1) 建筑高度≤60 m的，不得小于5 m。

(2) 60 m<建筑高度≤100 m的，不得小于8 m。

(3) 建筑高度>100 m的，应相应加大后退距离。

4) 建筑间距系数

建筑间距系数：指遮挡阳光的建筑与被遮挡阳光的建筑的间距为遮挡阳光的建筑高度的倍数。

当单栋塔楼建筑在两侧无其他遮挡阳光的建筑时,与其他居住建筑系数不得小于1.0。多栋塔楼建筑与被遮建筑的建筑间距有具体条例规定,通常情况建筑间距系数不小于1.2。

5) 交通及车位

地块规划控制中的交通组织有时也在修建性详细规划中反映出来,主要对地块的内部道路提出规划控制要求以满足消防通道的布置条件。

停车位的布置目前已在规划建设要求中明确体现出来,分为机动车停车位和非机动车停车位布置标准。修建性详细规划根据区域位置和建筑物性质对停车位布置有不同的标准,如某城市商业中心区域的停车位布置指标,办公类建筑物:机动车泊位应大于5辆/1 000 $m^2$ 建筑面积,自行车泊位应大于40辆/1 000 $m^2$ 建筑面积。

## 7.5 房地产项目的规划设计

就某个既定的房地产项目而言,做好项目的规划设计是项目成功与否的关键所在。一个项目是否实现预期目标,很大程度在于前期策划,而前期策划中,所有关于项目定位,包括目标消费群定位、价格定位、营销概念定位等重要的理念,其实全都在规划设计方案里体现出来。开发商的投资,策划公司的工作,也都凝聚在规划设计方案中。所以好的规划设计方案,是保证项目成功的必要前提。可见,房地产项目的规划设计应予以足够的重视。

### 7.5.1 房地产开发项目规划设计的基本原则

1) 体现社会、经济和环境效益相结合

房地产开发与城市规划是微观与宏观、局部与整体的关系。因此,无论是新区开发还是旧城改造,无论是单项开发还是综合开发,都必须根据城市总体规划或分区规划的要求,编制开发项目的详细规划,处理好局部和整体的关系,以使城市总体规划得以深化和实施。房地产开发项目应通过综合规划设计,集约合理利用城市土地,处理好单体建筑与城市设计、使用功能和室内室外环境、建筑空间组合和建筑艺术等方面的关系,在实现较好的经济效益的同时,充分兼顾社会效益和环境效益,使综合效益达到最佳。

2) 依法办理相关规划管理手续

房地产开发项目必须严格遵循国家和地方政府制定的有关规划、建筑设计、交通管理、消防以及卫生防疫、防空、人防、文物和古建筑保护等法律、法规,特别是《中华人民共和国城市规划法》。开发商必须对各阶段的规划设计方案,与消防、供电、市政、供水、人防、环境等部门沟通，征询规划主管部门的意见，严格履行规划管理手续，在规划设计得到主管部门的批准后方可实施。

3) 统一规划、合理布局、综合开发、配套建设

房地产开发是一项复杂的系统工程。开发区域内的建筑物、构筑物、市政工程、公用事业、绿化、卫生防疫、人防、抗震、防洪、教育、文体、消防、交通，乃至建筑艺术、建筑色彩的构思以及建筑小品的布置，甚至包括小区的安全防范、物业管理等，都要在统一规划设计的前提下，统筹兼顾，合理布局，综合实施，配套建设，实行先地下后地上的原则。

4) 重视房地产项目的前期策划

房地产项目的开发最终是服务于社会的，所以该项目在开发结束后，必须得到社会的接受。这就要求在开发前期认真做好策划工作，综合考虑市场中的相关因素，对项目进行准确定位。就房地产产品而言，尽管是一种特殊的商品，但它对社会的价值和贡献，同其他商品一样，就是商品住宅、写字楼、综合楼、商场、标准厂房等建筑物及其空间环境整体投入使用后所产生的经济、社会和环境效益的统一。因此，房地产开发商必须要着眼于市场，根据市场上消费者的需求和偏好，对所开发项目进行科学的论证和分析，合理进行规划设计定位。只有这样，才能实现良好的经济效益和社会效益。

5) 合理利用土地

我国人多地少，耕地面积仅占全世界总耕地面积的 7%，土地资源十分宝贵。城市周围人均耕地更少，而且大部分均为高产良田，农村居民点又很密集，征地费、拆迁费昂贵，因此节约用地、合理集约利用每一寸土地不仅是我国的基本国策，也是房地产开发企业降低成本、提高经济效益的基本途径。

6) 体现以人为本，可持续发展的思想

房地产开发商通过房地产项目的开发，不仅仅是为自身获得可观的经济利益，更重要的是还要直接为人们提供优美、清洁、安全、舒适的生活和工作空间环境。因此，对其所开发的房地产产品的建筑使用功能、内部空间与总体环境的设计、市政和公建配套等，都要提高到生活品质和环境质量的高度来对待，必须从"人、建筑、环境"有机结合出发，坚持以人为本的原则，走可持续发展的道路。在规划设计中充分体现生态环境、生活环境、社会文化环境、生理环境和心理环境五个方面的要求。

## 7.5.2 房地产开发项目规划设计的依据

房地产开发项目的规划设计通常都依据城市规划主管部门发放的建设工程规划设计要点，在规划设计要点中明确规定了项目的建设规模和建设要求。房地产开发企业获得项目规划设计要点之后可以组织设计单位，按照要求完成建设项目

规划设计。

下面是南京市规划局对某房地产开发项目发放的建设工程规划设计要点,我们可以明确地看到城市规划主管部门对建设项目规划控制的要求。

## 南京市规划局建设工程规划设计要点通知书

南京某公司:

你单位×年×月×日申报的在玄武区中央路×号建设的中央路×号综合楼项目的规划设计要点申请收悉。经研究,请按下列规划设计要点进行设计(附图一份):

一、同意在图示设计红线范围内做:A 区:商业、办公;B 区:商业、办公、住宅规划方案设计。用地范围内必须安排其面积不少于 2 000 m² 建筑面积的农贸市场。设计方案应委托甲级民用设计单位承担,并应采取设计方案招标方式,由市规划委员会组织专家评审。

建筑容量控制指标:

容积率:≤3.5

覆盖率:≤40%

建筑高度:A 区≤50 m  B 区≤35 m

二、规划的低多层建筑退让东侧规划道路红线和用地边界均不得小于 6 m,退让南侧用地边界不得小于 8 m,退让西侧规划道路红线不得小于 6 m,退让北侧规划道路红线不得小于 6 m,规划的高层建筑退让东侧规划道路红线和用地边界均不得小于 6 m,退让南侧用地边界不得小于 15 m,退让西侧用地边界不得小于 10 m,退让北侧用地边界不得小于 8 m。

建筑规划沿道路转角处应加大退让。

以上退让要求均包含规划建筑的突出部分和建筑悬挑部分的水平投影。

规划建筑的地下部分退让规划道路红线和用地边界均不得小于地下埋深深度的 0.5 倍,并且不得小于 3 m。

三、规划的多层建筑与北侧用地外的住宅间的间距必须大于 1∶1.1;规划的高层建筑与北侧用地外的住宅间的间距必须符合"南京市城市规划条例实施细则"第三十六条第五、第六项之规定。

四、规划建筑的造型和立面设计应新颖、简洁,重点处理好沿中央路的景观设计。

五、规划设计中必须组织用地内外的交通,防止不同类型交通相互干扰,机动车出入口必须设置在用地的西侧南端的规划道路上。

必须按以下要求配建停车库:

办公:机动车泊位 ≥ 5 辆/1 000 m² 建筑面积

　　　　自行车泊位 ≥ 40 辆/1 000 m² 建筑面积
　　商场：机动车泊位 ≥ 5 辆/1 000 m² 建筑面积
　　　　自行车泊位 ≥ 60 辆/1 000 m² 建筑面积
　　住宅：机动车泊位 ≥ 6 辆/1 000 m² 建筑面积
　　　　自行车泊位 ≥ 18 辆/1 000 m² 建筑面积
　　农贸市场：机动车泊位 ≥ 3 辆/1 000 m² 建筑面积
　　　　自行车泊位 ≥ 80 辆/1 000 m² 建筑面积

　　六、规划设计中应充分考虑对地下空间的开发、利用。规划设计必须考虑无障碍设计(无障碍设计是在城市规划和建筑设计中,为残疾人及老年人等行动不便者创造正常生活和参与社会活动的便利条件,针对不同类别的残疾人的动作特点和环境中的障碍情况,在设计中应采取相应的对策)。

　　七、统一安排好各项配套设施,不得漏项。如：配电房、冷冻机房、消防水池等。空调室外机组和冷却塔必须放在隐蔽处,并用建筑构件进行遮挡。

　　八、市政设计要点另行申请。

　　九、规划设计必须符合国家和地方现行的有关法规和规范的规定。设计方案必须征得消防、人防、交管、环保、市商贸局等有关主管部门的书面同意。

　　十、设计方案必须经我局审定后方可进行扩初方案设计。

　　十一、送审设计方案的图件要求：
规划设计文本及说明
规划总平面图(落放在 1：500 的地形图上)
单体平、立、剖面图
彩色表现图

### 7.5.3　房地产项目规划设计

　　房地产开发项目包括住宅、商业、工业等,其中住宅项目占了较大部分,且与人们的日常生活关系最密切,本书将以住宅项目为主阐述房地产项目的规划设计。

　　通常的房地产开发项目在前期策划完成后,会形成项目的概念方案。概念方案通过建筑形式表现将形成建筑方案表现图,然后再经过论证可进行项目方案设计。项目方案设计就要在满足规划设计条件、设计规范要求的条件下,在规划布局、空间功能设置、建筑形式、建筑规模及面积分配等涉及使用和观感方面对产品进行深化的设计,并向相关主管部门报审。方案设计的过程就是挖掘产品价值的过程。方案设计后,还会有初步设计,施工图设计。

　　1) 住宅区规划
　　(1) 住宅区规划原则

① 以人为本原则

住宅区是为城市居民提供的一个居住、生活甚至工作的场所,是人的物质和精神需求的一个关键内容,住宅区规划和建设必须贯彻以人为本的原则。住宅区规划要有助于创造有建筑、绿地、道路、活动场所及公共建筑组成的良好的居住区环境,以此来陶冶人们的性情,从而形成良好的社区氛围,使不同情况的住户能在一个平等、和谐的小区环境下愉悦地生活,实现人性化的要求。

② 适应性原则

住宅区的环境是有层次的,最好的环境都是人们所期望的,但是考虑到项目的定位及本地的经济发展水平等因素,环境的设计应遵从适应性原则。针对低收入阶层的住宅区,应以满足居民的居住和基本生活需求为主,设计高密度、小户型的开发方案,以确保低收入市民能拥有与自身支付能力相适应的居住和生活环境;针对中等收入阶层的住宅区,规划设计标准应有所提高,中密度、大户型开发,适度布置绿地和配套公共设施;针对高收入阶层的住宅区,可以考虑低密度,更加注重环境、绿地设计,相应配套设施应完备。

③ 环境相容原则

房地产开发项目作为城市的重要组成部分,应考虑到与整体环境的相容性。例如,地处繁华的城市中心区,住宅区的开发的建筑特点、布局等就不能是别墅式的规划设计。在城市的郊区,同样是别墅式的规划,还应依据不同的环境而有相应变通。在住宅区的规划中,灵活布局,使建筑、道路等与周边环境、自然环境融为一体。

(2) 住宅区规划的基本内容

住宅区规划的内容主要有以下几部分:

① 建筑群体组合

根据市场需求、容积率、地块规模、形状等因素确定户型、户室比例、建筑数量、高度、布局、朝向、间距、风格等,即通过所说的平面布局、立面处理以及其他涉及建筑外形和组合的一些内容。建筑群体组合确定了小区的内在构成部分(包括主要建筑及附属设施)以及各部分的相互关系,规划出了小区的基本风貌,是规划设计的主干。

② 公共空间规划

公共空间规划即在没有覆盖的空间进行规划布置。包括两方面内容:硬性内容有设置围墙、铺整地面,软性内容有布置树木、花草等。公共空间规划是在建筑群体组合之余对室外空间的进一步功能划分,为下一步规划道路与绿地打下良好基础。

③ 道路交通规划

根据住宅区所处的地形地貌、气候等自然条件、用地布局、位置及周边环境,布置主要干道、次要道路、宅前小路组成的道路网、停车场、公交站点、道路断面等。

住宅区道路系统是构成住宅区的骨架,也是住宅社区中人们进出和交往的通道。住宅区道路规划布置应遵循三个原则:一是方便原则——方便居民出入、车辆出入、邻里沟通、各建筑体之间联系,既便于对外联系,又便于内部交流;二是经济原则——路网设置应当合理有序,体现效率要求,同时又要减少对土地空间的占用;三是安全原则——人车分流方式便是基于安全的考虑。

住宅区道路的类型有步行路和车行路两种。在人车分行的路网中,车行路以机动车交通为主兼有非机动车交通和少量步行交通,步行路则兼有步行交通和步行休闲功能,并可兼为非机动车服务;在人车混行的路网中,道路共有机动车、非机动车和步行三种交通方式,也同时有专门的步行路系统,但一般主要是作休闲功能。

住宅区的道路布局应充分考虑地形以及其他自然环境因素,因地制宜,力求保持自然环境,减少建设工程量。住宅区的路网布局规划应在住宅区交通组织规划的基础上,采用适合于相应交通组织方式的路网形式,居住区的道路布局结构是住宅区整体规划结构的骨架,应在满足居民出行和同性需求的前提下,充分考虑其对住宅区空间景观、空间层次、形象特征的建构与塑造所起的作用。住宅区的道路布局系统应考虑城市的路网格局形式,使其融入城市整体的街道和空间结构中。

住宅区机动车和非机动车的停车设施均有停车场和停车库两种,同时还设有机动车停车位和非机动车停车点两种复合用途的场地。停车设施布局考虑的最重要因素是居民的停车步行距离,应按照整个住宅区道路布局与交通组织来安排,以方便、经济、安全和有利于节约能源和减少环境污染为原则。因此,集中与分散相结合是较合理的布局方式。

住宅区停车设施的建设,可以根据条件和规划要求采用多种形式,如可与住宅结合,设于住宅底层的架空层内或设于住宅的地下、半地下层内;可与公共建筑结合,设于公建的屋顶、底层、地下或半地下室等;可通过路面放宽将停车位放在路边;可与绿地和场地结合设在绿地中,或利用绿地和场地的地下或半地下空间。

④ 绿地规划

住宅区的绿地可分为四类:公共绿地、宅基绿地、配套公共建筑绿地和道路绿地。绿地规划是景观环境设计的前提。住宅区的绿化是城市绿地系统的重要组成部分,是构成住宅区的物质要素之一,是衡量住宅区环境是否舒适、美观的重要标志。它的主要作用是为居民创造卫生、安静、美观的居住环境和室外休息、娱乐等的场地。

2) 住宅区设计

有了住宅区的规划,下一步就是在符合规划设计要求的前提下进行具体的建筑设计、景观设计等。

(1) 建筑设计

建筑设计包括建筑的风格设计及相应的户型设计。

建筑的风格设计包括建筑的外形、层高、装饰、色彩搭配等设计。建筑设计在房地产开发中是相当重要的。首先,好的建筑设计是城市的一道风景线,不仅美观,而且对企业形象的塑造等也有益处。其次,对于开发商而言,好的建筑设计会吸引众多消费者,对于住宅的销售较为有利。再次,好的建筑设计对于该项目的消费者而言也是一种精神需求上的满足。可以说,较好的建筑设计实现了城市形象、开发商、消费者共赢。

户型设计主要考虑客厅、卧室、餐厅、厨房、卫生间、阳台等布局问题(有的还包括工作室、储藏室)。由于在前期市场调研阶段,已基本确定住宅的主要目标消费群,从而在户型的面积上基本确定,这里还有一个不同户型的合理布局问题。户型设计应充分考虑消费者的不同情况(安置型、实用型、舒适型、豪华型等),在户型设计上而有所不同。例如对于实用型的消费者,就应考虑充分利用空间、合理布局,尽可能多地实现空间价值;对于舒适型的消费者则应更多考虑如何方便生活、工作、娱乐等,努力营造高质量的生活氛围。现代化的住宅还应对电梯、楼梯(含安全楼梯)的数量、布置进行合理设计。

(2) 景观设计

住宅区景观设计应坚持社会性原则、经济性原则、生态原则,有效实现三者的完美结合。一个好的景观设计,应该着力营造住区氛围,贴近生活,充分考虑住户的生活需要,多提供一些活动场地和交流空间。其总体原则是:注重生态,崇尚自然情趣;以人为本,建筑与环境共生;追求品质,讲求文化内涵;寻求个性,创造新颖空间。我国传统的园林式住宅要求好的景观设计要有:建筑物,也就是亭台楼榭和小桥等建筑;要有地形,讲究地势自然起伏,依山就势;要有水景、植物,绿化要分层次,多种类,有主题,植物搭配还应讲究模仿自然生态群落,乔木、灌木和花草合理搭配,以求达到最佳生态效果。同时,优美的景观设计对消费者的选择有重要影响。好的景观的促销作用是显而易见的,也更易实现项目的经济目标。

## 复 习 思 考 题

1. 什么是城市规划?城市规划对城市发展的作用有哪些?
2. 城市规划分哪几个层次?它们之间的关系如何?
3. 控制性详细规划是如何产生的?它与房地产开发项目的规划要点之间有何关系?
4. 城市规划与房地产开发项目存在哪些内在联系?
5. 房地产开发项目的规划指标主要有哪些?对房地产开发项目的效益产生何种影响?

# 8 房地产开发项目融资

**本章概要**

房地产产品开发是一种资金密集型生产活动,这必然决定了房地产业与金融业有着密切的联系。在本章中,我们介绍了房地产开发融资的基本概念和房地产开发项目融资的主要来源,并且从房地产开发资金链的角度分析了房地产项目的融资过程,另外对房地产资金证券化进行了一定的阐述。我们希望通过本章的介绍,使读者对房地产项目的融资方式、融资过程有些基本的认识。同时使读者全面了解,银行是如何向房地产开发项目发放贷款,开发企业是如何进行项目贷款评价和决策的。

## 8.1 房地产开发项目融资的基本概念

### 8.1.1 房地产开发项目融资及其意义

1)几个相关概念

(1)项目融资

项目融资是一个特定的金融术语,是"为一个经济实体安排的融资,其贷款人在最初考虑安排贷款时,满足于使用该经济实体的现金流量和收益作为偿还贷款的资金来源,并且满足于使用该经济实体的资产作为贷款的安全保障"。

(2)房地产金融

房地产金融就是发生在房地产领域中的货币资金和货币信用的融通。也可以说,房地产金融是与房地产有关的各种货币资金的筹集、融通等各种信用活动的总称,是银行等金融机构在房地产开发、流通、消费等活动中进行的信用活动。

房地产金融提供服务的领域非常广泛,包括土地使用权有偿转让、房地产开发、房屋的销售、租赁以及消费等诸多方面。政府经常通过房地产金融政策,对房地产产业施加直接或间接的影响或干预。因此,房地产金融具有较强的政策性,政府对房地产信贷资金的整体规模、贷款投放应优先支持或限制的领域、贷款利率、抵押利率、抵押贷款中贷款与房价比率的调控等,均对房地产市场有着重要的影响。此外,房地产金融还具有对宏观经济影响较大、地域性强等特点。

(3) 房地产项目融资

房地产项目融资是以信用方式调剂资金余缺的一种经济活动,其基本特征是具有偿还性。拥有多余资金的机构或个人在融出资金后便处于债权人的地位,债权人有权按期收回融出的资金,并要求获得融出资金的报酬即利息;而暂时需要资金进行项目开发建设或购买房地产的投资者,在融入资金后便处于债务人的地位,他可以暂时支配融入的资金,以弥补自有资金的不足,但条件是到期必须偿还,并按借贷合同规定支付一定利息,作为使用资金的代价。因此,融资活动直接涉及融资双方的经济利益,只有在双方都认为有利的情况下,才会发生融资行为。

拥有闲置资金并融出资金的机构或个人,其融出资金的目的是为了获取利息或分享收益,以便提高资金的使用效益;而融入资金的房地产投资者,其融入资金的目的则是为了弥补能力的不足,摆脱自有资金的限制,以相对较少的资金来启动相对较大的投资项目,从而达到获取更大经济利益的目的。

房地产项目融资的实质,是充分发挥房地产的财产功能,为房地产投资融通资金,以达到尽快开发、提高投资效益的目的。房地产项目融资的特点是融资过程中存储、信贷关系,都是以房地产项目为核心。通过为房地产项目融资,投资者通常可将固着在土地上的资产变成可流动的资金,使其进入社会生产流通领域,达到扩充社会资源来源、缓解企业资金压力的目的。

2) 房地产开发项目融资的意义

由于自身固有的特点,房地产投资、开发可以利用财务杠杆,通过"以小搏大"的方式获取高额的自有资金收益。因此,很难找到完全用自有资金投资开发房地产项目的例子。开发商即使具备资金实力,往往也会基于分散风险,或者获取更大更多项目的考虑,而不选择全额自有资金投入。更普遍的情况是开发商缺乏充足的资金,只能通过融资解决资金的不足。这也就是人们常常看到的开发商"几乎永远缺钱"景象的原因。

资金问题历来都是房地产投资者最为关切和颇费心思的问题,任何一个房地产投资者,能否在竞争激烈的房地产市场中获得成功,除了取决于其技术能力、管理经验以及在以往的房地产投资中赢得的信誉,还取决于其筹集资金的能力和使用资金的本领。就房地产开发投资而言,即使开发商已经获得了开发建设用地的使用权,如果该房地产商缺乏筹集资金的实际能力,不能先把建设资金安排妥当,其结果很可能是流动资金拮据、周转困难而以失败告终。对于置业投资来说,如果找不到金融机构提供长期抵押贷款,投资者的投资能力就会受到极大的制约。所以,尽管人人都知道房地产投资具有获得高额利润的可能,但这种高额利润对绝大多数人来说,是可望而不可即的。

从金融机构的角度来说,其拥有的资金如果不能及时融出,就会由于通货膨胀的影响而贬值,如果这些资金是通过吸收储蓄存款而汇集的,则还要垫付资金的利息。所以金融机构只有设法及时地将资金融出,才能避免由于资金闲置而造成的损失。当然,金融机构在融出资金时,要遵行流动性、安全性和盈利性原则。世界各国的实践表明,房地产业是吸收金融机构信贷资金最多的行业之一,房地产开发商和投资者,是金融机构最大的客户群之一,也是金融机构之间竞争最重要的争夺对象。

### 8.1.2 房地产开发项目融资的特点

房地产开发由于其自身的特点,如价值大、开发周期长、一次性、风险因素多等,使其在项目融资上有着以下三个特点:

1) 融资规模大

房地产开发项目由于价值大而产生大量的资金要求。因此,房地产开发企业如果不借助金融机构和资本市场进行融资,而仅靠自有资金将很难发挥房地产开发的优势。同时,由于房地产企业的开发建设资金存在使用支出上的集中性和来源积累上的分散性、长期性的矛盾,因而自有资金总是不足的,必须依靠大量信贷资金。据统计,发达国家房地产投资资金杠杆率高达75%~95%,而一般制造业仅为50%~60%。

2) 偿还期较长

房地产项目开发周期长,资金周转慢、回收期长。对每一个房地产开发项目而言,从选择地块到房屋竣工验收,直至出售(或出租)需3~5年,大而复杂的项目会更长。而且所开发的房地产商品只有销售到一定数量后才能收回成本乃至利润。因此,要偿还通过各种融资渠道获得的资金,往往需要经历较长时间。

3) 房地产资产缺乏流动性

资产的流动性是指在必要的时候,所投资资产转换成现金的能力,或者指所投资资产作为抵押品时交给债权人保管的难易程度。房地产作为不动产,在传统的资产形态下,属于一种缺乏流动性的资产,主要体现在两个方面:一方面,房地产只能成套出售或转让,它不像股票、债券持有者可随时将其售出兑换成现金。在某种不利条件下,所投资的资金持有者可能被"套牢"在某一房地产上,不得不较长时间地持有;另一方面,房地产用做抵押品时,不能移动,不易分割,在一些场合又不易交给债权人保管和处置。

### 8.1.3 资本成本与融资选择

1) 资本成本及影响因素

(1) 资本成本

资本成本是指房地产企业为筹集和使用长期资金(包括自有资本和借入长期资金)而付出的代价,体现为资金提供者所要求的报酬率。资本成本也可以看做是房地产投资的机会成本,即一旦将资金投入某个房地产项目,就失去了获取其他投资报酬的机会,这意味着不能用历史数据说明资本成本。

资本成本的作用表现在:从融资角度看,资本成本是选择资金来源、确定融资方案的重要依据,企业力求选择资本成本最低的融资方式。从投资角度看,资本成本是评价投资项目、决定投资取舍的重要标准。资本成本还可用作衡量房地产企业经营成果的尺度,即经营利润率应高于资本成本,否则表明业绩欠佳。

资本成本可有多种形式,包括个别资本成本、加权平均资本成本以及边际成本。在比较各种融资方式时,使用个别资本成本,包括普通股(或者留存收益)成本、长期借款成本、债券成本;在进行资本结构决策时,使用加权平均资本成本;在进行追加融资决策时,则使用边际资本成本。

(2) 影响资本成本的因素

在市场经济环境中,多方面因素的综合作用决定着企业资本成本的高低,其中主要的有:总体经济环境、证券市场条件、企业内部的经营和融资状况,以及项目融资规模。

总体经济环境决定了整个经济中资本的供给和需求,以及预期通货膨胀的水平。总体经济环境变化的影响,反映在无风险报酬率上。显然,如果整个社会经济中的资金需求和供给发生变动,或者通货膨胀水平发生变化,投资者也会相应改变其所要求的收益率。具体说,如果货币需求增加,而供给没有相应增加,投资人便会提高其投资收益率,企业的资本成本就会上升;反之,投资人则会降低其要求的投资收益率,使资本成本下降。如果预期通货膨胀水平上升,货币购买力下降,投资者也会提出更高的收益率来补偿预期的投资损失,导致企业资本成本上升。

证券市场条件影响证券投资的风险。证券市场条件包括证券的市场流动难易程度和价格波动程度。如果某种证券的市场流动性不好,投资者想买进或卖出证券相对困难,变现风险加大,要求的收益率就会提高;或者虽然存在对某证券的需求,但其价格波动较大,投资的风险大,要求的收益率也会提高。

企业内部的经营和融资状况,是指经营风险和财务风险的大小。经营风险是企业投资决策的结果,表现在资产收益率的变动上;财务风险是企业融资决策的结果,表现在普通股收益率的变动上。如果企业的经营风险和财务风险大,投资者便会有较高的收益率要求。

融资规模是影响企业资本成本的另一个因素。企业的融资规模大,资本成本较高。比如,企业证券发行规模很大,资金筹集费和资金占用费都会上升,而且证券发行规模的增大还会降低其发行价格,由此也会增加房地产企业的资本成本。

2) 边际资本成本与融资选择

(1) 边际资本成本

房地产企业无法以某一固定的资本成本来筹措无限的资金,当其筹集的资金超过一定限度时,原来的资本成本就会增加。在房地产企业追加融资时,需要知道融资额在什么数额上会引起资本成本怎样的变化。这就要用到边际资本成本(或者增量成本)的概念。边际资本成本是指追加投资的资金成本。在融资数额较大的情况下,往往通过多种融资方式的组合来实现。在多种融资组合的情况下,边际资本成本需要按加权平均法计算,此时边际资本成本是追加融资时所使用资本的加权平均资本成本。

**例1** 东海房地产公司投资5 000万元开发商用房,现拟追加投资1 000万元,东海房地产公司的资本结构为:债务0.65、留存利润0.35。若仍按此资本结构来融资,个别资本成本预计分别为:银行贷款为8%,留存利润为12%。试计算该追加融资的边际成本。

该追加借款的边际资本成本为

$$0.65 \times 8\% + 0.35 \times 12\% = 9.4\%$$

如果房地产投资规模比较小,可以仅仅选择某一种融资方式。考虑这种情况,某房地产公司计划向银行借款400万元用于开发一小型商业用房,贷款利率10%,期限1年。假如开发商能够以10%的利率筹集的资金限额为600万元,超过此限额利率将上调至12%。现在因项目开发的需要,开发商实际需要借款600万元,即在400万元借款基础上追加借款200万元。那么这200万元追加投资的边际资本成本为10%。

然而,如果项目的设计发生更改,开发商实际需要借款700万元,追加的投资100万元,那么这100万元的边际成本是多少?也许有人会说是12%。其实不然,因为开发商为了得到这追加的100万元,必须为前面所借的600万元多支付2%的利息。因此,这100万元的资金成本不仅包括12%的利息,还要包含2%的附加利息成本。600万元的附加利息是12万元,这12万元构成100万元的边际成本的一部分。所以100万元的边际资本成本就是

$$12\% + \frac{12}{100} = 24\%$$

(2) 利用边际资本成本进行融资选择

房地产企业或者投资者面临多种融资选择。既可以留存利润(或者发行股票)来融资,也可以发行债券或者向银行借款。而每种融资方式又有不同的要素组合,比如借款利率、借款金额、期限、融资条件,等等。投资者需要在多种融资方式中进行选择,以期降低资本成本。为了理解边际资本成本在融资决策中的作用,来看一个例子。

**例2** 东海房地产公司正在开发商业写字楼,投资1 000万元,需要向银行借款。银行提供了两种贷款供选择:其一,贷款成数60%,期限2年,利率12%;其

二,贷款成数70%,期限2年,利率13%。两种贷款均为到期一次还本付息。如果你是财务部门的经理,你会建议公司采用哪种贷款?

比较两种贷款:第一种贷款金额小,只有600万元,但是利率低一些;第二种贷款虽然利率高一个百分点,但是贷款金额多出100万元。现在的问题是东海房地产公司追加投资100万元是否合算?从表面分析,100万元追加借款的成本应该是13%,可是事实并非如此。如果借款人想多借100万元,不仅要支付13%的利率,还需要为700万元中的前600万元多支付1%的利率。按照复利法则,600万元的1%利息为:$600(1+1\%)^2-600=12.06$(万)。按照13%的利率,12.06万元相当于每年支付多少呢?查年金终值表,12%和14%利率所对应的期限2年的年金终值因子分别为2.12和2.14,取算术平均数,则13%利率对应的年金因子为2.13,所以每年支付5.66万元($12.06\div2.13=5.66$)。这样,借款人为多取得100万元贷款,每年需要为第一种贷款的600万元多支付5.66万元利息,再加上13%的利率,这100万元的边际资本成本为:

$$13\%+\frac{5.66}{100}\times100\%=18.66\%$$

所以,公司财务部门的建议是,如果公司不能够利用这100万元从其他投资项目中获得比18.66%更多的收益,就没有必要多借款,还是选择第一种贷款更合算。

在很多时候,一种融资方式不能够满足投资者的需要,通常需要多种融资安排。房地产投资者需要在多种融资安排中做出选择。下面举例说明在追加融资过程中,如何比较选择不同的融资组合。

**例3** 东海房地产公司目前拥有资本2 000万元,资本结构为长期借款占40%,留存收益占60%。其中长期借款800万元,资本成本3%;留存收益1 200万元,资本成本13%。加权平均资本成本为9%。现拟投资开发一个大型综合购物中心,需要筹措资金。在目前的资本结构下,随着企业融资规模的扩大,各种资本的成本也会发生变动。测算资料详见表8-1。试确定筹措新资金的资本成本。

表8-1 资本成本测算表　　　　　　　　单位:万元

| 资金种类 | 目标资本结构 | 新融资的数量范围 | 资本成本 |
| --- | --- | --- | --- |
| 长期借款 | 40% | 1 000以内<br>1 000以上 | 3%<br>5% |
| 留存收益 | 60% | 3 000以内<br>3 000以上 | 13%<br>14% |

首先,计算融资突破点。

因为花费一定的资本成本只能筹集到一定限度的资金,超过这一限度多筹集资金就要多花费资本成本,引起原资本成本的变化,于是就把在保持某资本成本不变的条件下可以筹集到的资金总限度称为现有资本结构下的融资突破点。在融资突破点范围内融资,原来的资本成本不会改变;一旦融资额超过融资突破点,即使维持现有的资本结构,其资本成本也会增加。融资突破点的计算公式为:

$$融资突破点 = \frac{可用特定成本筹集到的某种资金的最大规模}{该种资金在结构资本中的比重}$$

由题意可知,在花费3%资本成本时取得的长期借款融资限额为1 000万元,那么融资突破点为:

$$融资突破点 = 1\,000/40\% = 2\,500(万元)$$

按此方法,本题中各种情况下的融资突破点的计算结果如表8-2所示。

表8-2 融资成本约束下的融资突破点　　　　　　　　　　单位:万元

| 资金种类 | 资本结构 | 资本成本 | 新融资额 | 融资突破点 |
|---|---|---|---|---|
| 长期借款 | 40% | 3%<br>5% | 1 000以内<br>1 000以上 | 2 500 |
| 留存收益 | 60% | 13%<br>14% | 3 000以内<br>3 000以上 | 5 000 |

第二,计算边际资本成本。

根据上一步计算出的融资突破点,可以得到三组融资总额范围:① 2 500万元以内;② 2 500~5 000万元;③ 5 000万元以上。对以上三组融资总额范围分别计算加权平均资本成本,即可得到各种融资总额范围的边际资本成本。计算结果如表8-3所示。

表8-3 边际资本成本　　　　　　　　　　单位:万元

| 序号 | 融资总额范围 | 资金种类 | 资本结构 | 资本成本 | 加权资本成本 |
|---|---|---|---|---|---|
| 1 | 2 500以内 | 长期借款<br>留存收益 | 40%<br>60% | 3%<br>13% | 40%×3%=1.2%<br>60%×13%=7.8% |
|   |   |   | 第一个范围的资金平均成本=9% ||||
| 2 | 2 500~5 000 | 长期借款<br>留存收益 | 40%<br>60% | 5%<br>13% | 40%×5%=2%<br>60%×13%=7.8% |
|   |   |   | 第二个范围的资本平均成本=9.8% ||||
| 3 | 5 000以上 | 长期借款<br>留存收益 | 40%<br>60% | 5%<br>14% | 40%×5%=2%<br>60%×14%=8.4% |
|   |   |   | 第三个范围的资本平均成本=10.4% ||||

从表8-3可以看出融资规模增加时边际资本成本的变化,图8-1将这种变化

更清楚地展示出来。房地产企业可以由此做出追加融资的决策。

此外,通过边际资本成本与边际投资报酬率的比较,可以判断有利的投资和融资机会。图8-1中同时显示了企业目前可供选择的五个开发项目,分别以数字1~5表示。企业筹集资金首先用于边际投资报酬率最大的项目1,然后有可能再选择项目2,以此类推。

边际资本成本与边际投资收益的折线相交于3 500万元的融资规模,这是适宜的融资预算。此时可选择项目1、2、3,它们的边际投资报酬率高于3 500万元的边际资本成本。

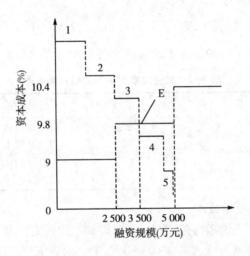

图8-1　边际资本成本与融资选择

## 8.1.4　财务杠杆对房地产现金流的影响

1) 财务杠杆的作用

(1) 税前的积极财务杠杆

所谓财务杠杆就是投资者利用负债来投资房地产。但是只有当负债利率低于房地产投资收益率的时候,利用财务杠杆才是有利的,或者说这个时候财务杠杆是积极的。为了说明这一点,我们看一个例子。

**例4**　一投资者欲投资购买价值为150万元的小型物业,出租经营,预计年营业利润达到24万元。投资者可以选择借款,也可以选择不借款。如果借款,有两种贷款可以选择:一种贷款金额为100万元,年利率14%,25年内按月分期偿还,每月偿还本金利息为12 038元;另一种贷款120万元,期限、利率与前一种贷款相同,月偿还14 445元。在这三种不同融资方式下的现金流见表8-4。试分析财务杠杆的作用。

表 8-4 三种不同融资方式下的现金流量表　　单位:元

|  | 无借款 | 借款 1 000 000 | 借款 1 200 000 |
| --- | --- | --- | --- |
| 营业利润 | 240 000 | 240 000 | 240 000 |
| 年债务 | 0 | 144 456 | 173 340 |
| 税前营业利润 | 240 000 | 95 544 | 66 660 |
| 房产购买价格 | 1 500 000 | 1 500 000 | 1 500 000 |
| 借款额 | 0 | 1 000 000 | 1 200 000 |
| 自有资金 | 1 500 000 | 500 000 | 300 000 |
| 自有资金投资利润率 | 16% | 19.1% | 22.2% |
| 杠杆系数 | 1 | 2.51 | 3.60 |

从表 8-4 可以看到,以自有资金投资利润率表示的现金流量的变化受到负债规模或者说杠杆作用的影响。随着杠杆作用的增强,税前现金流不断下降,从 240 000 元下降到 66 660 元,而自有资金投资利润率则从 16% 上升到 22.2%。这个例子表明积极的财务杠杆需要满足的条件,即财务杠杆发挥正效应的前提是公司的负债利率低于资产收益率。在表 8-4 中,资产回报率是 16%,而贷款利率仅为 14%。

不过,财务杠杆并非在一切条件下都能够发挥好的作用,如果负债利率高于总资产收益率,财务杠杆将发挥负效应。

为了说明这个问题,重新考虑例 4 的情况。如果实际的经营收入只有 190 000 元,而并不是先前预计的 240 000 元,那么实际的房地产总资产回报率只有 12.7%,低于贷款利率 14%。在这种情况下,财务杠杆的作用强度(以杠杆系数表示)越大,资产收益率反而越低。这种负效应具体见表 8-5。

表 8-5 财务杠杆的负效应　　单位:元

|  | 无借款 | 借款 1 000 000 | 借款 1 200 000 |
| --- | --- | --- | --- |
| 营业利润 | 190 000 | 190 000 | 190 000 |
| 年债务 | 0 | 144 456 | 173 340 |
| 税前营业利润 | 190 000 | 45 544 | 16 660 |
| 房产购买价格 | 1 500 000 | 1 500 000 | 1 500 000 |
| 减借款额 | 0 | 1 000 000 | 1 200 000 |
| 自有资金 | 1 500 000 | 500 000 | 300 000 |
| 自有资金投资利润率 | 12.7% | 9.1% | 5.6% |
| 杠杆系数 | 1 | 4.17 | 11.4 |

这个例子分析的是时点情况,即仅仅是一期的现金流情况。如果涉及多期现金流,就必须引入时间价值概念,用现金流现值计算内部收益率($IRR$)。利用内部收益率的概念我们可以得到关于积极财务杠杆杠杆条件的另一种表述方式:

$$BTIRR_E = BTIRR_P + (BTIRR_P - BTIRR_D)(D/E)$$

式中:$BTIRR_E$——自有资金(权益资本)的税前内部收益率;

$BTIRR_P$——总投资的税前内部收益率;

$BTIRR_D$——债务的税前内部收益率(即贷款的税前实际成本);

$D/E$——债务对权益资本(自有资金)比率。

这个公式说明,只要总资产收益率$BTIRR_P$大于实际债务成本$BTIRR_D$,那么自有资产收益率$BTIRR_E$就一定大于总资产收益率$BTIRR_P$。这是积极财务杠杆的另一层含义。这意味着,借款数额越大,投资者的权益资本收益率就越高。

(2) 税后的积极财务杠杆

现在我们讨论积极的财务杠杆对税后的现金流量会有何影响。考虑税收因素之后,有两个问题需要引起注意:一个是积极的财务杠杆的条件要发生变化,关键点是税后的负债成本,也就是说,要获得税后积极财务杠杆,税后的资产回报率必须大于税后债务成本(利率),如下式所示。

$$ATIRR_E = ATIRR_P + (ATIRR_P - ATIRR_D)(D/E)$$

式中:$ATIRR_E$——自有资金(权益资本)的税后内部收益率;

$ATIRR_P$——总投资的税后内部收益率;

$ATIRR_D$——债务的税后内部收益率(即贷款的税后实际成本);

$D/E$——债务对权益资本(自有资金)比率。

另一个是房地产折旧的税收处理。为了抵消房产(不含土地)价值的逐年降低,一般允许每年在房地产经营收入中扣除一笔折旧费。折旧方法各不相同,但是所有计算的起点是房屋修建和装饰的房产成本的部分,不包括土地成本。这个起点成本包括房地产的借入资金和投资者的自有资本。由此而产生的结果是,由于有折旧的存在,财务杠杆可以加大投资者的税收豁免,扩大自有资产的投资收益率。我们来看下面的例子。

**例5** 一投资者投资100 000元建造住宅房产用来出租,其中15 000元用于获得土地,其余用于建设房屋。房产年租金净收入为12 000元。投资者处于28%的边际税率等级。假设折旧期31.5年(直线折旧法),房产年折旧额2 698元。持有期5年,转手价格100 000元。银行贷款80 000元,贷款房价比80%,利率10%,年支付利息8 000元,期限5年,到期一次还本。试分析财务杠杆的作用。

为了观察税后积极财务杠杆的条件,我们需要预测无借款情况下的现金流量,见表8-6。

表8-6 无借款情况下的现金流量　　　　　　　　　　　　单位:元

| | 1 | 2 | 3 | 4 | 5 |
|---|---|---|---|---|---|
| 1. 税前现金流 | | | | | |
| 　营业利润 | 12 000 | 12 000 | 12 000 | 12 000 | 12 000 |
| 　　减债务支付 | 0 | 0 | 0 | 0 | 0 |
| 　税前现金流 | 12 000 | 12 000 | 12 000 | 12 000 | 12 000 |
| 2. 应税收入 | | | | | |
| 　营业利润 | 12 000 | 12 000 | 12 000 | 12 000 | 12 000 |
| 　　减利息 | 0 | 0 | 0 | 0 | 0 |
| 　　减折旧 | 2 698 | 2 698 | 2 698 | 2 698 | 2 698 |
| 　应税收入 | 9 302 | 9 302 | 9 302 | 9 302 | 9 302 |
| 　税额 | 2 604 | 2 604 | 2 604 | 2 604 | 2 604 |
| 3. 税后现金流量 | | | | | |
| 　税前现金流量 | 12 000 | 12 000 | 12 000 | 12 000 | 12 000 |
| 　　减税额 | 2 604 | 2 604 | 2 604 | 2 604 | 2 604 |
| 　税后现金流量 | 9 396 | 9 396 | 9 396 | 9 396 | 9 396 |
| | | | 第五年出售现金流量预测 | | |
| 　销售价格 | | | | 100 000 | |
| 　　减抵押贷款余额 | | | | 0 | |
| 　税前现金流量 | | | | 100 000 | |
| 　销售年税额 | | | | | |
| 　销售价格 | | | 100 000 | | |
| 　初始投资成本 | | 100 000 | | | |
| 　　减累计折旧 | | 13 490 | | | |
| 　资产余值 | | | 86 510 | | |
| 　资产收益 | | | 13 490 | | |
| 　销售税额 | | | | | 3 777.2 |
| 　税后销售收入 | | | | | 96 222.8 |

根据税前和税后现金流量可以计算相应的内部收益率。运用试错法计算得到税前内部收益率为11.86%,而税后内部收益率为8.76%。

税后负债成本等于税前成本乘以$(1-t)$,其中$t$表示所得税税率。所以根据已知条件,税后负债成本为:

$$10\% \times (1-28\%) = 7.2\%$$

比较税后的内部收益率与税后负债成本,发现税后内部收益率大于税后负债成本,这说明利用财务杠杆是有利的。

既然财务杠杆是积极的,那么投资者向银行借款投资房地产就是合理选择。

借款投资房地产的现金流见表 8-7。

表 8-7  借款投资的现金流　　　　　　　　　　　单位：元

| | 1 | 2 | 3 | 4 | 5 |
|---|---|---|---|---|---|
| 1. 税前现金流 | | | | | |
| 　营业利润 | 12 000 | 12 000 | 12 000 | 12 000 | 12 000 |
| 　　减债务支付 | 8 000 | 8 000 | 8 000 | 8 000 | 8 000 |
| 　税前现金流 | 4 000 | 4 000 | 4 000 | 4 000 | 4 000 |
| 2. 应税收入 | | | | | |
| 　营业利润 | 12 000 | 12 000 | 12 000 | 12 000 | 12 000 |
| 　　减利息 | 8 000 | 8 000 | 8 000 | 8 000 | 8 000 |
| 　减折旧 | 2 698 | 2 698 | 2 698 | 2 698 | 2 698 |
| 　应税收入 | 1 302 | 1 302 | 1 302 | 1 302 | 1 302 |
| 　税额 | 364 | 364 | 364 | 364 | 364 |
| 3. 税后现金流量 | | | | | |
| 　税前现金流量 | 4 000 | 4 000 | 4 000 | 4 000 | 4 000 |
| 　　减税额 | 364 | 364 | 364 | 364 | 364 |
| 　税前现金流量 | 3 636 | 3 636 | 3 636 | 3 636 | 3 636 |
| 第五年出售现金流量预测 | | | | | |
| 　销售价格 | | | | | 100 000 |
| 　　减抵押贷款余额 | | | | | 80 000 |
| 　税前现金流量 | | | | | 20 000 |
| 销售年税额 | | | | | |
| 　销售价格 | | | 100 000 | | |
| 　初始投资成本 | | 100 000 | | | |
| 　　减累计折旧 | | 13 490 | | | |
| 　资产余值 | | | 86 510 | | |
| 　资产收益 | | | 13 490 | | |
| 　销售税额 | | | | | 3 777.2 |
| 　税后销售收入 | | | | | 16 222.8 |

根据税前和税后现金流量可以计算相应的内部收益率。运用试错法，计算得到税前内部收益率为 20%，而税后内部收益率为 15.40%。与无借款情况比较，财务杠杆使税后内部收益率从 8.76% 提高到 15.40%。

一个值得注意的现象是，税前和税后的财务杠杆强度不一样，这是显而易见的，因为在其他条件一样的情况下，税收会减少现金流。另外，财务杠杆的强度还与贷款利息和贷款成数有关系。固定的贷款利息越多，杠杆系数越大。同样道理，给定贷款利率，贷款成数越大，说明贷款规模越大，支付的贷款利息越多，杠杆强度越大。

### 2）保本利率

对财务杠杆的讨论解决了这样一个问题，即房地产企业为什么需要债务？这是因为积极的财务杠杆会扩大自有资产的现金流量，扩大投资收益率。但是接下来的一个问题是，当企业决定借款的时候，它能够承受的最高的贷款利率是多少呢？或者是，在积极的财务杠杆变得不利之前，最高的贷款利率是多少？在财务杠杆由积极转向消极的边际上，保持财务杠杆中性的利率被称作保本利率。保本利率使得（税后）房地产总收益率等于贷款利率（或者税后债务成本），即

$$ATIRR_D = ATIRR_P$$

由此可以得到一个等价的条件：

$$ATIRR_E = ATIRR_P$$

也就是说，自有资产收益率等于总资产收益率。根据这个关系，我们可以计算保本利率。

例如，根据已知条件，税后权益投资收益率为 8.76%，根据保本利率的含义，令税后债务成本等于税后总资产收益率，也即等于税后自有资产收益率 8.76%，由于税后债务成本等于税前成本乘以税率，而税率为 28%，所以税前债务成本为 $8.76\%/(1-28\%) = 12.16\%$。这意味着，不论与借款额或者借款条件相联系的杠杆强度如何，能够保证偿还债务并且不会降低自有资产收益的最高利率是 12.16%。

### 3）边际成本、风险与杠杆

财务杠杆固然是企业决定是否借款的一个重要的考虑因素——抛开其他条件不谈，只要财务杠杆是积极的，借款就是有利可图的事情——但是我们在前面也看到，进行额外融资的决策时要考察其边际资本成本的情况。

在我们讨论的例题中，总投资的 80% 是由一笔利率为 10% 的贷款来融资的。因为这一利率水平低于 12.16% 的保本利率，因此，杠杆作用是有利的。现在假设投资者可以得到占总投资 85% 的贷款，利率为 10.25%（为研究方便，假设该贷款仅计利息，不需偿还）。从表面上看，新贷款的利率 10.25% 低于保本利率 12.16%，似乎额外融资是合理的，其实不然。我们来分析一下这里额外获得的 5 000 元的边际成本是多少？

如果借款 85 000 元，相比第一种情况追加融资 5 000 元。现在不仅这 5 000 元要支付 10.25% 的利率，而且前面的 80 000 元借款也需要支付这个利率，这相当于多支付利息 0.25 个百分点。按照复利法则，80 000 元多支付利息为：$80\,000(1+0.25\%)^5 - 80\,000 = 1004.80$ 元。如果按照 10.25% 的利率，那么这 1 004.80 元相当于每年支付多少钱呢？这是一个已知年金现值求解年金的问题。查

年金现值系数表,10%和11%所对应的年金现值系数分别是3.7908和3.6959,根据试错法,10.25%所对应的现值系数为3.7671。因此,1 004.80元相当于每年支付额为:1 004.80÷3.7671=266.73(元)。所以,追加融资5 000元的边际成本=10.25%+266.73÷5 000=15.58%。这一成本高于保本利率12.16%。因此,取得这笔新贷款是不合算的。由此可见,分析时只考虑新贷款的总利率是不行的,而应注意研究其额外资金的情况,每当投资者考虑以较高利率取得数额较大的贷款时,总要牵涉额外资金的边际成本问题,因此,决策时应该将边际成本与保本利率进行比较,以形成正确的判断。

增加对债务的依赖有两种间接后果:风险随之增加,借贷成本亦增加。从前文我们可以看出,财务杠杆的好处是建立在杠杆有利的假设上的,而这是一种不确定的假设。从例4当中可以看到,如果房产实际经营利润低于期望收益,财务杠杆将是不利的,杠杆作用扩大了不利结果。因此,使用财务杠杆会扩大自有资产的现金流,也会增加投资的风险。当财务杠杆作用强度加大时,贷方也会感到风险的增加。他们会要求以更高的实际利率作为补偿。补偿可以用来提高贴现率或提高票面利率或两者兼而有之。这样做的结果意味着借方随着贷款额的增加,其贷款成本也将增加。

## 8.2 房地产开发项目融资的要求与流程管理

### 8.2.1 房地产开发项目融资的基本要求

房地产开发项目融资的基本要求指房地产融资过程中,研究、分析和评价影响融资的各种因素,力求达到房地产开发融资的综合效益最佳的目的。房地产开发融资的基本要求集中在如下几个方面。

1) 确定合理的融资规模

房地产开发企业无论通过什么渠道、采取什么方式筹措开发资金,首先应该确定合理的资金需求量。融资固然要广开渠道,但必须有一个合理的界限。融资过多,会增加融资成本,影响资金的使用效果;融资过少,又会影响开发的规模和进展速度。在确定合理的融资规模时,要考虑房地产开发的规模、生产周期、房地产开发商品的销售趋势。同时,还要根据开发项目对资金使用的时间要求,将全年的开发资金需求量合理分解为每季度、每月的需求量,以合理安排融资、投放和回收,加速资金的周转速度。

2) 正确选择房地产开发融资的渠道和方式,降低融资成本

房地产开发融资成本是指房地产开发企业在融资时所支付的一定代价,这些

代价主要包括筹措费用和资金使用费。随着我国房地产金融市场体系的构建和不断深化,房地产开发企业融资的渠道越来越广泛,融资的方式也越来越多样化,但不同的融资渠道方式有不同的融资成本。例如,债券融资的利息计入生产成本在税前支付,而股票融资的股息和红利须在税后利润中支付,这样就使股票融资的资金成本大大高于债券融资的资金成本。房地产开发商在融资时,一方面要严格遵循国家的有关方针、政策和财政税务制度,选择合理的融资渠道;另一方面,又必须考虑融资成本。

3) 统筹考虑房地产开发的融资与投资,提高房地产开发资金的使用效益

房地产开发企业融资必须首先确定有利的投资方向和明确的资金用途,才能更好地选择融资的渠道和方式。资金的投向,既决定了资金需求量的多少,又决定了投资效益的大小。只有在确定了投资的需求量及其效益之后,才能进一步规划房地产开发融资的渠道、方式及成本。在房地产开发融资的过程中,要统筹考虑融资和投资两个环节,力求融资成本低而投资效益高,达到综合效益优先,要防止把融资和投资两个环节割裂开来的做法。

4) 按规定建立资本金制度

房地产开发企业的开发、生产、经营活动是个连续不断的过程,为了保证该过程的持续进行并规避因资金短缺带来的经营风险和财务风险,房地产开发企业必须具有一定数额其长期使用而不需要偿还的自有资金。为此,房地产开发企业应按规定建立资本金制度,其资本数额应根据国家有关规定在企业章程或协议中明确规定,并由投资者在房地产开发企业设立初期一次或分几次投入企业。房地产开发企业筹集的资本金是法定的自有资金,房地产开发企业依法对其享有经营权,投资者在房地产开发企业经营期内不得以任何方式抽回。

5) 优化房地产开发的资金结构

房地产开发企业可依靠举债来从事房地产的开发经营活动,即进行负债经营。投资负债经营就是利用财务杠杆作用来改变企业的资产负债比率,以较小的权益资本去投资较大的项目,从而达到提高权益资本利润率的目的。房地产开发企业进行负债经营考虑两个方面的问题:一是要保证投资利润率高于资金成本率,以保证企业的经济效益。二是负债的多少要与企业资本金有一个恰当的比例,即优化资金结构。房地产开发企业应适度举债,负债的多少必须与自身的偿债能力相适应。负债过少,则会丧失投资获利的机会;而负债过多,则会产生较大的财务风险,甚至由于丧失偿债能力而面临破产。

例如,某房地产开发企业拥有100万股本,现有某一投资项目,预计该项目的投资收益率为12%。如果该企业不进行任何融资,那么股本资本的利润率就是12%。现在假定其能够以10%的利率借入100万,与原始股本一并投资,收益水平依旧是12%。那么,由于财务杠杆的作用,100万原始股本的净收益达到14万,即收益率为

14%。但是,如果借贷利率为10%,而收益水平由于市场风险跌至8%。那么,同样由于财务杠杆的作用100万原始股本的净收益只有6万了,即收益率降低为6%。

因此,房地产开发企业在融资活动中,不仅要考虑每笔资金的融资水平,而且还要考虑从总体上优化企业的资金结构,既要利用负债经营的财务杠杆作用提高企业收益水平,又要维护企业财务的稳定,减少财务风险。

### 8.2.2 房地产融资的企业内部工作流程

房地产开发企业要进行科学、准确的项目融资,企业内部必须有一系列的分析、研究工作,以保证项目融资的顺利实施。主要过程包括确定资金需求、制定融资方案、最优方案决策等。

1) 确定资金需求

通过现金收入计划和资金投入计划得出基于时间序列的资金需求,作为编制融资方案的基础。在资金投入曲线和从预售开始的资金回收曲线之间的正差部分,即整个开发项目的资金缺口部分,其数额即为资金需求量。

2) 制定融资方案

根据测算出的资金需求量以及可能获取资金的融资渠道,在公司目标资本成本下来制定几种可行的融资方案。

3) 分析、选择最优融资方案

在多种可行的融资方案和组合中,根据资本成本最小化原则选取最优融资方案。

房地产企业项目融资具体流程见图8-2。

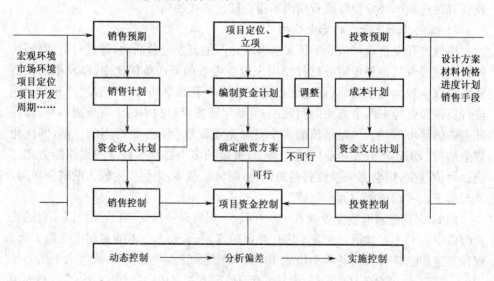

图8-2 房地产融资流程

### 8.2.3 项目资金投入和现金收入的估计

为筹集一个项目的资金,首先要知道究竟需要多少资金和什么时候投入这些资金。编制资金流动计划表,是解决这个问题的较好方法。一般的资金流动计划可以用表格形式或图线形式表达,对于大型项目可以以季度为单位计算资金流动量,中小型项目则可以以月度为单位计算。

1) 资金投入的估计

编制资金投入计划,主要是根据开发项目的建设进度计划,开发商与材料承包商签订的工程承包合同中的工程成本预算,施工组织设计中关于设备、材料和劳动力的投入时间要求,以及付款方式来分项计算。资金流出项目主要包括的内容如表 8-8 所示。

表 8-8 资金投入项目表

| 序号 | 项目 | 含义及内容 |
| --- | --- | --- |
| 1 | 土地费用 | 为取得房地产项目用地而发生的费用,根据取得土地方式的不同可以分为:划拨或征用土地的土地拆迁费、出让土地的地价款、转让土地的土地转让费、租用土地的土地租用费、股东投资入股土地的投资折价 |
| 2 | 前期工程费 | 包括项目前期规划、设计、可行性研究、水文、地质勘测以及"三通一平"等阶段的费用支出 |
| 3 | 基础设施费 | 建筑物 2 m 以外和项目用地规划红线以内的各种管线和道路工程的建设费用,包括供水、供电、供气、排污、绿化、道路、路灯、环卫设施等的建设费用 |
| 4 | 建筑安装工程费用 | 该费用指建造房屋建筑物所发生的建筑工程费用、设备采购费用和安装工程费用等 |
| 5 | 配套设施费 | 居住区内为居民服务配套建设的各种非营利性公共配套设施(即共建设施)的建设费用,包括幼儿园、学校、医院、停车场、会所、居委会等 |
| 6 | 开发间接费用 | 房地产开发企业所属独立核算单位在开发现场组织管理所发生的各项费用 |
| 7 | 管理费用 | 房地产开发企业的管理部门为组织和管理房地产项目的开发经营活动而发生的各项费用 |
| 8 | 财务费用 | 房地产开发企业为筹集资金而发生的各项费用,包括借款和债券利息、金融机构手续费、代理费、外汇兑换损失及其他财务费用 |
| 9 | 销售费用 | 房地产开发企业在销售房地产产品过程中发生的各项费用以及专设销售机构的各项费用 |

续表 8-8

| 序 号 | 项 目 | 含义及内容 |
|---|---|---|
| 10 | 其他费用 | 包括临时用地费和临时建设费、工程造价咨询费、工程质量监督费、工程监理费等 |
| 11 | 开发期税费 | 房地产企业负担的与房地产投资项目有关的各种税金以及地方政府或有关部门征收的各项费用 |
| 12 | 不可预见费 | 包括涨价预备费、基本预备费等,按照一定比例计提 |

将以上各项费用列表并根据工程进度计划计算出每月或每季度的总费用支出,即为资金投入计划表,如表 8-9 所示。

表 8-9 资金投入计划表

| 序 号 | 成本费用 | 计 算 期 | | | |
|---|---|---|---|---|---|
| | | 1 | 2 | … | $n$ |
| 1 | 土地费用 | | | | |
| 2 | 前期工程费 | | | | |
| 3 | 基础设施费用 | | | | |
| 4 | 建安工程费 | | | | |
| 5 | 配套设施费 | | | | |
| 6 | 管理费 | | | | |
| 7 | 其他费用 | | | | |
| | 合计 | | | | |

2) 现金收入估算

估算现金收入计划,主要是根据房地产租售计划、租售价格,并结合市场行情进行计算。现金流入包括预售定金、销售收入和租金收入等,如表 8-10 所示。

表 8-10 现金流入估算

| 序 号 | 现金流入 | 计 算 期 | | | |
|---|---|---|---|---|---|
| | | 1 | 2 | … | $n$ |
| 1 | 预售定金 | | | | |
| 2 | 销售收入 | | | | |
| 3 | 租金收入 | | | | |
| 4 | 其他收入 | | | | |
| | 合计 | | | | |

3) 确定资金缺口

将资金投入计划与现金收入计划列示在同一表中,对比各期发生的资金投入和现金收入情况,计算资金缺口,来合理安排资金计划,如表 8-11 所示。

表 8-11 资金计划表

| 序号 | 项目 | 计算期 | | | |
|---|---|---|---|---|---|
| | | 1 | 2 | … | $n$ |
| 1 | 资金投入 | | | | |
| 1.1 | 土地费用 | | | | |
| 1.2 | 建安工程费 | | | | |
| 1.3 | 配套设施费 | | | | |
| … | … | | | | |
| 2 | 现金收入 | | | | |
| 2.1 | | | | | |
| 2.2 | | | | | |
| … | | | | | |
| 3 | 资金缺口 = 资金投入 − 现金收入 | | | | |

也可以通过画图的方式将资金缺口表示出来,见图 8-3。

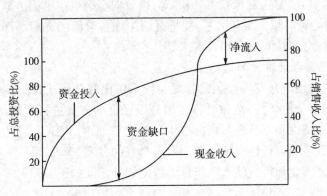

图 8-3 房地产开发项目资金计划图

## 8.2.4 确定房地产项目融资方案

房地产开发项目融资的核心部分是在资本成本目标约束下选择融资模式、确定融资结构。成功的融资方案应当在其各融资来源之间实现有效合理的风险分配,并且通过融资规模的调整和时间上的衔接,实现资本成本最小化。

1) 房地产开发融资方案的内容

每一个周密的开发项目融资方案应包括如下基本内容:

(1) 欲筹集资金的币种、数额

(2) 融资流量

即与房地产开发企业资金投入和资金偿还要求相适应的不同时间内筹集资金和偿还资金的数量。

(3) 资金来源构成

即各种融资方式所筹集的资金占总融资额的比重。

(4) 融资风险分析及风险管理措施

融资风险是指融资过程中可能给房地产开发企业造成损失的不确定性。风险管理措施指风险规避、风险自留、风险转嫁、风险中和,以及外汇套期保值等具体措施。

(5) 融资成本预算

即在融资过程中所必须支付的手续费、工本费、管理费等费用的估算。

(6) 融资方法

即对直接融资或委托融资做出选择。直接融资是由房地产开发企业直接向投资人筹集房地产开发、经营资金,如直接预售房屋收取购房款、直接发行股票、债券筹资等。委托融资是房地产开发企业委托银行、证券公司、信托投资公司等金融机构代理企业融资,如委托发行股票、债券等,以及向金融机构申请房地产开发贷款。

(7) 明确融资的权力责任关系,安排融资工作各阶段的先后顺序,以及各阶段的具体目标、任务、时间、地点和负责人等。

2) 开发项目融资方案的选择方法

选择确定房地产开发项目融资方案一般采用比较分析法,即对各个可行的项目融资方案的安全性、经济性和可行性用分级评价的方式进行比较。一般情况下可将安全性、经济性和可行性各指标按优劣顺序排列为 A、B、C、D 四级,综合选择出安全性、经济性和可行性三项指标均令人满意的方案。

安全性、经济性和可行性 3 项指标等级的划分标准如下:

(1) 安全性

安全性按风险程度大小分为 A、B、C、D 四级:A 级表示风险很小;B 级表示风险较小;C 级表示风险较大;D 级表示风险极大。

(2) 经济性

融资方案的经济性按综合融资成本费用率标准来划分,共分为 A、B、C、D 四级:A 级表示融资成本最低,即 $K$(综合融资成本费用率)$<70\%R$($R$ 表示银行同期

贷款利率);B级表示融资成本较低,即 $70\%R \leq K < R$;C级表示融资成本较高,即 $R \leq K < 130\%R$ 附近;D级表示融资成本很大,即 $K > 130\%R$。

(3) 可行性

按各融资方式的落实程度,融资方案的可行性分为 A、B、C、D 四个等级:A级表示融资方式及所融资金都能全部落实;B级表示融资方式及所融资金能基本落实;C级表示融资方式及所融资金尚不能肯定;D级表示融资方式及所融资金没有落实。

根据上述标准,房地产开发企业应选择 AAA 级标准的融资方案为最佳融资决策方案,因为它的安全性、经济性和可行性均是最佳的。而 DDD 级方案则是最差的,通常不被选用。这只是从理论上选择融资方案的方法。实际操作中由于有许多因素作用,只能从所有可能的融资方案中,选择出比较满意的方案来付诸实施。

3) 确定最佳融资方案流程

如图 8-4 所示,首先确定融资的目标,根据投资者自身情况和项目形势提出可行的融资方案,确定方案评价因素和评价标准,用有效的方法进行分析、判断,选择融资方案,并在实施过程中不断反馈信息,对融资方案进行修正和调整,实现融资目标。

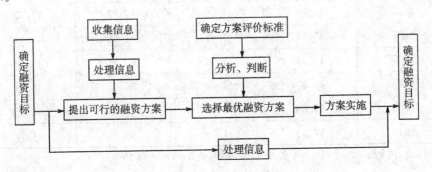

图 8-4 确定最佳融资方案的流程

## 8.3 房地产开发项目的资金来源

融资作为一个产业链中的首环,融资渠道一直以来都是房地产开发的瓶颈。以前国内的房地产项目开发融资渠道很是单一,一般只有自筹和贷款两种,连集资都比较少见。而房地产开发所需的巨额资金,一般的开发企业是难以独自承担的,所以银行贷款成为最主要的渠道,同样,房地产开发贷款也成为银行的一项主要收入。资本和土地是房地产开发的生命线,从2003年的房地产新政到2004年的宏观调控,都是从这两个环节对房地产业开了猛药。2003年6月,中国人民银行颁布了《关于进一步加强房地产信贷业务管理通知》,8月国务院颁布了《关于促进房地产市场持续健康发展的通知》,再到2004年3月公布并讨论了9月出台的"房贷指引"(《商业银行房地产贷款风险管理指引》),随着4月国务院资本金政策、房地产行业的金融政策日趋严格,对房地产特别是121号文件和新的土地政策,给开发商的资金链带来严峻的考验。房地产业正面临着来自土地和信贷抽紧的双重压力,在酷暑烈日的炙烤下,房地产开发商不得不理智地搜索新的资金源,上市、信托、基金、外资、合并⋯⋯表8-12说明了我国房地产企业的主要资金来源

表8-12  2001—2010年全国房地产开发企业的融资方式所占比重

单位:%

| 年份 | 国内贷款 | 外资 | 自筹 | 其他 |
|---|---|---|---|---|
| 2001 | 21.99 | 1.76 | 28.38 | 47.69 |
| 2002 | 22.77 | 1.61 | 28.09 | 47.38 |
| 2003 | 23.78 | 1.29 | 28.57 | 46.27 |
| 2004 | 18.40 | 1.33 | 30.33 | 49.87 |
| 2005 | 18.31 | 1.20 | 32.72 | 47.77 |
| 2006 | 19.74 | 1.47 | 31.68 | 47.10 |
| 2007 | 18.72 | 1.71 | 31.41 | 48.16 |
| 2008 | 19.20 | 1.84 | 38.65 | 40.31 |
| 2009 | 19.66 | 0.83 | 31.05 | 48.45 |
| 2010 | 17.30 | 1.10 | 36.84 | 44.77 |

资料来源:国家统计局.中国统计年鉴.北京:中国统计出版社,2001-2010

### 8.3.1 自有资金

自有资金也称股本金,是投资者对其所投资项目投入的资本金。股本金既是投资者"赚取利润"的本钱,也是其"承担投资风险"的具体表现。尽管"永远不使用你自己的钱"通常被说成是开发商的第一信条,也确实有一些开发商由白手起家几年内成为房地产界的巨子。但这只是十分特殊的情况。大多数房地产开发企业或是利用现有的自有资金支持项目开发,或是通过多种途径扩大自己的资金基础,尤其是房地产开发投资具有特殊性,要求预计项目的投资利润率高于银行存款利率,可以根据企业的能力适时投入自有资金作为股本金。开发商的自有资金,包括现金和其他速动资产,以及在近期内可以收回的各种应收款等。

通常情况下,开发商存于银行的现金不会很多,但某些存于银行用于透支贷款、保函或信用证的补偿余额的冻结资金,如能争取早日解除冻结,也属于现金一类。速动资产可包括各种应手的银行票据、股票和债券(可以抵押、贴现而获得现金的证券),以及其他可立即售出的建成楼宇的回款和近期出售的各种物业的应收款等。

## 8.3.2 银行贷款

银行是房地产开发项目最主要的资金来源,如果开发商不会利用银行信贷资金,完全靠自有资金周转,就很难扩大投资项目的规模及提高自有资金的投资效益水平,还会由于投资能力不足而失去许多良好的投资机会。因此,银行贷款对于房地产开发商来说相当重要,是主要的间接融资方式。我国的房地产开发项目中,一般银行的资金占60%以上,2010年房地产开发企业本年资金来源72 494亿元,其中国内贷款12 540亿元,占17.3%,企业自筹资金26 705亿元,占36.8%,定金及预收款中大部分又是银行对购买者发放的个人住房贷款。因此,房地产开发资金对银行的依赖程度较大,在我国房地产行业中,有能力利用直接融资的企业寥寥无几,房地产开发资金直接融资占很小的比例。

银行贷款除了弥补开发商自身资金不足之外,也提高了自有资金的回报率,同时又融通了银行的资金,使银行资金得到了回报。下面就以一个简单的例子来说明,利用银行资金是怎么样提高自有资金的内部收益率的。

一般来说,投资的内部收益率大于借款的利率,增加借款比例,可以提高自有资金投资的内部收益率。自有资金投资的盈利能力的一部分来自项目,另一部分来自贷款者。这种情况下,投资者会尽可能地减少自有资金的出资额,把余下的自有资金投向类似的项目,使整个自有资金投资的盈利能力提高,也就是所谓的杠杆原理。

1) 商业银行向房地产开发企业发放贷款的类型

银行向房地产开发企业发放贷款的类型主要有企业流动资金贷款、开发贷款两种。

(1) 房地产开发企业流动资金贷款

这种贷款主要用于补充企业为完成计划内土地开发和商品房建设任务所需要的流动资金,使用范围包括材料设备等的储备、在建工程的各种开支、售前成品资金的占用、结算资金的占用,以及企业在银行的存款和必备库存现金等。在121号文件出台后,一些商业银行停止了对房地产开发企业流动资金的贷款,比如中国建设银行。

(2) 房地产开发贷款

这是金融机构为具体的房地产开发项目提供的生产性流动资金贷款。这类贷款只能用于贷款项目的土地征用、拆迁补偿、前期工程、基础设施建设、建筑安装、公建配套等发生的费用支出。实际上,现在房地产开发贷款只能针对具体房地产开发项目的贷款,也就是说现在商业银行的房地产开发贷款就是房地产开发项目的贷款。

2) 房地产开发贷款的担保类型

房地产开发贷款的担保形式主要有抵押贷款、第三方担保和信用抵押。其中前两者是最常用的方式,这里简要介绍房地产抵押贷款。

房地产抵押贷款是指由借款人(抵押人)用其合法拥有的房地产以不转移占有方式向贷款人(抵押权人)提供债务履行担保的行为。债务人不履行债务时,债权人有权依法以抵押的房地产拍卖所得的价款优先受偿。它主要包括土地开发抵押贷款、在建工程抵押贷款、个人住房抵押贷款三种形式。

(1) 土地开发抵押贷款

土地抵押贷款是开发商在取得土地使用权以后,以土地作为抵押向银行贷款的方式。开发商在取得"四证"的情况下(土地使用权证、建设用地规划许可证、建设工程规划许可证和开工证),可向相关银行申请土地使用权抵押贷款。通常情况下,银行提供抵押贷款的数额上限为土地评估值的70%。对于特别看好的项目,银行也可能相应提高贷款比例。但在国内,目前能贷到50%左右就不错了。

(2) 在建工程抵押贷款

在建工程已完工部分的抵押与建筑工程承包合同的房屋期权抵押相结合,是银行与开发商设定房地产抵押,办理抵押贷款的一种较好的方式。采取这种方式进行房地产项目融资时,既有利于开发商对在建工程进行续建的资金需求,又有利于银行对抵押物的监控,这对降低贷款风险、促使开发商提高经营管理水平都有积极意义。

在建工程已完工部分的抵押与建筑工程承包合同的房屋期权抵押相结合,是指以开发商(抵押人)与施工单位签订的依法生效的房屋期权设定抵押权,按其在建工程已完工部分(即工程形象进度)分次发放贷款。通常的做法是:一次确定贷款额度,一次办理承包工程合同的房屋期权抵押登记,按工程形象进度(折算为货币工作量)和约定的抵押率,分次发放贷款,并在双方签订的抵押合同和借款合同中做出明确的约定。对于在建工程抵押贷款一般建造费用可以100%的融资。

将承包合同的房屋期权设定为抵押权时,银行需要对承包合同的预算造价进行审查,以确定其抵押额和抵押率,同时按约定的各个工程部位的形象进度,确定其抵押值。在工程进度到约定的某个工程部位时,经银行现场查勘核实后,发放该时段的贷款。

银行在现场查勘时,除核实其已完成的工作量外,还要求工程监理机构、工程质量监督部门对工程质量进行确认,以确保其具有价值。

对于已设定抵押的房屋期权,在抵押期内,开发商可以在银行的监管下预售。通常,先由银行出具允许开发商预售的文件给房地产管理部门,并办理他项权力变更手续,同时由房地产管理部门予以办理商品房预售登记。对已办理的在建工程抵押的房地产开发项目的预售收入,由银行代收,专户存储(作为抵充抵押物的不足部分)在还贷期内由银行进行监管,以使开发商的还贷资金确有保证,降低银行的贷款风险。

(3) 个人住房抵押贷款

个人住房抵押贷款,是指个人购买住房时,以所购买住房作为抵押担保,向金融机构申请贷款的行为。个人住房贷款包括商业性住房抵押贷款和政策性(住房公积金)住房抵押贷款两类型。且政策性住房抵押贷款利率较低,通常只面向参与缴纳住房公积金、购买自住房屋的家庭,且贷款额度有一定限制。当政策性抵押款不足以满足借款人的资金需求时,还可同时申请商业性住房抵押贷款,从而形成个人住房抵押贷款中的组合贷款。

个人住房抵押贷款属于购房者的消费性贷款,通常与开发商没有直接的关系。但由于开发项目销售或预售的情况,直接影响到开发商的还贷能力和需借贷资金的数量,尤其在项目预售阶段,购房者申请的个人住房抵押贷款是项目预售收入的重要组成部分,也是开发商后续开发建设资金投入的重要来源。由于预售房屋还没有建成,所以,金融机构发放个人住房抵押贷款的风险一方面来自申请贷款的购房者,另一方面来自开发商。购房者的个人信用评价不准确或开发商由于各种原因不能按期竣工,都会给金融机构带来风险。

因此,在金融机构针对预售房屋发放个人住房抵押贷款时,常常需要开发商全程担保贷款业务,这是解决个人住房贷款业务中现存矛盾的有益尝试。

通过开发商提供担保虽然关系简单了,但从金融机构的角度来说,仅事先对开发商进行资信审查或评估并非就万事大吉,金融机构或其委托的咨询顾问机构,要负起对开发商的资金使用情况和工程进度监管的责任,尤其是当开发商对所开发的项目同时申请了以土地使用权作为抵押的建设贷款时,更需要严格监管,以降低金融机构的风险。

## 8.3.3 房地产股票和债券

证券融资是指通过房地产债券、股票等证券的发行和流通来融通房地产开发资金的有关金融活动。随着现代市场经济的发展,在发达国家,证券融资已经成为房地产融资的主要方法。

1) 证券融资的优越性

证券融资与其他融资方式比较起来,具有独特的优越性。

(1) 有利于吸收大众资金。金融机构或房地产开发企业发行房地产债券和股票,将本来是巨额的投资分解为细小的股权或债权,便于小额投资者参与,吸引大众加入,这就为房地产金融开辟了稳固而巨大的资金渠道。

(2) 有利于分散投资风险。房地产证券的发行,使广大居民参与小额投资的本身,就已经分散和减少了投资风险;加上证券二级市场的建立和运行,投资者在需要现金或遇到经营风险时,又可以转让房地产证券,进一步减少和分散了投资风险。

(3) 有利于金融市场的繁荣和房地产企业经营管理的改善。房地产债券、股票进入金融发行市场和流通市场,大大增加了房地产金融市场交易的对象,增加了金融机构的业务范围和业务数量。房地产企业发行股票后,就将企业置于社会公众的监督之下,企业经营情况好,其股票价格上升,企业信誉提高,有利于扩大销售和提高经济效益;反之则相反。因此,公开发行股票,是改善房地产企业经营管理,提高其生存竞争能力的有效办法。

2) 房地产证券

房地产证券融资主要有房地产股票融资和房地产债券融资两种形式。

(1) 房地产股票

房地产股票是股份制房地产企业发放的股份入股凭证。股票购买者就是股份制房地产企业的股东,他们对企业拥有以股票体现的部分所有权,股东有权根据企业的经营成果获得股息和红利,但必须对企业经营不良的后果负有限责任。股东不能向企业要求退股,但可以把其股票转让给别人。股份公司有发起式和募集式的区分,募集式的上市公司股票是向社会公开发行的,可以在证券市场上流通。这对房地产企业要求比较高,审批也比较严格。发起式的股份公司股票是不上市股票,只在房地产股份企业内部发行的股票,一般采取记名股权证的形式。从严格意义上讲,房地产股票一般是指上市股票。

虽然上市发行股票是大多房地产开发商梦寐以求的融资方式,但无论是海外上市,还是国内上市,都需要一个较长的时间过程。对于许多房地产商来说,上市融资是远水解不了近渴,因为政策上的阻碍因素为其上市构筑了一个很难逾越的门槛。即便是已经上市的公司,对于再融资也非易事,政策和制度上都有着严格的规范和要求。中小企业板块的开通,似乎为中小房地产商提供了一条新的上市融资渠道,但是并未降低上市标准和准入条件,再加上并不令人鼓舞的中小企业板块的上市表现,也暂时冷却了房地产商寻求中小企业板块上市的热情。总而言之,上市融资是一个融资方向,但目前还不能称其为最理想的一种选择。

(2) 房地产债券

房地产债券是政府或金融机构或房地产企业为了筹措房地产开发资金而向社会发行的借款信用凭证。在这里,债券的发行者是债务人,债券的购买者是债权人,债券持有人有权按照约定的期限和利率获得利息,并到期收回本金,但无权参加房地产企业的管理,也不对其经营状况承担责任或享受权益。

以债券发行主体不同来分类,房地产债券可分为政府债券、金融债券和企业债券三种。由中央政府或地方政府向社会发行的债券称为政府债券,它是建立在以政府权力为基础的国家信用之上的,属于国家债券。例如,我国有些地方试办发行的"住宅债券"就属于政府债券。由银行或其他金融机构为开发房地产而发放的债券称为房地产金融债券。例如,试点中的烟台、蚌埠住房储蓄银行就通过发行住房金融债券来筹措资金。由房地产企业发行的债券称为房地产企业债券,企业债券由于其用途、本息支付方式、发行条件等不同而分为许多种类别。在我国,房地产企业债券的发行要经各级人民银行批准,纳入金融信贷计划。

房地产企业债券一般有记名式和无记名式两种。由于记名式房地产债券手续繁琐、流通性较差,而无记名式房地产债券具有手续简便、流通性良好,风险性较小,所以房地产投资者多选择无记名式房地产债券为主。

根据期限不同,房地产债券分为长期债券(10年以上)、中期债券(1~10年)、短期债券(1年以内)三种。由于短期债券要求偿还的时间紧迫,不利于房地产投资者做长远打算,而长期债券又面临着利率风险,所以中期债券常为企业首选对象。

### 8.3.4 房地产信托融资

信托是指委托人基于对受托人的信任,将其财产权委托给受托人,由受托人按照委托人的意愿以自己的名义,为受益人的利益或者特定的目的进行管理或进行处分的行为。从法律意义上讲,信托是一种财产委托人、受益人和受托人之间发生的财产关系。信托的方式有两种,一是投资收益型,一是借贷型。我国目前主要还是借贷型,这符合现在的运作方式,与其他方式相比,信托更注重的是抵押和担保。

房地产信托,就是房地产开发商借助权威信托责任公司的专业理财优势和运作资金的丰富经验,通过实施信托计划,将多个指定管理的开发项目的信托资金集合起来,形成具有一定投资规模和实力的资金组合,然后将信托资金以信贷方式运用于房地产开发项目,为委托人获取安全、稳定的收益。它有一个很好的优势就是符合规定条件(包括资产构成、收入来源、收入分配等)的房地产投资信托公司可以免交公司所得税和资本利得税。对于希望投资房地产业的投资者来说,通过房地产投资信托这种方式,即使是只有资金额有限,或对房地产市场的知识和经验不足,也可以投资到大型的房地产项目中去,而且在任何时候,都可以换回现金,被称为是"梦幻般的金融商品"。从房地产的开发和建设所需资金来看,房地产投资信托可以较低的成本来筹集资金,也正是这样促进了房地产的供给,促进了房地产市场的发展。可以预见,房地产投资信托商品将成为21世纪最具有魅力的金融投资商品之一。

1) 我国的房地产投资信托现状

中国银行业监督管理委员会(简称银监会)于2004年10月18日向社会公布了《信托投资公司房地产信托业务管理暂行办法(征求意见稿)》,该暂行办法征求意见稿对信托投资公司的信息披露、账目管理、资金托管以及信托产品推出前的尽职调查等方面提出了明确而严格的要求,另一方面,又有重大突破,对符合其规定的严格条件的房地产信托放宽限制,甚至可以不受"200份"、"5万元"以及"四证"的限制,房地产信托有望在规范的基础上迎来新一轮的高速增长。

2005年我国的房地产信托投资快速步入抬头时期,截至2005年12月31日,集合资金信托市场共发行房地产信托121个,募集资金规模157.27亿元,绝对额大幅增加了35.1亿元,分别较上一年同期增长11%和28.73%。其产品发行数量和规模均为信托行业自2002年重新登记以来的最高峰值。

2006年房地产信托发展规模继续增大,2006年第一季度共有28家信托公司发行并公布了80个信托基金,实际募集资金总计85.3亿元,其中房地产投资基金所占比重为55.1%,对比2005年第四季度增长了约14.8%。REITs已逐渐为国内的开发商所认识和接受。

2008年12月3日,温家宝主持召开了国务院常务会议,提出了九条促进经济增长的政策措施(即"国九条"),提出"创新融资方式,通过并购贷款、房地产信托投资基金、股权投资基金和规范发展民间融资等多种形式,拓宽企业融资渠道"。2008年12月8日国务院出台的《国务院办公厅关于当前金融促进经济发展的若干意见》(即"金融国30条")中,提出"开展房地产信托投资基金试点,拓宽房地产企业融资渠道"。2009年1月中国人民银行开始宣布房地产信托投资基金上市试点筹备工作。中国人民银行(简称央行)、中国银行业监督管理委员会(简称银监会)于2009年3月18日共同发布的《关于进一步加强信贷结构调整促进国民经济平稳较快发展的指导意见》中指出,"支持资信条件较好的房地产企业发行企业债券和开展房地产投资信托基金试点,拓宽房地产企业融资渠道"。

从以上的历程可知,我国房地产信托投资基金在短短几年内取得了飞跃式的进步,进一步完善了我国房地产金融体系。

2) 我国的房地产投资信托趋势

房地产投资信托的出现,完善了我国房地产投融资体系的风险——收益结构。这里,我们借鉴国外的房地产信托产品的现状和发展历史,对我国房地产投资信托的发展趋势作如下分析:

(1) 扩大资金来源,像专业的房地产投资信托的发展

在国外,房地产投资信托一般以股份公司或托拉斯的形式出现,通过发行股票或受益凭证募集投资者的资金,然后进行房地产或房地产抵押贷款投资。

(2) 扩大房地产信托经营范围增加投资品种

国外的房地产投资信托常聘请顾问公司和经理人来负责公司的日常事务与投资运作,并实行系统投资策略,选择不同地区和同类型的房地产项目及业务。通过集中专业管理和系统化投资组合,有效降低投资风险,取得较高投资回报。中小投资者通过房地产投资信托方式,在以其信托资产为限承担责任的同时,可以间接获得大规模房地产投资的利益。我国目前的房地产信托计划大都以贷款或买股权等形式将资金投向一个项目,项目类型也多为新建房产项目。以后如果法律的许可,房地产信托投资可以直接拥有房地产资产,既可以进行新建房地产的自主开发、经营;也可以以其雄厚的资金实现对其他公司项目的重组购并等业务;还可以购买相关的房地产资产证券。

(3) 增强房地产信托产品的流动性

现阶段房地产投资信托的实际流动性不高的原因:一是由于单笔合同金额过高使得转让出现困难;二是由于没有标准的评价体系使得信托的定价和质押难以开展;三是没有统一的流动市场。目前信托流动最常见的方式是在信托公司提供的平台上发布转让信息,由交易双方自主洽谈成交。但这种方式有一定的局限性,就是受众不广,投资者不一定能及时找到合适的购买者。

(4) 完善法律支持体系

从我国现有的信托计划发售时的信息披露看,他们的特点主要是对信托计划涉及项目的披露较为简单;对项目的收益和风险结构"轻描淡写",如在谈及风险时,通常表述为"因国家政策,如财政政策、货币政策、税收政策等发生变化,将可能导致本信托计划收益的相对变动",对于上述风险如何影响收益,公司经营存在怎样的风险等则语焉不详,对可能要交纳的税收怎样分担也模糊处置。因此,健全法规并与国际接轨已成了发展信托业的当务之急。

## 8.3.5 合作开发方式

通过合作开发往往是开发商补充资金短缺的方式之一。

房地产开发商如果确实筹款困难,则选择一家或数家有经济实力的投资者合作开发,是一种分散和转移资金压力的方法。开发商可以充分发挥合作伙伴的各自优势,并由各合作伙伴分别承担或筹集各自需要的资金。当然,开发商也应该让出一部分利益,否则难以找到合作伙伴。目前国内许多房地产开发项目采用了合作开发的模式,使有房地产开发专营权但资金短缺的开发商和拥有资金实力但没有专营权的企业优势互补,受到了很好的效果。

合作开发还包括与当前的土地使用者合作。由于城市用地结构调整和历史的原因,许多单位拥有可供开发的土地,这些单位通常希望通过自有土地的开发,盘活土地资产。房地产投资者如果与这些当前的土地使用者合作,将土地开发费用

（拆迁、安置、补偿）的部分或全部作价入股，就可以大大减少投资者在开发前期的财务压力。

当然，合作开发的功能不仅仅是筹集资金，另一个重要的作用是可以分散投资风险。对于稳健的开发商来说，分散风险是其非常重要的一项工作。

### 8.3.6 利用外资

利用外国资金的主要方式有：外国政府贷款、国际金融组织贷款、外国商业银行贷款、与外资合营、发行境外债券等。

1）国政府贷款

外国政府贷款是一种优惠贷款，利率低而期限长，而且还有一定的宽限期。但由于其贷款较少，所以获得的机会不太多。

2）国际金融组织贷款

国际金融组织的贷款利率也比较低，一般此商业银行贷款利率低，比外国政府贷款利率稍高。此种贷款的期限也比较长，如世界银行贷款的期限最长可达25年。国际金融组织贷款的审查非常严格，所以也不易获取。

3）外国商业银行贷款

外国商业银行贷款的条件是根据国际金融市场行情来决定的。一般来说，贷款的利率较高，期限较短。虽然这种利用外资的方式的代价较高，但相对容易获取，而且额度较大，所以它成为利用外资的最主要方式。

4）与外资合营

与外资合营指房地产投资者与外国投资者进行合作，与外国投资者共同投资的方式。它是目前利用外资的主要方式。常见的是，中方投入土地使用权，外方投入资金，双方共同投资开发经营房地产。

5）发行境外债券

发行境外债券指房地产投资者通过国内几家大银行和国际信托投资公司等金融机构，在国际金融市场上发行房地产债券，以筹集资金的方式。境外债券的利率一般低于国际商业银行贷款利率，且风险较小。

但是，利用外资往往不是单纯的融资行为，必须受国家金融政策、政治经济形势的约束和影响。

### 8.3.7 垫资

承包商垫资建设也是房地产开发项目资金的一个来源。虽然我国政府对承包商垫资承建建设工程有所限制，但从国际建筑市场的运作规则来看，这种发包建筑工程的方式得到了相当普遍的运用。因为在建筑市场竞争激烈的情况下特别是我国建筑市场处于买方市场下，许多有一定经济实力的承包商，为避免"窝工"和设备闲置的损失，有可能愿意带资承包建设工程，以争取到建设任务，特别是有可靠收入保证的开发项目。这样，开发商就将一部分融资的困难和风险转移给了承包商。当然，对延期支付的工程款，开发商也要支付利息，但通常这个利息率比贷款利率低，而且更低于整个开发项目的投资收益率。

承包商垫资承包建设工程时，其垫资的比例可由开发商和承包商协商确定。目前通常的做法是请承包商垫资一直到基础工程结束（正负0.00），此时开发商基本上达到了申请预售许可证的条件，可以用预售收入来支付已完工程量和后续工程量的工程款。

### 8.3.8 预售款

预售款是房地产投资者在商品房交付使用之前，预先向购房者收取的购房款。是深受开发商欢迎的筹资方式。

对于买方而言，由于可用相对低价款获得房地产，而且容易买到楼层和位置好房地产，所以，一般情况下，从理论上来讲，买方的积极性高，预交部分价款也愿意。对于房地产卖方而言，由于预售可以提前获取资金，从而为后续投资需要做好准备，而且又可将部分市场风险分散给买方，另外还可以通过找差价来减少低价预售的损失，所以卖方积极性也很高。

预售必须满足许多条件，以南京为例，必须满足开发经营企业的《营业执照》，付清地价款（包括市政基础设施建设费、拆迁安置补偿费和土地使用权出让金），取得土地使用证，市或区县建委颁发的建设工程开工证，建筑施工合同，采暖、给排水、供电、燃气、电视接收、电梯安装等工程已确定交用日期的证明材料，已完成工程建设总投资额的25%（工程施工进度和竣工交付日期已经确定），外销商品房预售许可证。

预售款回收中，按揭是其中最重要的一种付款方式。按揭加快了开发商资金的回笼，提高了购房者的支付水平，它的资金流程如图8-5所示。

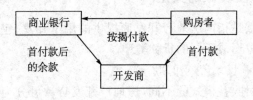

**图8-5 按揭贷款的资金流程**

按揭是现实中首次置业普遍采用的付款方式，它对房地产行业的促进作用是不言而喻的，既加速了资金在房地产相关人员的流动，同时也使老百姓提前了消费。当然，按揭也带来了风险，过度的提前消费对未来到底是怎么样的影响还是个未知数;其次,按揭比率的加大,对银行也带来了风险,一般按揭的风险是在贷款后3~8年以后开始出现,而现在市场上的按揭基本上是2000年以后开始,相信随着时间的推移,按揭风险会逐渐暴露的;最后,现在按揭是银行较稳定的业务,但这都是以现在市场行情好,房子在升值为条件的,一旦房价下跌,故意违约的行为将会大幅度提升。

#### 8.3.9 房地产基金

建立产业基金在外国发达的房地产市场已经是很成熟的做法,而且起到活跃金融市场、防范金融风险的积极作用,但在我国目前还处于研究、筹备阶段。我国建立房地产基金基于"三合法"的筹备原则,即一要符合中国目前一切有关金融、投资的法律法规;二要符合境外基金注册地的法律法规,按照正式的国际基金方式运作;三要设计出一个模式,尽量符合将要出台的《产业基金法》以便于将来正式在国内注册。目前,我国已颁布了有关信托投资及投资公司管理的法律法规,因此,产业基金在国内的操作将依托信托机制来完成。建立完善的房地产基金还要一个较为长久的时间,我国第一个房地产基金"精瑞基金"也处在运行之中,不过发挥的更多是信托的作用。

我国的房地产开发企业的融资主要是以间接融资为主,有能力直接融资的房地产开发企业可谓是少之又少,多年以来形成的以银行为主要融资渠道的房地产金融体系僵化、单一,不仅使现有金融系统承担了大量的风险,而且从客观上限制了房地产业的发展。

## 8.4 房地产开发贷款的类型和过程

### 8.4.1 房地产开发贷款的类型

房地产开发贷款是指向房地产开发商提供的用于开发、建设房地产项目的贷款。按照不同的划分形成不同的贷款类型。

1) 按照项目收益模式的不同划分

按照房地产项目收益模式的不同,房地产开发贷款可分为建设性房地产贷款和永久性房地产贷款。

(1) 建设性房地产贷款

我们知道,房地产开发商的经营策略有短期和长期之分,对于那些奉行短期经营策略的房地产开发商来说,他们开发房地产项目的动机在于,在项目建成后立即出售项目,而不愿长期持有房地产。对于那些奉行长期经营策略的房地产开发商来说,在项目建成后,他们将继续持有项目,并通过房地产的长期租赁经营来获取收益。针对房地产开发商的不同经营策略,金融机构将发放两类不同性质的贷款。一类贷款是针对奉行短期经营策略的房地产开发商所发放的,这类贷款的期限只限于房地产项目的开发建设期间,因而被称为建设性房地产贷款。建设性房地产贷款的期限较短,最长期限一般不超过5年,因而又被称之为短期房地产贷款。

(2)永久性房地产贷款

永久性房地产贷款是针对奉行长期经营策略的房地产开发商所发放的,这类贷款在房地产开发项目建成以后才开始发放,它的期限较长,最长期限可达30年以上,因而被称为永久性房地产贷款。发放永久性房地产贷款已经成为世界许多国家或地区金融机构的一项常规业务,但到目前为止,这项业务还没有在我国开展。

2) 按照贷款项目的不同划分

按照贷款项目的不同,房地产开发贷款又有以下几种类型:

(1) 住房开发贷款

是指银行向房地产开发企业发放的用于开发建造向市场销售住房的贷款。其中,又分为普通商品房开发贷款与经济适用住房开发贷款。

(2) 商业用房开发贷款

是指银行向房地产开发企业发放的用于开发建造商业性用房如写字楼、超市等的贷款。

(3) 土地开发贷款

是指银行向房地产开发企业发放的用于土地开发的贷款。

(4) 流动资金贷款

是指房地产开发企业因资金周转所需申请的贷款,不与具体项目相联系,由于最终仍然用来支持房地产开发,因此这类贷款仍属房地产开发贷款。

3) 按贷款的期限划分

按贷款的期限分类,可划分为中长期贷款和短期贷款。

一般情况下,中长期贷款期限在1~3年,不含1年。短期贷款期限在1年及以下。

以期限划分贷款的种类,主要作用是有利于银行掌握资产的流动性或周转性,使银行长、短期贷款保持适当的比例。贷款的期限长短不等,它们的流动性和赢利性也不同。因此,银行的贷款期限结构要尽量与存款期限结构协调,避免为了追求赢利性目标而牺牲流动性目标,或单纯为了流动性目标而放弃了赢利的时机。

4) 按贷款的保障程度划分

按贷款的保障程度划分,可分为信用贷款、保证贷款、抵(质)押贷款。这种划分标准的意义是,有利于银行加强贷款安全性或风险性管理。

(1) 信用贷款

信用贷款是指银行完全凭借客户的信誉而无需提供担保品所发放的贷款。信用贷款具有手续简便、贷款限制条件少、贷款范围广等优点,不足之处是单纯以信用为依托,缺乏安全保障。

(2) 保证贷款

保证贷款是银行凭借客户与其保证人的双重信誉而发放的贷款。保证贷款的优点是,对银行债权有借款人和保证人双重信用保障,但贷款量也受保证人经济能力大小的限制。

(3) 抵(质)押贷款

抵(质)押贷款是银行凭借客户提供的一定的有价值的商品物质与有价证券作为抵(质)押而发放的贷款。抵(质)押贷款的优点是能够弥补一部分贷款损失,有利于银行开拓一些有风险性的贷款项目,缺点是贷款量受借款人提供抵(质)押品的数量与质量的限制,抵(质)押品的保管费用和最终处理费用较大,手续繁琐。

5) 按贷款的风险程度划分

按贷款的风险程度分类,根据信贷资产按时、足额回收的可能性,信贷资产划分为正常、关注、次级、可疑、损失五个不同类别,后三类合称为不良信贷资产。

五类资产的核心定义如下:

(1) 正常

债务人能够履行合同,没有足够理由怀疑债务人不能按时足额偿还债务。

(2) 关注

尽管债务人目前有能力偿还贷款本息,但存在一些可能对偿还产生不利影响的因素。

(3) 次级

尽管债务人的还款能力明显出现问题,完全依靠其正常营业收入无法足额偿还债务,即使执行担保,也可能会造成一定损失。

(4) 可疑

债务人无法足额偿还债务,即使执行担保,也肯定要造成较大损失。

(5) 损失

在采取所有可能的措施或一切必要的法律程序之后,债权仍然无法收回,或只能收回极少部分。

### 8.4.2 房地产开发贷款流程

目前国内商业银行发放房地产开发贷款依据《商业银行房地产贷款风险管理

指引》(银监发〔2004〕57号)。以某商业银行房地产贷款流程为例,一个完整的贷款业务流程如下:

1)贷款申请

房地产开发企业根据房地产项目投资计划向银行提出贷款申请,并提交贷款申请表和申报材料。另外,银行还要求贷款申请人提供房地产项目贷款(融资)概述作为贷款审批的依据。项目贷款概述实际上是一部项目融资商业计划书,是项目方首次敲开银行或者投资商大门的一块金砖,如何引发贷款人对项目投资的浓厚兴趣,一部精辟的项目融资概述至关重要,否则再好的项目也会失去获得融资的机会,所以项目方必须按要求提供项目融资概述。项目贷款概述的内容主要包括以下几个方面:

(1)项目公司简介

主要包括:公司业绩、管理结构、资质、实力、管理团队素质,公司荣誉等。

(2)项目背景

主要包括:项目位置、环境条件、经济、文化、交通、通信状况、投资条件、政府优惠政策,商品房购买能力、人均生活水平等。

(3)项目目前进展情况

主要包括:项目相关报建审批手续、土地使用证,工程进展现状,销售现状,投资规模、项目资金筹备状况,已投入资金及用途明细,需融资额度及用途明细等。

(4)投资效益

主要包括:投资经济效益及财务分析;投资回收期;未来3年该项目现金流预测等。

(5)销售方案

包括项目完工时间及销售策略等。

(6)风险分析及规避措施

(7)市场分析

(8)项目负责人及联系方式

2)借款人资格审查

在我国,只有满足了相关条件的企业才有资格获得金融机构发放的房地产开发贷款,这些条件主要包括企业条件和项目条件两方面。

(1)企业条件

企业条件主要包括:

① 借款人是经工商行政管理机关(或其他主管机关)核准登记的企(事)业法人,或其他经济组织;借款人必须持有经工商行政管理机关核准登记并办理年检的法人营业执照,或有关部门批准设立的文件。

② 借款人拥有健全的管理制度、财务状况良好,不存在拖欠工程款的现象。
③ 借款人具有良好的信用,具有按期偿还贷款本息的能力。
④ 借款人必须在贷款银行开立基本账户或一般账户。
⑤ 贷款项目已纳入国家或地方政府的建设开发计划,其立项文件合法、完整、真实、有效。

(2) 项目条件

按照我国的有关规定,房地产开发贷款项目必须是已经取得了如下合法批文或文件的项目:

① 建设用地规划许可证。
② 建设工程规划许可证。
③ 建设工程施工许可证。
④ 贷款项目的实际用途与项目规划相符,必须提供项目的可行性报告,以表明贷款项目具有满足当地市场需求的能力。
⑤ 贷款项目的工程预算报告合理真实。
⑥ 借款人计划投入到贷款项目的资金比率不得低于项目总投资的35%。
⑦ 若贷款方式为第三方信用担保的,借款人必须持有担保方的信用担保承诺书。

(3) 项目审查的主要内容

金融机构对项目的审查主要包括三个大方面内容:项目基本情况、市场评估和财务评价指标。各方面的具体指标可见表8-13:

表8-13 项目审查主要内容表

| 序号 | 指标名称 | 内容及计算公式 |
| --- | --- | --- |
| 一 | | 项目建设情况评估 |
| 1 | 项目建设的必要性评估 | 主要调查项目的基本情况包括位置、用途、主要建设指标、项目所在地的开发环境、政策和发展状况、经济意义,确定项目建设的必要性 |
| 2 | 项目建设条件评估 | 调查项目是否得到政府有关部门的立项批复,"四证"落实情况,是否已就城市基础设施的供应(水、电、煤气和供热)得到政府相关部门的承诺等 |
| 3 | 项目建设的实施进程评估 | 了解分析项目从立项、可行性研究、下达规划任务、征地拆迁、规划设计、开工进程状况。对未开工项目要分析预测项目的时间计划;对已开工项目,了解项目的形象进度、投资完成情况、设计变更、概预算调整情况、已有商品房销售(预售)许可证的项目对外销售情况等 |

续表 8-13

| 序号 | 指标名称 | 内容及计算公式 |
|---|---|---|
| 4 | 项目建设的施工条件评估 | 调查项目工程建设的招投标方式以及是否符合相关部门的规定;了解施工单位和建设监理单位的资质能力;了解项目施工的组织计划、项目建设所需材料的采购方式和供应计划等 |
| 5 | 项目建设的环境保护条件评估 | 调查项目建设地区的环境状况,分析项目是否可能引起周边生态环境的变化,了解项目为环保所采取的措施以及其方案的批复情况 |
| 6 | 项目品质 | 项目自身的产品品质,包括规划和设计风格、容积率、小区环境,房型设计等是否合理,新材料、新技术、新设计、新理念的应用以及这些应用所带来的效益和风险 |
| 二 | | 市场评估 |
| 7 | 市场定位 | 项目是否有明确的市场定位,是否面向明确的细分市场及这种定位的合理性 |
| 8 | 供需形势分析 | 项目所在细分市场的供应量与有效需求之间的关系、市场吸纳率、市场交易的活跃程度等以及拟建同类项目的供给情况和价格水平,以及对本项目的影响 |
| 9 | 竞争形势分析 | 项目所在地区人口聚集度、项目所处细分市场的饱和程度、项目与竞争楼盘的优势比较次序等内容 |
| 10 | 市场营销能力 | 项目的营销推广计划是否合理有效、销售策划人员的能力、是否有中介顾问公司的配合等 |
| 11 | 认购或预租能力 | 项目是否已有认购或已经开始预租及认购或预售、预租的比例如何 |
| 三 | | 投资估算与资金来源评估 |
| 12 | 房地产开发项目总投资 | 包括开发成本、开发费用 |
| 13 | 房地产总投资估算和审核 | 主要包括项目开发成本(土地费用、前期工程费、建安工程费、公共基础配套设施费、开发期税费和不可预见费)、开发费用(管理费、销售费和财务费用),分析项目工程内容和成本是否齐全,是否符合要求 |
| 14 | 对项目资金来源的评估 | 侧重于对借款人自有资金来源评估、预售收入资金来源评估、对其他资金来源评估 |

续表 8-13

| 序号 | 指标名称 | 内容及计算公式 |
|---|---|---|
| 四 | | 财务评估 |
| 15 | 内部效益 | 使项目在计算期内各年净现金流量现值累计之和等于零时的折现率 |
| 16 | 销售利润率 | 利润总额/销售收入 |
| 17 | 贷款偿还期 | 项目用规定的还款资金偿还贷款本息的时间 |
| 18 | 敏感性评价 | 分析和预测主要指标(如收益率、净现值、贷款偿还期等)对由于通货膨胀、市场竞争等客观原因所引起的成本、利润等因素变化而发生变动的敏感程度 |

在对项目进行分析考察的过程中,金融机构还会审查与项目贷款的相关因素,如开发商拟贷款数量、贷款期限、利息率、目标收益率等。

3) 贷款前调查与评估

按照程序,在进行完借款人资格审查后,贷款人将对贷款申请人的资信状况、贷款担保状况、抵押物、贷款项目的收益和风险状况等做进一步的了解和评估,这一过程称之为贷前调查。对借款人及贷款项目进行尽职的贷前调查是整个房地产开发贷款发放、管理程序中相当重要的一环,这是贷款人控制信贷风险的不可或缺的手段。

《商业银行房地产贷款风险管理指引》第 17 条规定,商业银行在办理房地产贷款时,应对贷款项目进行尽职调查,以确保该项目符合国家房地产业政策导向,有效满足当地城市规划和房地产市场需求,确认该项目的合法性、合规性、可行性。第 18 条规定,商业银行应对申请贷款的房地产开发企业进行深入的调查审核,审核内容主要包括:企业的性质、股东构成、企业资质信用状况;近 3 年来企业的经营管理和财务状况;以往的房地产开发经验和开发项目情况;与关联企业的业务往来情况等。对于资质较差和缺乏开发经验的房地产开发企业,贷款应谨慎发放;对于经营管理存在问题、不具备所要求的资金实力或有不良经营记录的房地产开发企业,贷款应严格限制;对于依据项目而成立的房地产项目开发公司,应根据其自身特点对其业务范围、经营管理和财务状况,以及股东和关联公司的上述情况及彼此间的法律关系进行深入的调查审核。第 19 条规定,商业银行应严格落实房地产开发企业贷款的担保,确保担保真实、合法、有效。

4) 贷款审批

当评估阶段结束后,金融机构的主要领导将通过集体决策的方式对贷款的发放进行审批。贷款的审批主要依据所谓的"三性"原则,即经济性、合法性和合规性原则。在这里,经济性原则主要是指贷款项目必须具有良好的经济前景,以便保证贷款能够按照贷款合约的规定如期偿还。合法性是指与贷款项目相关的一切手续必须是合法的,不存在违法操作的现象。合规性是指贷款的投放必须符合国家相关政策的要求,特别是产业政策和金融政策的要求。只有那些符合上述"三性"原则的贷款项目,才有可能通过金融机构的审批。

5) 贷款发放

当房地产开发贷款获得审批通过后,贷款人将通知借款人、担保人正式签订贷款合同、担保合同或抵(质)押合同,并按照规定办理各种手续。所有类型的房地产开发贷款,都必须被公证(或见证),并为贷款项目办理有效的建筑工程保险。如果贷款是以房屋为抵押的,则借款人需要对作为抵押物的房屋办理意外灾难保险,并办理抵押物权属的登记。当所有手续办理完毕后,借款人应将手续办理的合法文件交由贷款人保管。如果借款人今后需要使用这些手续,可以从贷款人处暂时借出,在使用完毕后应立即归还。

6) 贷款的后期管理

贷后管理包括对信贷资产的检查、回收、展期、借新还旧及不良资产管理等内容。

(1) 检查

从客户实际使用贷款后到该笔贷款本金收回前,银行对影响信贷资产安全的有关因素进行跟踪和分析,及时发现预警信号,并采取相应的补救措施。

(2) 回收

信贷经营部门根据合同约定和借款人还款的可能性制定回收措施,并进行动态管理,关注借款人的现金流,监督借款人的销售资金进入专用账户,保证还款资金的足额到账,确保信贷资金的安全。

(3) 展期

借款人要求展期的,经办行应当要求其在全部贷款到期前1个月提出书面申请,并对其不能按期归还贷款的原因进行调查。

(4) 借新还旧

借新还旧是指向借款人发放不超过原贷款本金数额的新贷款用于归还旧贷款本金,贷款借新还旧应有利于提高贷款质量,降低贷款风险,清收贷款本息,或有利于巩固优良客户和有发展潜力的客户与银行的业务合作关系。

(5) 不良资产管理

对表内、外信贷业务形成的次级、可疑及损失类不良贷款,应遵循合规性、效益性和创新性原则,对不良资产形成的原因进行全面分析,并分析是否还有收回的可能性,如有可能性,需要重新安排债务,比如延期、借新还旧、减免利息等,如无可能,则需要核销,冲减坏账准备。

整个贷款流程见图8-6。

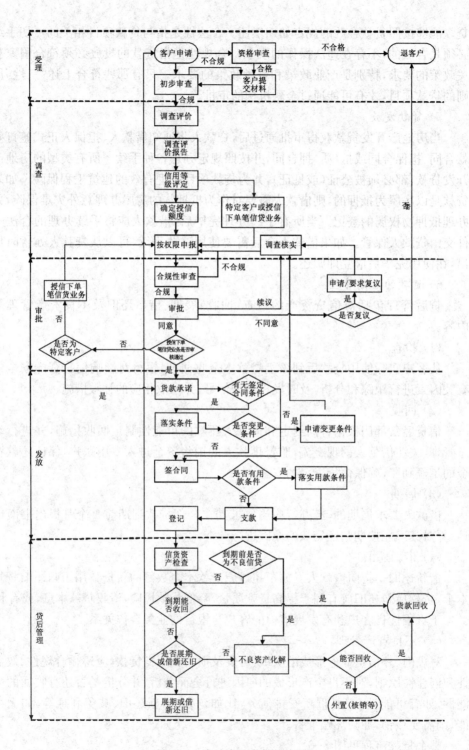

图 8-6 房地产开发贷款流程

## 8.5 房地产证券化

房地产证券化是金融业与房地产业相互融合、金融资本和产业资本结合的产物,它能为房地产业的发展提供大量的资金和手段,同时也依托房地产业使金融业自身获得长足的发展。

1990年诺贝尔经济学奖得主夏普和米勒曾通过实证分析和逻辑的推导提出:不动产证券化将成为未来金融的发展重点。国外房地产业的发展经验也表明,房地产证券化融资是提高企业筹资能力的最为有效的手段之一。具体到我国当前的经济条件,如何促进房地产业和金融业的有机结合,使房地产和资金得到优化配置及有效利用已成为亟待解决的问题,而房地产证券化便是其中一个切实可行的措施。

### 8.5.1 房地产证券化的概念与形式

1) 资产证券化的概念

资产证券化崛起于20世纪70年代末,如今发展成为重要的融资技术之一。资产证券化(Asset Securitization)是指,企业通过资本市场发行有金融资产(如银行的信贷资产、企业的贸易或服务应收账款、产品权益等)支撑的债券或商业票据,将缺乏流动的金融资产变现,达到融资、资产与负债结构相匹配的目的。其内涵是将原始权益人(卖方)不流通的存量资产或可预见的未来收入,构造和转变成为资本市场可销售和流通的金融产品的过程。具体来说就是将缺乏流动性、但能够产生可预见的稳定现金流的资产等,通过一系列的结构安排,对资产中风险和收益要素进行分离与重组,进而转换为可以在金融市场上出售和流通的证券的过程,其实质是融资者将证券化的资产的未来现金流收益权转让给投资者。

资产证券化结构由消费者、企业(原始权益人)、发行人和投资者组成。简单地说,资产证券化的过程,就是企业将向消费者提供产品或服务所取得的应收账款(债权),真实"出售"给特设机构SPV(Special Purpose Vehicle),SPV公司以购买的应收账款组合(资产池或资产组合)为担保发行债券,用发行债券取得的收入购买发起人(企业)的应收账款。经过这样的操作,企业就可以把自己不流通的存量资产或可预见的未来收入转换成现在的现金需求——真实的现金流量。这样就可以满足企业对现金的现实需求,进行投资扩大再生产,或者投资一个新项目,或者补足流动资金的缺口维持正常生产。

2) 房地产证券化的意义

资产证券化在房地产金融市场体系的运用,将有力地促进住宅供给和城市开发建设。建立我国的房地产金融工具,健全我国房地产金融市场体系,使社会资金与开发企业直接联系起来,并使更多的人参与住宅产业,由具有专业知识的房地产企业家来组织和实施房地产证券化,有利于优化土地资源的合理利用,促进房地产项目良性开发,使房地产业沿着规范稳定的道路健康发展。

3) 房地产证券化的形式

证券资产是金融的一种形式,是指具有价格、可转让的那部分证券,可分为有价证券和所有权证券。房地产证券作为证券的一种,也可以分为两种基本形式。

(1) 房地产有价证券化

以房地产作为担保,把供方资金与需求权益直接联系起来的房地产有价证券化,包括把供方资金与借贷和债权联系起来的房地产资本性债权证券化,具体形式如住宅贷款、债权信托、抵押证券等,把供方资金与投资的资金直接联系起来的房地产资本性股权证券化,具体形式如地产投资股权券、房地产开发股权券等。

(2) 房地产所有权证券化

资金供方通过房地产划分的所有权及其共有的份额获取收入的房地产所有权证券化,具体形式如房地产商品证券化(产权分割)、股权合作、权益包销合作等。

### 8.5.2 住房抵押贷款证券化

1) 住房抵押贷款证券化的意义

随着居民改善住房条件、增加住房贷款需求的不断增强,许多商业银行已经明显感觉到住房抵押贷款"短存长贷"的潜在流动性风险压力,但银行有增加这部分资产流动性的欲望。通过住房抵押贷款证券化,银行可以实现贷款的流动,迅速获得资金,从而进一步抢占住房抵押贷款市场。银行虽然通过转让住房抵押贷款会牺牲一部分的收益,但它可以从不担风险的服务费中获得更大的利益,而且可以迅速扩张经营规模,从而为商业银行以更优惠的条件发放住房抵押贷款带来机会,给房地产业快速稳定发展提供持续的金融支持。

2) 住房抵押证券化的形式

商业银行把自己所持有的流动性较差,但具有未来现金收入的住房贷款汇集重组为抵押贷款群组,由证券化机构以现金方式购入,经过担保或信用增级后,以证券的形式出售给投资者的过程。其主要特点是将原先不易为投资者接受、缺乏流动性但能产生可预见现金流的资产,转换成可以在市场上流通、易为投资者接受的证券,投资者可以定期从特定中介机构得到抵押贷款人偿还的本金和利息,直到该发行证券所规定的期限。

3) 我国住房抵押贷款证券化的设想

借鉴国际上成功经验,结合我国实际情况,提出推行住房抵押贷款证券化的基本思路:由特设工具机构(SPV)按预先设定的标准从发放个人住房抵押贷款的各家商业银行收购个人住房贷款,以建立个人住房抵押贷款库,并在此基础上通过发行证券筹集资金。各银行可用出售个贷获得的资金滚动发放个人住房抵押贷款。SPV以个人住房抵押贷款的还款额作为支持证券本息的来源,从而将证券资本市场和货币信贷市场有机连接起来,形成个人住房抵押贷款资金的良性循环。

### 8.5.3 我国房地产证券化的障碍

我国的资产证券化在理论界和金融界已经历了多年的探讨,甚至准备推出资产证券化产品(主要指房地产证券化),但是由于政策法律还不配套、证券化资产本身质量、资产证券化目的(主要是资产的流动性)不明确以及资产证券化的需求不足等原因,使我国迫切需要的资产证券化还只能停留在研究和探索之中。资产证券化的需求是保证资产证券化商品能否最后实现的关键。从目前我国的情况来看,我国的机构投资者——社会养老保险基金、商业保险公司、现有的投资基金以及商业银行由于各种原因,用于投资资产证券化商品的资金规模非常有限,很难对资产证券化起到推进作用。主要障碍如下有:

1) 信用问题

资产证券化的一个最基本条件是资产的信用情况容易被评级机构及投资者所了解,也就是说资产证券化的核心是信用;而目前我国的信用基础相对比较薄弱,商业信用环境尚不理想。

2) 法律问题

尽管我国的金融立法进展很快,一些法律法规为证券化的运作创造了一定的条件,但不可否认我国目前的法律建设还明显滞后,无法在现有框架下实施证券化的操作。

3) 税收问题

在我国现行的税收体系中可能影响到证券化过程的税种有印花税、营业税和所得税。在国外,一般发行资产担保证券所涉及的当事人都能享受到一定的税收优惠,以降低筹资成本。在这方面,可以借鉴国外的办法,对上述税收给予一定的减免税优惠。

4) 资金问题

我国境内资金供给总额已经具备一定的规模,但形成对资产支撑证券的有效需求还有待时日,这就需要政策的倾斜和引导。

## 8.6 案例分析

某美国投资公司在南京某项目的资金运作分析如下。

1) 项目简介

该投资公司拟投资开发南京新街口某房地产开发项目,由 TDC 发展公司(TDC development)规划设计。该项目总占地面积 3.5 万 $m^2$,计划建筑面积 27.6 万 $m^2$,该项目将开发多功能项目,包括:豪华公寓、五星级酒店、写字楼、酒店式公寓和商业等业态。该项目拟将新兴的西方理念与南京传统城市氛围相结合,为城市创造时尚空间及绿色氛围。

2) 项目的资金结构

该项目投资理念、资金结构、融资方式等均以美国流行模式进行,资金结构见表 8-14。

表 8-14 项目资金结构

| 资金性质 | 资金额(万美元) | 资金来源 |
| --- | --- | --- |
| 第一股权(Equity Capital Ⅰ) | 2 000 | 投资商的自有资金 |
| 第二股权(Equity Capital Ⅱ) | 4 000 | 其他投资商、基金、REITs 等 |
| 股权总额(Subtotal Equity) | 6 000 | 投资商总股本 |
| 建筑贷款(Construction Loan) | 13 000 | 国外 REITs |
| 夹层贷款(Mezzanine Loan) | 1 000 | |
| 资本总额(Total Capital) | 20 000 | |

说明:

(1) 本资金结构是该投资商在美国的资金计划。拿到南京,它的资本额当成 2 亿美金。而实际上第一股东 F&T International Group 只拿出了 2 000 万美金,其他的 1.8 亿是它在国外融入的资金。

(2) 项目总投资额估算为 2 亿美金,由第一股东 F&T International Group 出资 10%,但不是说他只拥有 10% 股权,REITs 所出资金大约占了 80%,也不是说他对项目拥有了控制权。这需要通过谈判、博弈来确定。1.8 亿中有些资金充当股权,更多的资金相当于项目贷款。这种融资方式,在国外房地产投资项目中比较流行。

3) 资金的运用

第一股权(Equity Capital Ⅰ)的资金将用于前期的土地获得、拆迁费用和前期工作的一些费用。

第二股权(Equity Capital Ⅱ)的资金的 10% 左右,大约 400 万美元,将投入到前期开发中,剩下的 3 600 万美元将在获取土地后,到达账户。

建筑贷款(Construction Loan)和夹层贷款(Mezzanine Loan)是在项目建设

中,按形象进度由银行发放。他们的资金操作如图 8-7 所示。

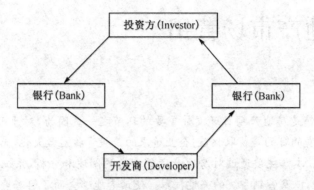

图 8-7　某美国投资公司南京项目资金运作图

4）项目资金的回收

项目资金的还款根据资金性质,还款顺序为建筑贷款(Construction Loan)、夹层贷款(Mezzanine Loan)、第二股权(Equity Capital Ⅱ),最后才是第一股权。

5）项目融资策略

项目的融资策略就是减少风险和快速实现资金的快速流动。

首先,项目资金的一部分将由豪华公寓的预售来提供。

其次,酒店和服务项目将在整个项目完成之间由酒店管理方开始经营,所得收入将作为资金投入或者还给首先获得偿还的资金投资方。

## 复 习 思 考 题

1. 房地产开发项目资金有哪些特点?
2. 如何理解房地产项目融资是房地产开发的核心问题之一?
3. 在我国,房地产开发项目的资金来源主要有哪些方面?
4. 银行通常是如何给房地产开发项目贷款的? 有哪些基本过程?
5. 房地产开发项目融资应考虑哪些主要因素?
6. 美国房地产投资商在国内通常是如何进行开发项目融资的?

# 9 房地产市场营销

**本章概要**

房地产营销是房地产项目开发最重要的环节之一。因为,对于开发企业来说,房地产投资开发的目的是获取收益,企业追求的是投资收益最大化,而获取收益的市场途径是营销。本章主要通过对房地产营销理念的阐述和分析,系统介绍房地产营销的手段、方法,以及营销系统的关键技术。使读者能够全面了解房地产营销的完整体系,并且通过案例分析,了解和熟悉房地产营销实施,以及相关的营销技巧。

## 9.1 房地产营销概述

### 9.1.1 房地产营销概念

房地产营销是指房地产开发经营企业针对具体的房地产项目开展的创造性、适应动态变化着的房地产市场的活动,以及由这些活动综合形成的房地产商品、服务和信息从房地产开发经营者流向房地产购买者的社会活动和管理过程。这些活动包括房地产市场调研、顾客研究、市场细分、目标顾客选择(市场定位)、产品定位、客户定位、形象定位、产品创新、销售渠道选择、促销方式选择、销售管理、顾客管理等内容。房地产项目营销不是简单的销售部门或营销管理部门的业务,而是一个系统的,涉及财务支持、产品支持、成本控制、人力资源管理等各个部门的业务,是参与房地产市场企业经营活动的各有关方面构成的相互联系、相互影响、相互制约的有机整体,作为一个人为构造的开放系统,它主要表现在以下方面。

1) 房地产项目营销系统是由一系列相关要素构成的

总体来看,可分为宏观、微观要素。宏观要素是指国家及地方政府有关房地产市场营销的政策体系与内容(如房地产产业政策、金融政策、市场政策等)以及社会经济背景环境(如人口数量、收入水平等)。微观要素是指房地产开发经营企业围绕企业经营所投入的要素,企业的各个部门、每个人员都实际参与市场营销活动。如策划部门负责对市场进行调研、顾客研究、目标定位,为房地产规划设计提供决策依据;财务部门为市场营销提供财务支持,负责资金筹集和运用,提供资金保障;工程部门,包括总工程师办公室为项目营销提供符合顾客需要的合格产品,包括设计、施工管理等;销售部门负责选择和确定销售渠道、策划销售方案设计;人力资源部门为整个企业的各个部门合理调度和分配人力资源,设计激励机制;物业管理企业则担当着房地产产品的售后服务功能;房地产企业总经理则是整个企业营销活动的最终决策者。

2)房地产营销系统构成

房地产营销系统的运行结构也是由输入、过程及输出三个部分构成,这又包括两个方面的内容:一是房地产项目营销系统运行中资源的输入、过程、输出;二是房地产项目营销战略的输入、过程、输出。

3)房地产营销具有特定目标

房地产营销具有特定目标,首先是通过房地产项目营销使房地产购买者的需求或欲望得到满足;其次是以营利为目的,即房地产项目营销活动的参与者都是以追逐近期或长期利益为目的。有些房地产开发商对特定对象(如科学家、劳动模范、知名人士等)实行廉价售房,是为了树立良好的企业形象,从而追逐更多的长期利益;再次是推进房地产业以及社会经济的整体发展,房地产业是整个社会经济活动中一个十分重要的产业,通过有效地开展房地产市场营销活动,可以促进房地产业的持续发展。

4)营销系统具有环境相关性

房地产市场营销系统具有环境相关性。房地产项目营销系统是一个开放的系统,系统环境要素对房地产项目营销系统具有重大影响,它可能为房地产项目营销活动提供机会、条件和激励,也可能对房地产项目营销活动产生制约,形成障碍。

## 9.1.2 房地产市场营销的特征

房地产自身的特点,决定了房地产项目营销具有不同于普通消费品市场营销的特点,具体表现在:

1)复杂性

房地产项目营销包含了从市场调研、地段选择、土地征用、房地产产品的设计和施工、楼盘的命名、产品的定价、销售渠道的选择、促销以及物业管理等一系列复杂的过程。这一过程涉及很多领域,牵扯众多部门,涉及复杂的法律关系,需要很多专业人员参与。房地产营销还易受外部环境的影响,例如国家的方针政策、法律法规、通货膨胀、金融风暴、股市波动等都会对房地产项目营销活动产生巨大的影响。这些因素决定了房地产项目营销比普通商品的营销更加复杂。

2)风险性

房地产产品的生产不同于普通商品的生产。一般工业产品从原材料消耗、加工到产出,可以在一天、一小时甚至更短的时间内完成。而房地产开发则不同,从项目的可行性研究到房地产建成,一般要用1~5年的时间。如果项目较大,时间会更长。在这样长的时间内,企业的内外环境都会发生变化,甚至会发生很多意想不到的事情。从而加大了房地产项目营销的风险。

3）差异性

房地产产品由于区位、设计等因素的不同而具有独一无二的特征,即没有两宗房地产是完全相同的,因此,它不能像普通商品那样大批地复制和生产。这种异质性决定了消费者的购买行为具有全新性。此外,由于房地产价值大、使用期限长,购买房地产对消费者来说是一件大事,消费者的购买行为一般不会是冲动性的购买行为模式。对普通消费者来说,一生不可能频繁购买房地产,而且房地产之间的差异较大,所以也不可能是习惯性的购买行为模式。消费者的购买行为以复杂的购买行为模式为主。当消费者产生购买房地产的需要以后,经过收集信息,比较评价,做出购买决策,最后产生购买行为。消费者的购买决策也是一个复杂的过程,消费者在整个购买决策过程中非常慎重。

在房地产营销中,房地产营销人员面对的顾客也是全新的,房地产营销是典型的一对一的营销,人员推销的作用较其他商品人员推销的作用要大得多。

4）协同性

房地产市场营销是一个复杂的过程,需要很多行业、企业和专业人员的通力合作才能做好。房地产业与众多产业相关,特别是与建筑业、建材业、金融业、交通运输业、城市基础设施、园林等产业密切相关。一般涉及投资咨询、市场调研、项目策划、建筑设计、建筑施工、工程监理、销售推广和物业管理等机构。

房地产业的发展既能带动相关产业的发展,同时又受相关产业发展的制约。房地产企业还需要市场调研、建筑设计、建筑施工、建筑监理、中间商和物业管理机构等部门的合作。房地产业还涉及众多专业知识,如城市规划、建筑施工、经济学、管理学、市场学、心理学、社会学、美学、地质等。由于房地产的开发过程涉及太多的领域和业务,涉及众多的专业知识和法律问题,所以,企业不能仅凭自己的人员从事房地产开发中的相关工作。建筑设计、工程监理、施工、广告等工作要由专业服务机构介入,市场调查、项目论证、房地产销售、物业管理等也应由专业机构介入。同时,房地产企业不能仅仅依靠自己内部的智力资源,而应组建相关行业的企业家、政府官员、高校专家学者、律师等组成的智囊团,为企业的营销活动献计献策。房地产营销的智力结构与相应的工作内容见表9-1。

表9-1 房地产营销的智力结构

| 智力结构 | 参与的工作 | 所起的作用 |
| --- | --- | --- |
| 宏观经济预测专家 | 前期分析<br>可行性研究 | 确定此时投资是不是时候<br>选择理想的投资区域<br>估测商业风险 |

续表 9-1

| 智力结构 | 参与的工作 | 所起的作用 |
|---|---|---|
| 城市经济观察专家 | 项目前分析<br>市场研究<br>项目定位 | 选择理想的投资区域<br>选择合适的项目<br>明确项目功能定位<br>明确客户定位<br>制订规避商业风险的策略 |
| 城市规划专家 | 城市规划研究<br>项目筛选 | 寻找城市规划的增长点<br>根据增长点筛选项目 |
| 房地产行情分析专家 | 市场调查<br>市场研究<br>项目定位<br>营销策划 | 制订价格策略<br>制订竞争价格策略<br>制订营销方案 |
| 社会观察分析专家 | 项目前研究<br>市场调查<br>市场研究<br>销售策划 | 估测非商业风险<br>制定规避非商业风险策略<br>进行买方行为分析<br>制定公关策略 |
| 大商场经营策划专家 | 项目定位<br>建筑设计要求<br>物业管理及经营构思 | 明确项目身份<br>提出商场环境要求<br>制定商场推广计划 |

## 9.1.3 房地产市场营销的活动过程

市场营销管理过程大致可划分为营销机会分析、研究选择目标市场、制定营销战略、计划营销方案、实施和控制营销计划等主要过程。

1) 分析营销机会

房地产开发公司首先要建立和运作一个高效的市场营销信息系统，分析、辨认和评价各种营销机会。该系统应包括一个使用者导向的内部报告系统、一个灵敏的营销情报系统、一个提供某些特定课题信息的营销调研系统和一个智能化的营销决策支持系统。公司相关部门应根据项目具体情况，收集、研究与市场营销环境有关的信息，如直接环境信息，包括企业、供应商、营销中介、目标顾客、竞争者和公众等方面；间接环境信息，包括自然环境、人口环境、经济环境、科技环境、政治法律环境和社会文化环境等方面信息。

营销部门需要通过分析当前的需求，预测未来的需求，以确定面临的营销机会是否足够大以及未来的成长是否足够快。

2) 研究选择目标市场

研究选择目标市场，是现代市场营销的关键环节之一。采用目标市场营销的公司需要把市场划分为若干细分市场,并对这些细分市场分别进行评价,从中选择和瞄准公司能为其提供最好服务的若干目标市场。通过目标市场的确定,明确自己与竞争对手的区别,并在激烈的竞争中战胜对手。

3) 制定营销战略

开发公司相关部门要根据项目具体情况制定出完整的市场营销计划,一份科学、完整的营销计划应包括计划摘要、营销现状分析、机会和问题分析、目标、营销战略、行动方案、预期损益和营销控制等主要内容。而营销计划中最重要的环节之一应该包括营销战略。制定营销战略首先要确定企业任务,其次要规定企业目标,然后还要设计业务组合。管理者要分析现有业务组合,决定对哪些业务进行追加、维持、收缩或淘汰,还要为业务组合增添新业务制定发展战略。

4) 计划营销方案

营销战略必须转化为营销方案。这需要在营销组合、营销资源分配上作出基本决策。管理者要管理产品和产品组合,要决定品牌、包装和服务,要制定价格和对价格进行及时的调整,要建立和管理营销渠道,要开发和管理整合营销传播等。这些决策使粗线条的战略变得具有可以操作性。

5) 实施和控制营销计划

市场营销过程的最后一个环节是组织营销资源,以及执行和控制营销计划。管理者要将营销计划付诸实施,使其转化为任务和行动,以实现企业的使命和目标。在这个过程中,管理者要对企业的整体效益和行动方式进行考核评价,及时纠正偏差,确保营销计划的有效实施。

## 9.1.4　营销对房地产企业的意义

研究房地产营销对于提高房地产开发企业的综合素质、增强房地产开发企业的竞争力、更好地满足市场需求,具有重要的理论和现实意义。

1) 有利于房地产开发企业营销素质和竞争力的提高

房地产营销的研究,可以指导房地产企业寻找最佳的投资方向、获取最佳的市场运作效率及对顾客树立最好的信誉等。

① 通过市场营销的研究为企业寻找市场机会和为企业进入某一目标市场提供市场研究。

② 为企业制定详细的营销计划,综合组织企业的每一部门和员工的力量。

③ 为企业提供详细的产品定价、分销和促销等策略,及时根据市场情况的变化,修改营销计划和内部存货。

房地产市场营销的研究,对于房地产企业开拓市场、提高流通效率、获取更好的效益,乃至于对房地产企业树立良好的社会形象都具有举足轻重的作用,能更好地促进房地产企业的发展。

2) 有利于房地产市场的发育和完善

房地产市场上存在的许多矛盾对房地产市场的进一步发育造成了障碍,比如在开发商与消费之间存在着空间、时间、价格、数量、产权、质量等方面的矛盾,这些矛盾随着社会经济和房地产业本身的发展会日趋复杂。

目前我国房地产市场上的阶段性、区域性和结构性的矛盾,以及由此造成的市场上商品房的大量积压,巨额资金的持久沉淀,都需要市场营销理论和实践的研究予以指导解决。市场营销的研究,可以及时分析和解决生产、流通中的许多矛盾,实现房地产市场上开发与消费的统一,以逐步减少乃至基本消除市场上商品房的积压,有利于房地产市场的进一步发育和完善。

3) 有利于消费者诉求的满足

市场营销是从消费者的需求出发,并把如何满足消费者的需求作为其归宿的。然而消费者需求的多样性、层次性、复杂性的特点,房地产企业不可能一目了然地把握市场需求的脉搏。运用市场营销理论,通过正确的市场调查和市场预测方法,可以及时地了解消费者的需求,并根据这些需求进行房地产开发,以进一步地满足各种消费者对房地产商品的不同需求。

总之,房地产市场营销理论的研究及其在实践中有效地推广应用,能促使房地产开发、流通和消费各个环节通畅有序地进行,从而提高整个房地产经济运行的质量和经济效益,促进房地产业的健康发展。

## 9.2 房地产市场细分与目标市场定位

### 9.2.1 房地产市场细分

1) 市场细分的含义

市场细分的概念是美国市场学家温德尔·史密斯(Wendell R. Smith)于20世纪50年代中期提出来的。所谓市场细分就是指按照消费者欲望与需求把一个总体市场(总体市场通常太大以致企业很难为之服务)划分成若干个具有共同特征的子市场的过程。因此,分属于同一细分市场的消费者,他们的需要和欲望极为相似,分属于不同细分市场的消费者对同一产品的需要和欲望存在着明显的差别。

我国已被认为是世界上最具潜力的市场,但今天绝大多数活跃于其间的企业都意识到,他们根本不可能获得整个市场。而房地产作为一个特殊的产品更具有地域性特点,它只能满足某个特定区域客户的需求。房地产开发企业在特定的区域通过研究市场,将市场进行细分,向有购买力的目标市场提供能够满足其需要的产品。但即便是特定区域的市场,其需求也是千变万化的,怎样准确地确定自己的市场,市场细分是营销工作者必须做的一项重要工作。

例如房地产购买者的购买动机往往各有不同,有的购房是为了改变自身的居住条件,有的消费者是用来做投资,有的消费者用来度假,有的消费者是为父母购买,有的消费者是为子女购买,等等。这样,从购买动机上可以把房地产市场细分为不同的子市场。当然,对同一产品细分市场的依据很多,细分的结果也各不相同。

一般情况下,房地产细分概念包含以下三层含义:

① 房地产市场细分与目标市场营销观念是一脉相承的。事实上,房地产市场细分是房地产开发经营企业实行目标市场营销战略的基础环节和必要前提。

② 房地产市场细分的依据是反映房地产市场中消费者或购买者现实需求欲望的一系列细分变数。

③ 通过房地产市场细分,最终是要把房地产市场中的买方总体,划分为一个个需求欲望相似的消费者或购买者群。房地产市场细分对买方总体而言是"分",即将买方总体分为需求欲望不同的若干群;对消费者而言是"合",即将需求欲望相同的消费者有机组合起来。

2) 房地产市场细分的作用

总体来看,市场细分对房地产开发企业来说有如下四方面作用:

(1) 有利于选择目标市场和制定市场营销策略

市场细分后的子市场比较具体,比较容易了解消费者的需求,企业可以根据自己的经营思想、方针及生产技术和营销力量,确定自己的服务对象,即目标市场。针对较小的目标市场,便于企业制定特殊的营销策略。同时,在细分的市场上,信息容易了解和反馈,一旦消费者的需求发生变化,企业可迅速改变营销策略,制定相应的对策以适应市场需求的变化,提高企业的应变能力和竞争力。

(2) 有利于发掘市场机会,开拓新市场

通过市场细分,企业可以对每一个细分市场的购买潜力、满足程度、竞争情况等进行分析对比,探索出有利于本企业的市场机会,使企业及时做出投产、异地销售决策或根据本企业的生产技术条件编制新产品开拓计划,进行必要的产品技术储备,掌握产品更新换代的主动权,开拓新市场,以更好地适应市场的需要。

(3) 有利于集中人力、物力投入目标市场

任何一个企业的资源、人力、物力、资金都是有限的。通过细分市场,选择适合自己的目标市场,企业可以集中人、财、物及资源,去争取局部市场上的优势,然后再占领自己的目标市场。中小型房地产企业由于在整体房地产市场中缺乏竞争优势,但如能细分出一个与本企业的实力和优势相适应的小市场,推出相应的房地产产品和服务,往往能获得较好的经济效益。

（4）有利于企业提高经济效益

通过市场细分，企业可以面对自己的目标市场，生产出适销对路的产品，既能满足市场需要，又可增加企业的收入，更好地实现企业目标。

3）市场细分原则

（1）可衡量原则

可衡量原则即细分市场的区分必须是明确的，细分市场的规模和购买力应该是可以衡量的。细分的标准明确，细分市场才会产生呈现明显的、易于辨认的形态，使得细分市场的规模能够衡量。

（2）盈利原则

细分市场应具有一定规模，有足够的需求量，是值得房地产企业专门制订营销计划服务的细分市场，能够给房地产企业带来效益。

（3）可实施原则

在市场细分后，房地产企业依据自身的资源条件，能有效地到达该细分市场，能向该细分市场提供其所需的房地产产品，确定进入的目标市场，制订营销计划并且付诸实施，获得效益。如房地产公司的房地产产品一般不可能同时进入其每个细分市场，为每个细分市场提供其所需的房地产产品。

（4）稳定性原则

细分市场必须保持相对稳定，不宜经常变更，以保证房地产企业市场营销策略的一致性，使得企业能够在该细分市场上获得长期、稳定的经济利益。

（5）集中原则

要把注意力集中在两至三种有代表性的产品上。

（6）防御原则

竞争优势越大，产生自我满足和惰性的危险就越大，只有比竞争对手学得更快，以保持竞争优势，并在其他因素中创造新的竞争优势。

## 9.2.2 房地产目标市场的选择

房地产目标市场就是房地产企业经过比较、选择，决定作为开发、服务对象的相应的分市场。

1）房地产目标市场的分析

房地产市场细分揭示了经营者所面临的市场机会，应对这些细分市场进行评估，挑选一个或几个细分市场作为企业经营活动的目标，即进入目标市场。其实质也就是用目标市场的基本要求综合评价每一个分市场的过程。作为房地产营销的目标市场，应符合如下条件：

（1）有一定的需求和规模

细分市场必须有现在和潜在的需求，这是进入目标市场的前提。对细分市场作需求研究时,要注意房地产开发周期长而造成的时滞,如某一阶段甲级办公楼需求相当旺盛,在这个阶段进入该目标市场至本楼盘甲级写字楼建成后,可能该目标市场需求已饱和。细分市场还应该具备适当规模。规模过小,企业进入会得不偿失。

(2) 有现实的支付能力

人们对楼盘的需要是无止境的,但成为需求必须有支付能力支撑,楼盘需求是有一定支付能力的需要。由于楼盘价格高,人们对楼盘的需要变为有支付能力的需求有很大的距离,所以进入房地产目标市场时,要准确地分析该目标市场顾客群体的经济实力和收入水平,按顾客现实的支付能力展望该目标市场的前景。

(3) 细分市场的结构吸引力

细分市场的结构有多方面的特征。如某个细分市场已经有为数众多、强大的或者竞争意识强烈的竞争者,该细分市场就会降低吸引力。因为激烈的市场竞争会造成楼盘推广的价格战、广告战等,同时造成销售成本过高而使利润降低。

(4) 企业的目标与实力

如果某个细分市场满足了上述三个条件,还必须考虑企业的目标和实力。某些细分市场,不符合企业长远发展目标则应该放弃,否则会分散企业的精力。无论哪个细分市场,企业要在其中取得成功,必须具备相应的人力、物力、财力和经营管理能力,这样才能进入成功的目标市场。

(5) 有一定的竞争优势

即使目标市场有足够的吸引力。也符合房地产企业目标和能力,企业仍不能贸然进入,还需进一步了解目标市场是否存在竞争对手(包括潜在竞争对手),竞争对手的实力如何。只有具备相对竞争优势的目标市场,企业才能进入,否则会在激烈的竞争中遭受严重损失,甚至被竞争对手击败。当然,没有竞争对手的目标市场是企业最有利的选择,因此,企业要积极开拓新市场。

(6) 具有盈利性

盈利是指扣除投资成本后的收益。用来反映房地产项目投资盈利性的主要指标有投资收益率、投资回报期、净现值等,分别适用于不同的情况,应当视条件有选择地采用。

2) **房地产目标市场策略**

策略是指为实现战略任务所采取的手段。战略与策略之间的关系是全局和局部、长远利益和当前利益之间的辩证统一关系。两者既有区别,又相一致,对于房地产营销来说,战略的目的是使企业长期稳定地发展,策略的目的则是取得一时一地的竞争优势。策略是战略的一部分,它服从于战略,并为实现战略目标服务,战略任务又必须通过策略一步一步地完成。

房地产企业在对目标市场的范围作出选择后,还必须进一步明确它的营销策略,主要有三种不同的策略可供企业结合具体条件进行选择。

(1) 无差异营销策略

房地产无差异市场营销策略，是指推出满足有关细分市场共性的单一产品，并运用单一的市场营销组合，力求在一定程度上适合尽可能多的顾客要求，如图9-1所示。

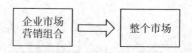

图9-1 无差异市场营销策略

无差异市场营销策略也是在市场细分的基础上制定的，这种营销策略往往面对一个或几个细分粗略的市场，只考虑顾客对楼盘需求的共同点，如统建住宅、标准厂房往往采取该策略。无差异营销的优点是，由于楼盘的品种、规格、式样等比较统一，有利于标准化和规模建设，企业可减少规划设计费用，提高工效，降低广告、促销等费用，市场推广较为简便。该策略的缺点是房地产顾客群需要得不到充分满足，因为随着卖方市场转为买方市场，顾客的需求日益丰富，一种楼盘长期为顾客接受相当困难。当多家企业实行无差异营销时，市场竞争异常激烈，而一些小的细分市场却被忽略。

(2) 差异性营销策略

房地产差异性营销策略是针对不同的细分市场，设计不同的营销组合，如图9-2所示。

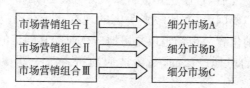

图9-2 差异性市场营销策略

该策略是建立在顾客需求异质性基础上的，面对不同的细分市场推出不同的楼盘，采取多品种经营，多样式的市场营销，如某些房地产企业实行跨地域经营战略，首先根据地域细分进入目标市场，随后在一个区域同时建造普通住宅、高级别墅和高级办公楼，实施不同的营销方式。

房地产差异性营销策略能满足顾客的不同需求。对企业而言，有助于发挥潜力，扩大销路，增加盈利。同时，有助于提高企业竞争力，树立良好的企业形象。差异性营销策略适用于实力雄厚的房地产大中型企业，但也会带来生产成本和销售费用的增加，使企业资源分散经营战线过长。

(3) 集中性营销策略

房地产集中性营销策略不是面向粗略的细分市场，也不是把力量分散使用于若干个细分市场,而是集中力量进入一个细分市场,或是对一个细分市场进一步细分发现其中更有潜力的"市场缝隙",如图9-3所示。如低收入顾客群的住宅细分市场。再如北京、上海、天津、江苏、浙江等省市已进入老龄化社会,这些地区的普通公寓再可以细分老年公寓的细分市场。

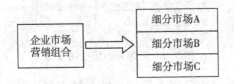

**图9-3 集中性市场营销策略**

房地产营销采用集中市场营销策略比较适合于中小企业,它的经营对象比较集中。对范围窄小的细分市场可以作深入的了解,并能够充分利用自身的某些专业化优势,在特定的目标市场上取得有利地位,获取较高的投资报酬。这一策略不足之处是企业回旋余地较小,风险比较大。这种风险有的来自顾客需求的转移,有的来自竞争对手的挑战。因此,采用这一策略必须密切注意目标市场的动向,并应制定适当的应急措施。

### 9.2.3 房地产目标市场定位

选定了目标市场之后,企业还要进行市场定位。所谓市场定位就是企业根据目标顾客所关心的主要因素,并比较竞争者的现有产品在市场的位置来确定本企业的产品在市场上的位置。市场定位是房地产企业为其确定的目标市场的开拓并提供满足目标市场的房地产产品,是为适应消费者某一期望值设计的产品营销组合。

例如某住宅开发企业选择了建筑面积为 $40\sim60\ m^2$ 的低档住宅作为本企业的目标市场,假设消费者所关心的主要是住宅质量和价格高低两个因素。则该企业的市场定位策略可选择如图9-4所示的A、B、C、D中的某一策略,即优质高价、优质低价、低质低价和低质高价。企业在市场定位时应避免与有竞争实力的企业发生冲突。

1)市场定位的方法

市场定位的选择依据有产品特色类型定位、利益类型定位、使用者类型定位、竞争类型定位、特别消费者类型定位等。

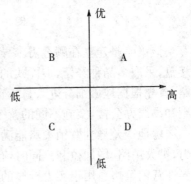

**图9-4 市场定位**

(1) 产品特色类型定位

这种定位方法以房地产产品特色进行定位,如某办公用房强调所处的区域优势和优良的物业管理;住宅小区则突出结构合理,设施配套,功能齐全,环境幽雅。

(2) 利益类型定位

这种定位方法注重强调消费者的利益,如有的房地产产品定位侧重于"经济实惠"、"价廉物美",有的侧重于"增值快速"、"坐拥厚利",而有的强调"名流气派"、"高档享受"。

(3) 使用者类型定位

房地产企业的经营者们常常试图把他们的产品指引给适当的使用者或某个分市场,以便根据该分市场的看法创建恰当的形象,如有些企业把普通住宅定位于"工薪阶层理想的选择"。

(4) 竞争类型定位

如果企业所选择的目标市场已有强劲有力的竞争对手,则可以根据竞争需要进行定位,一般有两种策略。

第一种策略是与现有竞争者并存。这种策略就是将自己的产品位置确定在现有竞争产品的旁边,从实践看大多为一些实力不太雄厚的中小房地产企业选用。采用这种策略必须具备两个条件:一是目标市场区域内有一定量还未得到满足的需求;二是企业开发的产品要有一定的竞争实力,要能与竞争对手相抗衡。

第二种策略是逐步取代现有竞争者。这种策略就是将竞争者赶出原有位置并取而代之,占有它们的市场份额,主要为实力雄厚的房地产大企业所选用。同样必须具备两个条件:一是新开发的产品必须明显优于现在产品;二是企业必须做大量的宣传推销工作,以冲淡对原有产品的印象和好感。

(5) 特别消费者类型定位

在房地产住宅市场"散户行情"弥漫时,可以考虑采用此类定位。事实上,许多房地产企业进行市场定位的依据往往并不只是一个,而是多个结合使用,因为作为市场定位所体现的企业及其产品的形象必须是一个多维的、丰富的立体。

2) 重新定位

房地产企业在市场上定位即使很恰当,但在遇到以下两种情况时,仍应重新考虑。

(1) 竞争对手的变化

竞争者推出的产品定位于本企业产品附近,侵占了本企业的部分市场,使本企业产品的市场占有率下降。

(2) 消费者的偏好发生变化

由于市场变化引起消费者的偏好发生变化,从偏好本企业产品转向偏好竞争对手的产品。

企业在作出重新定位的决定前还应考虑两方面因素,第一,企业将自己的产品定位从一个分市场转移到另一个分市场的全部费用。第二,企业将自己的产品定位于新的位置上的收入有多少,收入取决于这个分市场购买者、竞争者以及产品价格。企业市场营销人员应将上述的支出与收入进行比较,权衡利弊得失,然后决定是否要重新定位于该新位置上,以免得不偿失。

企业设计的定位构想还必须通过有效的措施传达给现实顾客和潜在顾客。这些措施概括起来就是市场营销组合策略。市场营销组合是市场发展到20世纪50年代时出现的重要概念,指企业在选定目标市场上综合考虑环境、能力、竞争状况等因素,对企业可控制的因素加以最佳组合和运用,以完成企业目标和任务。

## 9.3 房地产营销策略

房地产企业在进行市场细分、选择目标市场以后,要想顺利进入并长期占领目标市场,必须制定相应的营销策略。一是通过生产适销对路、质价相宜的房地产产品满足目标市场的需要;二是通过制定适宜的价格促进产品销售;三是通过选择通畅的营销渠道将企业的产品在适当的时间、适当的地点供应给广大消费者;四是通过开展促销活动加快房地产的营销过程。产品、价格、品牌和促销等策略是房地产市场营销活动的核心内容,这些策略的正确与否关系到企业营销活动的成败。

### 9.3.1 产品差异化策略

目标市场确定后,房地产企业应针对目标客户的需求,结合自身的优势,最大限度地挖掘房地产产品的特色,甚至是创新点,使自己的产品在某方面比竞争者更具优势,更好地满足客户的需求。房地产企业可以从产品的位置、产品的规划设计、产品质量的确定、产品的价格、产品的服务等五个方面来塑造产品的差异化。

1) 产品的位置

两幢建得完全相同的房屋,因为所处的位置不同,价格悬殊。房地产产品的位置是体现房地产产品差异性的首要因素。对房地产位置的研究我们可以从城市、地点、交通和环境四个方面进行。

(1) 城市

我们的房地产产品一般建造于城市之中,城市分析侧重于宏观环境分析,一般取决于该城市的经济发展水平、产业结构、生活水准、人口数量、文化教育、购买力水平、房地产的发展水平等。还取决于城市的发展规划,它是政府对城市性质、城市规模和发展方向,合理利用土地,协调空间布局的综合考虑和部署。

(2) 地点

地点一方面指房地产产品在城市中所处的具体地理位置,包括具体的门牌号码和相对的距离感觉,如某楼盘距离城市中心、副中心、商业中心、交通枢纽的远近;另一方面是指具体的方位、地块的形状和大小,如是临街地还是角地、是带状地还是点状地、是朝向主干道还是次干道等特征。

(3) 交通

交通首先是指楼盘附近的交通工具和交通方式,如铁路、飞机、地铁、公交等,表明交通的便捷程度。其次,交通状况也反映了该地区未来数年的发展趋势。如在大连,随着轻轨的开通,轻轨沿线地区的人流量必然加大,经济迅速发展,周边的房地产价格也将随之升值。

(4) 环境

环境是指地块及地块周围的物质和非物质条件与特征,如水、电、煤气等市政设施,公园、学校、医院、商场等生活配套设施属于物质条件;地块周围的历史、人文、人口数量和素质等则是非物质特征。

2) 产品的规划设计

住宅产品究竟是规划为别墅还是公寓?是小户型还是大户型?建筑覆盖率、容积率、绿化率控制在多少?质量标准确定在何种水平?等等,这些都需要通过产品的规划设计最终确定。产品规划设计的原则有:

(1) 产品的规划设计应满足目标客户市场的需求。

(2) 产品的规划设计需要符合城市规划的要求和各项法规。

(3) 产品的规划设计应顺应市场趋势,引导消费时尚。

(4) 产品的规划设计应兼顾成本与利润。

3) 产品质量的确定

房地产产品质量是根据国家有关法律、法规、技术标准和顾客(潜在顾客)要求对产品安全、适用、经济、美观等特性的综合要求。从功能和使用价值看,产品质量主要体现在适用性、可靠性、经济性、外观质量与环境协调等方面。

产品的功能和使用价值的质量要求相对于潜在顾客的需要而言,并无一个固定和统一的标准,消费者甚至可以向房地产公司订制自己的房屋,提出对房屋质量的特殊要求,因此需要以满足潜在顾客需要为前提,以实现产品目标以及附加值为目的,在产品决策中确定产品的质量目标和标准,并通过产品规划设计具体化。

4) 产品的价格

房地产企业可以采用高价策略、中价策略和低价策略,价格的差异还可以体现在楼盘上、楼层间、每户中。

5) 服务

随着房地产核心产品和有形产品差距的缩小,延伸产品即服务在房地产市场竞争中的作用越来越重要。一般来说,房地产营销服务可分为:售前咨询服务、售中代办手续服务和售后物业管理服务,这些被视为房地产延伸产品的内容。不同类型、不同档次的房地产硬件产品需要配以适宜的物业管理的软件服务,才能构成完整的房地产商品使用价值。物业管理可以营造安全、良好的工作和生活环境,提升房地产产品品质,创造房地产产品的差异性,增强产品的竞争优势。

物业管理可以帮助客户正确、有效地使用产品,而且可以使企业进一步了解客户的需求,也是为产品赢得良好声誉的手段。现代的房地产市场营销强调房地产全过程营销,即企业的营销活动贯穿于开发企业生产经营的全过程。从产品的开发设计、施工建造、销售到售后服务都属于营销管理的范畴。物业管理处于房地产产品的使用阶段,属于售后服务的性质,但通过物业管理的前期介入,一方面房地产企业可以从客户使用的角度和物业公司便于管理的角度提出对项目规划设计的要求,如在封闭式管理小区内道路不宜直通,根据需要预留空调机位等;另一方面,物业管理前期介入对于开发企业和建筑企业的活动起到了一定的监督作用,物业管理公司在项目规划设计、施工组织、工程竣工验收和销售过程中会代表未来的业主提出自己的建议和意见,对于保证项目的功能和质量起到不可估量的作用。

6) 差异化策略的风险

差异化策略的优点是显而易见的,能够使在同一市场上本企业的产品能有效地区别于其他企业的产品,从而确立企业的竞争优势,与竞争对手相比处于更有利的地位。通过差异化策略,企业不但满足了目标消费者群体的需求,而且赢得了目标消费者群体的信任,为潜在的新竞争者进入市场设置了障碍,通过差异化策略还可以使得企业获取较高的边际利润。

(1) 可能存在的风险

实施差异化策略也必然存在着一定的风险,主要体现在如下几方面:

① 当消费者愿意为产品的差异支付较少的费用时,也就是说,消费者仍倾向于标准化产品,对需求存在的差异不大时,这时差异化策略容易失败。

② 当企业实行差异化策略时,房地产产品的生产成本明显提高,往往会失去一些对于价格敏感的消费者,所以选择差异化策略有时会与争取更大的市场份额相矛盾。

③ 如果竞争对手可以轻易地模仿的话,企业实施的差异化策略就可能遭到失败。

(2) 防范风险的措施

企业在采取差异化策略时,必须排除可能出现的失误,防范相应的风险发生。主要有:

① 试图在不增加生产经营成本或不增加消费者感知价值的情况下,对产品的某些方面实施差异化。

② 产品的差异化程度过高或试图对产品的差异增加过高的补偿价格,以至于其价格大大高于竞争对手,丧失了产品在价格上的竞争优势。

③ 在消费者需求差异不大的产品上实施差异化或者产品所提供的效用大大超过消费者的需求程度。

④ 并未了解消费者所认为具有价值的因素或特征,就贸然实施主观设计的差异化策略。

## 9.3.2 产品组合策略

产品组合是指一个企业生产和销售的全部产品的结构。产品组合一般由若干产品线组成。所谓产品线是指企业经营的产品核心内容相同的一组密切相关的产品。它们有类似的功能,只是在户型、档次、设计等方面有所不同。如住宅包括低档住宅、普通住宅、高档住宅、别墅等。产品项目是产品线中的一个明确的产品单位,它可以依据尺寸、价格、外观等属性来区分,也可以依据品牌来区分。如不同户型、档次、设计风格的单个物业。

产品组合包括产品组合的广度、深度、长度和关联度。产品组合的广度是指一个企业生产经营的产品线的总数,产品线越多说明产品组合的广度越宽。扩大产品线的广度,有利于房地产企业开拓新的市场;产品组合的深度是指一个产品线中所包含的产品项目的数量,加深产品的深度能够激发房地产企业的潜能,占领更多的房地产细分市场。产品组合的长度是指企业产品项目的总和,即所有产品线中的产品项目相加之和。产品组合的长度越长,说明企业的产品品种越多、规格越多。产品组合的关联度是指企业生产的各个产品系列之间在最终用途、生产条件、销售渠道等方面存在的相互关联程度,如房地产开发企业组建物业管理公司,就是由于住宅产品与物业服务具有较高的关联度,关联度大的产品组合有利于企业的经营管理,获得较好的经济效益。产品组合的广度和深度的关系如图9-5所示。

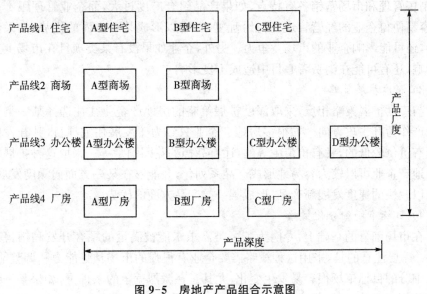

图9-5 房地产产品组合示意图

根据房地产产品的特点，不同的房地产企业或同一房地产企业不同时期可以采用的产品组合策略如下。

1) 综合发展策略

企业凭借雄厚的资金和技术力量以及市场信息把握能力，不放过任何机会，尽全力扩展产品组合的广度和深度，向市场提供各种类型的房地产商品。综合发展需要较强的综合实力，尤其是资金运作能力，该策略是规模较大的公司或集团所普遍采用的一种策略。

综合发展策略能较大限度地分散各种产品的经营风险，扩展企业的实力和声势，取得最大的市场覆盖面和最大限度地满足顾客的需要。但是，如果技术和管理实力跟不上，没有强大的资金实力作保证，或者是企业没有应付某一类项目在特定时期亏损的能力，往往风险较大，实际效果可能适得其反。因此，采用综合发展策略时，企业首先应当慎重分析扩展领域的风险及潜在利益。

2) 广度发展策略

综合发展策略要求房地产企业需要有雄厚的资金、技术与管理力量。因此，一些规模较小的企业往往采取广度发展策略，参与各种类型的房地产如住宅、商业用房、工业用房、写字楼等的开发，但某种类型的房地产主要集中在一种或少数几种项目上。采取广度扩展策略可以避免某类项目市场不景气而给企业带来较大的冲击，也可以分散经营风险。

广度扩展策略并不意味着各类房地产项目面面俱到，采用此种策略的房地产企业应注意根据自身的实力确定合适的产品组合广度。由于不同类型房地产的开发、销售管理和市场营销各有特点，如果产品组合广度过大，而企业管理跟不上的话，容易使得企业的经营管理变得纷乱复杂，难以形成某一方面的优势，如果经营不善，还可能影响企业的市场竞争力。另外，企业如果没有某类项目在市场上有较大影响，还有可能在消费者心目中造成不良影响。

3) 深度扩展策略

与广度扩展策略相反，采取深度扩展策略的房地产企业往往选择某一类型的房地产作为其主攻方向。如很多房地产企业只致力于发展住宅项目，其开发的产品既有价位较低的，又有价位中等的，还有高档的花园别墅等。采取这种扩展策略的房地产企业可以较为容易地形成产品系列化，并能够在某一方面向深度发展，因此能以较快的速度发展新产品，形成某一类产品方面的优势。

4) 目标市场细分化策略

在市场细分的基础上，专门为某一类需求未能被满足的顾客开发和销售某种产品。需要注意的是，采用这种策略需要企业有很强的市场预见能力和调整能力，因为细分的目标市场很容易发生变化，尤其是在激烈竞争的条件下，如果某一细分市场的项目成功以后，就不考虑调整，很容易使企业陷入困境之中。

产品组合策略运用需要充分考虑企业自身的技术、管理和资金实力,同时应当充分注意市场的变化。产品组合状况直接关系到企业销售额和利润水平,因此,企业运用产品组合策略时,应当充分进行分析。这种分析不能是单一类产品的分析,而应该是组合产品的综合分析,即评价组合方案的优劣,优化产品的组合。

在一个动态的市场环境中,消费者的需求和爱好是不断变化的,竞争者也在不断地进入或退出市场,而且在不断地调整他们的产品战略及整个营销决策。所以一个房地产企业不管采用何种产品组合,均应该按照"调整—分析—评价—再调整—分析—评价"的思路进行动态管理,使企业营销组合处于不断的优化之中。

5) 删减策略

采用专业化组织形式,减少本企业开发建设的滞销产品或剔除亏损产品项目,其优点是提高生产效率与产品质量,降低开发成本,使房地产企业扩大畅销产品的开发建设,获得长期稳定的利润。

### 9.3.3 产品品牌策略

品牌是用以识别产品或企业的某种特定标志,通常由某种名称、记号、图案或其他识别符号构成。品牌实际上是企业或产品在消费者心中的一种形象代表,将产品或企业从竞争者中区别开来。品牌和商标是有区别的,商标是企业在政府有关主管部门注册登记的品牌的全部内容或部分内容。品牌的范围比商标要广泛。

房地产产品品牌是指房地产开发企业给自己开发的房地产产品规定的名称与标志,通常是由文字、标记、符号、图案和颜色等要素组合构成的。房地产产品品牌在整体产品营销中起着越来越重要的作用,成为房地产企业普遍重视的竞争手段。

品牌竞争力强的产品一般所需要的营销成本就比较低,它可能不需要花费很多的广告费去增加自己的知名度,甚至可以使同样品牌的新产品进入市场的成本大大减少。品牌竞争力强的产品可能比同类产品卖出更高的价格。由于消费者愿意购买好品牌的产品,从而使企业增加了同中间商讨价还价的优势,使品牌竞争力强的企业能够降低产品的生产成本,获得比其他企业更高的利润。综上所述,品牌同企业的其他财产一样,具有可以被衡量的价值,它可以被估价,甚至可以被转卖。品牌因其价值的存在而成为企业的一种无形资产。

1) 房地产企业是否需要建立品牌

由于建立品牌需进行大量的广告、包装策划,耗费较大,因而为了降低成本,使房地产产品价格降低,增强竞争力,很多开发企业最初不愿意建立品牌。但是,随着市场竞争的加剧及消费者品牌意识的增强,有品牌的房地产产品更容易在市场产生影响,良好品牌的产品的售价高于同档次的其他产品且市场占有率高,加之品牌还可以作为开发企业的无形资产,因而大多数开发企业越来越重视品牌的建设。

2) 房地产产品品牌如何建立

把房地产产品的品牌与企业的品牌相结合并以企业品牌为重点来建立。房地产企业在初期创造市场时主要依赖产品品牌来迅速获得市场的认知,但随着项目的增多,项目的多元化,逐渐将成功的项目品牌延伸为企业品牌,并加以保持和发扬,还可以促进新的项目品牌的建立。

一个完整、丰满的房地产品牌设计需要包括品牌识别系统、品牌个性定义、品牌核心概念定义和品牌的延伸概念定义四个部分。房地产产品品牌设计还应注意以下几方面问题:

(1) 易于认读、识记,切忌选用生、冷、偏、怪的文字。

(2) 与房地产产品的品质、环境、价格相适应,做到名副其实。

(3) 强调物业的意境、特色及文化和创意。使好的物业通过品牌起到"锦上添花"的作用。

(4) 符合时代潮流和民族传统。

3) 房地产产品品牌的维护

当房地产企业的品牌建立以后,就要对房地产品牌进行维护不仅要关注品牌的正常运营和持续发展,还要密切注视潜在竞争对手的品牌战略。已经建立的品牌并不是永恒的,它会随着项目的完成而淡化甚至退出市场,因此企业更需要注重产品品牌的延续性,并将产品的品牌与企业的品牌相联系。

一个好的品牌建立之后,会产生良好的经济和社会效应,也必将带来竞争对手的效仿和仿制,因此,必须不断加强品牌的宣传,特别是品牌特征的宣传,强调品牌之间的差异性。

### 9.3.4 房地产价格策略

房地产价格,是指在房屋建造、建设用地开发及其经营过程中,凝结在房地产商品中活劳动与物化劳动价值的货币表现。它是房屋建筑物价格和地产价格的统一,是房地产商品价值和地租资本化价格的综合性货币表现。房地产价格同其他商品的价格一样,具有两种职能,一是商品价值的货币标度,二是调节职能,即反映价格与价值的偏离,调节资源和收入的分配,从而对社会再生产过程发挥其杠杆作用。

在房地产销售过程中,买家最敏感、最为感兴趣的就是房地产开发商对其产品的定价。买卖双方能否达成协议最根本的问题就是价格问题。

1) 房地产定价方法

定价,往往是开发商在遵循有关政策法规约束下,确定其开发产品价格的一个重要的权利。当然,房地产定价必须符合市场原则,需要接受市场的最终检验。房地产的定价方法有:

(1) 成本加成定价法

成本加成定价法即先计算出房地产产品的全部成本,然后再加上一定的利润率。这种方法的特点是先得出成本,规定一个合理的预期盈利比率,两者相加就得到售价。房地产的成本按其性质又可分为固定成本和变动成本,固定成本如土地成本等,变动成本如工资、建材费用等。固定成本加变动成本即可得出总成本。使用成本加成定价法时,必须考虑房地产市场行情及市场竞争的激烈程度,只有这样,才能定出合理的房地产价格。

(2) 竞争价格定价法

竞争价格定价法主要根据相近产品或附近地段房地产市场竞争的状况而制定。当竞争激烈时,条件相当的两楼盘,即使价格相差幅度很小,比如只差总价格的5%,买家也会倾向于购买价格相对便宜的房地产。当房地产市场处于高潮时,先上市的物业可能定价稍微低于市场可接受的价格水平,而后上市的物业即使与先上市物业的产品性质、地段、繁荣状况都相似,也可以定出比较高的价格,因为此时的房地产行情看涨。

(3) 投资回收定价法

投资回收定价法是房地产开发公司为确保投资回收,并获取预期目标收益而制定营销价格的方法。具体的定价可分为投资回收期定价法和投资收益率定价法。投资回收期定价是指企业以在预定年限内收回投资为经营目标的定价方法。而投资收益率定价则是指企业以获得一定投资收益率为经营目标的定价方法。在实际经营中,企业往往需同时考虑收益和时间,综合确定投资回收目标。

(4) 加权点数定价法

加权点数定价法是指在制定预售房屋的价格时,通常搜集一系列同类物业交易的价格等相关资料,运用市价比较法,分析房地产市场行情,然后根据房屋面积、朝向、视野、楼层、市场繁荣程度等情况,分别给以不同的价格,根据这些价格来用加权平均法计算出整个物业出售时的合理价格水平。这种价格水平综合了各种不同情况,并对物业各相关部门的利弊进行了平衡,因而是一种平均的、折中的价格。

以住宅为例,影响房屋价格水平的因素很多,主要差异有:

① 朝向差价。一般而言,根据我国独特的地理环境和文化背景,朝南的单元较贵,东南朝向、西南朝向的次之,朝北的则最便宜。若所有的厅和卧室都朝南,则最贵,若所有的厅和卧室都朝北,则最便宜,其他依此类推。

② 楼层差价。对高层楼房而言,通常是由低层向高层逐渐趋贵,但最顶层的则比它下面三四个层面要便宜。对六层公寓而言,一般情况是,三、四层最贵,二、五层次之,一、六层最便宜。

③ 边间差价。对公寓而言,三面临空,并且三面采光的房屋最贵,二面临空、二面采光的房屋次之。对别墅而言,四面临空的独栋别墅最贵,三面临空的双拼别

墅次之,二面临空的连体别墅最便宜。

④ 面积差价。因面积大小而导致的差价系数的不同,往往和总价配比有关。当一个楼盘的总价范围波动很小,但因市场需要,要求拉开总价落差的时候,就会对不同的面积单元确定不同差价系数来加以实现,以锁定不同客户的总价需求。而且由于人们在不同面积的房屋中生活的舒适感程度完全不一样,因此房屋面积有一个适度规模,面积太大或太小的房屋价格都不可能太贵,而以最适宜人们生活尺寸的房屋价格较贵。

⑤ 视野差价。如果房屋面临公园、湖泊、海滨,视野较佳,人生活在里边会感到轻松自然,这样的房屋一般价格较贵。而面临闹市区或采光不佳、视野较差的房屋,即使在同一幢楼的同一楼层,价格也相对便宜。

⑥ 产品差价。房地产产品是由建筑材料构成的,而建材有许多档次,价格差异很大。例如,木质、铝质门窗和铜铸大门、高级铝门窗价格相差很大,而大理石、花岗石面料也不是一般的瓷砖价格能比拟的,外国进口的厨房设备、卫生洁具也比国内产品贵好几倍。建材的价差必然造成房地产产品的差价。

⑦ 设计差价。室内格局、大小公共设施的配置都会影响房地产价格。另外,如开放空间、休闲空间的设计也因提高居住品质而提高房地产产品的价位。

⑧ 口采差异,一般来说,双数的楼层门牌号贵一些,单数的楼层门牌号便宜一些,而人们对另外一些号码有特定的心理感受,如有13、14号码的便宜一点,含有8、6、9号码的贵一点。

（5）顾客感受定价法

当购房者对开发商的品牌和信誉有信心时,即使该产品价格稍高于其他同类产品,购买者也会乐于购买的。当买家对开发商不具有信心时,即使定价低,买家也会犹豫再三,甚至怀疑其产品质量,大大影响了其销售。所以开发商定价时,要周密考虑,并不是价格越低越好,有时候价格太低反而使买家怀疑产品质量。

由于房地产产品定价最后都得经过市场检验,如果购买者乐意接受,则该产品行情看涨,否则行情不妙。房地产产品与其他许多商品一样,名牌和信誉能主导消费者的消费欲望。但是房地产产品定价也不能太离谱,主要应参考成本价格,若定价超过顾客所能忍受的价格,销售反而会不利。

总之,房地产产品定价是一门艺术,里面有许多技巧和策略,这种技巧和策略一方面是针对同行的竞争,另一方面则是面对消费者,其中最重要的是把握消费者心理,使房地产产品价格易于为消费者所接受。如果离开了这一点,任何技巧和策略都是空谈。"消费者是上帝"这句行销格言在房地产产品定价时必须牢牢记在心里。在具体定价时,往往需考虑各种因素的影响,并根据实际情况综合把握,制定出准确合理的产品售价。

2) 房地产产品定价策略

价格竞争是一种十分重要的营销手段。在市场营销活动中,企业为了实现自己的经营战略和目标,经常根据不同的产品、市场需求和竞争情况,采取各种灵活多变的定价策略,使价格与市场营销组合中的其他因素更好地结合,促进和扩大销售,提高企业的整体效益。一般来说,在开发商选定了目标市场及市场定位之后,则定价策略就已经相当明确了。若选择直面工薪阶层,追求最大化地占有市场,则采取低价倾销的策略;若选择高素质、服务好的楼盘,则采取高价位的策略,以承担较高的开发成本,维护物业的高档形象。目前来说,房地产商大多采用所谓"低开高走"的方法,分期推出楼盘,首期先以低价吸引消费者,但从第二期起即开始逐步加价。这样做的目的是首先以低价汇聚人气,而后以逐渐加价的方式促使消费者马上购买,以免承担较高的楼价,而同时又使人觉得所购买的物业在不断地升值。

定价的策略可以有很多种,但最终目的都是为了达到营销目标,因此,最根本的一点是要考虑市场是否有足够的承接力。赚取高额的利润率是每个开发商都不会抗拒的,但若一味自信自己的楼盘而追求高价,则容易造成"有价无市"的局面,最终导致项目的失败。

### 9.3.5 房地产市场营销渠道策略

营销渠道是将产品由生产者转移给消费者的途径。通常情况下,最典型的方式有开发商直接销售、委托代理商销售两种。

1) 开发商直接销售

开发商直接销售是开发企业组织销售团队,与消费者直接接触进行销售。这种方式有利于收集消费者对产品的意见,有利于改进企业的工作,提高竞争能力和建立良好的企业形象。但是,这种方式要求房地产公司具有很强的销售力量,它包括一个有效的营销机构,以及一批既有房地产营销技术,又有管理运作经验的高素质的营销队伍。一般情况下,开发商多在下列情况下多采用直接销售的方式。

(1) 大型房地产公司

在公司内部设有销售部门,专门负责公司楼盘的销售工作,它们往往有自己的销售网络,提供的自我服务有时比代理商更为有效。香港的大型房地产公司,如长实、新鸿基、恒基兆业等多采用直销的方式。一方面是因为发展商有实力;另一方面,是他们认为自己公司的人会全力为公司推销,由他们来进行销售工作效果会比较好。而一个代理公司往往可能同时有很多楼盘推出,不一定有足够的人力、物力来推销每一个所接受委托的楼盘。

(2) 市场为卖方市场

当市场为卖方市场时,房地产市场供不应求,推出的楼盘受到投资者的欢迎。2005~2007年间房地产热时,就是这样一种情况。开发商的图纸一出来,楼盘就立即被抢购一空,当然无需再去找物业代理了。

（3）楼盘素质特别优良

一些楼盘由于自身素质特别优良,市场反映非常好,有时甚至由业主预付部分或全部建设费用,像这样的情况也无需委托代理。

在开发商直销中,公司的销售人员代表公司与客户洽谈,签订协议,因此,销售人员不仅应具有较高的素质,而且须掌握房地产专业及相关知识,对所推介的楼盘非常熟悉,对市场上同类竞争项目也有相当的了解,这样才能更好地向顾客推荐楼盘。

2）委托代理商销售

一般中小型房地产公司或营销经验和能力不够强的开发公司,考虑到自身的实力以及专职销售人员的支出成本较大,多采用委托代理商销售的方式。而有些开发商虽然拥有自己的销售队伍,但在上述情况下,有时也会聘请销售代理为自己提供有关营销顾问服务。

代理商由于置身于市场中,每天都有机会接触到大量的信息,市场信息对于一个项目的成败相当关键,因此,代理商的作用往往是不可低估与忽视的。专业的代理商并不是说简单地接手开发商推出的楼盘,将它推销出去,而是在项目的前期就已介入。开发商拟定开发的楼盘应该进行怎样的市场定位、户型如何安排、如何拟定合适的价格,代理商都可根据其专业知识和掌握的市场信息来出谋划策,而在楼盘的推销过程中,由于代理商具有丰富的推销经验,因此往往能很好地完成推销工作。

物业代理的形式有多种：如联合代理、独家代理、买方代理、卖方代理和双重代理、首席代理和分代理等。因此,开发商可根据项目的具体情况采用不同的代理形式,如对于一些比较庞大的、功能比较复杂的项目,可采用由几家代理公司联合承担代理工作;或者采用委托一个物业代理公司作为项目的首席代理,全面负责项目的代理工作,总代理再去委托分代理,负责物业某些部分的代理工作。而较小型的房地产项目,委托给该类物业有代理经验的公司承担代理工作。

## 9.3.6 房地产市场营销促销策略

1）房地产促销的定义

促销是指企业以各种有效的方式向目标市场传递有关信息,以启发、推动或创造对企业产品和劳务的需求,并引起购买欲望和购买行为的一系列综合性活动。促销的本质是企业同目标市场之间的信息沟通。

房地产促销是房地产市场营销管理中最复杂、最富技巧、最具风险的一个环节,促销策划主要应围绕促销的基本方式来进行。所谓房地产促销是指房地产企业向目标顾客传递产品信息,促使目标顾客作出购买行为而进行的一系列说服性沟通活动。它是房地产市场营销组合的四个构成要素之一。

2）房地产促销的作用

（1）提供商业信息

在房地产产品进入市场之前,房地产企业必须把有关的产品情报传递到目标市场的消费者、用户和中间商那里,引起人们的注意以打开销路,从而解决在房地产市场不健全情况下,房地产企业寻找顾客和顾客握着货币不知去何处买房的矛盾。同时,房地产企业要了解顾客的要求,包括房屋的建筑形式、平面布局、装修标准、色彩等,摸清规律,改进产品,使其更适销对路,扩大市场份额。房地产促销可以使房地产企业形成有效的传递和反馈信息系统。

(2) 突出产品特点,提高竞争能力

房地产企业通过促销活动,宣传本企业产品的特点,努力提高产品和企业的知名度,增强用户的信任感,以提高企业和产品的竞争力。在房地产促销活动中,预付购房款、期房成交的情况较多,顾客只能从房地产企业以前的产品及其在社会上的形象和信誉决定是否购买其房地产产品。房地产开发企业通过促销活动,可以宣传本企业产品的突出特点以及它给消费者或用户带来的特殊利益,并让更多的潜在顾客了解企业的规模、特征、地点、主要产品类型和所取得的成绩,以提高企业知名度,开拓更大的市场。

(3) 强化企业形象,巩固市场地位

房地产企业通过促销活动,可以树立良好的企业形象和商品形象,培养和提高消费者"品牌忠诚度",增强产品的市场竞争力,扩大市场份额。在竞争激烈的环境下,通过促销活动,房地产企业能够锁定细分市场中的目标客户,从而稳定销售,即使是规划、配套设施、交通等方面完全相同的两个竞争性楼盘,也能通过促销使目标消费者认识到它们在价格、质量、档次和其他方面的不同之处,并以这些不同属性满足消费者的需求,使产品更有竞争性。

(4) 影响消费,刺激需求

通过促销沟通可以引起顾客的购买欲望,引发他们的购买行动,从而增加老产品的销售量,同时扩大新产品的销售。由于房地产产品的相关信息具有较强的专业性,通过促销,可以告诉消费者什么才是适合他们的商品,从而改变不合理的消费行为,使消费者的需求能够适应时代的发展,如节能住宅的推广、住宅郊区化的引导等。

3) 房地产促销方式

房地产促销方式主要有四种:广告促销、人员促销、营业推广和公共关系。

(1) 广告促销

广告促销是房地产企业用来直接向消费者传递商品信息,输送某种观念的最主要的促销方式。广告利用其灵活的表现形式,可以将有关信息不知不觉地灌输到消费者的脑海里,从而影响消费者的购买决策,激发消费者的购买欲望。因此,房地产企业广泛使用广告宣传的手段,以扩大市场销售量。

(2) 人员促销

人员促销是房地产企业的推销人员通过与消费者进行接触和洽谈,向消费者宣传介绍房地产商品,达到促进房地产租售的活动。在人员促销过程中,通过房地产销售人员直接与消费者接触,可以向消费者传递企业和房地产的有关信息;通过与消费者的沟通,可以了解消费者的需求,便于企业能够进一步地满足消费者的需求;通过与消费者的接触,还可以与消费者建立良好的关系,使得消费者也发挥推荐和介绍房地产的作用。另外,人员促销还具有推销与促销的双重职能。由于房地产是价值量巨大的商品,一般消费者不会仅凭一个广告或几句介绍就随便地作出决定,因此,人员推销是房地产企业最主要的推销方式。

对某些处于一定销售阶段的产品,人员促销是一种最有效的促销方式,尤其是在争取顾客偏好,建立顾客对本企业房地产产品的信任和促成交易等方面有显著的效果。但是由于人员促销接触的顾客面较窄,所以,与其他促销手段相比,它是一种相对较昂贵的沟通工具。

(3)营业推广

营业推广直接针对房地产产品展开促销,可以刺激消费者采取购买行动,或刺激中间商的销售人员努力销售房地产产品。因此,房地产企业为在短期内引起消费者对其房地产产品的注意,扩大销售量,常采用这种促销方式。

(4)公共关系促销

公共关系促销是指房地产企业为了获得人们的信赖,树立企业或房地产的形象,用非直接付款的方式通过各种公关工具所进行的宣传活动。公关促销不是由企业直接进行的宣传活动,而是借助于公共传播媒体,由有关新闻单位或社会团体进行的宣传活动。因而能引起公众的高度信赖和注意,消除公众的戒备。所以,房地产企业越来越重视公关促销,都想通过公关活动进行促销宣传。但公关促销往往不是针对房地产本身的促销,因而促销的针对性较差,并且房地产企业常难以对这种促销方式进行有效的控制。

以上四种促销方式各有其优缺点,见表9-2。

表9-2 四种促销方式的优缺点

| 促销类型 | 优 点 | 缺 点 |
| --- | --- | --- |
| 广告促销 | 传播广泛;传播信息规范;易于控制 | 费用高;广告效果难以度量;难以与目标沟通 |
| 人员促销 | 信息表达灵活;易于与消费者沟通,建立关系;促销目标明确,促成及时成交 | 单位接触成本高;对销售人员素质要求高;难以进行大面积销售 |
| 营业推广 | 促销刺激直接;易引起消费者注意与反应;效果明显 | 容易引起竞争;促销效果难以持久 |
| 公共关系促销 | 可信度高;影响面广;易建立企业和房地产产品的形象;促销作用长久 | 针对性较差;企业难以进行控制 |

4) *房地产促销组合*

房地产促销组合是指为实现房地产企业的促销目标而将不同的促销方式进行组合所形成的有机整体。对四类促销方式进行有效的组合,使企业能够以最少的促销费用达到所确定的促销目标。房地产促销组合主要有以下特点:

(1) 房地产促销组合是一个有机的整体组合

一个房地产企业的促销活动,不可能只使用一种促销方式,而是将不同的促销方式作为一个整体使用,对其促销方式进行合理的组合,以产生"1+1>2"的效应。

(2) 促销组合的不同促销方式具有相互推动作用

一种促销方式作用的发挥受到其他促销方式的影响,没有其他促销方式的配合和推动,就不能充分发挥其作用,合理的组合将使促销作用达到最大。

(3) 构成促销组合的各种促销方式既具有可替代性又具有独立性

每一种促销方式都可以承担信息沟通的职责,也都可以起到促进销售的作用,因此各种方式具有可替代性。但是,由于各种方式各自具有不同的特点,因而,不同促销方式所产生的效果有所差异,各种方式又都具有独立性。

(4) 促销组合是一种多层次组合

每一种促销方式中,都有许多可供选用的促销工具,每种促销工具又可分为许多类型,进行促销组合就是适当地选择各种促销工具。因此,企业的促销组合策略是一种多层次的策略。

促销组合的以上特点说明,适当的促销组合能达到每种促销方式简单相加所不能达到的促销效果。同时促销组合需不断根据环境条件的变化而不断调整。

(5) 促销组合是一种动态组合

一个效果好的促销组合策略必须建立在一定的内外部环境条件基础上,并且必须与企业营销组合的其他因素相互协调。当环境发生变化时,必须根据环境的变化调整企业的促销组合。

## 9.3.7 广告策略

广告就是利用一定的媒介将产品介绍给消费者的一种促销手段。据统计,西方国家房地产广告的费用占销售额的 3.1%,这一比例仅次于酒、清凉饮料而高于其他很多行业。由此可见,广告在房地产市场营销活动中占有极其重要的位置。因此,在进行广告策划时,必须从产品、消费者、广告制作技巧及媒体的选择等四个方面来进行研究分析。房地产广告策略的主要步骤为:

1) *熟知物业*

好的广告策略,必须对物业本身加以研究,熟悉物业的基本构成,如交通状况、所处位置、地理环境、市政配套设施、小区配套设施、绿化、建筑设计特点、装修标准、租售价格等，并从中提炼出宣传重点，即所谓的"卖点"。一般来说，在一个房地产项目的前期策划时，就应该有一个明确的市场定位，主要包括房地产的产品定位、价格定位、消费者定位和区域定位。根据这些定位，再形成广告中的卖点重点宣传，使物业的特点在消费者心目中留下深刻的印象。其次，要对消费者进行分析。在某一项目已有了明确的市场定位之后，该物业所面向的消费者人群一般来说就已经很明确了。该类消费群体是怎样的一些人，他们的职业、收入、年龄、性别、文化层次、消费心理是怎样的，以及由此而引起的一些消费倾向，都是进行消费者分析所要解决的问题。只有透彻地了解了目标消费者之后，广告才有针对性。也就是说，应该站在消费者的角度来进行广告创作，告诉他们最想知道的东西。

2) 确定广告媒介的接触度、频率和效果

为了正确地选择各种媒介，以达到广告目标，企业必须首先作出媒介的接触度、频率和效果决策。所谓接触度决策，是指房地产企业必须决定在一定时期内使多少人接触到广告。例如，可决定在第一季度内让30%的目标听(观)众接触到广告。

频率决策，是指企业必须决定在一定时间内，平均使每人接触多少次广告。例如，可以使目标听(观)众平均每人接触到3次广告。一般认为，信息的显示若低于3次效果不大，超过3次费用又太大。

效果决策，是指企业要决定广告显露的效果。电视广告传播信息要比广播广告的效果好。因为电视不仅能传播声音，而且能给观众以视觉的刺激。即使是同一种广告，如杂志广告，由于各种杂志的影响力不同，广告的效果也是不同的。

3) 分析不同广告媒介的特点

(1) 报纸

报纸是传播的最主要工具，其发行量大，覆盖地域广，几乎涉及社会各阶层的读者，而且发行量稳定，容易做有力反复的广告宣传，是一种非常重要的媒介。报纸分全国性报纸和地方性报纸。全国性报纸的发行量大，覆盖面广，阅读阶层广泛。如果房地产销售面向全国，并以机关、团体为主要销售对象，宜以全国性报纸作为广告媒介；如果房地产销售是以某一地区的购买者为主要对象，则以地方性报纸作为房地产广告媒介比较适宜。

现在各报刊登广告的情况，如广告版面最大和最小的限度、截稿时间、送稿与刊登间隔时，按广告主意志办理的自由度以及服务项目都不尽相同。因此，准备做房地产广告时应对此作具体调查，选择适当的媒介。

(2) 杂志

杂志也是一种非常重要的房地产广告媒介，杂志媒介具有不少优点：第一，杂志所具有的地位和对它的有利评价会给广告以极大影响；第二，杂志针对性较强，选择性好。并可以针对特定读者阶层心理做广告表现、宣传效率高；第三，由于杂志给人的视觉记忆深刻持久，而且一般广告独占版面，加上印刷水平高，使读者视觉集中,印象强烈,杂志读者一般具有一定的文化水平,广告可以较多说明,以促成购买欲望;第四,杂志的反复阅读率高,传读率高,机动性强,保存时间长,可以较长期的促进销售,房地产广告常以专业性杂志(如《房地产世界》《房地产开发》《中国房地产信息》等)为广告媒介。由于印刷精美,制作水平高,并且以某一行业为读者群,往往能对房地产购买者产生很大的影响。但是杂志媒介也存在一些缺点:发行范围不够广,不像广播、电视那样传播迅速、及时。

(3) 广播

广播也是较为重要的广告媒介。广播媒介最大的优点是广告信息传递迅速、及时。其次,广播媒介传播的范围广泛,几乎在任何地点都可以听到,由于广播诉诸听觉,能使人们在不知不觉中毫无抗拒地促使记忆和提高印象。对知识程度较低或者文盲听众,广播媒介的宣传效用最强。再次,广播媒介费用便宜。当然,广播媒介也有其局限性:时间短暂,只有声音,没有图像,不利重复记忆,给人留下的印象不深、不准确、不详细、不能保存;听众分散,并无法了解收听的情况。

(4) 电视

随着社会的发展和电视的普及,电视也越来越成为一种重要的广告媒介。电视媒介诉诸人的听觉和视觉,给人留下的印象深刻。电视广告既能清晰地看到实物,又作声音媒介,这样有利于对房地产产品的了解,并能使人产生较丰富的联想,尤其是自己使用某一产品的联想。电视媒介的局限性是:消逝速度很快,费用比较高。

(5) 户外媒介

户外媒介包括路牌、招贴、交通工具、霓虹灯、气球等户外广告固定在一定场所,能反复引起人们注意的效果且比其他媒介都好。户外媒介一方面可以根据地区的特点选择广告形式,同时又可以根据某地区消费者的共同心理特点、风俗习惯来设置。户外媒介可较好地利用顾客在途中、在散步游览时、在公共场所经常产生的空白心理,在这种时候,设计精美的房地产广告,霓虹灯多彩变化的光芒常能给人留下非常深刻的印象,能引起较高的注意率,更容易使其接受广告,而且利用户外媒介的费用较低。户外媒介的最大缺点是宣传区域小。

(6) 邮寄广告媒介

邮寄广告媒介主要指那些通过邮局直接寄发给广告对象的信函,主要包括广告信、说明书、购买请柬等。这类媒介的最大特点是针对性强,可以通过广告目标对象,采用他们易接受的广告表现,直接邮寄到他们的单位、家庭。邮寄广告往往使收信人产生优越感,从而减少了对广告的抗拒心理,注意率高,邮寄广告可采用多种广告表现形式,可以用精美印刷品给人留下强烈印象和记忆,产生较好的反复阅读率,而且,这种媒介的费用较低。

4) 选择不同媒体应考虑的因素

选择房地产广告媒介,总的来说,要从房地产广告所要达到的目的出发,做到

花比较少的费用,取得最好的广告效果。具体说来,要考虑以下各种因素:

(1) 媒介的影响范围要与广告接触度相适应

如果房地产的销售范围是全国性的,销售信息希望在全国范围内传递,那就不能选择地方性报纸、电视、广播电台作媒介。反之,如果房地产销售信息只要求在某一地区或是一部分人中间传递,那就没有必要选择全国性的报刊、电视或广播电台作媒介。

(2) 广告出现频率要与频率决策相一致

如果房地产销售信息要求一天出现几次,那就只能选择电视或广播电台作媒介;如果房地产销售信息可以相隔一段时间出现一次,那就可以选择报纸、电视等各种广告媒介;如果在某一特定时间内要做大量的广告,那就可选几种广告媒介同时使用。

(3) 费用和效果要较好的匹配

各种广告媒介的收费情况相差较大,有的比较昂贵,有的比较便宜。就是同一种广告媒介也还存在价格差别。因此,在选择房地产广告媒介时要选择费用比较少、效果比较好的媒介做广告。

(4) 选择能充分表达房地产广告信息的工具作媒介

报纸、杂志,以及电视、广播等媒介表达广告的形式不尽相同,在选择房地产广告媒介时,应选择能充分表达房地产广告信息的工具。如果广告信息只要求给大家看到,那就选择报纸杂志、电视等作媒介;如果广告信息不仅要求听到、看到,而且还要求动作表演,就只能选择电视作媒介。

(5) 广告信息的保留时间要与企业的要求相一致

在广告媒介中,电视、电台等媒介的信息几十秒内就消失了,而广告牌等则可保留很长时间。

5) 广告创作

在确定广告媒体之后,就要根据各广告媒体的特征进行广告创作。房地产广告创作要考虑到以下的问题:

(1) 了解传播目标,包括知名度、商品概念、销售。

(2) 确定广告目标对象。

(3) 确定表现的主创意和副创意。

(4) 了解并分析楼盘和营销方法等在市场竞争上的关键点。

(5) 确定广告的气氛和个性诉求的气氛设计,以迎合消费者接受广告的心理背景。

(6) 根据消费特征和媒体的特征进行设计。

(7) 必须注意寻找提高传播效果的具体做法,如版面大小、位置、形状、日期、文字、语言、形体、名人等影响传播效果的要点。

房地产置业者所关心的通常都是一些比较实际的问题,开发商用怎样的语言来进行表述,从而让消费者感到真实可信的同时又能在众多的广告中脱颖而出,给消费者留下深刻的印象,这就是进行广告创作所要解决的关键问题。

房地产广告创作一定要注意追求独特性,因追求独特是房地产营销广告创意的生命。在房地产市场上,只有相似的物业,没有完全相同的物业。即使是完全相同的建筑设计,同样的售后服务,也会因不同的区域环境,不同的工程配套设施,使这些相同外观的楼盘具有不同的使用功能,不同的增值潜力。在市场营销中,楼盘之间在营销方法和策略上都会有所不同。这就要求广告创意人员充分发掘楼盘独特的个性,找出它销售上的优势点,在优势上做足文章,使需要这类房子的客户充分认识这一楼盘的优势。

房地产广告创作还应该注意对楼盘案名进行包装。从开发商的角度来看,通过楼盘的精心包装,让市场对其产生共鸣,使销售得到出奇制胜的效果。而对客户群体而言,通过楼盘案名,在心理需求中受到一种购买欲望的启示。不同楼盘,不同案名,提供给客户不同的需求。

楼盘案名在一定程度上能起到导购作用。好的案名,也能显示出开发商对自身项目的重视,具有相当的市场意识。现代人追求的是居住质量、生活品位,楼盘案名从一定程度上反映客户的一种需求、一种精神寄托、一种新生活的愿望和对未来的描绘。楼盘通过案名的包装,在楼盘品位、文化立意、生活环境上能突出更多的卖点,开发商应该刻意策划在楼盘营销全过程中,辅以一个既与众不同、又标新立异的案名,从而在楼市竞争中创造更多的卖点。

6) 确定广告的发布时间

(1) 广告投放效果

相同的广告在不同的时间段发布,其效果往往不同。例如,刊登在星期日的报纸广告,往往效果不好,因为休息日读报的人较平时少。而电视、广播电台往往存在着黄金时段和收视率高的节目,选择这样的时间播出广告,其效果肯定优于其他播出时间。

在房地产广告发布之后的工作就是及时地对广告的效果进行评估,不仅是对广告计划的实施进行检查和评价,更重要的是随时对广告活动的情况进行反馈与控制,从而保证整个广告活动能够按照预定的计划与目标进行。在广告发布之后,可以从销售部门接到的电话数量、当天的成交额等方面对所发布的广告的效果进行评估;也可以从与客户的交谈中,了解、收集到顾客对于广告的评价,以便及时调整广告内容和发布的时间及方式,同时,为以后进行广告策划积累经验。

(2) 广告投放要配合销售周期

由于房地产与其他商品相比,生产周期非常长,项目的开发周期一般都在两年以上。而房产同时又是一种集使用和投资于一身的昂贵商品,人们在采取购买行为前都会对市场进行调查,并经过一段时间的研究、比较后方能达成购买行为,所以它的选择和购买周期也较长。

根据一般商品广告的目标流程来说,一种产品从信息出现到最终购买,主要经历留下模糊印象→形成具体概念→产生影响和信赖→发生购买行为等几个阶段。对于具体的项目而言,要区别各个不同的开发、销售阶段,采取具有针对性的广告宣传对策,才会对项目销售起到更大的支持作用。

① 第一阶段:销售准备期——广告宣传进入导入期

在房地产项目宣传的前期,广告宣传更侧重项目知名度的扩大。虽然不同的项目会选择不同的工程阶段入市宣传,但对资金不太雄厚的开发公司来讲,一般都会在内部认购期或预售期时就开始广告宣传。在这个阶段,工程施工刚刚开始,销售工作也只是处于准备阶段,由于项目现场还没有具备可以展示的条件,因而宣传形式一般应选择传播面较广的媒体,如报纸、广播等。将新项目入市的消息传播出去是这一阶段宣传的主要任务,广告的频率没有必要太高,宣传力度也可以先小一些。这一阶段的项目广告应着重项目卖点的建立,这样可以在人们心里形成一个固定而清晰的概念,以达到在众多项目中脱颖而出的目的。

② 第二阶段:项目强销期——广告宣传进入猛攻期

这段时期由于工程进度有所变化,项目形象已经建立,给人一种工程加速建设的感觉,而此时的销售工作也全面展开。这时的项目宣传应"加热",广告频率及媒体选择均需大大增加,可采用广播、电视、报纸、DH、参加展销会等多种形式展示,以鲜明的形象、强烈的广告攻势撼动市场,以广告为先导,吸引客户的到来。这一阶段的广告意图是全面凸显项目优势,如户型设计、附属设施、所处地理位置、人文环境等,使客户对项目加深了解并产生信赖。在广告形式上要有创意和突破,能给人留下深刻的印象,在广告语言上要生动形象,易懂好记。广告配合得好,会使强销期中的成交量增加,这一时期一般也是项目销售业绩最好的时期。

③ 第三阶段:销售持续期——广告进入巩固期

在强销期过后,新增客户会维持在一个相对平衡的数量,因此广告应相应降温,但仍应保持一定稳定的频率出现,在达到当期销售目的之外,还需为第二次强销期做准备。在此销售阶段,工程项目进度快的已经达到主体竣工或装修阶段,楼宇及社区规模形象初显,可以让客户看到大体的实物建筑。这时除相应的媒体广告之外,可以更多地安排客户参观样板间和工地,纵然参观工地有一定危险和麻烦,但可以给人一种身临其境的感觉,也使客户对于工程质量做到眼见为实。

④ 第四阶段:销售结案期——广告进入消退期

房地产项目销售快终结时,较好的户型和楼层基本都已售空,剩余房屋不多,且大多是不太好销的尾房。这一阶段的项目广告宣传有点类似第一阶段——导入期,但告之的不是项目出现的消息,而是项目还剩多少面积。因此这一阶段的广告重点也是以优惠促销尾楼为主,广告创意也无需太多变化,频率大大减弱,直至停止宣传。

房地产营销周期,短则两三个月,长则一两年。但是一个楼盘在整个实际销售过程中,或是因为相持时间长,或是销售状况的跌宕起伏,可能不止一个营销周期。对销售总量在几十万平方米以上的社区型楼盘,每个不同的时间段,更会有若干个相对独立的营销周期,它们彼此相互配合,前后呼应,以阶段性的销售业绩达到最终的销售目的。相应的,表现在广告时间的安排上,是一个由若干个相对独立的、彼此又相互配合的小广告周期串联而成的大广告周期。这在广告媒介组合的合理安排上也是比较有难度的。

### 9.3.8 房地产市场营销促进策略

房地产销售促进,又称营业推广,是房地产企业运用各种短期诱因来刺激和鼓励消费者购买房地产产品及相关服务。

房地产销售促进是直接针对房地产商品本身采取分期付款、优惠折扣、抽奖、赠品、展销会等形式进行促销的活动,它可以刺激消费者采取租、购行动,或者刺激中间商和企业的销售人员努力销售房地产。特别是对于开发量较少的房地产企业,这种方式是相当有效的,常常在短短几天内造成轰动效应,将房地产一售而空。因此,房地产企业为在短期内能引起消费者对本企业商品的注意,扩大销售量,常采取这种促销方式。

1) 房地产促销的形式

房地产促销的形式主要有消费者促销、交易促销、营业促销等。

(1) 消费者促销

消费者促销主要针对消费者市场,促销工具有样品、优待券、赠品、奖金、产品保证等。

(2) 交易促销

交易促销是指生产商对经销商和代理商的促销手段。在房地产产业中是房地产代理商直接与开发商商讨房地产价格。

(3) 营业促销

营业促销主要有房地产市场集会和房地产交易会等。

2) 房地产销售促进的方法

房地产销售促进的方法一般有以下几种:

(1) 召开新闻发布会

这是房地产销售促进的一种很好的方法。例如,居住区建成后由于销售量很大,并备有对外商和对港、台人士出售的商品房,可采取新闻发布会的方法;同时散发印刷品,扩大宣传,以便在较短的时间内,打开销路。这种方法集视听、文字材料及与潜在购买者面对面介绍情况于一体,往往影响较大,在充分做好准备工作的前提下,效果更为明显。但事先需要进行较周密的组织,并需要一定的费用开支。

(2) 竞赛

主要是针对中间商和推销人员运用,故又称销售竞争。即让中间商或推销人员开展销售房地产的竞赛,向优胜者发奖。

(3) 交易折扣

这一方法主要是针对房地产中间商的。例如,企业可规定只要在一定时期内销售了本企业的房地产,就可得到一定金额的折扣,推销数量越大,折扣也越多。这种方法可鼓励房地产中间商更多地推销本企业产品。

(4) 职能补贴

这一方法也主要是针对房地产中间商的,主要是广告补贴。广告补贴是指当中间商出资为本企业房地产产品做广告时,给予一定的资助。

(5) 展销会

通过参加各种形式的展销会来促进房地产产品的销售。在展销会上可展示本企业房地产模型并进行现场演示,以吸引参观者(包括中间商和购买者),促进其了解产品,并当场或事后购买房地产。

此外,有些房地产企业采用的分期付款、各种价格优惠,以及售后免费维修一年等,均属于销售促进的方法。为了实现销售促进的目标,企业可以在多种销售促进方法中进行选择,即根据销售促进目标、目标市场、竞争形势以及各种销售促进方法的成本及效果等因素,作出适当选择。

3) 实施房地产销售促进应考虑的因素

销售促进是一种促销效果比较显著的促销方法,倘若使用不当,不仅达不到促销的目的,反而会影响产品销售,甚至损害企业的形象。因此,企业在运用销售促进方法促销时,必须予以控制。

(1) 选择适当的方式

销售促进的方法很多,每种方法都有其各自的适应性。选择适当的销售促进方法是促销获得成功的关键。一般来说,应结合产品的性质、不同方法的特点以及消费者的接受习惯等因素选择合适的销售促进方法。

(2) 确定合理的期限

控制好销售促进的时间长短也是取得预期促销效果的重要一环。推广的期限,既不宜过长,也不宜过短。这是因为,时间过长会使消费者感到习以为常,失去刺激需求的作用,甚至会产生疑问或不信任感;时间过短会使部分顾客来不及接受销售促进的好处,收不到最佳的促销效果。一般应以消费者的平均购买周期或淡旺季间隔为依据来确定合理的推广方法。

(3) 切忌弄虚作假

企业在销售促进全过程中,一定要坚决杜绝徇私舞弊的短视行为发生。在市场竞争日益激烈的条件下,企业商业信誉是十分重要的竞争优势,企业没有理由自毁商誉。销售促进这种促销方法采用的形式如优惠、折扣、抽奖、赠品等就有贬低商品之意,如果再不严格约束企业行为,那将会产生失去企业长期利益的巨大风险。因此,在销售促进中绝不能弄虚作假。

(4) 注重中后期宣传

在销售促进活动的中后期,面临的十分重要的宣传内容是销售促进中的企业兑现行为。这是消费者验证企业的推销行为是否具有可信性的重要信息源。所以,令消费者感到可信的企业兑现行为,一方面有利于唤起消费者的购买欲望;另一个更重要的方面是可以换来社会公众对企业良好的口碑,树立企业的良好形象。因此,企业要在注重推广前期宣传的同时,注重中后期的宣传。

此外,还应注意确定合理的销售预算,科学测算销售促进活动的投入产出比。

### 9.3.9 房地产人员推销策略

人员推销是指销售人员运用口头宣传、上门推销等各种方式和技巧,向消费者传递信息,推销产品。

1) 人员推销的步骤

人员推销是在一定的市场环境下,寻找潜在客户,传递商品信息,说服客户购买的复杂过程。这一过程通常包括以下几个步骤:

(1) 寻找客户

由推销人员寻找可能购买商品房的消费者或单位用户。寻找客户的办法很多,推销人员可以通过查阅资料、上门访问、个人观察等办法直接寻找,也可以通过亲朋好友或团体的介绍来间接寻找。有了促销目标之后,推销人员要尽可能详细地了解客户的有关购买要求和支付能力等方面的信息。

(2) 接近客户

推销人员一般通过自我介绍或亲友介绍的办法去接近顾客。在接近客户时要注重礼仪、谈吐大方、不卑不亢,以消除客户疑虑,取得客户信任。初次接近时,一般要适当地控制交谈时间,以免客户厌烦;也可以根据具体情况,不失时机地转入正式的推销面谈。推销面谈,即推销人员说服客户购买和买卖双方洽谈购买事宜的过程。推销人员通过广告、模型照片、录像、报道等资料,善于把客户的购买欲望与企业的房地产商品的优点联系起来,推销人员要做耐心而有说服力的解释,以克服顾客的心理障碍。

(3) 达成交易

在客户做出购买决策的基础上,推销人员要把握时机,就商品房的价格、付款方式、售后服务等具体问题做进一步商谈,在可能的条件下提供必要的优惠,在此基础上签订合同,促成交易成功。

(4) 跟踪服务

售后服务,这是人员推销的最后环节。良好的售后服务不仅能加深顾客的好感和提高企业信誉,还能获取各种反馈信息,为新的销售活动提供经验。

2) 推销方法与技巧

推销方法与技巧是根据消费者和用户的购房规律所采取的激发购买动机、促进购买动机转化为购买行为的一系列措施和手段。房地产商品其价值大、使用年限长,且买房对个人或家庭来说都是件大事,因此顾客买房往往是理性购买。面对这些理性且日益成熟的顾客群,推销人员要训练有素,掌握一定的推销方法与技巧。

(1) 施展优势

推销人员应该充分利用本企业商品房某些方面的特点优势来扩大销售。在激烈的市场竞争中,一个房地产开发企业一般总有某些相对优势,如具有靠近车站、港口、风景区、商业中心等优越的地理位置,或价格较为低廉,房屋经济实用,或有良好的售后服务等,推销人员要能充分利用这些优势,尽快打开销售局面。

(2) 把销售业绩告诉客户

在房地产买卖中从众心理的作用远不如其他动产产品来得大,房屋的不可移动性和金额的庞大使得人们在购买时不得不小心翼翼,三思而后行,只有到了最后关头,从众心理才有可能起到大作用。当客户对一个项目已经表示满意,正在犹豫不决时,销售人员告诉他这个项目已售出了大半,该客户很可能就会不再犹豫,当场拍板。如果这一信息是来自其他购房者,或者当天就在他眼皮底下成交好几宗,那么他购买的决心就将更加坚定不移。销售情况好的项目,开发商应该及时地将业绩通报给购房客户,让事实来说话,他人的口对购买心理影响很大。充分利用已购房者的活广告作用是英明的促销手法。

(3) 捕捉商机

商机具有以下四个特征:一是时间上的差异性,销售的最佳时机一过,机会也就消失。二是空间上的有限性,往往在一地能形成销售机会,在另一地就不能形成销售机会。三是对象的特定性,销售机会只适应特定的购买对象,谁吸引住了这一购买对象,谁就获得了销售机会。四是形成原因的多样性,市场行情千变万化,消费需求复杂多样,因此销售机会也是复杂多样、稍纵即逝。推销人员要善于捕捉销售机会和信息,以提高销售工作的成效。

(4) 避实就虚

在房地产市场激烈竞争的情况下,面对资金雄厚、实力强大的竞争对手,推销人员要善于分析对手的不足之处和虚弱环节,如促销措施不够灵活等。采取灵活多样的推销策略争取用户,在激烈竞争的市场上争得一席之地。

(5) 了解顾客

购买私有住宅的家庭,一般可以分为无孩子的年轻夫妇、有孩子的家庭、与孩子分开居住的老年人等家庭类型。推销人员要针对各类家庭的具体情况,帮助客户解决某些困难的办法来推动销售。如有的客户有购房动机,但缺乏资金,可帮助其向银行申请贷款;有的客户在购房时把孩子入托、就近上学看作重要条件,推销人员也可帮助联系解决。通过这些方法,来博得客户的好感,从而加速其购房决策与行为。另外,客户购房目的是不同的。可能是使用,可能是保值,也可能是为了增值投资,在推销时推销人员只有明确顾客购房的目的,才能做到有的放矢。若顾客买房是为改善当前居住条件,即自己使用,那么在介绍该楼盘时应更多强调该物业的质量、使用功能、特点、周边环境、配套、交通状况及物业管理,应从居住的方便性与环境优越性来推荐楼盘。若顾客置业是作为一种投资,即以保值、增值为目的,那么向顾客强调的重点应是房屋的质量、规划、周边环境的改善前景,着重分析该楼盘的升值潜力。

(6) 出奇制胜

人们往往有猎奇心理,推销人员要善于利用这一心理采取新奇的手段来扩大销售。市场环境在不断变化,推销方法也应不断创新,不可墨守成规,丧失推销机遇。

3) 对不同消费者个性的对策

对不同类型的消费者,销售人员应采用不同的对策,以获得销售的成功。具体对策可参考表 9-3 所示。

表 9-3 消费者个性及其对策

| 类 型 | 个 性 特 征 | 采取的对策 |
|---|---|---|
| 理性型 | 深思熟虑,冷静沉着,不轻易被销售人员说服,对不明之处详细追问 | 说明企业性质与产品质量的独特优势,介绍的一切内容须真实,争取消费者理性的认同 |
| 感情型 | 天性激动,易受外界刺激,能很快就作出决定 | 强调产品的特色和实惠,促其快速决定 |
| 犹豫型 | 反复不断 | 态度坚决而自信,取得消费者信赖,并帮助其决定 |
| 借故拖延型 | 个性迟疑,借词拖延,推三阻四 | 追查消费者不能决定的真正原因,设法解决,得受其"拖累" |

续表 9-3

| 类型 | 个性特征 | 采取的对策 |
|---|---|---|
| 沉默寡言型 | 出言谨慎，反应冷漠，外表严肃 | 介绍产品，还须以亲切、诚恳的态度笼络感情，了解其真正的需求再对症下药 |
| 神经过敏型 | 专往坏处想，任何事都会产生"刺激"作用 | 谨言慎行，多听少说，神态端庄，重点说服 |
| 迷信型 | 缺乏自我主导意识，决定权操控于"神意"或风水 | 尽力以现代观点来配合其风水观，提醒其勿受一些迷信所迷惑，强调人的价值 |
| 盛气凌人型 | 趾高气扬，以下马威来吓唬销售人员，常拒销售人员于千里之外 | 稳住立场，态度不卑不亢，尊敬消费者，恭维消费者，找寻消费者的"弱点" |
| 喋喋不休型 | 因为过分小心，竟至喋喋不休，凡大事小事皆在顾虑之内，有时甚至离题甚远 | 销售人员须能取得信任，加强其对产品的信心。离题甚远，找到适当时机将其导入正题。从下定金到签约须"快刀斩乱麻" |

## 9.4 案例分析

南京某项目营销策划案例如下。

### 9.4.1 营销竞争优劣分析(SWOT)

1) 营销优势分析(Strength)(略)
2) 营销劣势分析(Weakness)(略)
3) 营销机会分析(Opportunity)(略)
4) 营销威胁分析(Threaten)(略)
5) 营销 SWOT 综合分析(略)
6) 应对营销措施(略)

### 9.4.2 营销目标

1) 阶段销售目标

本项目与一般房地产项目一样将销售阶段分为预温阶段、开盘阶段、强销阶段、持销阶段，具体阶段划分和操作流程见表 9-4。

表 9-4　分阶段销售目标

| 阶　段 | 时间周期 | 阶段目标 | 整体目标 |
|---|---|---|---|
| 预温阶段 | 2011.06—2011.07 | 销售10% | 售出10% |
| 开盘阶段 | 一期 2011.07—2011.08　二期 2012.06—2012.07 | 销售20% | 售出30% |
| 强销阶段 | 一期 2011.09—2011.11　二期 2012.08—2012.10 | 销售60% | 售出90% |
| 持销阶段 | 一期 2011.12—2012.05　二期 2012.11—2012.12 | 销售10% | 售出100% |

2) 销售进度控制

见表9-5、表9-6。

表 9-5　建设进度

| 期　数 | 时　间 | 楼盘建设内容 |
|---|---|---|
| 一期 | 2011.03 | 一期投入建设,施工队伍入场 |
| | 2011.04 | 1#、2#土方工程完工 |
| | 2011.10 | 1#、2#主体结构封顶 |
| | 2011.02 | 1#、2#装饰安装工程结束,景观工程完工,竣工验收 |
| 二期 | 2012.02 | 二期投入建设,施工队伍入场 |
| | 2012.03 | 3#、4#土方工程完工 |
| | 2012.09 | 3#、4#主体结构封顶 |
| | 2012.11 | 装饰安装工程结束,景观工程完工,竣工验收 |

表 9-6　销售进度

| 期　数 | 时　间 | 成交量 | 原因分析 |
|---|---|---|---|
| 一期 | 2011.01—2011.06 | 10% | 前期认购,预热宣传,房源优选 |
| | 2011.07—2011.08 | 20% | 开盘热销,宣传猛烈 |
| | 2011.09—2011.11 | 50% | 旺季强销,秋季房展会促销,结构封顶,形象工程辅助销售 |
| | 2011.12—2012.05 | 60% | 尾盘促销,淡季销售,通过营销推广以宣传手段及优惠条件吸引客户 |
| 二期 | 2012.02—2012.07 | 70% | 开盘热销,一期品质得到市场认可,热销持续 |
| | 2012.08—2012.10 | 95% | 全部房源推出,持续热销,各种媒体活动轰炸 |
| | 2012.11—2012.12 | 100% | 收尾阶段,各种营销策略的应用进行最后清盘 |

3) 宣传节点控制

见图9-6。

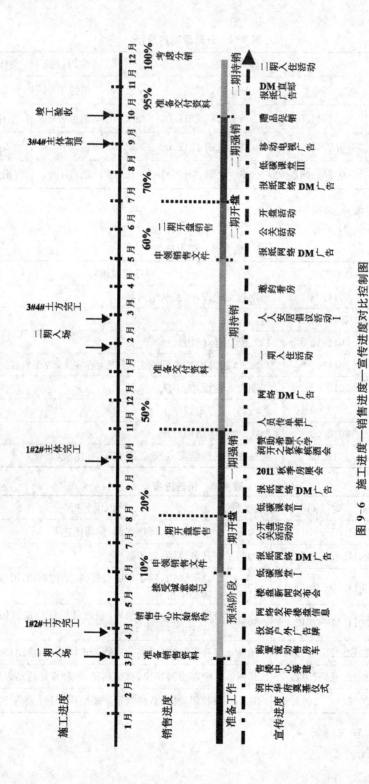

图 9-6 施工进度—销售进度—宣传进度对比控制图

### 9.4.3 产品策略

1) 市场细分及确定(略)

(1) 人口因素细分

① 家庭规模分析(略)

② 家庭类型分析(略)

③ 家庭收入分析(略)

(2) 心理特性细分(略)

(3) 地理因素细分(略)

(4) 购买行为细分(略)

市场细分见表9-7。

表9-7 市场细分

| 细分 | | 细分市场 | | | | |
|---|---|---|---|---|---|---|
| 人口因素 | 家庭规模 | 1人 | | 2~3人 | | 4人 |
| | 家庭类型 | 单身家庭 | 夫妻家庭 | 核心家庭 | 主干家庭 | 其他家庭 |
| | 家庭收入 | 低收入家庭 | | 中等收入家庭 | | 高收入家庭 |
| 心理因素 | | 朴素简约 | | 优雅高贵 | | 精致奢华 |
| 地理因素 | | 本区域购买者 | 楼盘附近区域 | 楼盘偏远区域 | 本省市外购买者 | 其他省市购买者 |
| 购买行为 | | 关注交通 | 关注周边配套 | 关注区位因素 | 关注物业服务 | 关注户型设计 / 关注其他方面 |

2) 目标客户确定分析

(1) 确定目标客户群

① 居住需要群体

这个群体包含有两类:在项目周边工作的人群以及初次置业的年轻夫妇。(略)

② 舒适需要群体

这个群体主要是对原有住房不满意、希望改善住房的二次置业者,或者对小区环境要求很高的度假需求群体。(略)

③ 投资需要群体

这个群体中包含有大量的"房虫",或者是二次置业者,他们购房的主要目的不是自住,而是看重项目未来发展潜力大。(略)

通过不同方面的细分,最终得到本项目的目标客户群如表9-8所示。

表 9-8　目标客户群细分

| 因　素 | 目　标　人　群 |
| --- | --- |
| 地域分布 | 周边单位(主力购房者);周边城镇居民;市区内的扩散人群 |
| 家庭结构 | 新婚家庭或计划结婚的家庭(主力购房者);三口之家且孩子已近成年(主力购房者);老年化家庭,子女即将离开家 |
| 文化层次 | 中层 |
| 收入水平 | 家庭人均收入在 5 000 元以上 |
| 职业特点 | 企业中高层管理者;<br>企业高收入职员;<br>私营企业主;<br>高收入自由职业者;<br>政府机关公务员、事业单位职员;<br>教师;<br>其他行业性质的专业人员等中高收入个人及家庭 |
| 购买动机 | 组建家庭;改善居住条件(为主) |

(2) 分析目标客户群(略)

3) 产品定位细化建议

(1) 项目档次规模(略)

营销建议(略)

(2) 开发品种结构(略)

营销建议(略)

(3) 项目命名、Logo 及其文化内涵

① 项目命名:××××

② 文化内涵(略)

③ Logo

(4) 整体建筑风格

营销建议(略)

4) 产品层次营销

(1) 核心产品

核心产品层次,也叫实质性产品层次,是指房地产产品为消费者所提供的最基本的效用和利益,它是房地产产品最基本的层次,是从使用价值角度对房地产产品概念的理解。消费者购买某种房地产产品的目的并不是仅仅为了拥有该产品的实体,更是为了获得满足自身某种需要的效用和利益。

营销分析(略)

(2) 有形产品

① 配套设施

主要包括：休闲会所、社区中心、健身器材、智能安保系统、消防系统、中水处理系统、燃气系统、通讯系统、车位等。

② 成套智能化技术体系

主要包括：安全防范系统、物业管理系统、网络信息服务系统等。

③ 绿色生态技术体系

主要包括：节约能源、回归自然、舒适和健康的生活环境、人与环境的和谐、运用恰当的室外设计、超大间距、合理处理废弃物等。

(3) 延伸产品(略)

营销分析(略)

实际操作(略)

5) 产品策略

(1) 产品差别化策略

① 产品差异化

在产品差异化策略上，要分清竞争楼盘区位的远近优劣，从而采用不同策略，并灵活运用。本案的主要竞争对象是同质同区和同质异区的楼盘。(略)

② 特色差异化(略)

③ 风格差异化(略)

(2) 产品品牌化策略(略)

(3) 产品服务化策略

① 加强售前服务(略)

② 提高售中服务(略)

③ 完善售后服务(略)

### 9.4.4 价格策略

1) 价格影响因素分析

(1) 产品因素(略)

(2) 供求关系(略)

(3) 经济因素(略)

(4) 人口因素(略)

(5) 政策因素(略)

2) 定价目标

(1) 定价目标分析(略)

(2) 本案定价目标(略)

3) 开盘均价

在对其区域状况、实体状况及权益状况修正以后,由定位研究最终得出的楼盘参考均价为:24 852 元/m²。(略)

4) 调价策略

(1) 调价分析(略)

(2) 调价方法

① 第一阶段

时间节点:内部认购—项目开盘

调整幅度:上调1%~2%

销售目标:争取销售率达30%

② 第二阶段

时间节点:项目强销—主体完工

调整幅度:上调1%~1.5%

销售目标:争取销售率达70%

③ 第三阶段

时间节点:项目持销—现房销售

调整幅度:上调1%~1.5%

销售目标:争取销售率达90%

5) 价格确定

价格确定过程见图9-7。

(1) 水平价差确定

① 栋间水平价差(略)

② 户间水平价差(略)

(2) 垂直价差确定

(3) 特殊影响确定

① 顶层漏水威胁(略)

② 顶层冬冷夏热(略)

③ 吉利数字选择(略)

(4) 楼盘价目表(略)

6) 付款方式及折扣

(1) 付款方式

① 一次性付款(略)

② 按揭付款(略)

③ 其他方式(略)

(2) 优惠折扣

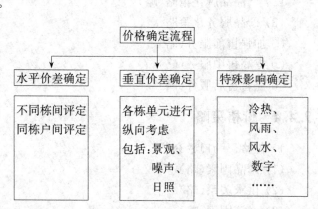

图9-7 价格确定流程方法

① 付款折扣(略)
② 活动折扣(略)

### 9.4.5 渠道策略

1) 营销渠道分析(略)

(1) 直接销售(略)

(2) 委托代理(略)

(3) 两种渠道的对比见表9-9。

表9-9 两种销售渠道的利弊比较

| 类型 | 直接销售 | 委托代理 |
| --- | --- | --- |
| 优点 | 直面市场,容易收集信息,沟通消费者,及时调整策略;<br>销售成本较低;<br>差别化服务,提高顾客满意度,有利于树立品牌形象;<br>有利于培养内部人员,提高自身能力 | 有专业的知识和经验,帮助更好地完成其销售;<br>节省企业资源,可以专心于楼盘开发;<br>加快项目周期,资金周转快;<br>分担风险,保证收益 |
| 缺点 | 缺乏销售的专门知识和技能;<br>资源配置紧张,注意力分散;<br>独自面对销售风险 | 销售成本较高;<br>对楼盘不熟悉;<br>客户服务质量难保证,不利于建立品牌形象 |

2) 项目营销渠道选择(略)

本案中,本公司营销策划部门提出促销策略和营销框架,营销代理的职责是制定具体的营销方案,并派遣专员在本公司营销策划部门的监督指导下执行。

3) 项目渠道结构(略)

4) 项目渠道管理与控制

(1) 代理商代理区间:

2011年1月—2012年12月,共计2年24个月。

(2) 渠道成员的职责(略)

(3) 渠道成员的激励(略)

(4) 渠道成员的评价(略)

(5) 佣金比例与结算(略)

### 9.4.6 促销策略

1) 促销组合

(1) 促销策略分析(略)

(2) 促销策略组合(略)

2) 广告促销策略

(1) 广告策略分析(略)

本案主要采用的广告策略是:

① 前期:全面攻击战略

② 中期:短兵相接战略

③ 后期:重点突破战略

(2) 广告主题创意(略)

3) 人员推销策略

(1) 人员推销的程序(略)

① 寻找目标消费者

② 事前准备工作

③ 传递信息

④ 谈判并促成交易

⑤ 提供配套服务

⑥ 调研和反馈信息

(2) 推销人员的管理(略)

推销人员管理流程见图9-8。

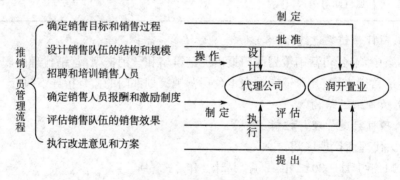

图9-8 推销人员管理流程

4) 销售推广策略

(1) 销售中心(略)

(2) 流动售房车(略)

(3) 样板房(略)

(4) 赠品促销(略)

5) 公共关系策略

(1) 营销活动(略)

(2) 政府公关(略)

6) 各阶段推广方案

按照房地产运作的一般规律,将本项目广告推广分为四个阶段,即筹备期、公开期、强销期和持续期。润开华府在四个推广阶段不同的广告安排见表9-10。

表9-10 各阶段媒体宣传安排表

| 阶 段 | 准备/预温阶段 | 开盘阶段 | 强销阶段 | 持销阶段 |
| --- | --- | --- | --- | --- |
| 时间 | 2011.01—2011.06 | 2011.07—2011.08<br>2012.06—2012.07 | 2011.09—2011.11<br>2012.08—2012.10 | 2011.12—2012.05<br>2012.11—2012.12 |
| 目标 | 入市预热<br>内部认购 | 强势入市<br>开局热销 | 深化卖点<br>大量成交 | 持续追踪<br>清理尾盘 |
| 销售业绩 | 10%~15% | 30%~40% | 70%~80% | 90%~100% |
| 费用控制 | 总费用的1/10 | 总费用的2/10 | 总费用的6/10 | 总费用的1/10 |

具体内容略。

## 9.4.7 预算与控制

1) 销售费用总预算费用

本项目住宅可销售面积为 22 022.1 $m^2$,每平方米按楼盘均价 24 800 元计算,销售总投入控制在销售收入的 2% 以内。其中销售代理费占销售收入的 1%,营销推广费用占销售收入的 1%,共同组成本项目总计的销售费用。

总销售额为:$22\,022.1 \times 24\,800 = 546\,148\,080$(元)$= 54\,614.808$(万元)。

销售费用为:$54\,614.808 \times 2\% = 1\,092.3$(万元)。

销售代理费:$54\,614.808 \times 1\% = 546.15$(万元)。

营销推广费:$54\,614.808 \times 1\% = 546.15$(万元)。

2) 营销推广费用阶段控制

营销推广费用根据各阶段推广划分进行费用控制,推广阶段为,准备/预温阶段、一期开盘阶段、一期强销阶段、一期持销阶段、二期开盘阶段、二期强销阶段、二期持销阶段。准备预温费用占 1/10,开盘阶段 2/10,强销阶段 6/10,持销阶段 1/10。阶段之间,一期二期费用比例,按月数平均分配。

准备预温:$546.15 \times 1 \div 10 = 54.615$(万元)。

一期开盘:$546.15 \times 2 \div 10 \div 2 = 54.615$(万元)。

一期强销:$546.15 \times 6 \div 10 \div 2 = 163.845$(万元)。

一期持销:$546.15 \times 1 \div 10 \times 6 \div 8 = 40.961$(万元)。

二期开盘:$546.15 \times 2 \div 10 \div 2 = 54.615$(万元)。

二期强销:$546.15 \times 6 \div 10 \div 2 = 163.845$(万元)。

二期持销:546.15×1÷10×2÷8＝13.654(万元)。

3) 费用价目表(略)

## 复习思考题

1. 什么是市场营销？
2. 营销理念与推销理念有什么根本区别？
3. 房地产营销在房地产开发项目中的重要作用有哪些？为什么？
4. 什么是房地产营销价格策略？通常情况下营销定价有哪些方式？
5. 房地产营销渠道有哪几种？如何选择？
6. 房地产营销策划应包括哪些基本内容？如何实施？
7. 房地产一线营销人员在向客户推销时应注意把握哪些关键环节？

# 10 房地产开发前期管理

> **本章概要**
>
> 房地产开发前期管理主要是指对开发项目建设前期的管理,包括了投资机会研究、土地获取、项目立项审批和规划设计等几项工作。本章主要介绍项目立项审批环节的工作内容和程序,并从房地产开发企业角度论述了各项前期开发活动的组织与衔接。通过本章的学习,读者可以比较系统地了解房地产项目开发前期工作程序,并对开发企业内部组织及前期活动管理有一定的认识。

## 10.1 房地产开发项目行政许可管理

### 10.1.1 我国投资体制改革

2004年,国务院颁布了《国务院关于投资体制改革的决定》。这一决定改变了我国传统的投资体制,完善了社会主义市场经济体制,落实了企业的投资决策权,发挥了市场配置资源的基础性作用,规范了政府投资行为。

在新的投资体制之下,政府对企业投资的管理制度按照"谁投资、谁决策、谁收益、谁承担风险"的原则,落实了企业投资自主权;合理界定政府投资职能,建立投资决策责任追究制度;进一步拓宽项目融资渠道,发展多种融资方式;健全投资宏观调控体系,改进调控方式,完善调控手段;加快投资领域的立法进程;加强投资监管,维护规范的投资和建设市场秩序。

1) 采取新的投资体制

根据新的投资体制规定:"对于企业不使用政府投资建设的项目,一律不再实行审批制,区别不同情况实行核准制和备案制。"

改革开放三十多年来,中国投资领域虽打破了传统计划经济体制下高度集中的模式,但还存在着一些企业投资决策权不落实等问题。新的投资体制彻底改变现行不分投资主体、不分资金来源、不分项目性质,一律按投资规模大小分别由各级政府及有关部门审批的企业投资管理办法。对于不使用政府投资建设的项目,将一律不再实行审批制,区别不同情况实行核准制和备案制。

2) 规范政府核准项目范围

国务院颁布了《政府核准的投资项目目录》,严格限定了实行政府核准制的范围。该目录中所列项目,是指企业不使用政府性资金投资建设的重大和限制类固定资产投资项目,分为农林水利、能源、交通运输、信息产业、原材料等13个类别,这些项目需要通过政府核准。而目录以外不使用政府性资金投资建设的项目实行备案管理,这进一步放宽了固定资产投资审批范围。

3) 放宽社会资本的投资领域

根据《国务院关于投资体制改革的决定》,新的投资体制"放宽社会资本的投资领域,允许社会资本进入法律法规未禁入的基础设施、公用事业及其他行业和领域。"

政府将逐步理顺公共产品价格,通过注入资本金、贷款贴息、税收优惠等措施,鼓励和引导社会资本以独资、合资、合作、联营、项目融资等方式,参与经营性的公益事业、基础设施项目建设。

4) 加快推行"代建制"

新体制下,对非经营性政府投资项目加快推行"代建制",即通过招标等方式,选择专业化的项目管理单位负责建设实施,严格控制项目投资、质量和工期,竣工验收后移交给政府主管部门。

5) 改进投资宏观调控方式

改进投资宏观调控方式,综合运用经济的、法律的和必要的行政手段,对全社会投资进行以间接调控方式为主的有效调控。

6) 建立政府投资责任追究制度

建立政府投资责任追究制度,工程咨询、投资项目决策、设计、施工、监理等部门和单位,都应有相应的责任约束,对不遵守法律法规给国家造成重大损失的,要依法追究有关责任人的行政和法律责任。

## 10.1.2 开发建设项目行政许可管理内容及程序

开发建设项目行政审批过程受到投资体制改革的根本影响,其审批、审核程序发生了较大的变化。根据《国务院关于投资体制改革的决定》,各地区根据自身情况分别制定了相应的投资项目审批办法。我们根据对南京等一些发达地区开发建设项目行政许可制度的研究,总结了开发建设项目行政许可管理的内容及程序。

1) 项目立项

根据《行政许可法》和2004年发布的《国务院关于投资体制改革的决定》,政府投资建设项目的立项审批进行了区分,对于政府投资项目和社会投资项目采取了不同的审批制度。

对于政府投资项目,根据资金来源方式的不同,项目立项阶段需要进行不同内容的审批。对采取直接投资和资本金注入方式投入的政府投资项目,须审批项目建议书、可行性研究报告。对采取投资补助和贷款贴息方式投入的政府投资项目，只审批资金申请报告。

而对于企业投资建设项目，通常都实行项目核准备案制。政府对企业提交的项目申请，主要从维护经济安全、合理开发利用资源、保护生态环境、优化重大布局、保障公共利益、防止出现垄断等方面进行核准。对于外商投资项目，政府还要从市场准入、资本项目管理等方面进行核准。投资企业通常仅需向政府提交项目申请报告，不再经过批准项目建议书、可行性研究报告和开工报告的程序。

根据《行政许可法》和《国务院关于投资体制改革的决定》，各地政府制定了各自的项目审批、核准制度。对于政府投资项目和社会投资项目也通常规定了不同的审批程序。

(1) 关于政府投资项目和社会投资协议出让项目立项审批制度

对于政府投资的项目和通过协议出让方式获得土地开发权的社会投资项目，在项目立项阶段实行国土、环保、交通等部门并联办理。对于政府投资项目，发展改革部门预审同意后函告规划部门预审，同时抄送建设单位。规划部门预审后函复发展改革部门，同时抄送建设单位。发展改革部门根据规划部门意见综合作出预审决定后，书面告知建设单位并联办理土地预审、环境影响评价审查和道路交通影响评价审查。建设单位提交相关部门预审和批复文件后，发展改革部门再正式作出项目立项决定。具体流程见图10-1。

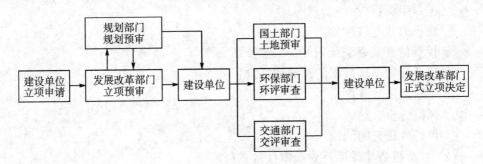

**图 10-1　政府投资项目立项程序**

发展改革部门从受理建设单位申请到发出初审意见、从收到部门许可意见到正式批准立项，通常需20个工作日左右。在此期间，如发生超时办理问题，责任由发展改革部门承担。其他部门按照规定的审批时限执行，如发生超时办理问题，责任由相关部门承担。

政府投资建设项目立项审批时需提交项目建议书，项目建议书的主要内容如下：

① 项目名称、建设单位、主管部门。

② 项目提出的必要性的依据,主要写明建设单位的现状。拟建项目的名称、拟建的性质、拟建成地点及建设的必要性和依据。

③ 项目建设方案:主要是指项目的初步建设方案。建设规模、主要内容和功能分布。

④ 建设条件:指项目建设的各项内容的进度和建设周期。

⑤ 初步建设计划:指项目建设和各项内容的进度安排和建设周期。

⑥ 项目建设后的经济效益和社会效益。

⑦ 项目建设投资概算及资金来源:指项目投资总额及主要建设的资金安排情况,筹措资金的办法和计划。

对于政府投资大型建设项目,立项审批时需要提交内容更为详细、论证更为严密的项目可行性研究报告。项目可行性研究报告包括的主要内容为:

① 项目总说明

② 项目概况

③ 投资环境分析

④ 项目未来市场分析

⑤ 项目地理环境和附近地区竞争性发展项目

⑥ 规划方案及建设条件

⑦ 环境分析、能源消耗及节能措施

⑧ 项目组织机构

⑨ 建设方式与进度安排

⑩ 投资估算及资金计划

⑪ 项目评估基础数据的预测和选定

⑫ 项目经济效益评价

⑬ 风险分析

⑭ 可行性研究的结论

(2) 社会投资建设项目立项审核备案制度

企业投资建设项目,仅需向政府提交项目申请报告,不再经过批准项目建议书、可行性研究报告和开工报告的程序。政府仅对重大项目和限制类项目从维护社会公共利益角度进行核准,而其他社会投资项目无论规模大小,均采取备案制。

对于房地产开发项目,在项目立项阶段实行发展改革、建设部门并联办理。发展改革部门在受理建设单位立项申请书的同时,将立项申请书转送建设部门,两部门并联办理。形成会签文件后,由发展改革部门统一书面告知建设单位。具体流程见图10-2。

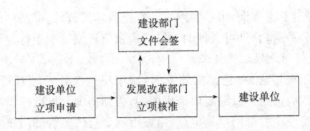

图 10-2　社会投资项目立项程序

2) 申请办理选址意见书

《城市规划法》第 30 条规定:"城市规划区内的建设工程的选址和布局必须符合城市规划。设计任务书报请批准时,必须附有城市规划行政主管部门的选址意见书。"

(1) 选址意见书的内容

① 建设项目的基本情况。

② 建设项目规划选址的主要依据。

③ 建设项目选址、用地范围和具体规划要求。

建设单位在编制建设项目设计任务书时,城市规划行政主管部门应当参加建设项目的选址工作,并从城市规划方面提出选址意见书。因此,选址意见书是建设单位上报设计任务书和主管部门审批设计任务书时必备的法律凭证。

(2) 需提交的资料

建设单位提出建设用地选址书面申请,应附送下列图纸、文件和资料:

① 提供建设项目选址意见书申请表一份,需加盖建设单位和申报单位印章。

② 组织机构代码证副本(首次申报)、机构代码。

③ 批准的项目建议书或批准的项目立项申请书,或列入年度计划的证明文件。

④ 意向位置的 1:500、1:1 000 或 1:2 000 现势地形图一份(用铅笔画出拟用地范围),特殊情况可以是 1:5 000 的地形图;道路管线类:意向路径的 1:500 或 1:1 000 现势地形图或管线图两份,并在图纸上绘制初步路径方案及详细文字说明。

⑤ 工业项目和其他有特殊要求的,以及对周围地区有一定影响的项目,应加送相关资料。主要包括:有关生产工艺的基本情况,对水陆运输、能源和市政公用设施配套条件(包括给排水、道路、煤气和通讯)的基本要求;有关环境保护、卫生防疫、消防安全的资料;项目建成后可能对周围地区带来的影响以及对周围地区建设有制约的控制性要求;其他特殊要求等。

根据南京市规划局颁布的建设项目选址意见书审批程序,规划行政主管部门对符合报建要求的项目发给《规划行政许可受理通知书》和《规划行政许可申请材料接收凭证》,所报项目进入审批环节;对不符合条件的发给《规划行政许可不予受理通知书》;需补正材料的,当场或五日内发给《规划行政许可补正材料通知书》。

对已受理的建设项目,规划行政主管部门对行政许可申请进行审查。审查中,重大项目还需经过专家咨询、市政府审批。审查后,对符合许可条件的,发给《建设项目选址意见书》;不符合许可条件的,发给《南京市规划局不予行政许可决定书》。

3) 申请《建设用地规划许可证》

在我国《城市规划法》和建设部颁发的《城市房地产开发经营管理办法》中规定:在城市规划区内进行建设需要申请用地的,必须持国家批准建设项目的有关文件,向城市规划行政主管部门申请定点,由城市规划行政主管部门核定其用地位置和界限,提供规划设计条件,核发建设用地规划许可证。建设单位或者个人在取得建设用地规划许可证后,方可向县级以上地方人民政府土地管理部门申请用地,经县级以上人民政府审查批准后,由土地管理部门划拨土地。

申请办理建设用地规划许可证是办理建设工程规划许可证、土地使用权证的前提。办理程序一般分以下两种情况:

(1) 协议出让方式获得房地产开发项目

对一般建筑工程和以协议出让方式获得的房地产开发项目,建设单位向政府规划行政主管部门申请办理建设用地规划许可证的程序基本相同。核发建设用地规划许可证的一般程序为:

① 开发项目需要申请建设用地的,首先应向城市规划行政主管部门申请定点,并提交必须持国家批准的有关文件项目的立项批文、企业的资信证明、营业执照、法人代表委托书等文件和证件。

② 向城市规划部门走项目选址程序。城市规划行政主管部门根据房地产项目的性质、规模,按照城市规划的要求,选定或批准建设项目用地的具体位置和界限。

③ 根据需要,征求有关行政主管部门对用地位置和界限的具体意见,如环境保护部门、公安交通管理部门以及土地所在区县规划土地管理部门等。

④ 城市规划行政主管部门根据城市规划的要求,向用地单位提供规划设计条件。规划设计条件是开发项目总图规划设计的依据,用地单位委托规划设计院按规划设计条件编制规划设计总图。

⑤ 用地单位报送规划设计总图,城市规划行政主管部门审核用地单位提供的规划设计总图。

用地单位报送规划设计总图时,须向城市规划行政主管部门提供对拟开发项目的说明、拟开发项目方案示意图、地形图(一般要求 1:500 地形图,其中一份画出用地范围)。

⑥ 城市规划主管部门核定用地面积,确定用地红线范围,发给用地单位建设用地规划许可证。

建设用地规划许可证包括标有建设用地具体界限的红线图和明确具体规划要求的《规划设计条件通知书》。红线图和《规划设计条件通知书》是建设用地规划许可证的配套证件,具有同等的法律效力。《规划设计条件通知书》主要规定地块面积,土地使用性质,容积率,建筑密度,建筑高度,停车泊位,主要出入口,绿地比例,须配置的公共设施、工程设施,建筑界线,开发期限以及其他要求。红线图包括:地块区位和现状,地块坐标、标高,道路红线坐标、标高,出入口位置,建筑界线以及地块周围地区环境与基础设施条件。

申报建设用地规划许可证后,用地单位便可办理土地使用权的申请手续。

(2) 以招标、拍卖、挂牌等方式获得的项目

以招标、拍卖、挂牌等公开方式获得土地使用权的用地单位,可凭土地取得凭证办理建设用地规划许可证。

根据国务院颁布的《招标拍卖挂牌出让国有土地使用权规定》,各地制定了相应的土地招、拍、挂办法。用地单位按照土地招、拍、挂办法履行了土地使用权出让程序,并签订了《土地出让合同》和《开发建设履约保证书》之后,可以持《中标通知书》、《土地出让合同》、现状地形图以及开发商与政府开发主管部门签订《开发建设履约保证书》,向政府城市规划行政主管部门申请办理建设用地规划许可证。

4) 申请土地开发使用权

按照一般建设项目和协议出让方式取得的房地产项目在申请用地规划许可证后可办理土地使用权的申请手续。而通过招标、挂牌、拍卖方式取得的土地使用权的单位需按照各地土地招、拍、挂办法,办理土地使用权手续。

土地的使用权属管理由土地主管部门负责,开发企业购置土地应向土地主管部门提出申请。按我国法律,城镇土地归国家所有,开发企业购置场地,是指其使用权。为了使土地的出让符合城市规划、与建设项目相结合、具备基础设施配套和拆迁安置条件,避免盲目出让土地而产生的问题,同时规范开发企业的行为和加强对开发项目的管理,《城市房地产开发经营管理暂行办法》规定:对房地产开发项目用地的土地使用权出让或划拨,城市建设行政主管部门或房地产行政主管部门应组织有关部门对项目的规划设计、开发期限、基础设施和配套建筑的建设、拆迁补偿安置等提出要求,并出具《房地产开发项目建设条件意见书》。《房地产开发项目建设条件意见书》的内容应作为土地使用权出让合同的必备条款。

5) 领取《房地产开发项目手册》

开发企业与城市政府及其主管部门签订土地使用权出让合同后,开发企业于15日内到建设主管部门备案,领取《房地产开发项目手册》。

由《城市房地产开发经营管理暂行办法》规定的申领《房地产开发项目手册》制度,是为了加强对房地产开发项目的动态管理而制定的。在房地产开发项目的实施过程中,开发企业就项目的进展情况填入《房地产开发项目手册》,并定期报建设主管部门验核,就可以使建设主管部门及时了解和掌握房地产开发项目的进展情况,实施对开发项目的跟踪管理,包括开发项目是否按城市规划要求建设,是否按要求完成拆迁安置,工程进度、质量是否符合预售条件等。

6）申请《建设工程规划许可证》

房地产开发项目必须通过规划设计成果反映出来,合理的规划设计不仅充分体现投资者的意图,而且是对投资决策方案的完善和补充。因此,为了保证规划设计成果的质量,开发企业应做好规划设计的组织与委托工作。

在开发项目的可行性研究和土地使用权购置的申请过程中,已通过设计招标等方式提出了规划设计方案,该方案只是粗略的反映开发项目概况,不能作为施工的依据。我国《城市规划法》第32条规定:"在城市规划区内新建、扩建和改建建筑物、构筑物、道路、管线和其他工程设施,必须持有关批准文件向城市规划行政主管部门提出申请,由城市规划行政主管部门根据城市规划提出的规划设计要求,核发建设工程规划许可证。建设单位或者个人在取得建设工程规划许可证和其他有关批准文件后,方可申请办理开工手续。"

项目开发单位进行工程建设之前需要进行项目报建。项目报建是在原规划设计方案的基础上,由开发企业委托规划设计单位提出各单体建筑的设计方案,并对其布局进行定位,对开发项目用地范围内的道路和各类工程管线作更深入的设计,使其达到施工的要求。用于报建的建筑设计方案经城市规划管理和消防部门、抗震办、人防部门、环卫部门、供水供电管理部门审查通过后,可进一步编制项目的施工图和技术文件,再报城市规划管理部门及有关专业管理部门审批。

（1）方案设计及报审

开发企业在取得土地使用权证后,根据城市规划管理部门提出的红线图及《规划设计条件通知书》,通过设计招标等方式,委托有资格的规划设计单位编制设计方案,规划设计方案一般应完成两个及两个以上。方案完成以后,开发商持规划设计方案报审表、项目规划设计方案、规划说明书及其他相关资料,再向城市规划行政主管部门提出规划设计方案审批申请。城市规划行政主管部门接到申请后应在承诺的规定期限内组织有关单位审查规划设计方案并提出修改和调整意见。对于大型项目,城市规划主管部门需要组织消防、人防、环保、卫生、交管等部门共同审查。建设单位根据审查意见,对规划设计方案进行修改、调整。

建设单位在送审设计方案时,应报送下列图纸、文件、资料:

① 填报建设工程设计方案送审单。

② 总平面设计图两张（比例1:500或1:1 000）。总平面设计图应标明建设基地界限（界外现有单位名称,已有建筑位置）,建筑物外轮廓尺寸、层数,新建筑物与基地界限、城市道路规划红线、河道规划蓝线、相邻建筑物、高压线的间距尺寸,注明有关设计指标。

③ 单体建筑物的平面图、剖面图、立面图两套,图纸应标明建筑尺寸,平面图应写明房间使用性质。

④ 选址批复及规划设计要求规定送审的其他文件、图纸。

⑤ 如属设计招标工程,应加送设计单位中标通知书复印件。

⑥ 重点工程和中外合资项目等要求较急的,可先报送工程设计总平面图及确定用地范围所需的有关资料,但建设设计方案连同建设工程设计方案送审单,必须在编制扩初设计前报送。

(2) 初步设计

方案审查通过后,委托设计院进行项目的初步设计,并将初步设计报城市规划管理部门,由规划管理部门组织抗震办、人防办、环卫、供水、供电等部门对初步设计进行会审。

(3) 初步设计送审

初步设计审查通过后,委托设计单位进行施工图设计,并将施工图报城市规划管理部门。城市规划管理部门组织消防、人防、环保、卫生、交管等部门共同审查。建设单位根据审查意见,对规划设计方案进行修改、调整,再次报城市规划行政主管部门审批。审批通过后由城市规划行政主管部门签发《规划设计方案审批通知单》。建设单位须持该通知单到通知单指定的有关部门签署意见,如到自来水、市政公司、电力公司、煤气公司等部门进行项目施工建设可行性签字。

送审施工图设计时,建设单位应报送下列图纸、文件:

① 填报建筑工程执照申请单。

② 总平面设计图两张。

③ 建设单位基地地形图三张(由测绘院晒印,比例 1∶500 或 1∶1 000,地形图上需按总平面设计图要求划示新建筑物及有关尺寸)。

④ 建筑施工图两套。

⑤ 结构施工图一套。

⑥ 建筑工程计划批准文件。

⑦ 按建筑工程方案审核意见单要求需报送环保、卫生、消防、人防、水电、市政、煤气等部门的意见单。

(4) 领取《建设工程规划许可证》

建设单位得到有关部门的签署意见后,向城市规划管理部门提交会签单,并领取《建设工程规划许可证》。

建设工程规划许可证包括的附图(建筑核位红线图)和附件,按照建筑物、构筑物、道路、管线等不同要求,由发证单位根据法律、法规规定和实际情况制定。附图和附件是建设工程规划许可证的配套证件,具有同等法律效力(找到建设工程规划许可证,了解其中附图和附件的内容)。

对于批租地块,批租文件附有批租地块的边界、面积和规划设计要求的文件,开发企业可直接按此文件委托设计单位做方案设计,报规划行政主管部门审批。方案批准后,进行扩初设计及扩初审批,然后进行施工图设计。

一旦开发企业取得了城市规划管理部门颁发的《建设工程规划许可证》，便可办理开工手续。至此，房地产开发将进入建设实施阶段。

综上，建设项目及房地产开发项目前期行政审批包括了六项主要工作，房地产开发企业进行项目前期工作主要围绕着这六项工作进行，并按照审批程序和审批要求组织项目的论证分析、前期策划、规划设计甚至土地拆迁安置工作。具体流程见图 10-3。

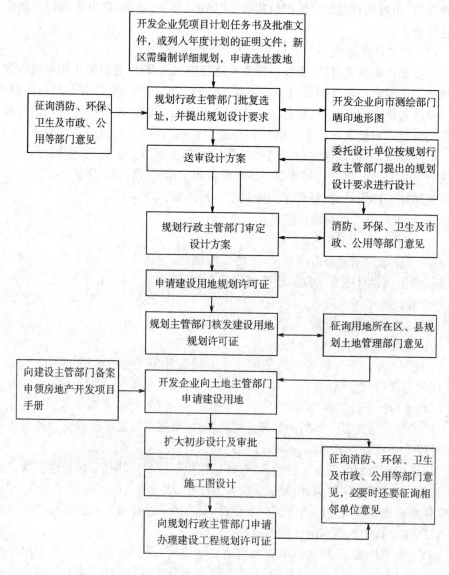

图 10-3　房地产开发项目前期行政审批流程

## 10.2 房地产开发企业项目前期管理

### 10.2.1 房地产开发项目前期工作管理

根据房地产产品开发过程,房地产开发企业在整个开发流程中的工作可以分为:开发前期阶段、工程建设阶段和项目销售阶段。我们可以认为项目开发前期工作是开发项目建设之前的全部活动。这一阶段的工作繁杂,头绪较多,有经验的房地产开发企业可以顺利完成这一阶段工作,并为后续工作打下良好的基础;而一些刚进入房地产业的企业往往在这一阶段浪费了很多精力,但并没有取得良好的效果。比较合理的做法是,房地产开发企业按照房地产开发项目行政许可程序安排前期工作和人员。

除申报行政审批工作外,房地产开发项目前期工作还包括:投资机会研究、资金筹措、拆迁安置(如有必要)、前期策划、规划设计。

1) 投资机会研究

房地产开发企业进行项目投资决策时通常需要做一定的先期市场调研,然后根据市场调研结果进行房地产投资机会研究。房地产企业进行的投资机会研究主要是筛选符合企业长期发展战略,并有一定获利能力的项目。实质上,房地产投资机会研究就是房地产企业进行的地块选择。每一个上市地块受其位置和城市规划条件所限,用地性质和建筑规划特征已基本确定,而这些因素很大程度上影响着未来项目的价值。当项目地块确定之后,留给房地产开发企业操作的空间集中在产品形态、项目概念和营销手段等一些技术环节上。所以说,房地产企业进行地块选择,就是在选择未来的产品。这一决策环节将极大地影响着项目未来的开发经营。

投资机会研究工作是在市场调研的基础上进行的,在充分了解地块环境特征之后,结合企业长期发展战略,确定符合企业发展方向的地块。然后进行实地勘查和更加详细的地块特性分析,最终确定意向地块。对于采取招、拍、挂的地块,房地产企业还需要在政府公布的竞投日期之前假设多种开发方案,测算项目未来价值并得出地块报价限值。这是一个较宏观并且非常抽象的过程,需要企业高层和熟悉当地市场的房地产专业人士参与。确定土地竞投价格后,房地产企业应按照各地区土地招、拍、挂办法进行土地竞标。整个工作流程见图10-4。

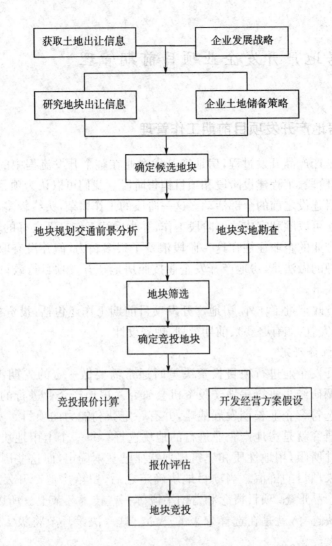

图 10-4 房地产开发项目投资机会研究阶段工作流程

参加土地竞投并与政府及土地主管部门签订土地出让合同后,标志着房地产开发项目进入正式筹备阶段。房地产开发商需要从三个方面继续推进项目,首先必须按照投资建设项目行政许可制度的审批程序办理各相关手续;同时组织进行项目前期策划工作并进行规划设计工作;另外房地产企业还需要进行资金筹措。

2)项目资金筹措

通常在项目基本确定之后,房地产开发企业就需要制定筹资方案。对于通过协议出让方式获得土地的房地产企业,以与政府达成意向性协议为标志点,开始设计项目资金筹集方案。对于以招、拍、挂方式获得土地的房地产企业需要在计算竞投报价时,就考虑项目的筹资方案。

根据我国当前的金融政策,房地产开发企业通常只能通过土地和在建工程抵押来获得国有商业银行的贷款。而且随着我国金融政策的调整,房地产企业项目开发中自有资金的限制比例越来越高,贷款审核条件也越来越严格,房地产企业的资金压力越来越大。多数企业通过不同的渠道寻找资金。寻求合作伙伴、寻求基金支持、国内外上市、境外发行债券等融资方式出现在各类企业战略规划中。这些融资方式各不相同但可以笼统的分为企业融资和项目融资两类。对于企业融资,债权人将以企业的资信和偿债能力为考察对象决定是否为其提供资金,如发行股票和债券。而对于项目融资,债权人决定是否提供资金的依据是项目偿债能力和项目所有者为债权人提供的保障条件,寻求合作伙伴和基金支持往往是指基于项目的融资。

不管进行企业融资还是项目融资,对于具体的房地产开发项目而言,项目的资金筹措和使用方式需要在可行性研究阶段具体化。各类资金使用成本,杠杆效应、风险评价等融资因素需要具体分析,同时要制定合理的资金使用计划、销售计划以及债务偿还计划,并制定相应的措施保证资金安排的顺利实施。项目筹措的资金直接影响着项目的进度,制定好资金计划及资金保障措施是项目控制的前提,房地产开发企业在这一阶段的工作对于项目而言具有战略意义。

3) 拆迁工作

拆迁工作并不是所有项目都可能遇到的工作,取得熟地的开发企业不经过这个程序,而对于协议出让和毛地招拍挂的项目,房地产开发企业往往需要担负一些拆迁工作。拆迁工作一般包括三个阶段:拆迁准备工作、申请核发房屋拆迁许可证和拆迁实施。拆迁准备阶段需要进行拆迁调查摸底和制定拆迁计划、方案的工作,然后拆迁单位持项目批准文件、建设用地规划许可证、红线图、拆迁计划方案和拆迁补偿安置金的证明文件申请《房屋拆迁许可证》。正式拆迁阶段需要首先发布拆迁公告,与被拆迁人签订拆迁合同后才可进行拆除房屋工作。

拆迁工作需要由有拆迁和评估资质的公司完成,通常由政府委托拆迁公司和评估公司负责拆迁工作的实施和房屋补偿金额的评估工作,房地产开发企业在拆迁工作中一般只起配合作用,如协助进行拆迁摸底工作,申请《房屋拆迁许可证》,协议拆迁补偿价格等。

拆迁工作延续时间较长,根据南京市的拆迁实施状况,一般需要三个月以上。房地产开发企业可以利用这段时间制定详细的开发计划,筹集资金工作可以继续开展。同时房地产发企业可以筹备进行项目前期策划和规划设计工作。

4) 项目前期策划及规划设计

(1) 项目前期策划工作方式

房地产开发企业与政府签订土地出让协议并取得土地使用权后,应组织力量进行深入的项目前期策划,全面完整的前期策划工作是进行规划设计的前提。

项目前期策划工作以深入的市场调研工作为开始,深度的市场调研将从市场和产品两个层面回答项目定位的问题。市场调研是房地产企业与市场接触的最佳时机,为以后的产品开发提供了非常重要的基础。根据了解,目前我国多数房地产企业投入到市场调研的资源和资金较少,市场调研工作流于形式,市场调研的结论也往往不能真实反应市场需求。这一状况造成了房地产市场中出现了大量的同质化产品。形成这种状况的根本原因在于,当前我国房地产市场供求矛盾比较突出,多数地区市场供应小于需求,房地产企业没有动力去深入理解市场。而在买方市场完全竞争的状况下,房地产企业就必须加强市场意识,投入更多的资源促使市场调研工作更加深入,帮助企业把握市场需求。

市场调研工作结束后,房地产企业基本上对项目所在的区域市场有了一定的了解,结合项目自身状况房地产企业需要进行项目自身定位。这部分内容我们在房地产策划章节中已经有了详细的阐述,在此就不再叙述了。

随着社会分工的逐渐细化,我国房地产开发企业多数都将前期策划工作委托给房地产咨询机构,少部分的大型房地产企业有自己的策划部门,但市场调研工作也通常委托给咨询机构。所以房地产开发企业需要在确定开发项目之后寻找到合适的咨询机构进行深入的市场调研工作。策划工作通常不能简单的委托给咨询机构单独完成,需要房地产企业由专人负责,将企业的开发思想及时与咨询机构沟通并将咨询机构的意见和成果及时反馈到企业的决策层,这项工作通常由项目策划总监完成。

(2) 项目规划设计方式

有了产品定位后,企业可以进行产品设计。房地产产品设计是对前期产品开发成果的总结,是产品概念和市场导向性的体现。产品设计一般包括:概念设计、方案设计、初步设计和施工图设计。根据各地对于投资项目的行政许可办法,方案设计、初步设计和施工图设计通常都需要报送规划部门进行审核,而概念设计一般用于房地产企业内部,是最初体现项目理念的成果。

产品设计工作一般都由专业设计机构完成,我国只有极少数的大型房地产企业有自己的设计力量,所以通常房地产企业都需要委托规划设计单位进行产品设计。受规划设计工作特点的影响,一般设计过程由设计人员单独完成,开发企业往往直接拿到最终设计图纸。这样的工作特征经常导致房地产开发企业与设计单位缺乏沟通,房地产企业将设计任务委托给设计单位后等待设计成果,拿到设计成果之后不经论证就进行报批和施工。这是一种风险性很大的设计方式,因为设计单位进行产品设计时主要考虑产品的建筑特性,通常不会,也没有能力过多地考虑产品的市场性,如果设计出一个建筑特点鲜明但不能获得市场认可的产品将为开发企业带来巨大的经济损失。避免这种状况出现的方式是由房地产开发企业、设计单位和策划机构形成一个设计小组共同协商确定产品的建筑特性。三方达成一致的规划设计特征可以作为设计任务书交由设计单位进行产品规划设计。

只有对市场的全面理解和产品的深入发掘才能为产品成功开发奠定良好的基础,房地产开发企业在整个策划及设计环节应投入足够的资金,合理地整合外部资源,同时进行合理地组织以发挥各自资源优势。

### 10.2.2 房地产开发企业项目组织设计

房地产开发企业在获得开发项目后就需要开始构架项目组织,一个结构稳定且权职明确的项目组织是项目高效管理的基础。对于房地产项目管理,传统的组织结构主要有直线式和矩阵式结构,新出现的网络式组织结构也被一些机构采用。它们各自有其特点,所适用的情况也不同。

1) 直线式项目组织

直线式项目组织结构以工作职能为划分标准,具有相似技能、从事类似活动的职员被归并到一个部门。直线式组织结构简单,各项专业职责划分清楚,通常中小型房地产项目会采用这样的项目组织形式。

直线式项目组织结构中,每个组织单元仅向一个上级负责,一个上级对下级直接行使管理和监督的权力,即直线职权,一般不能越级下达指令。项目参加者的工作任务、责任、权力明确,协调方便,组织内部障碍较小。项目经理对资源的控制直接,有较大的权力向客户负责,同时有关项目的决策信息能较快的通过直线结构传递。

直线式项目组织虽然结构简单、特点鲜明,但其缺点也同样鲜明。项目管理者的责任较大,一些决策信息都集中于项目经理,这要求他能力强、知识全面且经验丰富。有关项目发展的信息在各部门内部能够得到较快的传递,而部门之间的信息传递渠道并不畅通。规划设计中出现的问题并不能及时与项目策划和企业管理决策层取得沟通,而需要先向部门经理和项目经理汇报。大型项目如果采用直线式组织结构将会出现过多的组织层次,进而造成决策和信息传递更加缓慢。所以通常中小型房地产开发项目才会采取直线式项目组织结构,见图10-5。

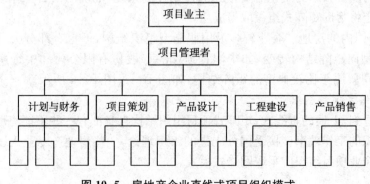

图10-5 房地产企业直线式项目组织模式

2) 矩阵式项目组织

矩阵结构是在原有职能部门的纵向领导关系上,又建立以产品或地区为中心的横向调配系统。对于同时承担了多个项目的房地产企业,通常可以采用矩阵式项目组织形式。由于同时进行多个项目的实施,企业组织要能适应项目规模、工期、任务的变化,适应很多项目对有限资源的竞争,要求这些项目尽可能有弹性的存在于企业组织中,矩阵式组织形式较为有效,见图10-6。

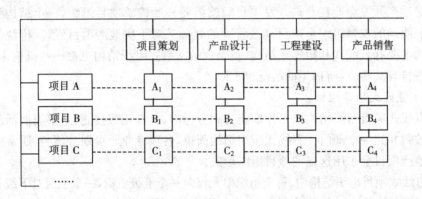

图10-6 房地产企业矩阵式项目组织结构

矩阵式组织能够形成以项目任务为中心的管理,集中全部的资源(特别是技术力量)为各项目服务,项目目标能够得到保证,能够迅速反映和满足顾客要求,对环境变化有较好的适应能力。由于资源统一管理,能达到有效、均衡的使用资源。矩阵组织的权力与责任关系趋向灵活,能在保证项目经理对项目有效控制的前提下,充分发挥各专业部门作用。组织层次少,信息传播途径短,传递速度快。

但是矩阵式组织也存在一些缺点,首先是其存在组织上的双重领导、双重职能,信息处理量大。由于许多项目同时进行,导致项目之间竞争专业部门的资源。另外项目矩阵组织结构会导致对已建立的企业组织规则的冲击。并且由于项目对资源数量与质量频繁的变化需要很强的计划控制系统,准确的项目工作结构分解和权责界定将帮助矩阵式组织取得成功。

目前,国内的房地产企业较多沿用职能型组织结构,但也有部分公司正在实现由职能型向矩阵结构转变,如华润置地(北京)股份有限公司和中远房地产开发有限公司就属于比较典型的矩阵结构,如图10-7、图10-8所示。

3) 网络式项目组织

我们看到,上述的直线式、矩阵式项目组织结构自身都有一些不能克服的问题影响着组织的工作效率。接受国外先进的组织理论,一些房地产专业人士提出房地产开发企业项目组织应采取网络式模式。

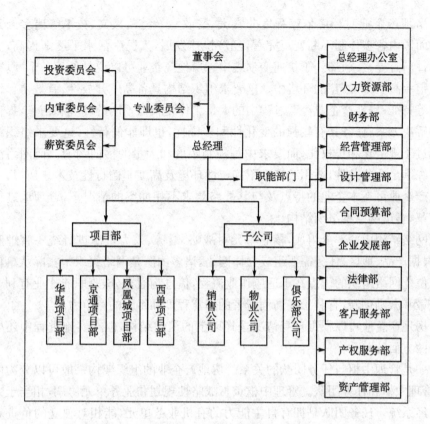

图 10-7 华润置地(北京)股份有限公司组织结构

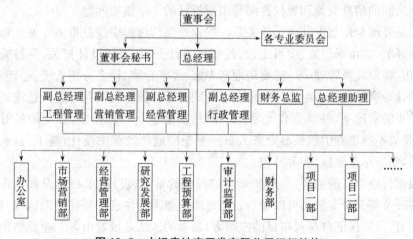

图 10-8 中远房地产开发有限公司组织结构

房地产企业对环境依赖程度非常大,受政治、经济、人文、技术等诸多因素影响。而国内各项体制不断变革完善,经济快速发展,人民生活水平逐渐提高,文化技术日新月异,一切都处于快速变动之中。房地产企业可以说是处于一个"复杂＋不稳定＝高度不确定"的环境中。这要求组织结构具备高度开放性、有效协作性和分权等特征;房地产企业经营过程中的大量工作是根据不同的环境和信息,提供不同的解决方案,任务具有较强的变化性和多样性,也即非例行性,这要求组织设计不能过于规范化和集权化,而要求中等控制幅度和大量的横向沟通。而网络组织则正好满足这些条件,适用于高度不确定性环境及高度非例行性技术。所以,一些房地产企业可在本企业的特点及与其战略要求不相冲突的情况下,合理地进行组织变革,尝试网络型组织结构。

网络结构由两部分组成,核心单元对战略、财务、人力资源进行统一管理和控制,根据产品、地区、任务需要组成立体网络,诸多团队是网络组织中实际从事作业的单位。网络组织的优点在于适应作业流程,信息沟通充分,跨职能作业有利于快速决策和激励创新,有利于提高消费者的满意程度和组织的竞争力。

房地产企业可以根据自身情况选择以上的组织结构,但在实施过程中还要处理好两方面的关系。

一是管理中枢与任务团队的关系。房地产企业的组织架构一般可以分为两部分:管理中枢和任务团队。管理中枢负责战略性规划和业务单元协调,相当于人脑和神经系统。任务团队是拥有自主能力的有机业务单元,能相对独立的负责完成业务。房地产公司以项目为主的任务团队,比如销售、策划、工程等,往往在项目所在地办公,与公司本部的管理中枢很少有直接交流。这样,如何处理管理中枢和任务团队之间的信息交流和职权界限是组织设计的一个重要问题。

二是外部合作与内部合作的关系。房地产经营过程中涉及很多专业性强的核心业务环节,如市场研究、项目定位、投资可行性分析、规划设计把关、项目施工管理、销售、客户关系管理……需要房地产专家、经济专家、社会分析人士、心理专家、规划设计专家等的智力组合。如果企业短期有任务需要且没有合适人选或者企业项目较少的情况下,外部合作是首选。但是如果企业项目较多,长期前景看好的话,还是要不断培养引进核心业务人员。至于房地产经营中设计、施工、物业管理等环节,则应尽量缩减,业务外包。

根据行业分工的趋势,房地产开发过程中的策划、设计、工程建设和销售物业管理各环节都有专业机构可以参与。房地产企业需要注意的是在借助这些专业力量的同时,需要保证自身对项目的控制力,通常的做法是设置由各专业总监负责的部门,并与企业外部专业机构组成专业小组完成各开发环节的工作任务。图10-9描绘了房地产开发企业在项目开发核心的环节与企业外部专业力量构成的项目组织,这是目前较常见的基于网络思维的项目组织形式。

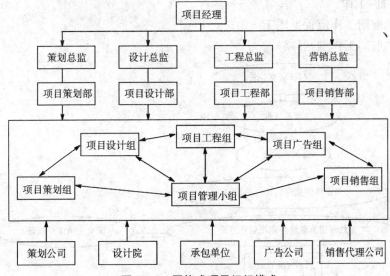

图 10-9 网络式项目组织模式

具体说来,项目经理在项目调研、策划阶段与策划总监共同带领项目策划部与企业外部策划公司成立项目策划组进行项目调研及策划工作。同时在调研、策划工作需要产品设计、工程建设及产品销售等知识时,项目经理需要在项目策划组中配置产品设计、工程建设及产品销售专业人员,通常都由设计、工程和销售总监参与到前期策划工作中,为项目提供合理的策划建议。同样,项目经理在产品设计阶段需要与设计总监共同带领设计部门与设计院成立项目设计小组,设计小组中通常也需要策划、工程和销售总监参与,提供产品设计建议。这样的一个企业内部网络式组织提高了项目沟通的效率,也提升了决策的准确性。

## 10.3 案例分析

南京某房地产开发企业部门工作手册如下。

  1) 部门职责(略)

  2) 岗位职责(略)

  3) 日常工作管理(略)

  4) 规划设计管理(略)

  5) 前期工作管理

  (1) 前期工作涉及的政府各部门有:计委、建委、国土局、规划局、房产局、公安消防局、公安交管局、人防办、环保局和市政相关部门等。

(2) 经办人根据政府各部门要求，整理经公司认可的相关材料，及时完成相关报审(报批)工作。

(3) 前期工作流程见图 10-10。

(4) 前期工作细则(略)。

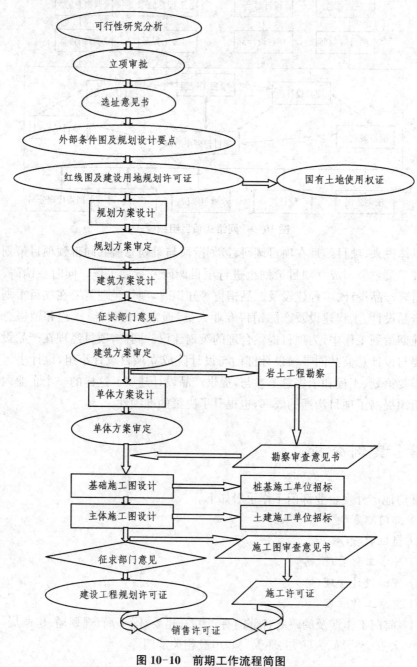

图 10-10 前期工作流程简图

6）资料管理制度（略）

复 习 思 考 题

1. 房地产开发项目前期工作的重要性有哪些？
2. 房地产开发项目前期主要有哪些标志性工作？
3. 你清楚房地产开发项目设计方案的报批流程吗？
4. 开发公司如何做好开发项目的前期工作？
5. 如何理解开发商可以向前期工作要效益的说法？

# 11 房地产开发项目控制

> **本章概要**
> 能否进行高效的项目控制,体现了房地产开发企业的综合能力,成功的房地产企业往往在项目控制上有着独特的方式,但它们仍必须遵从一些基本的规律。本章内容就是介绍房地产项目控制的基本规律,通过对管理控制基本原理的介绍和对房地产项目进度控制、投资控制、质量控制三个方面的阐述,使读者对房地产项目控制的内容和基本方法有一定程度的理解。

## 11.1 房地产开发项目控制概述

### 11.1.1 控制的概念和过程

1) 控制的定义

控制被定义为对公司的生产经营活动、技术开发活动、管理活动进行检查、衡量和纠正,以确保目标得以实现的基本管理职能,正如法国著名管理学家法约尔所指出的"控制就是核查一个企业中所发生的每一件事是否符合规定的计划、已发布的指示及所制定的原则,其目的是要指出计划实施过程中所出现的缺点和错误,以便改正和避免再犯。对一切事、人和活动都要控制"。由此可见,控制作为一项基本管理职能,几乎渗透到企业管理的各个领域和各个层次。

控制的目的在于发现和查明偏离计划的偏差及其成因,采取正确的措施来纠正这些偏差,以确保计划的实施及计划目标的实现。

2) 控制的一般过程

尽管由于控制对象的差异,管理控制活动的基本方法与内容有很大的差别,但是作为一项基本管理职能,控制过程大致上可用如下三个主要步骤予以描述。

(1) 计划与标准的制订

计划是控制的依据。任何一项控制活动必须具备计划。计划拟定得越明确、越全面和越完整,控制工作就会越有效。但是,由于计划的详细程度和复杂程度不一样,不同管理层需要控制的内容及详尽程度也差别很大。就需要在计划的基础上针对不同的需要制订一些控制标准。这些标准就是评定工作的尺度,它是从整个计划方案中挑选出来或分解出来作为评价相应工作成效的指标。

标准也可以是多种多样的,无论是定量描述的,还是定性描述的;无论是单项的,还是多项综合性的,一系列的标准构成了一个标准体系。其中最好的、最主要的标准组合便成为一种考核标准。

(2) 成效与实绩的评定

依据计划和标准对工作成效与实绩进行评定的目的在于发现偏差,揭示偏差的成因。因而,成效与实绩的评定构成了控制活动的核心。这种评定活动的进行,尤其要注意如下几项要求。

① 实时性要求

实时性要求就是要尽可能及时地发现偏差、纠正偏差,从而尽可能地减少损失。这就要求建立有效的信息系统和早期预警系统,以便尽早地提供信息,建立有效的控制系统,尽快地鉴别原因,制定对策,纠正偏差。

② 针对性要求

任何控制活动都是有目标的,因而,成效与实绩的评定必须针对具体的对象、具体的事物和具体的过程而进行。评定的结果必须是便于查找原因并采取纠偏措施的。所以,对公司和项目的计划实施评定必须细化到具体事项。

③ 客观性要求

成效与实绩的评定必须科学、客观、实事求是。由于管理工作本身就带有许多主观、人为的因素,作为主要管理职能之一的管理控制,就很难完全避免主观因素的影响。这就要求在制订标准时,尽可能采取定量的或可以量化的指标。即使那些定性的指标,也应采取分等、计分之类的办法进行量化。在任何情况下,这些标准都是可测定和考核的。

(3) 偏差纠正

偏差纠正是控制的目的。偏差纠正的关键是在根据评定的结果发现偏差、查找原因的基础上制定纠偏措施,并执行这些措施。纠偏的措施是多方面的,有行政的、技术的、经济的,甚至还有更换责任者等组织上的措施。究竟采取什么措施,应视问题的性质、对象的具体情况而定。

## 11.1.2 开发商在项目控制中的职能

项目控制是指针对一个项目的实施,以项目计划为标准实行的管理控制。项目控制的总任务是保证预定项目计划的实施,保证项目总目标的顺利完成。

项目、控制技术、控制设备和控制者(项目管理机构及管理人)构成了项目控制系统。事实上,一个项目的管理系统就是该项目的控制系统。无非是后者比前者任务上更专一、职责上更明确而已。项目作为控制对象是一个随着时间不断变化的客体;控制技术是按控制内容及控制要求而事先确定采用的各种方法;设备是指计算机、通讯及其他信息与数据处理设备;控制者是一种泛指,既包括实施控制的机构,也包括组成机构的各级管理人员。这样一个由项目、设备、人、机构和应用技术组成的系统,依赖事先规定的程序、职能、责任和权力、制度,相互配合,相互制约行使管理控制职能。显然,项目控制系统构成的诸要素中,管理者是第一位的。设备由人操作、制度由人制定,人的主观能动作用,将决定着系统的效率和功能。

房地产项目开发,从立项决策、投资实施、市场营销到交付使用后的物业管理,涉及方方面面,投资商、开发商、运营商、承包商、消费者(未来的业主),还有政府机构、中介组织等,各种各样的组织机构,都将从不同的角度参与或影响项目开发过程。在所有的组织机构中,唯有开发商作为投资商的代理,是项目开发的主体,对项目过程,是起主导作用和控制作用的。其控制职能主要表现在如下五个方面。

1) 决策职能

包括项目投资决策,以及涉及项目投资规模、项目开发经营模式、项目规划设计方案、项目投资融资方案、项目市场营销方案的决策职能。

2) 计划职能

编制并监督实施项目投资计划、开发建设计划、营销计划的职能。并依据实施效果和实施过程中的反馈信息不断地修订计划、调整计划,以确保计划目标得以顺利实现的职能。

3) 组织职能

项目开发建设全过程的组织职能既包括项目内部的组织,也包括项目外部与各协作单位的组织,如监理公司的选择,承包商的招标与管理。

4) 协调职能

在项目开发各阶段、各环节、各部门之间的沟通与协调。

5) 监督职能

为了保证项目计划得以顺利实现,保证各协作单位均能按合同正确履约,开发商要运用各种检查与监督手段,跟踪各项事件的运作程序和运作效果,实施监督职能。

## 11.1.3 开发商在项目控制中的主要控制事项

开发商在项目开发全过程实施有效控制的主要内容,可归纳为如下三个环节。

1) 项目投资前期的控制

(1) 项目建议书的审核

(2) 项目策划方案的审核

(3) 项目开发方案的审核

(4) 项目投资与融资方案的审核

(5) 项目规划方案的审核

(6) 项目可行性研究报告书的审核

(7) 项目环境与市场报告的审核

2) 项目投资实施期的控制

(1) 项目承发包(招标)控制

(2) 项目规划设计控制

(3) 项目施工控制

(4) 项目合同控制

(5) 项目风险控制

3) 项目投资交付使用期的控制

(1) 项目竣工验收的过程控制

(2) 项目竣工验收文件控制

(3) 项目营销控制

(4) 项目交付(交楼)控制

(5) 物业管理(方案)控制

## 11.1.4 房地产项目的控制对象和控制依据

1) 房地产项目的控制对象

房地产项目控制贯穿于项目整个寿命周期,早在投资前期的项目构思、目标设计阶段,就对各阶段性的工作成果,通过审核、检查、评估等各种手段进行控制。而且越是早期,控制措施越早做出,控制效果越好。

(1) 项目投资前期的控制对象

项目投资前期尚未明确项目的规模、性质、计划,也无法提出各种控制指标或标准,缺乏足够的控制依据,因而人们常常疏于项目前期的控制,这是很自然的,但通常也是十分危险的。而且在这一阶段出现决策错误,会带来无法估量的,有时甚至是致命的损失。项目前期的控制工作,主要是企业管理决策层和项目上层的任务,主要内容表现为与项目有关的市场研究以及项目的性质、地址、环境评价;项目的市场定位、构思、方案策划、可行性研究或成果的审核、检验、评价及批准工作。

(2) 项目投资实施期的控制对象

项目实施阶段的投资方案已经定型,项目有关的各种计划、方案、指标、合同等内容已全部定义,控制目标乃至各种控制标准均已确定,项目控制作为项目管理的重要职能便十分清晰而明确。

① 项目投资实施阶段的各有关方

咨询部门——由各类专业人员构成,提供信息和决策意见;

承包商——由各种专业公司提供设计施工等专业服务;

供应商——提供原材料和设备订购服务;

金融机构——银行基金等金融机构,提供项目融资服务;

公众——社会大众及其相应团体,关注项目的社会效益与环境效益;

中介组织——提供市场调查、市场营销等中介服务;

政府机构——为项目提供立法、审批、指导服务,关注项目社会与环境效益;

劳动力——由社会各种专业人士、专门人才提供的劳动力;

内部各部门——公司内部机构各部门专家、管理资源、信息资料、业务经验。

② 项目投资实施阶段的各个结构层次和各生产要素

为了满足各层次控制内容深度上的需要,应当把作为项目控制对象的项目结构,划分为各种不同层次的单元。如项目、子项目、单位工程、分部工程、分项工程等。一般来说,越是高层,控制对象所涉及的层次越高,范围越广,内容越抽象。越是低层,控制的对象所涉及的层次越低,范围越实,内容越具体。比如,公司决策层控制对象一般只到项目或子项目层面;公司中层和项目管理层,控制对象将涉及项目的单位工程或分部工程;项目管理机构的中层的控制对象将直接深入到分项工程。

项目的各种生产要素都是项目投资实施的关键因素,自然也成为项目实施阶段的重要控制对象。所有的项目,都必须制定相应的标准、制度、程序和方法,对各生产要素实施有效控制。

③ 项目投资实施阶段的各种考核与评估指标

项目投资实施阶段的实施效果,是通过一系列的指标体现的,这些指标便成为项目控制的主要对象。

如反映项目投资经济性的指标,反映项目质量状况的指标,反映项目进度状况的指标,反映项目合同执行情况的指标,反映项目安全性、稳定性、风险性的各类指标等。

④ 项目投资实施阶段的各控制点

控制点是指为了实施有效控制,在项目投资实施阶段的各环节、各部位、各场所设置的需重点加强监控的部位。如整个项目投资实施过程中的各关键性的阶段转换点,对工程质量有重大影响的活动,对项目投资成本有重大影响的事项。

(3) 项目经营使用期的控制对象

房地产项目的经营使用期主要是物业管理,也有些自营租赁经营的项目,在其经营使用期还有涉及经营成本、经营管理方面的控制对象。作为物业管理的控制对象,则主要是业主,以及为业主提供的各种服务。此外,还有房屋、设备及各种配套设施与设备。

经营使用期的另一类控制对象是项目的竣工验收及交付使用。

2) 房地产项目控制的依据

原则上分析,凡是界定项目的有关文件均可成为项目控制的依据。如与项目有关的法律、法规文件、项目定项报批的有关文件、项目设计文件、项目预算及施工组织设计文件、项目合同文件等。出于项目控制目的不同、任务和控制内容不同，其所依据的资料也有所不同，大致主要有如下内容。

(1) 项目进度控制所依据的文件资料

项目进度控制的主要目的在于保证项目按计划完成任务，按时投入使用。各个阶段进度计划控制的依据文件有所不同。

项目前期策划阶段的依据文件是项目策划任务书所规定的进度安排，规划设计阶段所依据的文件是设计任务书和设计合同文件，施工阶段所依据的文件是施工承包合同和施工组织设计文件。

(2) 项目投资控制所依据的文件资料

项目投资控制的主要目的在于控制项目开发建设成本和现金流，防止成本超支和资金使用计划混乱。其所依据的主要文件资料有各阶段的预算文件、投资计划及项目承包合同等。

(3) 项目质量控制所依据的文件资料

项目质量控制的目的在于保证项目工程质量、设计质量及其他质量。其所依据的主要文件资料除国家规定的有关质量标准、验收规范外，还有项目可行性研究报告、设计任务书、设计文件、施工组织设计文件以及工程承包合同等文件规定的有关质量条款。

(4) 项目合同控制所依据的文件资料

项目合同控制的目的在于确保合同的全面履行、合同责任的承担。合同控制的依据文件除了国家颁布的有关合同管理各种法律法规文件以外，还有与项目有关的合同文件及合同分析材料。

### 11.1.5 房地产项目控制技术

1) 横道图

横道图实质上是一种图与表相结合的表达形式。这种图式最大的特点是简单、明确、形象、生动，使用方便，易绘易懂。因而，横道图法在计划安排，尤其是进度计划安排中得到了广泛的应用，至今在许多公司的生产调度室和计划处仍可见到这种图式。

但是，也正是由于横道图太简单，用它来描述较复杂的计划安排时，就显得无能为力了。首先，横道图无法描述项目中各种活动间错综复杂的相互制约的逻辑关系，而这种关系是在安排大型项目计划时经常遇到的。其次，横道图只能描述项目计划内各种活动安排的时序关系，无法同时反映更多的由项目策划者或实施者关注的其他计划内容，如影响项目总工期的关键活动有哪些？在哪些活动的节点存在一定的活动余地等。另外，横道图也不便于调整，从而也不便于优化。因此，横道图的应用受到一定的限制，通常仅适用于如下场合：

（1）用于某些小型的、简单的、由少数活动组成的项目计划；

（2）用于大中型项目或复杂项目计划的初期编制阶段，这时，项目内复杂的内容尚未揭示出来；

（3）用于只需要了解粗线条的项目计划的高层领导；

（4）用于宣传报导项目进度形象的场合。

2）网络图和网络计划

网络计划技术的基础工具就是网络图，网络图是以网络关系来描述项目计划内容的一种平面线路图。由于网络图能克服横道图的缺点，全面而明确的描述项目中各活动间复杂的逻辑关系；能进行网络时间参数的计划，找出影响项目总工期的关键活动和关键路线；便于计划方案调整，以适应复杂多变的环境。由于它有一套规范化的作图和计算分析方法，特别适用于计算机管理。因此，网络图一出现，便在计划编制与控制，尤其在项目进度计划编制和控制中得到了广泛的引用。

网络图有多种表达形式，最常见的是单代号网络图和双代号网络图。

3）连环替代分析技术

连环替代分析技术又称因素替换分析技术，是用于测定由多种相互关联的因素构成的经济指标中，各组成因素的变动对指标差异总额影响程度的分析方法。在房地产项目控制分析中，主要用于项目的成本控制分析，用以查明项目成本超支的原因，以及各种原因的影响程度，以便于分清责任、制定对策。

（1）连环替代分析技术原理

连环替代分析技术属于结构分析法中的一种分析技术。结构分析又称为构成分析，就是将经济现象的内部各组成部分（因素）与整体进行分解分析的一种重要分析方法。通过结构分析研究经济现象部分与整体的关系，抓住影响经济现象变化的主要矛盾，反映经济现象发展的客观规律。结构分析法也有定量分析与定性分析两类。某些经济现象难以用数量描述，如企业管理结构、职工素质结构的某些方面等，对其进行结构分析时，多采用定性分析。凡是经济现象的总体及部分能够用数量描述时，都应当用定量的方法进行结构分析。定量结构分析的具体实施办法很多，如分组差额法、连环替代法、指数法等传统分析法，以及线性规划、回归分析等数理分析法。其中，连环替代法是最重要的一种分析方法。

连环替代法主要用于测定经济现象的各影响因素对指标变动的影响程度。其分析过程是先假定其他因素值不变，只改变其中一个因素值，检查指标值的变化。按一定的顺序逐个变动，就能查出各因素对指标值的影响程度和影响方向。需要注意的是，连环替代法只能用于被分析对象的因果关系具有严格函数关系的情况，即这种函数是用变量的和、差、积、商或指数、三角函数、对数等函数形式描述的。

(2) 连环替代法在房地产项目利润构成分析中的应用

连环替代分析技术可用于分析项目的利润构成,研究项目利润计划的执行情况及其影响因素。房地产项目利润主要有销售利润和租赁利润两类,这里主要研究销售利润的构成分析。房地产项目销售利润即项目销售收入减去按规定交纳的销售税金和销售成本后的余额。如下关系式成立:

销售利润 = 销售收入 — 销售税金 — 销售成本

其中:销售收入是项目的销售单价与销售数量之积;销售税金是销售收入与税率之积。由于销售收入等于销售单价与销售数量之积,因而项目的销售税金取决于销售单价、销售数量、税率三个因素。

销售成本取决于单位销售成本和销售数量。因而项目销售利润将受到其单位售价、销售数量、单位税金(即税率)、单位销售成本四大因素的影响。

对于多品种的房地产项目,由于不同品种单位售价不同,因而品种结构不同,项目销售利润自然不同,影响销售利润的因素还要加上品种结构一项。

项目销售利润分析,就是通过本期实际利润值与计划值或上期值的对比分析,寻找差距,并分析影响本期销售利润变动的各因素,借以找到影响销售利润的问题所在,为进一步革新挖潜、提高效益指明方向。

有关连环替代法在房地产项目利润计划中的实际应用在众多相关出版物中都有论述,本书限于篇幅就不进行详细叙述了。

4) 盈亏分析技术

盈亏分析技术又称盈亏平衡分析,是研究项目规模效应的分析方法,在房地产项目控制分析中有着广泛的应用。所谓盈亏平衡是指项目收入和支出达到平衡时的状态,即不亏不盈的状态。盈亏平衡时的最低销售水平,即项目规模的盈亏平衡点,又称为保本产量。在项目风险控制分析中,借助于盈亏平衡,可分析项目的开发规模、营销方案、拆迁安置方案的可行性,从而进行项目开发多方案的比较,进行定价决策等。

## 11.2 房地产开发项目进度控制

### 11.2.1 房地产项目进度计划

1) 房地产项目进度计划系统

进度控制实质上就是计划控制。由于项目开发建设周期长、涉及面广、影响因素复杂,为了适应各类应用上的需要,人们编制了大量进度控制计划。这些计划构成了房地产项目进度控制计划系统。出于篇幅所限,这里只介绍项目设计阶段和施工阶段的进度控制计划。房地产项目进度计划系统见图 11-1。

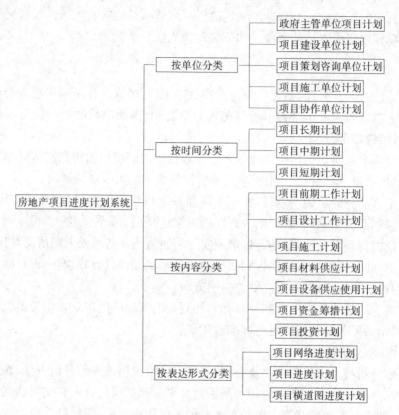

图 11-1 房地产项目进度计划系统

（1）设计阶段的进度控制计划

设计阶段是项目实施阶段中影响工期的关键阶段。设计进度控制的最终目标就是按质、按量、按时间要求提供设计文件。由于设计阶段可划分为设计准备阶段、规划设计阶段、初步设计阶段和施工图设计阶段,其进度控制计划也相应的分为若干种。

① 项目设计总进度控制计划

总进度控制计划规定了项目设计准备、规划设计、初步设计、施工图设计各阶段在时间上的安排和各阶段的前后衔接关系。

② 阶段性设计进度控制计划

阶段性设计进度计划分别规定了各阶段设计进度的具体安排,其中主要包括如下各类计划：

第一,设计准备工作进度计划。设计准备工作主要包括资料收集、现场踏勘、提供规划设计条件及委托设计等四项任务。其计划应明确反映这些任务在时间上的安排和协调关系。

第二,规划设计工作进度计划。规划设计包括路网设计、平面布置、建筑物选型、公建配套等。其工作进度计划应反映这些工作内容在时间上的安排和协调关系。

第三,初步设计工作进度计划。房地产开发项目的初步设计是在规划设计基础上所进行的建筑物单体的建筑与结构设计。这一阶段的主要工作内容应包括项目单体的平面设计、立面设计、结构设计及给排水和电气的设计。初步设计工作进度计划反映了这些工作的时间进度安排和相互协调关系。

第四,施工图设计工作进度计划。施工图是用以指导项目施工作业的设计文件。施工图设计应在项目规划设计和初步设计文件的指导下,考虑到施工工艺和施工作业的需要进行详细设计,包括建筑施工、结构施工、给排水管道施工、电力电气安装施工、装修施工等单项施工作业的内容。因而,施工图设计计划应在时间上清楚地描绘出这些设计任务的安排和前后搭接关系。

③ 设计进度作业计划

房地产项目的设计可按设计内容不同划分为不同的作业,如规划设计、工艺设计、建筑设计、结构设计、给排水设计、通风设计、电气设计和室内装修设计等。这些设计一般都要由相应的专业设计部门和专业设计人员去完成。而且各专业设计之间又存在着互相影响、互相制约的关系。因而,项目设计进度作业计划应妥善安排好各专业设计时间上的安排和前后搭接关系。

(2) 施工阶段的进度控制计划

施工阶段是项目实现的关键环节。由于施工周期长、影响因素复杂,历来是项目进度控制最重要,也是最棘手的环节。施工阶段的进度控制可按单位工程分类,也可按承包单位分类,还可按专业工程分类,甚至可按分部、分项工程分解为更细小的部类。因而,其施工进度控制计划也相应的分为若干种类。

① 按单项工程施工进度分类

按单项工程施工进度分类,可分为项目施工进度计划、主体工程施工进度计划、配套设施工进度计划、园林绿化施工进度计划等。

② 按单位工程施工进度分类

按单位工程施工进度可将项目按建筑物分类,分别制定其施工进度计划。

③ 按专业工程施工进度分类

按专业工程施工进度安排,可将项目分解为土建施工、水电安装施工、动力设备安装施工、装修施工若干类,分别制定它们的进度计划。

④ 按分部分项工程施工进度分类

按项目的分部分项工程施工进度,可安排基础工程、主体工程、水电工程、装修工程施工进度计划。

上述施工进度计划分别从不同的层面就项目施工在工期安排和开工、竣工时间安排上作了计划规定,应视管理的需要制订相应的计划。一般来说,越接近高层,计划的类别越宏观;越接近基层,管理的越细,计划安排得也越具体。

2) 进度计划的描述

房地产投资项目进度计划的描述方法主要有表格法、横道图法和网络图法三类。

(1) 表格法

传统的进度计划主要是用表格来描述的。虽然各种进度计划表的内容不同,表格的形式有些差异。但是作为进度计划表,一般都如表11-1所示,整个表头由两大部分构成,左边是"项目",用来描述本表所述的分项内容,右边是"工期",按实际需要,用年、月、日等日期单位描述该分项开工和完工日期、延续工期等时间参数。

表 11-1 工程项目进度计划表

| 项目编号 | 单位工程或分项工程 | 工程量 | | 开工日期 | | | 完工日期 | | | 工程延续天数 | 备注 |
| --- | --- | --- | --- | --- | --- | --- | --- | --- | --- | --- | --- |
| | | 单位 | 数量 | 年 | 月 | 日 | 年 | 月 | 日 | | |
| | | | | | | | | | | | |

(2) 横道图法

横道图又称形象进度表,是进度表的改进,如表11-2所示。即将进度计划表的时间参数栏(开工日期、完工日期等)取消,改为日历日期。单位工程、分项工程乃至分部工程的开工、完工时段,以相应的粗线段描绘在相应部位。显然,这种改进了的进度表,以图形(线段)来代表数字。形象、生动、方便、直观,在工程部门得到了泛的使用。

表 11-2 工程项目进度表

| 项目编号 | 项目名称 | 工程量 | | 2004年 | | | 2005年 | | | | |
| --- | --- | --- | --- | --- | --- | --- | --- | --- | --- | --- | --- |
| | | 单位 | 数量 | 10月 | 11月 | 12月 | 1月 | 2月 | 3月 | 4月 | 5月 |
| 1 | | | | | | | | | | | |
| 2 | | | | | | | | | | | |

(3) 网络图法

网络图法是利用网络图来描述项目进度计划及计划执行情况。由于网络图不仅能通过节点的时间参数清晰地描绘各项目在时间上的安排,而且可由网络关系准确、形象地反映各项目进度安排上的制约关系、描绘各项目作业时间对总工期的影响及其影响程度。在项目进度计划,尤其是大型综合性项目的进度计划安排中,得到了广泛的应用。

3) 项目进度计划的编制

本节以施工进度计划为例,说明项目进度计划的编制程序。项目施工进度计划是项目进度计划的重要组成部分,是施工设计的重要内容,是施工方案在时间序列上的具体反映项目的施工进度计划一般按如下程序编制。

(1) 收集编制依据

施工进度计划编制依据资料有施工方案、资源供应情况(资金、劳动力、主要设备、主要原材料等)、工期定额、合同工期、施工定额、设计图、施工规范、工程数量等。计划编制人员应视具体情况,有针对性地收集与项目有关的依据资料,使计划建立在可靠的基础上,并满足各方对项目工期的要求。

(2) 划分施工项目

收集到有关的信息资料后,应视管理深度的需要,将项目划分为单项工程、单位工程、分部工程、分项工程,甚至是作业面。

(3) 计算工程数量

按照上述划分好的项目,分别计算各子项目的工程量,作为确定子项目工期的依据。

(4) 确定施工顺序

各子项目施工顺序,是编制项目进度计划的重要基础。在确定施工顺序时,应考虑如下因素。

① 技术因素

技术因素又称工艺因素,是指施工工艺关系确定的顺序关系。如钢筋混凝土工程的施工顺序一般是:绑扎钢筋→立模板→浇筑混凝土。

② 组织因素

组织因素是指施工过程中为满足各种资源条件的组织和安排需要而建立的顺序关系,如流水施工的各工种及施工段的前后搭接关系。为安排大型施工设备进场作业而安排的顺序关系等。

③ 合同工期

不同的施工顺序将导致不同的工期,而项目的总工期又要受合同工期的制约。因而,制定项目施工顺序时,应考虑总工期因素。

(5) 编制施工进度初步计划

施工进度的初步计划是依据已初步确定的各子项目施工顺序、施工工艺、工程数量及已具备施工能力,综合考虑项目的投资计划、主要材料及设备计划编制出来的。施工进度的初步计划应明确规定各子项目的开工、完工时间和延续时间。为了便于调整和优化,一般都用网络图来描述。

(6) 调整及优化进度计划

已编制好的项目进度计划,还要视资源条件及工期条件进行进一步的调整及优化。一般来讲,这种调整及优化重点考虑如下问题。

① 资源均衡问题

项目施工过程中,资源(资金、劳动力、设备、原材料)消耗的不均匀性不仅会带来管理的困难,而且会影响劳动效率和经济效益。因而,进度计划调整首先要考虑的问题就是研究各阶段的资源消耗,尽可能地使其均衡。

② 工期条件

作为进度计划限定条件的还有合同工期和目标工期。合同工期是签订承包合同中所规定的工期。目标工期是视合同工期要求,考虑一定风险因素后所确定的计划工期目标值。初步进度计划制订好以后,要视是否满足合同工期和目标工期要求进行调整。

③ 成本条件

成本是制订进度计划时需考虑的另一因素。任何项目的建设都不应一味地追求高速度。过短的工期,势必增加设备和劳动力,带来成本的增加。因而,从建筑施工成本这个角度来考虑,有一个经济上合理的最佳工期。人们称这个的工期为"最低成本工期"。但是,针对一个具体的项目而言,其工期常常是被合同工期或目标工期限定了的。在限定工期的条件下,如何考虑成本因素进行计划调整呢?

如前所述,项目的建设成本由直接费和间接费两大部分构成。一般情况下,直接费随工期的增加而降低,间接费却随工期的增加而增长。两者综合,总成本随工期的变动有个最低点。这个最低点所对应的工期即"最低成本工期"。当工期限定时,要调整工期,需要研究成本随工期而变动的变化规律,寻求最有利地缩短工期的途径。一般做法是分别测算各单位工作(子项目)的正常工期及成本费用,加快工期及其成本费用,并估算出其相应的费用率。寻找具有作最低费用率的子项目,从这些子项目开始,着手缩短工期的计划调整工作。

## 11.2.2 房地产项目进度计划的实施

项目一旦正式启动,进度计划的实施便已开始。

1) 项目进度计划实施的影响因素

项目进度计划的实施,受制于项目的内外环境条件。其主要影响因素有人、资源、环境、工艺与技术等。

（1）人：项目组织内部的人以及与项目运作有密切关系的人。
（2）资源：包括资金、设备、材料等资源条件。
（3）环境：包括自然环境、社会环境、法律环境以及诸如交通、通讯、供水、供电等设施环境。
（4）工艺与技术：包括施工工艺、施工技术、施工组织等。
2）项目进度计划实施的准备工作

项目实施前，需要做好一系列的准备工作，包括组织准备、计划准备、人事准备以及对策措施准备等。

（1）组织准备

组织准备是指建立项目运行的组织机构，以保证项目进度计划得以顺利实施的准备工作。组织机构的主要职能是制订实施方案、监控实施情况、分析偏差原因、采取控制与纠偏措施以实施进度控制。

（2）编制实施方案

实施方案是为确保项目进度计划得以顺利实施而针对项目启动时的内外环境条件制定的具体行动方案，是进度计划更周密、更具体的安排。

（3）人员准备

人员准备是指对项目有关人员进行的各类、各层培训，以提高参与者素质，沟通和协调各方面关系而进行的准备工作。

（4）对策、措施准备

项目实施过程，将受到各种因素的制约，为保证进度计划顺利实施，应制定各种应急措施，充分估计到各种因素可能的变化，制定相应对策。

3）进度计划实施情况的监测

在项目实施过程中对项目进展状态进行的观测，称为项目监测。对于项目进展状态的监测，通常采用日常观测和定期观测的方法，并将观测的结果用项目进展报告的形式描述。

（1）日常观测

观测并记录每一项工序的实际开始时间、完成时间、持续时间、目前运作状况等内容，以此作为进度控制的依据。记录的方法有前锋线法、图上记录法和报告表法等。

① 前锋线法

前锋线是一种在时间坐标网络图中记录实际进度情况的曲线，它表达了网络计划执行过程中，某一时刻正在进行的各工序的实际进度前锋的连线。

② 图上记录法

当采用非时标网络图时，可以不同的形式直接在图上用文字符号记录，如用点划线并配以括号中的数字在网络图中标出。

③ 报告表法

将实际进度状况反映在表上,即为报告表法。报告表的形式各异,所含内容亦不相同。

(2) 定期观测

定期观测是指每隔一定时间对项目进度计划执行情况进行一次较为全面、系统的观测和检查。间隔的时间因项目的类型、规模、特点和对进度计划执行要求程度的不同而异,可以以日、周、旬、季、年为一个观测周期。观测和检查的内容主要有以下几个方面:

① 关键工序的进度和关键线路的变化情况。
② 关键工序的进度。
③ 工序之间的逻辑关系变化情况。
④ 项目范围、进度计划和预算变更情况。

定期观测、检查便于组织,具有计划性,应成为例行性工作。定期观测、检查的结果应加以记录,其记录方法与日常观测记录相同。定期检查的重要依据是日常观测、检查的结果。

(3) 项目进展报告

项目进展报告是记录观测检查的结果、分析项目进度现状和发展趋势等有关内容的最简单的书面报告。项目进展报告根据报告的对象不同,确定不同的编制范围和内容,一般分为项目概要级、管理级和业务管理级三个级别。项目概要级进展报告是以整个项目为对象,说明进度计划执行情况的报告;项目管理级进展报告是以分项目为对象,说明进度计划执行情况的报告;项目业务管理级进展报告是以某重点部位或重点问题为对象所编写的进展报告。

项目进展报告的内容主要包括项目实施概况、管理概况、进度概要;项目实际进度及其说明;资源供应状况、项目进展问题原因分析、项目进展发展趋势、项目可能发生的事件预测;项目费用发生情况;项目存在的困难与危机,困难是指项目实施中所遇到的障碍,危机是指对项目可能会造成的重大风险事件。

项目进展报告的形式可分为日常报告、例外报告和特别分析报告三种。

① 日常报告

根据日常监测和定期监测的结果所编制的进展报告即为日常报告,这是项目进展报告的常用形式。

② 例外报告

针对例外事件或特别需要而编制的为项目管理决策层所提供的报告为例外报告。

③ 特别分析报告

就某个特殊问题所形成的分析报告为特别分析报告。

进展报告的报告期应根据项目的复杂程度和时间期限以及项目的动态监测方式等因素确定,一般可考虑与定期观测的间隔周期相一致。一般来说,报告期越短,早发现问题并采取纠正措施的机会越多。如果一个项目远远偏离了控制,就很难在不影响项目范围、预算、进度或质量的情况下实现项目目标。明智的做法是缩短报告期的时间间隔,直到项目按进度计划进行。常见的项目进展报告有如下几种。

① 进度计划执行情况报告

描述包括报告期各项工序计划执行状况的进展报告,如表11-3所示。

表11-3 进度展示表

| 项目名称 | | | 项目所有者 | | | 项目执行者 | | | 信息编码 | | 报告日期 | |
|---|---|---|---|---|---|---|---|---|---|---|---|---|
| 工序编号 | 工序名称 | 工序状况 | 计划 | | | 实际 | | | 估计 | | $TE_{ij}$ | |
| | | | $D_{ij}$（天） | $ES_{ij}$日期 | $EF_{ij}$日期 | 工时（天） | 开始日期 | 结束日期 | 工时（天） | 结束日期 | 原有（天） | 剩余（天） |
| | | | | | | | | | | | | |

② 关键点检查报告

关键点是指对项目工期影响较大的关键路线上的节点,对关键点的监测、检查是项目进度动态监测的重点之一。对关键点的检查结果加以分析、归纳所形成的报告就是关键点检查报告,如表11-4所示。

表11-4 关键点检查报告

| 关键点名称 | | 检查组名称 | |
|---|---|---|---|
| 检查组负责人 | | 报告人 | |
| 报告日期 | | 报告份数 | |
| 关键点目标描述 | | | |
| 交付物是否能满足项目要求 | | | |
| 预计项目发展趋势 | | | |
| 检查组负责人审核意见 | | 签名: | 日期: |

③ 执行状态报告

项目执行状态报告反映了一个项目或一项工序的现行状态,如表11-5所示。

表 11-5 执行状态报告

| 任务名称(项目、工作) | | 任务编码 | |
|---|---|---|---|
| 报告日期 | | 状态报告份数 | |
| 实际进度与计划总时间比较 | | | |
| 提交物能否满足项目要求 | | | |
| 任务能否按时完成 | | | |
| 目前人员配备状况 | | | |
| 目前技术状况 | | | |
| 任务完成预测 | | | |
| 潜在风险分析及建议 | | | |
| 任务负责人审核意见 | | | |

签名：　　　　　　　　　　　　　　　日期：

④ 任务完成报告

任务完成报告反映了一项已完成任务或工序的基本情况，如表 11-6 所示。

表 11-6 任务完成报告

| 任务名称及编号 | | 任务完成日期 | |
|---|---|---|---|
| 已完成 | 交付物的性能特征 | | |
| 任务基本情况 | 实际工时与计划工时比较 | | |
| | 实际成本与计划成本比较 | | |
| | 遇到重大问题及解决办法 | | |
| | 紧后工序名称及编码 | | |
| | 紧后工序计划及措施 | | |

| 评审意见： | 评审人： | 评审日期： |
|---|---|---|
| 项目负责人审核意见： | 签名： | 日期： |

⑤ 重大突发事件报告

就某一重大突发事件的基本情况及其对项目的影响等有关问题所形成的特别分析报告就是重大突发事件报告。报告的基本形式如表 11-7 所示。

表 11-7　重大突发事件报告

| 事件发生时间 | |
|---|---|
| 事件发生部位 | |
| 事件描述 | |
| 事件对项目影响程度说明 | |
| 事件发生原因分析 | |
| 建议采取的措施 | |
| 项目负责人审核意见： | 签名：　　　　　　日期： |

## 11.2.3　项目进度计划的调整

修订进度计划是项目进度控制的重要内容。从信息资料获得反映项目进度状况的信息后，通过实际进度与计划进度的比较分析，发现偏差，并对产生偏差的原因进行分析、寻找原因。制订纠偏措施，这便是本节所述项目进度控制的控制程序。然而，对待已经发生的工期延误却必须采取措施，予以补救，以免其对项目合同工期或计划工期产生影响，这便是进度计划修订的目的。当然，现实的工程实践中，工期延误并不是引起修订进度计划的唯一原因，其他因素，如投资者的愿望、市场环境的变化、资源条件的改变等，都有可能导致修订进度计划。一般来说，工期计划的调整应按如下程序进行。

1) 分析原因

认真地分析引起进度计划调整的原因，找出问题所在是调整计划前的重要工作。只有针对性地采取措施，才是有效的。

对于因执行计划的工期有延误而引起的工期计划调整，要具体分析造成工期延误的时间、地点、部位、部门、延误天数、具体原因、责任者等。

对于因投资者或建设者的意愿而提出的计划调整要求，则要研究他提出的动机、规模及合理性、可行性。

对于市场环境变化或资源条件改变而提出的计划调整要求，则要仔细研究这些变化的具体内容、变化程度，对工期的影响，以及调整工期以适应这些变化的可能性、必要性、可行性等。

2) 研究方案

研究方案是就工期调整提出具体的措施。有了上述的分析过程，对工期调整的方向和要求已经心中有数了，便可进入方案研究阶段。在制订调整方案时，除了必要的工期、成本、费用等定量计算外，还要着重考虑如下因素。

(1) 后续施工活动合同工期的要求

如果项目施工是由多个施工单位分别承包,而且这些承包方均已签订有关项目的工期要求合同时,就必须认真地研究那些后续工程施工单位因进度计划的调整而带来的问题,避免因后续工程不能按时进场开工而造成的索赔要求。

(2) 材料物质供应合同的要求

项目开工前,均要签订一系列的材料物质供应合同,这些合同签订的依据,便是前述的项目进度计划。无论是什么原因引起的计划调整,均意味着已签订的材料物质供应合同中所规定的供货日期也要相应的发生变动。因而,在制订进度调整方案时,要研究这些合同更改的可能性、更改或不更改所造成的经济问题等。

(3) 资源条件的均衡性要求

如前所述,项目的开发建设进度计划是在合同工期、目标工期的约束下,充分考虑了资源占用和消耗的均衡性而制订的。要对原计划进行修订必然要破坏原有的均衡性。如对部分需赶工的子项目要投入更多的劳动力和原材料,要占用更多的资金和设备。这就要从经济上考虑其可能性和合理性。

(4) 施工顺序的逻辑性和工艺性要求

工期的调整既可依靠增加新的资源投入,缩短某些子项目工时的延续时间来实现,也可依靠改变施工工艺、施工路线,改变各工序的搭接关系及搭接时间来调整。这时,就要认真研究各工序在工艺上的具体要求,尤其要注意其间的逻辑关系、搭接关系。

(5) 工期限定要求

这里的工期限定既包括合同工期或目标工期对项目总计划的限定,也包括后续工序对前导工序在最迟结束时间方面的要求。

当我们用网络图来描述项目的进度计划时,上述工序间的逻辑关系在图中表现得一目了然。工期限定要求也通过节点的时间参数表示得一清二楚。在网络图上研究调整项目进度计划的方案是非常方便的。

3) 制定措施、推行计划

新的计划进入实施环节尚需一系列必要的措施。这些需要具体实施的措施不仅是为纠正过去的偏差而制订的,也是为了推行经过调整后的新的进度计划而制订的。严格地说,没有切实可行的措施,无论是纠偏还是计划推行,都是一句空话。一般来讲,可供选择的措施主要有如下几方面的内容。

(1) 资源条件方面的措施

房地产投资项目的资源条件主要包括资金、劳动力、原材料、设备。工期调整后,必然带来耗用或占用资源条件的变化。因而调动资源,有针对性地对关键工序投入更多的资源,是调整工期最常用的措施之一。

(2) 施工组织方面的措施

施工组织是在项目施工中对人员、设备、材料的组织安排。施工组织的好坏，不仅直接影响劳动效率，而且是工期控制的有力工具。建筑工程施工组织的有效方法是流水作业法。组织流水作业，是充分利用工时、提高劳动效率、保证工期计划实现的重要措施。

(3) 工艺技术方面的措施

先进的施工工艺、先进的施工材料和机具，不仅能提高施工质量、降低成本，还能提高劳动效率、缩短工时消耗。因为，改进施工工艺，选用更先进的材料和机具，历来是计划人员在进行项目进度计划调整时采用的措施之一。

## 11.3 房地产开发项目投资控制

房地产项目投资是指项目开发建设全过程的投资费用总和。项目投资控制，就是在项目的开发过程中，把投资费用控制在投资限额以内。随时纠正已发生的偏差，以确保项目投资目标的实现。

### 11.3.1 项目投资控制原则

房地产项目投资控制，应遵循如下原则。

1) 以设计阶段为重点，进行项目建设全过程投资控制的原则

项目建设全过程都在不同程度地影响着投资费用，因而，项目投资控制必须贯穿于项目建设全过程的各环节。然而，经大量地测算分析，人们发现，对项目投资影响最大的阶段，是项目设计前的各环节。专家们指出，在规划设计阶段，影响项目投资的可能性为 75%～95%；在技术设计阶段，影响项目投资的可能性为 35%～75%；在施工图设计阶段，影响项目投资的可能性为 5%～35%；而在项目的施工阶段，通过技术经济措施节约投资的可能性只有 5%～10%。显然，控制项目投资的关键环节在于项目施工前的投资决策和设计阶段。因而，项目投资控制，既要贯穿于项目开发建设的始终，又要把重点放在项目设计及设计前的前期策划阶段。

2) 主动控制为主的原则

传统的控制是建立在偏差纠正基础上的反馈控制，而反馈控制最大的问题是偏差已经出现，即偏差造成的损失已经存在。纠偏的时间越长，这种损失越大。自 20 世纪 70 年代开始，人们将系统和控制论的研究成果应用于管理控制理论后，不再满足于这种事后的反馈控制，而提出了事前预防。由预测来估计事件可能存在

的偏差,由事先采取的对策和措施来预防偏差的出现,这种所谓前馈控制系统是一种积极的、主动的控制。主动控制方法的出现,使项目投资损失降低到了最低限度。

3) 技术与经济相结合的原则

要有效地控制项目的投资,必须从组织、技术、经济、协作以及信息管理等多方面采取措施。因为项目的开发建设过程所涉及的一切因素都在直接或间接地影响着项目投资。要实施有效的控制,必须是全方位的。组织措施主要指项目开发建设的组织机构、管理和经营机制、岗位责任、职能分工、纪律和制度等;技术措施主要指技术方案、工艺方案、设备和材料选择、设计方案、规划方案的制订等;经济措施主要指经济指标、经营形式、财务管理和经济核算等;协作指单位内部各部门间的协调以及单位间的合作互利;信息指各种有关数据、资料的收集、贮存、加工与传递。显然,这些因素都在不同程度地影响着项目投资的实施效果,成为项目投资控制要注意的内容。

## 11.3.2 开发项目投资计划

项目投资计划是指在对项目所需投资费用总额做出合理估计的前提下,为了确保项目顺利进展,对项目投资所作的单元分割与时序安排。项目投资计划是项目投资控制的依据,也是项目投资实现的保证。

项目投资计划的编制既依赖于项目投资费用的估算,也依赖于项目投资的进度安排和投资费用的分解,项目投资计划的编制是整个项目系统策划的一部分内容而不是一件孤立的工作。

1) 项目投资计划编制依据

项目投资计划的编制是一项涉及费用估算、进度安排、资源配置、工艺选择以及项目定位、方案策划各方面工作成果的系统过程。主要依据的成果性文件有如下几项。

(1) 项目投资费用估算

投资费用估算是编制项目投资计划的基础,只有对项目、子项目、分项目及分项目中的每一工序、每一环节的资源计划及投资费用作出尽可能准确的估算,才能编制出科学、合理而且明确的项目投资计划。

(2) 工序分解

工序分解是指按项目进展时段、项目工作性质及项目资源占用条件而划分为相对独立单元的过程。工序分解是编制进度计划、进行资源估算、投资费用估算的基础,只有依据项目自身的特性,以及项目开发建设过程中的内外环境条件及项目各阶段、各环节运作上的特性,才能编制出科学、合理的项目工序分解计划。

（3）项目进度计划

项目进度计划是描述项目中各项工作、各项工序的进展顺序、时间安排及相互衔接关系的计划。只有对项目各环节工序作出科学而合理的分解（取得项目的工序分解计划），对各工序所占用的资源及其投资进行了尽可能准确的估算，再依据自身所掌握和控制的资源条件及项目投资经营的其他内外环境条件，才可能编制科学合理的项目的进度计划。

通常的项目进度计划是以横道图或网络图的形式描述的。由于网络图便于描述项目工序间错综复杂的逻辑关系，便于描述时间及各种资源占用情况，便于计划的优化处理，在进行大型项目的进度安排时，常采用网络计划法。

2）项目投资计划编制程序

（1）费用的分解

房地产项目的费用一般可以分为开发成本和开发费用，开发成本包括：土地出让金、征地及拆迁费、前期工程费、建安工程费、基础设施费、公共配套设施费、不可预见费和开发期间税费等。而开发费用包括：管理费用、销售费用和财务费用。

每项费用又可以分解为更细小的费用项目，如前期工程费中包括：规划设计费、项目可行性研究费、地质勘察测绘费、三通一平费。

建筑安装工程费中又分为土建工程费和安装工程费，其中土建工程费和安装工程费还可以进一步分解。

在分解项目费用时，可根据公司以往的经验和建立的数据库来确定各项费用。如果企业不具备较强的经验也可以利用社会资源估计开发项目的各项费用。

（2）根据项目进度计划编制投资计划

在房地产项目开发项目进度编制完成后，依照进度计划可编制项目投资计划。具体的编制步骤如下：

① 确定项目进度计划，编制进度计划的横道图。

② 根据不同费用的类型在时标网络图上按时间编制费用支出计划。

由于各类费用的估算方式不同，所以按时标编制的各项费用支出方法也不同。如土地出让金和征地拆迁补偿费的支付在签订土地出让合同时就应该足额缴付，而项目前期工程费用由四项工作组成，费用支付方式受到委托合同的影响。建安工程费用的支付计划可以按照单位时间内完成的工程量编制。开发费用中，管理费用和销售费用的支付计划编制可以按照单位时间投入的人力、物力、财力数量进行编制。

③ 按项目进度绘制 S 曲线。

根据时标网络计划图可以绘制出有关时间—费用的 S 曲线，如图 11-2 所示。

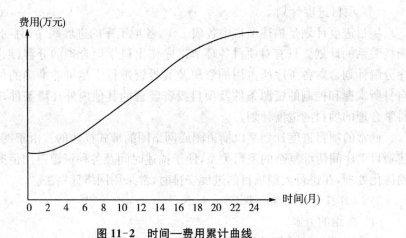

图 11-2 时间—费用累计曲线

如果结合项目网络计划中各项活动的最早开始和最迟开始时间,可以构建出"时间—费用"的"香蕉曲线"。一个完整的香蕉曲线可以作为房地产企业进行项目融资和投资控制的依据。根据这些曲线房地产企业可以制定融资方案、设定融资计划,结合项目进度计划企业可以进行投资控制。

### 11.3.3 开发项目投资控制

1) 项目投资影响因素

项目投资的影响因素很多,几乎涉及项目投资构成的各个方面。而且不同领域的项目,投资影响的主要因素也不尽相同,就房地产项目而言,其投资影响主要因素有如下几项。

(1) 项目的方案策划及规划设计

项目方案策划及规划设计决定了项目的规模、性质、市场定位、建筑风格、建设标准及其他大政方针,是决定项目投资额的关键环节。影响项目投资最大的因素是施工图设计前的阶段。

(2) 资源耗用数量和价格

项目投资受到项目各项活动耗用的资源数量及其价格的影响。这表明项目的投资控制必须要控制好整个项目消耗、占用资源的数量和价格这两个要素。在资源消耗和价格这两个要素中,资源消耗与占用数量是第一位的,资源的价格是第二位的。因为资源消耗与占用数量是一个内部要素,是由内部条件决定的相对可控的因素,而所消耗与占用资源价格是一个外部要素,是一个相对不可控因素。在项目实践过程中,这一要素是通过采购进行控制的。

(3) 项目工期

在项目的实现过程中,各项活动所消耗或占用的资源都是在一定的地点上或在一定的期间中发生的,所以项目的投资与工期直接相关,而且是随着工期的变化而变化的。这种相关与变化的根本原因是项目所消耗的资金、设备、人力等各种资源都具有自己的时间价值。此处的时间价值是指消耗或占用资源本身的价值量中所包含的时间价值,即等额价值量的资源在不同时间消耗或占用的价值之间的差别。这种资源消耗或占用的时间价值,是由于时间作为一种特殊的资源所具有的价值造成的。

项目消耗或占有的各种资源都可以看成是对货币资金的占用。其中人力资源和材料消耗所花费的资金,从表面上看是一种花费,实际上也是一种资金的占用,因为这些花费最终都将通过项目的运营而获得补偿。因此项目的全部投资实际上都可以看成是在项目实现过程中所占用的货币资金。这些项目所占用的货币资金,不论是自有资金还是来自银行贷款,都有其时间价值。这种资金的时间价值的根本表现形式就是资金占用应付的利息。这种资金的时间价值既是构成项目投资的主要因素之一,又是造成项目投资变动的原因之一,因为资金的时间价值是随着项目的工期变化而变化的。由此可见,项目工期的确是影响投资的重要因素。

(4) 项目范围

任何一个项目的投资从根本上讲取决于项目的范围,即项目究竟需要做什么事情,需要做到什么程度。从广度上说,项目范围越大投资成本就会越大,项目范围越小投资的成本就会越少。从深度上说,项目需要完成的任务越复杂,其投资的成本就会越大,而项目的任务越简单,其投资就会越低。在项目实践中,这种范围的内涵表现为项目的规模、标准、配套设施等。

(5) 项目质量

项目质量是指项目能够满足业主或用户需求的质量特性与指标。一个项目的实现过程就是其质量的形成过程。在这一过程中为达到质量要求,需要开展两个方面的工作:其一是质量的检验与保障工作,其二是质量失控的补救工作。这两项工作都要消耗资源,从而都会产生质量成本。因此,从根本上看,项目质量对投资成本的影响源于资源消耗的影响。因而,要实现对项目投资的科学控制,还必须开展对项目资源的耗用量、价格、工期、质量和范围等要素的集成控制。如果只对项目资源的耗用量和价格这两个要素进行控制,很难实现项目投资控制的最终目标。

2) 项目投资控制方法

这里介绍在房地产项目投资控制中,经常用到的目标成本控制法、预算定额控制法两种控制分析方法。

(1) 目标成本控制法

目标成本控制法是应用目标管理原理对项目投资实施控制的方法,是目标管理法在投资控制中的实际运用。在房地产项目投资控制中,主要用于项目工程施工前(项目投资前期和项目规划设计阶段)的投资控制。

目标成本以项目的目标利润和市场可接受的价格为基础,计算项目的总投资控制额,根据资源消耗与占用定额来推算项目各构成的目标成本。目标成本控制法改变了以资源消耗定额为基础的投资控制方法,增强了成本管理意识,在项目早期,具有重要的应用价值。目标成本控制法的实施,主要包括确定成本目标、分解目标成本、控制目标成本、调整成本目标等一系列基本环节。

① 确定成本目标

确定成本目标就是确定项目的总投资控制目标,它是依据项目的目标利润和市场可接受的价格来确定的。因此,在项目策划时,首先应进行市场研究,根据充足的资料来决定项目的市场定位,再由这种市场定位确定项目的市场可接受价格,由价格和拟定规模可测算项目的市场销售收入水平,进而推算出项目的成本水平和利润水平,由此而估算出项目的投资总额。

投资总额 = 市场销售收入 − 目标利润 − 税金

从项目的总投资额中扣除不可控的投资额,便可得到项目的投资控制目标。

投资控制目标 = 投资总额 − 不可控成本

② 分解目标成本

目标成本确定以后,就要进行分解,并落实到单位和个人,使之成为部门及个人的奋斗目标。在分解目标成本时,应与部门和个人的岗位责任和经济责任制结合起来,使分解的目标成本对单位和个人是可以控制的,这样目标成本才能落到实处。

③ 控制目标成本

确定目标成本并将其层层分解,落实到岗位和个人,仅仅是为每个具体岗位和个人提出了成本控制的标准和奋斗目标。目标成本最终能否得以控制取决于目标成本控制的方法、手段和措施。项目组织者应根据成本控制的目的选择成本控制对象,结合成本控制对象的性质采取相应的方法和措施。以成本责任中心为控制对象时,应合理划分成本责任中心,责任中心负责人对其可控的成本负责;以产品为成本控制对象时,应结合成本核算与成本分析,及时发现问题、查明原因、制定改进措施;以成本形成过程为控制对象时,应做好成本预测与成本计划,完善各种管理制度。

④ 调整成本目标

在目标成本控制过程中,要严格限制超标准、超定额的支出。对于达不到目标成本的行为应认真分析原因、采取措施,促使其达到。如果目标成本本身确实存在不合理之处,必须修改,使之既合理又可行,真正成为项目成本控制的奋斗目标。

目标成本控制法特别适用于房地产项目的方案策划和规划设计阶段的投资控制,有了目标成本的限制,就给方案策划和规划设计阶段对项目建筑风格、项目建设标准、建筑装修标准、项目规划、平面布置、户型设计、配套设施等的选择和设计提供了控制依据。

(2) 预算定额控制法

项目的预算定额是指在正常施工条件下,完成计量单位的分项工程或结构构件所必需的人工、材料、施工机械费用的占用和消耗定额,是由一定授权单位颁布的一种计价标准。

预算定额控制法就是依据事先编制的项目施工图预算作为项目投资控制标准的控制办法。常用于投资者自营工程项目的投资控制,或者在发包的项目施工中,用于监理方代甲方施行工程投资控制的场合。预算定额控制法一般按如下程序进行。

① 确定控制标准

预算定额控制法的控制标准就是项目的预算定额。在招标工程项目中,甲乙双方已签订了项目的合同价款及其支付办法,该合同价即成为项目投资的控制标准。在未确定项目合同价款的情况下,应当把经审核的工程预算作为项目投资控制标准。因而,确定控制标准的主要工作,便是以审核工程量、审核预算单价、审核其他有关费用等内容为核心的项目预算审查。

② 投资额差异核算与控制

投资额度差异是项目实施过程中,实际投资与计划投资的差异。这里的差异有三重内涵:一是进度的差异,二是额度的差异,三是内容的差异。

项目投资进度的差异是指投资计划在时间顺序上的实现状态与计划标准的差异。投资进度出现了偏差,往往预示着项目的进展状况出现了偏差,要么会给项目融资带来问题,要么会影响项目工期或各工序间的衔接关系。在按实际进度付款的发包项目中,虽然与投资控制影响不大,但会关联到其他问题,也是要投资控制关注的差异之一。

项目投资额度的差异主要是指分项目或子项目、分部工程或分项工程实际投资额度与预算额度的差异。引起这种差异的原因十分复杂,有的是出现了设计变更,有的是原材料或施工工艺有了变化,有的是工程进度出现了偏差,还有的是原材料单价有了变动等。无论是何种因素所致,最终都将影响到项目投资目标的实现。

项目投资内容上的差异大多是由于项目进度变化或项目设计变更引起的。项目进度的改变会将原来拟建内容提前或推后,从而引起投资额的变化。项目设计变更会更改工程数量、建筑材料、施工工艺,变更工程价款,从而引发合同执行过程中的索赔,历来就是投资控制的重点。

③ 投资差异原因分析

投资差异原因分析同样是预算定额控制法的重要一环。当发现了投资差异现象以后,无论这种差异是投资进度的,还是投资额度的,或是投资内容的,都有必要深入调查,分析原因。原因分析的过程实际上就是项目投资计划执行情况的研究过程。应当说,为了便于制定有效的纠偏措施,偏差原因分析越细越具体越好。只有细化到落实至具体的责任单位、具体的工序、具体的可控因素,才算符合要求。

④ 纠偏措施的制定与推行

纠偏措施是针对每项投资差异原因制定的对策措施。制定纠偏措施必须注意其针对性和可操作性。针对性是指每项措施都要针对具体的差异因素,为保证防止差异的继续发生而采取的行动是有效的。可操作性是由实施步骤、责任者、考核办法、期限要求等构成的实际执行的可能性。

推行纠偏措施是项目投资控制最终产生控制效果的重要一环。推行纠偏措施的关键在于严格执行责任制,只有随同纠偏措施制定,同时落实了该措施的执行者、执行责任、检测方法及时限规定,纠偏措施才能落到实处。

⑤ 效果检测与评估

这里的效果是指投资差异纠偏措施的实施效果。项目投资控制过程中,每一轮(定期的或不定期的)检查、评估与纠偏,最终都要以投资额的偏离是否得以纠正、产生偏离的原因是否被认识、偏离与差异趋势是否被遏制等实际效果对纠偏措施的有效性以及项目投资控制的有效性进行检测与评估。

3) 项目实施阶段投资控制

(1) 项目设计阶段的投资控制

设计阶段的投资控制,主要通过设计招标、设计技术经济责任制、限额设计和设计标准化四种方法来实施。

① 设计招标

设计招标是设计任务发包的一种竞争性的形式。通过招标来发包项目的设计任务,有利于设计方案的选择和优化,有利于缩短设计周期、降低设计费用。在实践中,项目设计的发包也可采用设计竞赛的形式。通常是业主先提出项目设计的具体要求和竞赛评比的条件,提供方案设计所需的技术、经济资料,邀请设计机构或设计人参加竞赛。竞赛主办方邀请专家按事先规定的条件对参加竞赛的各方案进行评审,提出技术经济的评价意见并对方案进行评选,对选中的方案再签订设计委托合同。

② 设计技术经济责任制

推行并落实项目的设计技术经济责任制,是项目投资控制的又一有力措施。所谓设计技术经济责任制,就是设计单位内部为实现企业化经营而实行的内部技术经济承包责任制。该项制度的推行,有利于落实责任、提高效率、降低成本、节约投资。

③ 限额设计

所谓限额设计就是按批准的设计任务书和投资估算来控制初步设计;按批准

初步设计概算来控制施工图设计,各专业在保证达到使用功能的前提下,按分配的投资限额来控制设计,通过层层限额,实现了对投资的控制与管理,是设计阶段控制投资的有效办法。

④ 设计标准化

设计标准化是指推行标准设计。设计标准是国家的重要技术规范,是进行项目勘察设计、施工及验收的重要依据。项目建设设计标准和标准设计,均来源于工程实践、优秀的设计标准和标准设计,有利于降低投资费用,缩短工期,提高效益。因而,推行设计标准化,同样是实施项目投资控制的有效办法。

(2) 项目发包施工阶段的投资控制

项目发包阶段是指项目投资者(甲方)按承包合同的要求将项目建设的施工及安装任务承包给承包者的阶段。工程承包的主要内容是项目投资包干、工期包干和质量包干。投资包干的依据是项目设计概算。投资包干的作用主要在于:

① 通过投标报价使承包单位对拟承包的项目量和价进行全面、认真的计算和分析,从而为挖潜节约、创造效益奠定基础;

② 通地报价承包,加强承包单位的责任感,迫使他们落实增收节约、降低成本提高效益的措施;

③ 通过承包单位的报价和概预算底价的比较分析,使投资估算更接近实际,把降低投资费用的目标落到实处。

项目施工阶段的投资控制主要是施工单位按承包合同的要求,所进行的投资分配与成本控制。投资分配即成本计划的编制。承包单位在获得项目的承包权后,应按项目承包合同的工期要求和投资费用要求,编制项目施工的成本计划。将项目的投资费用在时间上和项目内容上逐项分解。成本计划是项目施工阶段进行成本控制的主要依据。

施工阶段成本控制的基本方法就是偏差分析法和成本分析法。

偏差分析法就是认真地分析每一阶段、每一项目的实际成本与计划成本的差异,找出偏差、分析原因、制定措施、纠正偏差。成本分析法是利用成本的日报、周报、月报和预测报告,研究成本变动与工程量、工程进度的关系,发现异常,制定对策。

(3) 项目设计变更的投资控制

项目施工阶段成本费用的变动,有时是由设计变动造成的。这一方面可能是由于勘察设计工作的粗糙,以致在施工中才发现许多事先未考虑的因素,不得不改变设计,从而引起工程量发生变化;另一方面也可能是由于许多事先无法估计到的因素变化,带来了设计修改、原材料更换、工期延误等。不论是什么原因引起的设计变更,都将带来投资变动的后果,实施这一部分的投资控制,无论是对项目投资者,还是对项目承包者而言都是十分重要的。

设计变更的投资控制,主要是通过合同条款来实施的。在项目承包合同中应明确规定,进行设计变更或更改作为项目投标基础的其他合同条款,由此而导致的经济支出和承包人损失,由发包方承担。监理工程师作为业主单位的委托人,应当视具体情况会同承包方合理协商变更价款。在具体实施过程中,一般都是在双方协商的时间内,由承包方提供变更依据、变更价格和工期的意见,报监理工程师签署批准,进行价格调整和工期调整。

## 11.4 房地产开发项目质量控制

### 11.4.1 房地产项目质量

质量被定义为"产品、过程或服务满足规定或潜在要求(或需要)的特性和特征的总和"。而房地产项目质量是指在房地产项目活动过程中,房地产项目管理工作,以及房地产项目最终产品满足顾客需要的特征和特性的总和。房地产项目质量既包括房地产商品及其配套服务设施的"硬件"质量,也包括过程、服务、态度等"软件"的质量;既包括项目活动过程的质量,项目管理工作的质量,也包含项目最终产品(房屋、建筑物)的质量。

1)房地产项目活动过程质量

房地产项目开发过程是一个复杂的综合过程,在项目投资建设过程的每一阶段均涉及众多的复杂因素。因而,房地产项目质量的形成也是一个复杂的过程。一般来讲,按质量影响的深度及内容不同,这个过程可划分为如下几个重要环节。

(1)项目前期工作质量——市场研究质量

项目前期工作指项目投资决策前所进行的工作。主要有项目投资的机会研究、项目投资的市场与环境研究、项目投资的可行性研究及项目策划等。这一阶段是为项目投资决策服务的。本阶段工作质量的好坏,对投资决策影响极大。机会研究决定着投资方向;市场与环境研究决定着项目的市场与价格定位、营销策略;可行性研究决定着开发方案、技术标准、规划设计思想。显然,这些内容不仅为项目的投资决策提供依据,还为项目的规划设计、经营管理提供了依据。

项目前期工作质量的好坏体现在两方面,其一是能否科学地把握和认识客观现实。前期工作的最大特点就是大量调查研究市场与环境条件,从中得出科学的规律。因而,是否掌握大量的信息资料,是否具备科学地分析与研究问题的能力和条件,是保证前期工作质量的重要条件。其二是能否为后期工作阶段,如项目决策阶段、项目规划设计阶段、项目投资实施阶段、项目经营管理阶段等,提供尽可能详尽、周到、科学的依据。项目前期阶段的主要任务是在掌握和研究了大量信息资料的基础上，进行广泛的方案研究和问题设想。因此，这一阶段的研究工作几乎涉及后续的各阶段，而且问题涉及的深度越深、范围越广，越有利于后续阶段的决策。

(2) 项目决策阶段工作质量——决策质量

项目决策是在项目可行性研究及策划研究的基础上，就项目的投资规模、经营形式、开发方案、投资方案、资金筹措，以及市场定位、价格定位、营销策略等一系列重大问题所作的决策。决策质量关系着项目投资的成败，直接影响项目投资目标的实现，历来是质量控制的关键环节。决策质量的好坏，既取决于前期工作质量（信息是否掌握、问题是否研究透彻），又取决于决策者的素质水平。

(3) 项目设计阶段的工作质量——设计质量

项目设计是将项目可行性研究和项目策划中所提出的规划设想、使用功能，项目决策所提出的投资目标和投资方案等具体化的过程。房地产投资项目设计既包括整个项目的规划设计，也包括个别建筑物的建筑设计、结构设计等。项目设计质量直接关系到项目建成后的使用功能和使用价值。设计质量形成于项目设计的全过程，涉及参与项目设计的各专业、各层次设计人员。因而，设计质量控制有自己的一套控制系统。

(4) 项目实施阶段的工作质量——施工质量

房地产项目投资实施阶段有两重工作：其一是从投资者或建设者角度看待的实施过程。主要的工作是项目工程的发包、工程施工的监理、资金筹措以及项目开发建设过程中的协调、管理工作。其二是工程施工的承包者对项目施工的组织与管理工作。很显然，这一阶段的项目质量主要是施工质量。因而，又称项目实施阶段的质量为施工质量。施工质量是形成实体质量的过程质量，历来是质量管理的主要环节。施工质量影响因素复杂，几乎参与工程施工的所有条件都是质量控制的对象。施工质量控制有一套完备的控制系统和控制方法。

(5) 项目经营管理阶段质量——经营管理质量

房地产项目的经营管理泛指项目产品或项目服务进入流通领域后的环节。因而，广义的经营管理质量应当包括项目的营销服务质量、中介服务质量及物业管理质量。鉴于物业管理对于项目营销、城市管理的重要现实意义，这里主要研究房地产项目进入流通使用领域后的物业管理质量问题。物业管理是服务行业，物业管理质量当然是指物业管理服务的质量。它是由服务内容、服务方式、服务态度以及服务效果等一系列服务质量指标综合而成的。物业管理直接关系到购买住房或其他商业用房的顾客所期望的安定、舒适、方便的生活环境和工作环境，成为业主购房时关注的条件，从而直接影响商品房的销售。因而，其质量应当成为房地产投资项目质量形成过程重要的一环。

2) 房地产项目管理工作质量

房地产项目管理工作质量是指涉及房地产项目组织全过程中各环节管理工作的质量。如在项目前期的市场调查和组织与管理工作质量；项目方案策划与决策的组织与管理工作质量，项目进度控制、投资控制、质量控制、合同控制、风险控制、等项目过程控制的组织与管理工作质量等；项目交付使用期的经营方案策划、营销与服务质量等。

3) 房地产项目最终产品质量

房地产项目最终产品就是作为房地产商品的房屋建筑物，以及围绕这些建筑物而兴建的各种配套及服务设施、基础设施和内外环境。房地产项目最终产品质量应当是这些建筑物、构筑物、配套及服务设施、基础设施以及内外环境的综合质量。

房地产项目最终产品提供人们居住、生活、工作的场所，其质量好坏不仅影响着用户的舒适性、方便性，而且还直接关系到人们生命财产的安全，其质量特性除了满足人们对居住环境、设备使用上的质量要求外，还应特别强调其强度、可靠度等安全性指标；除了关注最终检测结果所体现出的质量特性，还应特别关注产品形成过程中以及产品使用的原材料、设备的质量检测。对此，国家颁布了一系列法令、标准，对其检验程序、检验方法和检验标准作出了明文规定。

房地产项目最终产品作为整个城市建设的一部分，其存在形式和形成过程必然影响城市社会的方方面面，项目建设过程和项目建设规划当然要受到城市管理、城市规划的约束。因而，项目的建设既要遵循严格的报建程序又要符合城市规划的有关规定，这也是房地产项目最终产品的质量内涵。

## 11.4.2 房地产开发项目质量控制

1) 房地产项目质量控制过程

由于房地产投资项目质量有一个渐进的形成过程，房地产项目质量控制也要遵循这个过程，在每一个环节、每个方面实施有效控制。

项目前期质量控制的重点放在工作质量控制上，通常是通过对视察国内调查与分析成果的质量评估，对项目的市场定位、方案创意、卖点设计、可行性研究过程和结论的科学性进行质量水平的评价。

项目实施期质量控制的重点放在项目过程和阶段性成果的检测与验收上。规划设计过程重点评估其是否符合国家法令、城市规划的规定和要求，是否符合项目策划意图，是否符合投资者通过合同形式反映的设计要求等；施工过程及阶段性成果的质量评估重点主要是通过施工监理和各种形式的质量抽检和监控予以实现的。

项目经营使用期质量控制的重点放在服务质量上，通常是通过用户的满意度测评来检测其质量水平。

2) 项目质量控制的主要依据

(1) 项目质量计划

项目质量计划明确提出了项目的质量目标,以及为实现这些目标的对策、措施、责任、资源配置和检验与评估方法,这些均应作为项目控制的主要依据。

(2) 国家相关的法规、标准及规范

为确保消费者的权益,国家对各种产品均制定了相关的关于质量标准、质量检测手段和方法的法规与规范。这些规定也应成为项目质量控制的依据。

(3) 合同中的相关规定

对于法规、规范及标准未涉及的质量问题,合同双方可在合同中予以规定,一旦形成合同,这些规定亦应作为项目质量控制的依据。

3) 项目质量控制主要内容

如前所述,项目从开始设想到最终形成并交付使用,是循着一定的顺序分阶段实施的。每个阶段,其阶段性成果及质量目标均不相同,质量控制的对象和内容也不尽相同。

(1) 项目决策阶段质量控制的主要内容

① 审核项目策划方案是否符合产业政策。

② 审核项目策划方案是否符合业主要求。

③ 审核项目策划方案是否具有可靠的基础资料和数据。

④ 审核项目策划方案是否符合财务评价要求。

⑤ 审核项目策划方案是否具有潜在风险,以及这些风险是否具有可靠的防范与规避措施。

⑥ 审核市场调查资料是否真实、完备和科学。

⑦ 审核市场分析方法是否科学规范,市场分析结论是否符合实际。

⑧ 审核市场定位的科学性、有效性和符合性。

⑨ 审核项目策划方案的可靠性以及与市场的符合性。

(2) 项目设计阶段质量控制的主要内容

① 审查设计文件的正确性和完整性。

② 审核设计招标文件、设计竞赛方案的可行性。

③ 审查设计方案的先进性和合理性,确定最佳设计方案。

④ 审核设计单位质量保证体系、专业交底及专业会签制度。

⑤ 进行设计质量跟踪检查,控制设计图纸的质量。

⑥ 审查设计方案的经济性,即从投资成本角度探讨设计方案的可行性和对投资目标的符合性。

⑦ 审查设计方案的适用性和与市场要求的符合性。

⑧ 审查设计方案工艺实现的可行性。

（3）项目实施阶段质量控制的主要内容

项目实施阶段的质量控制是项目全过程质量控制的关键环节。根据项目质量形成的时段，实施阶段的质量控制又可分为项目质量的事前控制、事中控制和事后控制三类。

① 项目质量的事前控制

主要包括：

第一：审查承包商及分包商的技术资质。

第二：审核承包商质量保证体系。

第三：审核承包商的现场质量管理制度，包括会议制度、质量检验制度、质量统计报表制度和质量事故报告及处理制度等。

第四：组织设计交底和图纸会审，下达质量要求标准。

第五：审查承包商提交的项目施工组织设计，保证项目质量具有可靠的技术和工艺措施。审核项目中采用的新材料、新结构、新工艺、新技术的技术鉴定书，对项目质量有重大影响的机械、设备，应审核其技术性能报告。

第六：对项目所需原材料、构配件的质量进行检查与控制。

② 项目质量的事中控制

主要包括：

第一：严格工序交接质量检查、材料进场质量检查、设备质量检查等质量控制环节。

第二：在重要的项目部位或专业项目建立质量控制点。

第三：审查质量事故处理方案，并对处理效果进行评估。

第四：对完成的分项分部工程，按相应的质量评定标准和办法进行检查验收。

第五：审核设计变更和图纸修改。

第六：检验隐蔽工程质量。

第七：组织定期或不定期的质量现场会议，及时分析、通报项目质量状况。

③ 项目质量的事后控制

主要包括：

第一：审核承包商提供的质量检验报告及有关技术文件。

第二：审核承包商提供的竣工图。

第三：按规定的质量评定标准和办法，进行项目工程质量的检查验收。

第四：组织项目竣工交接验收。

第五：整理有关项目质量的技术文件，并编目、建档。

（4）项目经营使用期质量控制的主要内容

① 审核承包商提供的质量保证书与质量保修书。

② 检查、鉴定项目质量状况

③ 对出现的质量缺陷、确定责任者。
④ 督促承包商修复缺陷。
⑤ 在保修期结束后,检查项目保修状况,移交保修资料。
⑥ 检查项目服务质量。

### 11.4.3 开发项目设计质量控制的过程与任务

1) 项目设计质量

设计是项目策划理念、功能、使用价值得以实现的计划安排,是项目质量目标系统化、具体化的必要步骤。

涉及项目设计质量的内容包括两类。其一是项目的质量标准,如采用的技术标准,设计使用年限、设备及材料质量等级标准,配套及服务设施标准、规模等。其二是设计成果的质量,即设计成果的先进性、科学性、正确性,设计文件的完备性,以及设计成果令用户满意的程度。

2) 项目设计质量要求的确定

项目设计质量要求服从于项目使用的功能总目标,通常按如下过程予以确定。

(1) 由业主确定项目的功能目标和项目的质量标准。通常这些目标和标准以"项目设计任务书"、"规划设计要点"或"合同"等文件形式来描述。

(2) 按项目功能目标和项目的质量标准确定项目规划、建筑与结构设计方案,并确定各部分质量要求,形成各部分的设计要求。

(3) 提出对项目建筑的空间、位置及配套设施的质量要求、使用功能和建筑物协调要求,并将它们纳入项目的质量目标体系中。提出具体标准要求、技术说明、安全说明等,最终形成项目设计的质量要求文本。

(4) 确定各部分详细技术设计质量要求。

3) 项目设计单位的选择

由于项目设计质量的复杂性、隐蔽性,设计单位的选择非常重要。设计单位必须具有一定知名度和相应资质等级,而且具有良好的信誉。在大多数情况下,可采用竞标方法选择设计单位。

4) 项目设计工作质量控制

(1) 设计过程的各阶段,都应在阶段设计成果审批签章后,再进行后续设计。

(2) 委托设计监理或聘请专家,对设计进度和质量、设计成果进行审查。

(3) 通过设计招标、评标,保证设计质量。

(4) 采取奖励措施,鼓励设计单位进行设计方案优化。

(5) 请科研单位或专家会审或专门对方案的某些技术问题进行试验或研究。

(6) 设计文件质量检验。内容主要包括:设计文件的完备性、设计构思、设计工作、设计文件的正确性、全面性、安全性,对规范要求的符合性等。

5) 项目设计方案的审核

设计方案审核是设计质量控制的重要手段。设计方案的审核包括总体方案和各专业设计方案的审核两部分内容。

(1) 总体方案审核

总体方案的审核主要在初步设计阶段进行,重点审核设计依据、项目规模、项目组成及平面布局、规划设计、园林绿化、配套设施、三废治理、环境保护、防灾抗灾、建设期限、投资概算等文件资料的可靠性、合理性、经济性、先进性和协调性等。

(2) 专业设计方案的审核

专业设计方案的审核,重点是审核设计参数、设计标准、设备和结构选型、功能和使用价值等方面,是否满足适用、经济、美观、安全、可靠等要求。审核的具体内容主要有如下几方面。

① 建筑设计方案

平面布置:主要房间平面尺寸及布置,单元及户型组合等。

空间布置:主要房间空间尺寸,室内外标高,建筑层数及层高。

建筑造型、平立面布置等。

室内装饰:各类房间的装饰方案、装饰材料的选择等。

建筑物理功能:采光、隔热、隔声、通风、节能等。

工艺实现的可能性。

② 结构设计方案

设计依据及设计参数。

方案选择的安全性、可靠性、抗震性。

主体结构布置、结构材料的选择等。

工艺实现的可能性。

③ 给排水工程设计方案

设计依据和设计参数。

方案选择。

管线的布置和所需设备的选择等。

④ 通风空调设计方案

设计依据和设计参数。

方案选择。

管道布置和设备选择等。

其他还有照明工程、排水工程、道路工程、园林绿化工程的设计方案等。

6) 项目设计图纸的审核

设计图纸是设计工作的最终成果,又是工程施工的直接依据。设计阶段质量控制的任务,最终要体现在设计图纸的质量控制上。

(1) 初步设计阶段的设计图纸审核

初步设计是决定项目技术方案的阶段。本阶段设计图纸的审核,着重于项目所采用的技术方案是否符合总体方案的要求,以及是否达到项目所确定的质量标准。

(2) 技术设计阶段的设计图纸审核

技术设计是在初步设计基础上,项目方案设计的具体化。这一阶段重点审核各专业设计是否符合预定的质量标准和要求,是否符合规范。

(3) 施工图设计阶段的设计图纸审核

施工图是指导施工的直接依据,从而也是设计阶段质量控制的重点。对施工图的审核,应注重审核项目使用功能及质量要求是否得到满足,主要有如下内容。

① 建筑施工图主要审核房间尺寸及户型布置情况、门窗及室内外装修形式及材料的选用、建筑功能的实现等。

② 结构施工图主要审核承重结构布置、结构材料的选择、施工工艺设计及质量要求等。

③ 给排水施工图主要审核管道布置和走向、加工安装的质量要求等。

④ 电气施工图主要审核供、配电设备,灯具及电器设备的布置,电气线路的走向及安装质量要求等。

⑤ 供热、采暖施工图主要审核供热、采暖设备的布置,管网的走向及安装质量要求等。

7) 项目设计交底与图纸会审

为了使施工单位熟悉设计图纸,了解项目特点和设计意图,以及对关键部分的质量要求,同时也为了减少设计图纸上的差错,避免设计差错带来的影响,必须在施工前进行图纸会审,组织设计单位向施工单位进行设计交底。图纸会审有如下主要内容。

(1) 设计图与说明是否齐全,有无分期供图的时间表。

(2) 结构设计抗震烈度是否符合当地抗震设防的要求。

(3) 设计图纸相互间有无矛盾,专业图纸之间、平立剖面图之间有无矛盾,标注有无遗漏。

(4) 总平面与施工图的几何尺寸、平面位置、标高等是否一致。

(5) 防火、消防是否满足要求。

(6) 建筑结构与各专业图纸本身是否有差错,施工单位是否具备施工图中所列各种标准图册。

(7) 材料来源有无保证,能否代换,设计所要求的条件能否满足。

(8) 地基处理方法是否合理。

(9) 建筑与结构是否存在不能施工、不便于施工的技术问题,或容易导致质量、安全、工程费用增加等方面的问题。

(10) 工艺管道、电气线路、设备装置、运输道路与建筑物之间或相互间有无矛盾,布置是否合理。

(11) 施工安全,环境卫生有无保障。

(12) 工艺实现有无困难。

### 11.4.4 开发项目施工质量控制的过程与任务

施工是项目实体的形成阶段,也是项目质量目标最终得以实现的重要环节。项目施工阶段的质量控制历来是项目质量控制的重点。

1) 项目施工质量控制过程

项目施工阶段的质量控制,是一个从对投入原材料的质量控制开始,直到完成工程质量检验,合格验收为止的全过程的系统控制过程,见图 11-3。

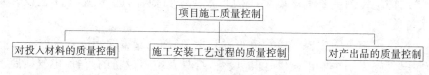

**图 11-3 施工质量控制过程**

项目工程一般由分项工程、分部工程和单位工程所组成,任何项目的建设,都是通过一道道工序来实现的。所以,项目施工的质量控制又是工序质量控制、分项工程质量控制、分部工程质量控制、单位工程质量控制的系统控制过程,见图 11-4。

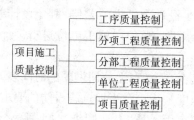

**图 11-4 项目施工的质量控制**

2) 项目施工质量控制方法

项目施工质量控制的方法可分为文件审核与检验两类。

(1) 文件审核

文件审核就是对项目有关质量的技术文件、报告、报表的审核,文件审核是项目质量控制的重要手段,其具体内容主要有如下几项。

① 审核施工单位有关技术资质的证明文件。

② 审核并经现场核实项目开工报告。

③ 审核施工方案、施工组织设计和技术措施。

④ 审核有关材料、半成品的质量检验报告。
⑤ 审核反映工序质量动态的统计资料和控制图表。
⑥ 审核设计变更、修改图纸文件和技术核定书。
⑦ 审核有关质量问题的处理报告。
⑧ 审核有关应用新工艺、新材料、新技术、新结构的技术鉴定书。
⑨ 审核有关工序交接质量检查,分项、分部工程质量检查报告。
⑩ 审核并签署现场有关技术签证、文件等。
⑪ 审核施工单位的质量体系文件和质量记录。
⑫ 审核隐蔽工程质量检验记录。

(2) 现场质量检验

① 现场质量检验的内容:

开工前检验;工序交接检验;隐蔽工程检验;停工后复工前的检验;分项、分部工程完工后的验收检验;成品保护检验;原材料质量检验;设备运行质量检验。

② 现场质量检验的方法

常见的现场质量检验的方法有目测法、实测法和试验法三种。

目测法:通过看、摸、敲、照等人工作业过程直观检查施工质量的方法。

实测法:人工或借助工具、仪器、设备检测质量数据,通过实测数据与施工规范及质量标准所规定的允许偏差对照,来判别质量是否合格的方法。

试验法:借助于仪器设备,通过试验手段对质量进行判断的检查方法。如对桩或地基的静载试验,确定其承载力;对钢结构进行稳定性试验,确定是否产生失稳现象;对钢筋对焊接头进行拉力试验,检验焊接的质量等。

3) 项目施工的工序质量控制

工序质量控制,就是对工序活动条件和工序活动效果的质量控制。工序质量控制通常采用控制图等统计分析工具,通过对工序子样检验的数据,进行统计、分析,来判断整道工序的质量是否稳定、正常;若不稳定,产生异常情况,必须及时采取对策和措施予以改善,从而实现对工序质量的控制。

(1) 工序质量控制的主要控制步骤

工序质量一般按如下步骤实施控制。

① 量测:通过检测工具和检测手段,对工序子样进行质量检验,获取质量数据。

② 分析:对检验所得的数据通过直方图、排列图或控制图等统计分析工具进行分析,研究这些数据所遵循的规律。

③ 判断:根据数据分布规律分析的结果,对整个工序的质量状况进行判断,从而确定该道工序是否达到质量标准。若出现异常情况,即可寻找原因,采取对策和措施加以预防,以便达到控制工序质量的目的。

(2) 工序质量控制的主要内容

工序质量控制主要包括以下四方面的内容。

① 控制工序工艺和工序规程

施工工序工艺和操作规程是进行施工作业的依据和法规，是确保工序质量的前提，应作为工序质量控制的重要内容。

② 控制工序活动条件

工序活动条件主要是指影响工序质量的五大因素，即人、材料、机械设备、方法和环境等。只要将这些因素切实有效地控制起来，就能使工序处于被控制状态以保证质量正常和稳定。

③ 控制工序活动效果

工序活动效果是评价工序质量是否符合标准的依据。为此，必须加强质量检验工作，对其质量状况进行综合统计与分析，及时掌握质量动态。

④ 设置工序质量控制点

质量控制点是指为了保证工序质量而对某些需要重点控制的关键部位、薄弱环节，予以标记，设置重点防范，加强观测和控制的内容和程序，从而在一定时期内、一定条件下强化质量管理，使工序处于质量控制状态。

(3) 质量控制点的设置

质量控制点的设置应根据工程特点，视其重要性、复杂性、精确性、质量标准和要求而定。质量控制点的设置位置，可能是结构复杂的某一工序或部位，也可能是技术要求高、施工难度大的某一结构构件或分项、分部工程，还可能是影响质量关键的某一环节中的某一工序或若干工序。主要视其对质量特征影响的大小及危害程度而定，经常要考虑的有如下一些因素：

① 人的行为因素。

② 物的状态因素。

③ 材料和设备因素。

④ 操作技术因素。

⑤ 质量通病因素。

(4) 工序的质量检验

工序质量检验就是利用一定的方法和手段，对工序操作及其完成的产品质量进行测定、检查和验收，并将所测得的结果同该工序的操作规程及形成质量特性的技术标准进行比较，从而判断其是否合格的过程。

工序质量检验也是对工序活动效果的评价。工序质量检验工作的内容主要有下列几项。

① 设定标准

把设计要求、技术标准、工艺操作规程等转换成该工序具体而明确的质量要求,并在质量检验中正确执行这些要求。

② 进行度量

对工序的质量特性进行检测。其中包括检查人员的感观度量、机械器具的测量和仪表仪器的测试,以及化验与分析等。通过度量,提供工序的质量特征值数据。

③ 比较判定

把度量出来的质量特征值同该工序的质量技术标准进行比较,以发现差异。根据比较的结果来判断工序的质量是否符合规程、标准的要求,从而对该工序的质量状况作出判断。

④ 作出处理

根据判定的结果,对合格的工序质量予以验收,对不合格者,则要查找原因,采取对策措施予以调整、纠偏或返工。

⑤ 记录

把度量出来的质量特征值,质量分析、判断、评估与处理过程完整、准确、及时地记录下来,以备查用,称之为质量记录。

4) 项目施工材料的质量控制

材料(含构配件)是项目工程施工的物质条件。材料的质量是项目工程质量的基础。材料质量不符合要求,工程质量也就不可能符合标准。所以,加强材料的质量控制,是提高工程质量的重要保证,也是项目正常施工的前提。

(1) 材料质量控制的基本要求

① 掌握供应链

掌握供应链,把握材料价格、供货能力和质量信息,选择好供货厂家,就可获得质量好、价格低的资源,从而确保工程质量,降低工程造价。

② 合理组织材料供应

科学、合理地组织材料的采购、加工、储备、运输,建立严密的计划、调度体系,加快材料的周转,减少材料的占用量,按质、按量、如期地满足施工需要,乃是提高供应效益,确保正常施工的关键。

③ 合理组织材料使用

正确使用材料,加强运输、仓库、保管工作,加强材料限额管理和发放工作,健全现场材料管理制度,避免材料损失、变质,乃是确保材料质量、节约材料、降低成本的重要措施。

④ 加强材料检查验收

对主要材料,进场时必须具备正式的出厂合格证和材质化验单,如不具备,应补做检验。

各种构配件,必须具有厂家批号和出厂合格证。钢筋混凝土和预应力钢筋混凝土构件,均应按规定的方法进行抽样检验。由于运输、安装等原因出现的构件质量问题,应分析研究,经处理鉴定后方能使用。

凡标志不清或认为质量有问题的材料、对质量保证资料有怀疑或与合同规定不符的材料、工程部位重要的材料,均需进行追踪检验,检查验收以控制和保证其质量。

材料质量抽样和检验的方法,应符合《建筑材料质量标准与管理规程》,要能反映检验批材料的质量性能。对于重要构配件或非匀质的材料,还应酌情增加抽样的数量。

在现场配制的材料,如混凝土、砂浆、防水材料、防腐材料、绝缘材料、保温材料等的配合比,应先提出试配要求,经试配检验合格后才能使用。

进口材料和设备应会同商检局进行检验,如发现质量问题,应取得供方和商检人员签署的商检记录,按期提出索赔。

高压电缆、电压绝缘材料,要进行耐压试验。

⑤ 重视材料的使用认证

对主要装饰材料及建筑配件,应在订货前要求厂家提供样品或看样订货。主要设备订货时,要审核设备性能是否符合设计要求。

要认真核对材料性能、质量标准、适用范围和施工要求,以便慎重选择和使用材料。

凡是用于重要结构部位的材料,使用时必须仔细地核对、验证材料的品种、型号、性能有无错误,检查其是否适合工程特点和满足设计要求。

新材料应用必须通过试验和鉴定。代用材料必须通过计算和充分的论证,符合结构构造的要求。

材料认证不合格时,不许用于项目工程中。有些不合格的材料,是否降级需结合工程的特点予以论证,但决不允许用于重要的结构部位。

(2) 材料质量控制的主要内容

材料质量控制的内容主要有材料质量标准的选定和材料的质量检验。

① 材料的质量标准

材料的质量标准是用以衡量材料质量的尺度,也是作为验收、检验材料质量的标准。不同的材料有不同的质量标准。选定材料的质量标准,就便于可靠地控制材料的质量。

② 材料的质量检(试)验

材料质量检验的目的:通过一系列的检测手段,将所取得的材料质量特性数据与材料的质量标准相比较,借以判断材料质量的可靠性。

材料质量的常用检验方法:书面检验、外观检验、理化检验和无损检验等四类。

书面检验:对提供的材料质量保证资料、试验报告等进行审核。

外观检验:对材料外形尺寸、外部形态等进行直观检查。

理化检验:借助试验设备和仪器对材料样品的化学成分、机械性能等进行鉴定。

无损检验:在不破坏材料样品的前提下,利用超声波、X射线、表面探伤仪等无损检测设备进行的检验。

材料的质量检验程度:根据材料质量信息和保证资料的具体情况,材料质量检验的程度分免检、抽检和全部检验三种。

免检:免检就是免去质量检验过程。对有足够质量保证的一般材料,以及实践证明质量长期稳定,且质量保证资料齐全的材料,可予免检。

抽检:抽检就是用随机抽样的方法对材料进行抽样检验。当对材料的性能不清楚,或对质量保证资料有怀疑,或成批生产的构配件,均应按一定比例进行抽样检验。

全检验:对进口的材料、设备和重要结构部位的材料,以及贵重的材料,应进行全部检验。

材料的质量检验项目:分为"一般试验项目"和"其他试验项目"两类。"一般试验项目"是指通常进行的检验试验项目;"其他试验项目"是指根据需要进行的检验试验项目。

材料质量检验的取样:必须有代表性,即所采取样品的质量应能代表该批材料的质量。在采取试样时,必须按随机确定的部位,按规定的数量及采样的操作程序要求进行。

5) 项目施工方案的质量控制

项目施工方案是直接影响项目的进度、质量、投资目标能否顺利实现的关键。工程实践中,经常发生由于施工方案考虑不周而拖延进度、影响质量、增加投资的现象。因此,在制定和审核施工方案时,必须从技术、组织、管理、经济方面进行全面分析,综合评估项目施工方案的质量,确保施工方案在技术上可行,在经济上合理,有利于提高项目工程质量。

6) 项目施工环境因素的质量控制

影响项目工程质量的施工环境因素较多,有自然环境,如工程地质、水文、气象等;有管理环境,如质量保证体系、质量管理制度等;有劳动环境,如劳动组合、劳动工具、施工作业面等。环境因素对工程质量的影响,具有复杂而多变的特点,如气象条件变化万千,温度、湿度、大风、暴雨、酷暑、严寒都直接影响工程质量。往往前一工序就是后一工序的环境,前一分项、分部工程也就是后一分项、分部工程的环境。因此,根据项目特点和具体条件,应对影响质量的环境因素,采取有效的控制措施。

### 11.4.5 项目验收和移交

项目竣工验收是项目开发建设期的最后一个环节。竣工验收阶段的主要工作就是对项目质量进行全面的检查与评定,考核其是否达到了项目决策所确定的质量目标,是否符合设计文件所规定的质量标准。经正式验收的项目才可办理交接手续、移交给业主。

1) 项目竣工验收的条件

(1) 施工单位承接的工程项目,达到下列条件者可报请竣工验收:

① 生产性建设项目

生产性工程和辅助公用设施,已按设计建成,并能满足生产要求;

主要工艺设备已安装配套,经联动负荷试车合格,安全生产和环境保护符合要求,已形成生产能力,能够生产出设计文件所规定的产品;

生产性项目中的职工宿舍和其他必要的生活福利设备以及生产准备工作,能适应投产初期的需要。

② 非生产性建设项目

非生产性建设项目的土建工程及房屋建筑附属的给水排水、采暖通风、电气煤气等已安装完毕;

室外各管线已施工完毕、可向用户供水、供电、供暖气,具备正常使用条件。

(2) 工程项目达到下列条件者,也可报请竣工验收

工程项目符合上述基本条件,但允许有少数非主要设备及某些特殊材料短期内不能解决,或工程虽未按设计规定的内容全部建完,但对项目投入使用影响不大,也可报请竣工验收。

2) 项目竣工验收程序

(1) 施工单位作项目竣工预验

预验一般分三步进行。首先由施工队长组织有关职能人员,对拟报竣工项目,据施工图、合同和验收标准,进行检查验收;工程处根据施工队的报告,再组织生产、技术、质量、预算等部进行自检。经检验确已达到竣工标准后,填报竣工验收通知单;公司根据工程处的申请,有必要时,再组织公司一级的预验。

(2) 施工单位提交验收申请报告

施工单位在进行自检,确已符合竣工验收条件后,正式向主管部门提交项目竣工验收申请报告。

(3) 审查验收申请报告

工程监理部门在收到施工单位的项目竣工验收申请报告后,应参照验收标准和该项目工程合同的要求,审查报告内容,看是否具备验收条件。

(4) 组织项目初检

项目初检是由工程监理人员组成检查班子对项目进行的初步检查。在初检中发现的问题,应及时以书面形式通知整改。

(5) 项目正式验收

在初验合格的基础上,由监理工程师牵头,组织业主、设计单位、施工单位参加的,按检验程序和验收标准进行的项目正式检查验收。

(6) 确定项目交付日期

视正式检验的情况及整改的遗留问题,确定项目的交付日期,办理交接手续。

3) 项目竣工验收资料

(1) 工程项目竣工验收资料的内容

工程资料是项目竣工验收的重要依据,施工单位应按合同和验收标准的要求提供全套竣工验收资料。其内容主要包括:项目开工报告,项目竣工报告,分项、分部、单位工程技术人员名单,图纸会审及交底记录,设计变更通知书,技术变更核实单,工程质量事故调查处理资料,测量放线资料,材料、构件、设备质量合格证明,试验检验报告,隐蔽工程验收记录,施工日志,竣工图,质量检验评定资料,竣工验收资料。

(2) 项目竣工验收资料的审核

项目竣工验收资料主要进行审核:材料、构件、设备的质量合格证明材料,试验检验资料,隐蔽工程记录,竣工图。

对上述资料要检验其真实性、齐备性。因为真实、完备的资料才说明该项目工程质量受到严密的控制,工程质量的验收结果是可靠的。

4) 工程项目的交接

工程项目的交接是在工程项目竣工验收后,项目承包单位向业主移交项目所有权的过程。个人或企业投资的项目,移交的对象是项目的投资者或投资企业的法人代表;国家投资的项目,中小型项目移交的对象是地方政府的某个部门;大型项目,通常是委托地方政府的某个部门担任建设单位,但项目的所有权归国有。这时的项目验收与交接有以下两个层次。

一层是由承建单位向建设单位的移交,另一层是建设单位向国家的移交。前者由项目的监理工程师组织验收,由监理工程师协助承包单位向建设单位进行所有权的交接;后者一般在项目投产使用一年后,由国家有关部委组成工作小组进行全面的检查验收,并履行项目移交手续。

在办理工程项目交接前,施工单位要编制竣工结算书,以此作为向建设单位结算最终拨付工程价款的依据。工程项目交接时,还应将成套工程技术资料分类整理,编目建档后同时移交给建设单位或业主。

## 复习思考题

1. 房地产开发项目控制原理的基础是什么？
2. 房地开发项目控制的内容主要有哪些？
3. 房地产开发项目成本控制如何进行？有哪些主要手段？
4. 房地产开发项目进度控制如何进行？与基本建设项目相比有哪些特点？
5. 房地产开发项目质量控制如何进行？对于开发项目有何重要意义？
6. 房地产开发公司如何更好地将项目控制手段用于开发项目中？

# 12 城市建设与房地产开发

**本章概要**

房地产开发是城市建设过程中最为活跃、最具有市场性的行业。城市建设离不开房地产开发,无论是在旧城改造还是新城开发中,房地产开发都扮演着非常重要的角色。但是,随着社会的不断成熟,房地产开发在城市建设中的存在形式也在不断地完善,所承担的责任也越来越大,起到的作用也越来越深远。例如,在传统的旧城改造中,房地产参与的形式基本上是"大拆大建",而现今,需要承担旧城历史文化复兴的责任;再例如,原先的新城建设中,房地产开发追求建设一片成熟一片,而今,需要通过一片片的建设,形成智慧、生态区域或新城。这些与传统的开发理念、思路、方法、手段都有着本质上的区别。本章试图通过对旧城改造、新城开发的基本分析,将房地产开发与老城更新、智慧城市建设有机结合,使房地产开发在新形势下为城市发展贡献新的力量。

在城市发展过程中,房地产开发往往起到非常重要的作用。无论在国外还是在国内;无论是传统的新城建设、旧城改造,还是现代意义的城市发展,房地产开发都发挥着不可替代的作用。

本章主要以我国城市老城更新、新城建设,以及城市化进程中的城乡统筹建设为对象,论述房地产开发与城市建设的相互关系。

## 12.1 城市更新中的房地产开发

旧城改造是改革开放后城市建设中的一个热门话题,并在相当长的一个时期里,占据着房地产开发、城市建设的主导地位。改革开放初期的旧城改造,大多只注重拆旧建新,重点不在基础设施的改造和完善,更忽视了老城文化、历史的保护与传承。粗放的大拆大建,在短期内使老城的形象得到了一定的提升,部分市民的住房条件得到了改善,但由于没有长远的视野和成熟的经验,使许多传统文化、历史的载体在改造中遭受严重破坏,有的甚至消亡,使城市文化遭到不可挽回的损失,今天看来是非常得不偿失的。因此,要不断反思旧城改造的理念和方法。

### 12.1.1 城市更新的缘起

新陈代谢是自然界亘古不变的定律,城市的发展也不例外。由于各种原因,城市中各个部分的发展往往不是同步进行的,从而导致城市内部发展的不平衡。城市内部发展不平衡有时极为短暂,城市可通过其内部组织系统进行自我调节,重新达到平衡,有时这种不平衡要持续很长时间,成为重大的城市衰退问题。城市内部发展不平衡导致的城市衰退类型可大致分为三种情况:

1) 物质性老化

任何房屋结构和设施都有其耐用年限,如按一般情况,钢筋混凝土结构的房屋耐用年限多为 60~80 年,砖混结构的房屋为 40~60 年,等等。随着时间的推移,建筑物和设施常常会超过其使用年限,变得结构破损、腐朽,设施陈旧、简陋,无法再进行使用,致使城市自然老化,这是一种为人们所熟悉的衰退类型。

2) 功能性衰退

城市功能作为城市结构的一种作用和活动,对城市的正常运行至关重要,如果城市内部结构的各系统活动和作用相互配合和促进,就会达到功能的协调运转;如果配合不好,甚至相互抵消,则会出现功能的失调。比如在城市的发展过程中,随着城市人口增长和规模扩大,合理的城市环境容量往往被突破,从而造成城市超负荷运转,整体机能下降,出现城市功能性衰退。

3) 结构性衰退

城市结构具有稳定性的特点,一般情况下,常常有一种维持原来内部组织系统的秩序和相互关联的趋向,使内部结构具有较高的秩序性和较严密的组织构成。随着城市经济结构和社会结构变迁,要求城市功能、结构和布局随之变化,但由于城市发展惯性的作用,原有的城市结构往往难以适应发展变化要求,城市内部组织系统的变化调适滞后于发展变化,从而导致城市结构性衰退。

前一种情况是一种绝对老化,是有形物质磨损,后两种情况是相对衰退,是无形磨损,城市常常在未达到自然老化之前,因不适应现代发展要求而变得过时衰退。在城市规模不大、功能简单和发展缓慢的时代,常常发生的是物质性老化,而在科学技术和人民物质文化水平提高的情况下,城市迅猛发展,城市化进程加快,此时城市老化首先不在于有形磨损,而在于无形磨损,有形磨损的速度往往落后于城市不断增长的需要,而后者恰恰直接决定着是否有必要对旧城进行改造。

城市衰退的出现对城市改造提出了要求,实际上也规定了城市更新的方式。改革开放以来,我国城市经过三十多年的高速发展,如今很多城市的历史城区的物质性衰退、结构性衰退和功能性衰退同时显现,并且日益突出,成为我国城市建设不得不面对的重大问题。因此,旧城不能仅仅停留于物质性改造和物质磨损的补偿,如房屋的修缮、改建与重建,道路的拓宽与修建等,同时也应从复兴城市整体机能的目标出发,调整城市内部组织系统和功能结构,综合整治城市整体环境,进行多目标多层次的综合改造更新。

### 12.1.2 城市更新对现代城市发展的意义

对应于城市衰败的三个方面,城市更新分为狭义的城市更新和广义的城市更新。

所谓狭义的城市更新是对应于城市物质性老化的旧城区更新,可理解为人们常说的旧城改造。

广义的城市更新对应于城市的功能性衰退和结构性衰退,超越了旧城改造以物质形态改造为主的范畴,是在综合考虑经济、社会、环境等多重发展目标后,对城市的某些不符合现代发展需求的老旧城区作出的改善和提高。其内涵已扩展到城市结构及功能体系更新、产业结构升级等多方面的内容。实质是对城市空间结构的重新布局、土地资源的重新开发、经济利益的重新分配和区域功能的重新塑造。

城市更新的意义主要可体现在以下几个方面:

1) 建筑物和市政设施的更新可以提升城市形象

改革开放后,我国很多领导人赴欧美、香港地区等地学习考察后,提出要建设"现代化城市",要与"国际化"接轨,改善投资环境,树立城市形象。认为城市现代化首先就应该是新(建筑)、宽(马路)、高(楼宇)。因此,通过建筑物和市政设施的更新以提升城市形象是我国很多城市进行更新的最初出发点和归宿点。最初的旧城改造,使得我国城市面貌在较短的时间里发生了较大的改观,大大提升了城市的形象。

2) 通过提高土地利用效率,增加土地供给

由于老城区通常属于城市中先行发展的区域,地理面积和对外扩张的余地有限,因此城市更新的重点主要在于提高土地单位面积的承载力和土地立体空间的开发。通过对城区内工业用地的置换或变性,提高居住用地的容积率等手段,增加城区内的土地供给,缓解土地供求的矛盾。

3) 带来土地的显著增值

城市土地的价值主要由以下主要因素决定:与商业中心的距离、通勤费用、配套设施、公共服务的供给量、竞争性土地的供给数量、人口等。老城区的土地价值存在一个初始值 $P_0$,随着时间的增长,以及投入的增加,$P_0$ 越大,能形成竞争的土地供给量越小,土地的经济承载量、物质承载量和人口承载量越大,见图12-1。

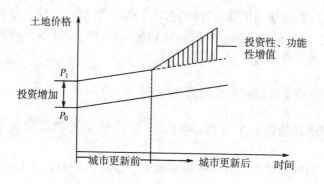

图 12-1　城市更新后的土地增值

城市更新通过将土地的承载量调整到一个更为合理的适度范围内,优化城区环境,将土地稀缺由简单的供给性稀缺转变为投资性和功能性的稀缺。因此,城市更新后,土地的价值也将实现投资性和功能性的增值。

4)可发挥城市聚焦经济效益

城市经济的本质特征就在于其空间性和聚焦性,这一本质属性决定了"聚焦经济"对于城市具有特别重要的意义。通常一个城市的老城区或者是旧城区内各种公共设施基础是比较完备的,一直是社会服务的中心,在产生聚焦经济方面具有区位比较优势。对旧城区的城市更新就是建立在发挥旧城聚焦功能这一比较优势的基础上,通过对环境、交通、住房、社区衰败等问题的治理,在提高生产力水平的前提下增加附加收益。

旧城区的城市更新除了可以给地方政府带来土地出让的收入外,还可以为地方政府培育新的税源以及带来相应公共事业的收费,充分发挥旧城区的聚焦经济效益。表 12-1 为旧城更新中地方政府投入成本和收益的主要项目。

表 12-1　地方政府的收益和成本

| 收　益 | 成　本 |
| --- | --- |
| 土地出售(给私人发展商)的收入<br>地方税收的净增值<br>公共事业收费 | 土地的获得、拆除和改进成本<br>重新(或补充)配置的成本<br>公用事业的运营成本 |

## 12.1.3　城市更新过程中的开发模式

改革开放以来,我国的旧城开发经历了传统改造和文化历史保护等模式。

1)传统的旧城开发模式

传统的旧城开发主要以大规模推倒重建的方式为主。

(1) 旧城开发原因

改革开放后,随着城市化进程的加速,城市建设也得到了前所未有的推进。但由于长期以来我国城市重生产轻生活,导致城市建设非常滞后,很多建筑物和基础设施非常老化。随着我国经济水平的逐步提高,以及对发达国家、地区城市发展经验的借鉴,建设"现代化城市"的"运动"在全国大中城市相继开展。

(2) 旧城开发模式

为了加快建设步伐,很多城市街区被整片整片地推倒,在原来的地面上建起现代化的商业楼宇和高档住区,新式的高楼大厦在历史城区内如雨后春笋。同时,很多城市打着"危房旧房改造"的旗帜将很多历史住区内的居民迁往近郊,在原址进行大规模的房地产开发。这种模式就是从城市的宏观布局到城市风格对整个城市进行改变,几乎相当于建一座新城。所不同的是,建设新城是全面铺开,旧城的更新改造是一个局部一个局部完成的,通常以一个街区或地块为单位。所有"局部"的更新再开发,造就了新的现代化居住区或商业区。这种开发方式比较激进,耗费大、阻力大,但最具经济效益,特别是能在很短的时间内升级整个街区的经济结构。

(3) 旧城开发结果

旧城改造,从一定程度上实现了地区经济的发展,并提供了大量就业机会。由于更新区域的经济发展及环境设施的改善带动地价上涨,大型商业楼宇和高档公寓替代了原来低矮的房屋。在片面理解"以经济建设为中心"政策的情况下,这种开发模式很受推崇。但是,这种开发模式往往不顾城市传统特色,割断了城市的历史文化,使城市失去了自己的特色。这也是造成我国很多城市"千城一面"的主要原因。随着社会的发展,人们越来越重视城市的历史文化延续,这种开发模式也受到了不少批判。

2) 以历史文化保护为导向的旧城开发模式

随着城市更新的推进,大规模推倒重建式开发模式的弊端逐渐显现出来。在城市的发展、新旧更替过程中,城市建筑与城市空间的改造、变化是难免的,也是必要的,但应该与城市固有的自然和人文特色相适应。对能反映城市特色,在人们心目中形成认知感的建筑以及城市空间必须予以保护。更新不仅要考虑城市的经济发展和产业升级,也要考虑城市历史文化和传统风貌的保护。因此,旧城的开发也应注重历史街区和城市传统特色的保护。基于历史文化导向的旧城开发模式主要有以下三种:

(1) 新旧街区互动式整体开发

即建立在共同发展基础上,将旧街区与新街区"捆绑"开发,通过新旧街区经济文化互动拉动整个街区发展的开发模式,是传统街区保护更新的可行方案之一。

历史街区开发有三种方式:拓宽道路,全部新建商业区;保留局部老街,与新建结合开发;保留局部老街,与新建结合开发,并加上政府的容积率奖励。

实践证明,进行新旧街区互动式整体开发时,在容积率相同的情况下,保留局部老街比拓宽道路新建商业区的方式利润空间要大,若再加上部分容积率奖励,则保留局部老街带来的效益将远超道路拓宽带来的经济效益。在盲目相信"铲平式开发"才是获取最大利润的方式时,这个结果提供了新的思考方式,一种保存和发展共生的可能做法。

　　以天津市海河两岸综合开发改造为例。

　　海河沿岸启动工程共规划大悲院、古文化街等六大商贸区域,其中,存有一批有相当保护价值的传统街区。海河改造规划对现存的旧建筑进行修复、改造和扩建,重建历史上著名的海河楼和水阁,与新建商业建筑群相结合,形成民俗博物馆、民间艺术作坊、古物市场、旅游休闲等文化区域,展示天津"水文化"的历史和未来,成为天津市重要的标志性街区。开发改造促进了传统街区在大城市现代化进程中的角色转换,提升了传统街区与周边地区的品位和价值。这一工程是政府行为,国家强有力的宏观调控使得大范围的新旧街区互动式整体开发成为可能,为传统街区的保护和再利用提供了可靠保证,而单个房地产开发商则很难完成。海河区区域规划见图12-2。

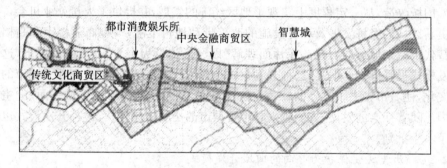

图12-2　天津海河区区域规划图

　　(2) 层次性综合保护再开发

　　即在历史风貌保护区内,对国家或省市级历史文物或具有文化特征的建筑,按其重要性和历史纪念价值分别予以核心保护、协调性保护与再开发性保护,同时综合运用多种保留形式、功能置换和"修旧如旧"、新旧共生等思想和设计手法。

　　由于这种方式比较复杂,因此对进行再开发的企业有着相对较高的要求。

　　以上海新天地旧城更新项目为例。

　　新天地位于上海卢湾区东北角的太平桥地区,紧靠淮海中路、西藏路等商业街。区内有国家重点保护单位"中共一大会址"和许多建于20世纪初典型的上海石库门里弄建筑,历史文化内涵丰富。为了使这些建筑在旧城改造后不至于被淹没在与之极不协调的环境中,在其周围划定了一个环境风貌保护范围,并对保护范围内的建筑分别划定了核心保护、协调性保护与再开发性保护的原则。新天地的成功在于改变了原先历史建筑的居住功能,赋予其新的商业经济价值,最终把百年的石库门旧城区改造成充满生命力的"新天地"。新天地总体规划图见图12-3。

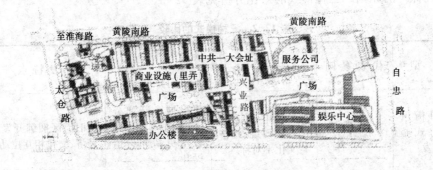

**图12-3 新天地总体规划图**

(3) 旧城社区整体复制更新开发

即对更新改造的旧城社区进行修缮、改造和开发,但通常不是一成不变的重新修建,而是分类进行更新开发,保留旧城社区中建筑结构较为完好且具有较强地方特色的楼栋,整修恢复现代使用功能;对已不符合现代生活需要、结构破损严重的房屋,重置添加现代化设施,使其具有现代使用功能。

以武汉市2000年初启动的老城区最大危房改造项目"如寿里人家"修建为例。规划阶段,对于是建欧式的高楼大厦还是保持原貌风格的"里份"争论颇大。在该地区还未被划为保护片区的情况下,政府和开发商采取了务实态度,尽量保持居住区"里份"的风格,如保留老虎窗和石库门等建筑符号。2001年"如寿里人家"原址复制成功,除一部分用于还建外,大部分用于对外销售。作为多层建筑,当时均价比武汉楼市均价高五六百元,比周边高层建筑也高出两百元左右,但打出了"老地方·新生活"的广告,并将"里份"作为楼盘的卖点,销售效果良好,实现了政府实施旧城改造、开发商赚取利润、市民安居乐业的三方共赢,成为旧城改造的经典项目。但有些缺憾的是整体性"复制"中只是对原有建筑的模仿,并未将其中具有历史文化保存价值的"里份"建筑保存下来。

(4) 三种模式的比较

三种模式中,新旧街区互动式整体开发的方式多针对文化功能与价值突出,而经济与其文化地位不相称的成片街区,保留其中文化功能卓越的点、线、面,使其更新改造后文化与经济相互拉动,达到新旧街区的共同发展;层次性综合保护再开发多用于大城市的旧城中心,因文物保护建筑多处于其中,所以力求保护与开发的协调统一;旧城社区整体复制更新开发方式多用于对旧城住区的建设改造,通常社区内多数房屋已不能继续满足功能要求,更新中只保留有限的文化符号,改造中尽量按照原来的建筑风格和空间布局进行重建,着力于基础设施的更新,保证较高的居民回迁率,但盲目地重建容易导致具有保护价值的历史建筑的破坏,违背历史街区原真性保护的原则。三种模式的对比分析见表12-2。

表12-2 三种模式的比较

| 类型 | 代表案例 | 背景 | | 开发特点 |
| --- | --- | --- | --- | --- |
| | | 区域背景 | 项目本身 | |
| 新旧街区互动式整体开发 | 天津海河区 | 地处城市中心,文化古迹环绕,经济与文化不对称 | 建设城市新商务区,通过项目达到城市更新和价值提升 | 新旧街区捆绑开发,经济、文化相互拉动 |
| 层次性综合保护再开发 | 上海新天地 | 地处发达城市旧城中心,区域内有重要文化单位 | 结构形式与建筑有机结合,力求在围合有限的格局中达到保护与开发的统一 | 文保单位分层次剥离,居住功能转化为商业经营,回迁率低 |
| 旧城社区整体复制更新开发 | 武汉如寿里 | 地处旧城区腹地,居住环境恶劣 | 采取尽量保持原建筑风格和空间布局的方式重建,着力于基础设施的更新 | 培育地方特色和改善基础设施,回迁率高,历史建筑难原样保留 |

## 12.1.4 城中村改造过程中房地产企业的参与模式

由于我国各地城市处在不同的发展阶段,城市更新模式也呈现出多层次的特征。例如上海作为最早进行城市更新的一线城市,目前旧城改造更多的是着眼于老城区中心功能的提升,居住条件的改善等多重目的。而杭州、南京、苏州等具有历史风貌的古城的城市更新更多地着眼于旧城保护和新区建设并举。一些经济发展相对滞后,城市建设投资的重点仍在路桥和轨道交通等基础设施的城市,城市更新更多处于"大建设、大发展"阶段。

由于旧城改造多与地方政府政绩挂钩,而单纯依靠政府的财政资金,将影响到城市更新的进程。引入房地产企业资金,进行市场化运作,不但可提高城市更新的效率,而且可实现较高经济效益。因此,伴随大量的房地产开发是现阶段我国城市更新的另一个主要特征。

旧城更新中,城中村改造是较为突出、难度较大的一类。城中村改造的主要模式有以下几种。

1) 村民股份制公司自主开发

在此种模式下村民股份公司独自承担旧村改造的全部工作,股份公司和村民自筹资金完成改造,政府在其中起引导、协调、支持作用,见图12-4。由于没有以赢利为目的的开发商的介入,降低了城市开发建设强度。虽然这种模式可以很好地解决改造过程中拆迁补偿和利益分配问题,但由于对改造主体资金实力和工程管理能力的要求较高,对政府在改造过程中融资调度的介入也有较高需求(表12-3)。

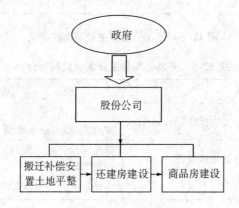

**图12-4 村民股份制公司自主改造运作模式**

表12-3 村民股份制公司自主开发模式利弊分析

| 利 | 弊 |
| --- | --- |
| 容易解决拆赔及村民利益平衡问题 | 资金缺口大,筹资渠道单一 |
| 可以更好地符合村民的改造意愿 | 对股份公司和村民实力要求高 |
| 最大限度地保证被拆迁人的利益 | 控制开发成本的能力差<br>城市土地资源无法充分利用 |

2) 开发商自主开发

此种模式下由开发商独自承担旧村改造的拆迁谈判、拆迁安置、回迁房建设、商品房建设与出售等全部工作,开发商的建设过程按照一般房地产项目进行,政府给予一定的政策支持。这种模式下开发企业运用自己成熟的开发设计经验和成本控制能力,配合政府的优惠政策扶植,可以实现对目标项目利润和地块价值利用的最大化。但由于改造价值的提升对未改造项目的示范作用,将使得未来的拆迁成本越来越高,拆迁的过程时间更长,开发商将付出更高的时间成本。因此,从未来发展看,缺乏村民股份公司参与的开发商自主开发模式的发展前景将十分有限(图12-5、表12-4)。

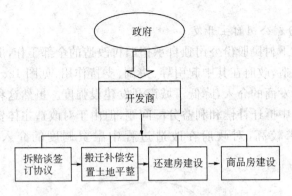

图 12-5　开发公司自主改造运作模式

表 12-4　开发公商自主开发模式利弊分析

| 利 | 弊 |
| --- | --- |
| 开发企业有雄厚的资金实力保证项目运作 | 缺乏与村民股份制公司的合作,拆迁难度越来越大,成本越来越高 |
| 专业运作可以最大化挖掘地块价值 | 拆赔阶段花费大量时间与精力,容易付出更高的时间成本 |
| 可有效控制开发成本实现盈利最大化 | 为获取高开发利润往往追求高开发强度 |

3）政府主导下开发商和村民股份制企业合作开发

此种模式下由政府负责政策制定、规划研究、前期研究及过程中管理、监督、协调及制定拆赔策略,由股份公司出面参与拆迁谈判及补偿安置过程,而开发商则作为出资方负责回迁房建设、商品房建设与出售等工作。目前看来在这种模式下可以最有效地调动政府、开发商和村民三方博弈的力量,虽然在商业价值较高的大城市解决拆迁难的问题仍面临较大挑战,但长

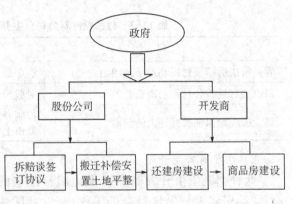

图 12-6　开发公司与村民股份制公司合作改造运作模式

期来看这种模式仍可最大限度实现多方共赢。此种模式下,政府的参与程度和改造决心直接决定了项目改造的进度进而决定了开发企业的盈利空间(图 12-6)。

## 12.2 基于智慧城市理念的新城建设

### 12.2.1 智慧城市理念

1) 智慧城市的提出

"智慧城市"的理念以前就有人提出,到了2008年IBM公司推出"智慧地球"(Smart Planet)战略之后,智慧城市在全球的认识程度大大加深了,智慧城市受到世界各国的广泛重视。这有着其深刻的社会背景、理论基础和技术沉淀的。

社会背景方面,近年来,城市规模急剧膨胀,大规模的城市开发和建设,不仅侵占了宝贵的良田,改变了局部地区的地质地貌、水文、气候条件,导致原本脆弱的自然生态系统崩溃和自然、历史、文化特色风貌迅速消失,而且还带来了人口拥挤、住房紧张、交通阻塞、环境污染、生态破坏、城市热岛等一系列问题,城市病日渐凸显,极大地影响了居民的生活质量和城市的可持续发展,城市成为各种矛盾的集合体。城市发展急于摆脱传统的发展模式,寻求新的、更加优质的发展模式。另外,现代社会中人们的文化素质普遍较高,而且生活水平不断提高,但是同时又面临着超乎以往任何时候的各种巨大压力,因此不管是在学识上、心理上还是生理上,他们对于生活环境的期望都越来越高。

技术方面,据IBM的研究部门统计,在全球的研发体系中,有50%的技术与智慧城市有关;在我国,这个数字更是近100%。这充分说明了"智慧城市"的提出不是凭空想象,而是建立在IBM研究机构长期对趋势研究的基础之上。"智慧地球"概念的提出说明了如今全球已经拥有了雄厚的技术沉淀,这在客观上为智慧城市的建设提供了必要的技术前提。

理论上,虽然智慧城市提出的时间不长,仍是一个比较新颖的理念。但是最近几年,学术界对智慧城市的关注度一直很高。尤其是当物联网和智慧城市战略上升到一个国家的经济、科技战略层面上后,各地政府、高校和企业为了能在该战略中快走一步都纷纷采取了系列动作。所以"智慧城市"的理论基础在短时间内迅速夯实。

虽然"智慧城市"的精准定义目前还没有公认的描述,但是关于智慧城市的探索从未间断。IBM认为,21世纪的"智慧城市",能够充分运用信息和通信技术手段感测、分析、整合城市运行核心系统的各项关键信息,从而对于包括民生、环保、公共安全、城市服务、工商业活动在内的各种需求作出智能响应,为人类创造更美好的生活。

2) 智慧城市的概念及特点

综合各家看法和实际城市建设经验,"智慧城市"狭义地说是使用各种先进的技术手段,尤其是各种信息技术手段如射频识别(Radio Freguency I Dentification,简称 RFID)、互联网、物联网等,来改善城市状况,使城市生活更加便捷,主要涉及交通、医疗、建筑、食品药品管理、个人健康与数字生活等诸多领域。广义上说是如何尽可能优化地配置各种核心资源,使城市居民生活更加和谐舒畅。

智慧城市的特点可以概括为:

(1) 全面物联

智能传感设备将城市公共设施物联成网,对城市运行的核心系统实时感测。

(2) 充分整合

物联网与互联网系统完全连接和融合,将数据整合为城市核心系统的运行全图,提供智慧的基础设施。

(3) 激励创新

鼓励政府、企业和个人在智慧基础设施之上进行科技和业务的创新应用,为城市提供源源不断的发展动力。

(4) 协同运作

基于智慧的基础设施,城市里的各个关键系统和参与者进行和谐高效的协作,达成城市运行的最佳状态。

### 12.2.2 智慧城市的主要内容

"智慧城市"建设至少要考虑以下几个方面:

第一,发展"智慧"基础设施,包括通信交通、电网、应急反应等内容。

第二,发展"智慧"的产业,主要指软件和信息服务业、文化创意、工业设计等内容。其中,物联网是一个极其重要的概念。在物联网加互联网的模式下,城市的管理者能以更加精细和动态的方式安排生产和生活,从而使城市达到更"智慧"的状态。

第三,强化政府服务,构建"智慧"政府。优化政府机构设置,整合行政管理资源,推进以公民、企业和社会诉求为中心的服务型政府建设,加快推进公共服务电子化进程。

1) 智慧的交通

说到交通问题,我们有着切肤之痛。但是新加坡却以其健全发达的交通路网和前瞻性的交通规划管理,为高密度的人流与车辆提供着优质的服务。其中,富有成效的开发和运用智能交通系统(ITMS)是新加坡在城市交通发展规划和实践中引人注目的一环。

(1) 智慧交通的特点

简单来说智慧的交通具有以下特点:

① 环保

大幅降低低碳排放量、能源消耗和各种污染物排放,提高生活质量。

② 便捷

通过移动通信提供最佳路线信息和一次性支付各种交通费用,提高了便捷性。

③ 安全

检测危险并及时通知相关部门。

④ 高效

实时进行跨网络交通数据分析和预测,避免不必要的浪费,使交通流量最大化。

⑤ 可视

将所有公共交通车辆和私家车整合到一个数据库,提供单个网络状态视图。

⑥ 可预测

持续进行数据分析和建模,改善交通流量和基础设施规划。

(2) 智慧交通典范

交通的主要元素是道路和汽车,我们可以看到一些城市已经可以做到道路状况报告,或安装摄像头来进行监控,其实这些只是最基本的交通信息化要求,除此之外还有很多事情可以做。

例如新加坡交通管理局通过信息系统,在很多路口、汽车上安装了传感器,把行车状况和道路拥堵情况直接传到指挥中心,然后通过分析进行预测。这个数据模型比较复杂,它能够分析交通状况,并通过指示牌或直接发送短信给订阅服务的手机进行示警,使公众根据路况实时调整行车路线(当然告知信息不是最终目的,可以再进一步演化为行政举措)。

例如在斯德哥尔摩,政府会根据交通拥堵的状况、交通方式的不同来进行差异收费,在拥堵之处采用比较昂贵的收费标准。这样试行 6 个月后渐渐收到成效,在很大程度上改变了人们的出行模式,降低了 22% 的碳排放。与此同时,还产生了一个怪现象:理论上,加倍收费使去市中心的人减少了,但有趣的是当地实际销售收入反倒增加了 6%。所以后来经过全民公投,瑞典决定将这一降低碳排放、增加行政收入的举措变为永久性措施,这充分显示了智能交通的作用。

斯德哥尔摩市政府在进入市区的 18 个主干道路口的每个车道上方,以正反方向架设了光符识别摄像头,以准确记录汽车前方和后方的车牌号。车牌号码、驾驶时间、税款会一起直接被发送到政府雇用的一家数据中心,然后账单会通过电子或传统邮件邮寄到车主家中。数据系统与互联网相连接,在收到账单后,车主可以通过互联网、银行转账甚至在家附近的便利店直接缴费。

这套耗资不菲的数据系统能做的绝对不止这些。如果汽车已安装信号感应器和 GPS 系统,并在出发前输入目的地信息,那么司机会在快到目的地时收到提示,被告知附近尚有空缺的停车场在哪里。新系统的推行和"拥堵税"的征收,让每天有近 4 万市民重新选择搭乘公车上班,市区交通总流量锐减 35%。

2) 智慧的建筑

(1) 智慧建筑的含义

智慧建筑是以建筑为平台,兼备建筑设备、办公自动化及通信网络系统,集结构、系统、服务、管理及它们之间的最优化组合,向人们提供一个安全、高效、舒适、便利的建筑环境。

建筑智慧化集成不是智慧建筑的目的,而是实现智慧建筑安全、高效、便捷、舒适的工作和生活环境的重要技术方法和技术手段,它服务于智慧建筑的社会效益、经济效益和环境效益,不是为集成而集成,智慧化集成仅仅是一种手段而非最终的目的。

(2) 智慧建筑的特性

作为一个相对成熟和可靠的系统,智慧建筑必须且应该具备以下基本特性:

① 先进性:设计采用结构化模式,采用主流的相对成熟的技术。

② 开放性:采用开放式结构,并且可以通过标准的协议和数据库接口,方便用户今后的升级。

③ 可靠性:必须是一个可靠性和容错性很强的结构。

④ 模块化:集成软件和硬件必须是模块化结构,便于系统扩展和用户需求变化时的变更。

⑤ 可管理性:集成管理系统采用标准化网络协议,实现网络的集中管理。

⑥ 实用性:集成系统的结构模式必须适应物业管理的需求,系统操作简单方便,容易使用。

⑦ 可扩展性:保证今后新系统接入的方便。

随着社会的进步,计算机网络技术、现代控制技术、智能卡技术、可视化技术、无线局域网技术、数据卫星通信技术等都将会有进一步的发展,因此建筑智慧化作为现代建筑发展的一个有机组成部分,不断吸收并采用新的可靠性技术,将传统的建筑概念赋予了新的内容。除此之外,新兴的生物工程技术、节能环保技术、多学科新材料技术等,正在逐步融入到智慧建筑领域中,形成更高层次的可持续发展的智慧建筑。

3) 建筑智能化

(1) 建筑智能化的定义

建筑智能化是指通过IT技术和智能材料应用于各种建筑系统(设备系统、结构系统)中,使得建筑物具有对内外环境的变化作出适当反应的能力,以营造一个舒适、安全、健康、高效、便利、节能、环保的建筑环境。

(2) 建筑智能化的作用

一般来说建筑智能化具有以下作用:

① 建筑物内外环境变化的自动感知。

② 各种建筑设备系统运行的自动监控与综合管理。
③ 建筑物内外各种信息的传输、交换、集成和共享。
④ 对全局紧急事件(如火灾、非法入侵等)的快速反应和联动。
⑤ 通过对暖通空调、给排水、照明、电梯等用能设备系统日常运行的优化控制,实现建筑节能。
⑥ 作为绿色建筑必不可少的重要技术支撑。

(3) 技术特点
① 采用"3C"高新技术
"3C"高新技术,即现代计算机技术(Computer)、现代自动控制技术(Control)、现代数据通信技术(Communication)。由于现代自动控制技术是以计算机技术、信息传感技术和数据通信技术为基础的,而现代数据通信技术也是基于计算机技术发展起来的,所以"3C"技术的核心是基于计算机技术及网络的现代信息技术。

② 采用系统集成技术
建筑智能化系统集成,是将建筑物中分离的设备、子系统、功能、数据、界面,通过计算机网络集成为一个相互关联的统一协调的系统,实现信息、资源、任务的重组和共享。

(4) 发展趋势
建筑智能化正在从实现建筑设备系统的智能化,向建筑材料智能化和建筑结构智能化等方向发展。目前有以下发展趋势:

① 自修复混凝土
在提高建筑结构安全度方面,可采用自修复混凝土,在混凝土中掺入装有树脂的空心纤维,当结构构件出现超过允许的裂缝时,混凝土的微细管破裂,溢流出来的树脂将自动封闭和黏接裂缝。

② 光纤混凝土
在建筑物的重要构件中埋设光导纤维,从而能够经常监视构件在荷载作用下的受力情况和结构的安全程度。

③ 智能化平衡结构
日本竹中建筑公司在东京市中心建了一座6层大楼,它在模拟强烈地震的试验中安然无恙。这栋建筑物之所以能够抗震,一方面在于有一个液压支架系统,能减弱和抑制40%的震动;另一方面是安装了一个阻尼器,即在楼的顶层安装了一个大滑块,在大楼受到飓风或地震的影响时将倾斜,这块9 t的滑块会根据计算机的指令朝反方向移动。

(5) 案例研究
① 清华大学超低能耗示范楼

清华大学超低能耗示范楼是北京市科委科研项目,作为2008年奥运建筑的"前期示范工程",旨在通过其实践奥运建筑的"高科技"、"绿色"、"人性化"。同时,超低能耗示范楼是国家"十五"科技攻关项目"绿色建筑关键技术研究"的技术集成平台,用于展示和实验各种低能耗、生态化、人性化的建筑形式及先进的技术产品,并在此基础上陆续开展建筑技术科学领域的基础与应用性研究,示范并推广系列的节能、生态、智能技术在公共建筑和住宅上的应用。

该示范楼汇集了当今全世界范围内建筑节能的最新产品、设备以及相关技术。代表了我国在建筑节能领域未来10年乃至20年的技术发展方向,并集成了节水、绿色建材、结构体系、室内外绿化等绿色建筑和可持续发展技术方面的前沿性研究成果。

② 生态世博园区国家电网馆

国家电网企业馆设计采用"遮阳+自然通风+太阳烟囱+喷雾降温"的设计,大大降低了等候区不满足舒适度的小时数和不满足安全标准的小时数,将原来5%左右的极端不利条件下的不安全比例降到0,同时由于采用均为绿色生态的方式,几乎不产生碳排放,对环境的影响也最小。另外,总面积约800 $m^2$ 的太阳能系统为建筑提供了所需的部分电力;光导照明是利用光导纤维将阳光引入室内,在VIP区域和展示区内演示其效果,向参观人员推广生态环保的理念。

可以看出,超低能耗示范楼和国家电网馆是集绿色建筑和智能建筑为一体的建筑。其实绿色建筑与智能建筑的最终目的是一致的,都是创造一个健康、适用、高效、环保、节能的空间。两者之间的不同之处在于绿色建筑强调的是建筑物的每一个环节的整体节约资源和与自然和谐共生,智能建筑强调的是利用信息化的技术手段来实现节能、环保与健康。因此我们可以说,绿色建筑是一个更为基础、更为纯粹的概念,而智能建筑是绿色建筑在信息技术方面的具体应用,智能建筑是服务于绿色建筑的。

4) 智慧的城市应急系统

(1) 城市应急系统的发展

随着城市规模不断扩大,城市人口的密集度增高,遭受灾害威胁的形势愈益严峻,建立高效统一的城市应急系统(Urban Emergency System,简称UES)是一个城市步入现代化、数字化管理的必然选择。英国伦敦早在1992年就建立了计算机辅助的急救指挥系统(LAS);美国联邦应急管理署(FEMA)也已建立起全国性的国家应急救援系统;日本建立了全国危机管理中心,指挥应对包括战争在内的所有危机;荷兰阿姆斯特丹市政府采用了智慧洪水控制解决方案,在堤岸处部署传感器检测,防止决堤;在加拿大埃德蒙顿,警局正在使用业务分析技术帮助减少犯罪增加公共安全。在国内,特别是近年来的重大灾害事件引起了各级政府对城市应急系统建设工作的重视,北京、上海、南宁、南京、广州、深圳、大连、济南等城市先后进行了有益的尝试,尚未进行建设的城市也已经着手开展这方面的工作。

(2) 智慧的城市应急系统概况

智慧的城市应急系统是通过移动卫星、卫星遥测、人工智能、物联网等新技术的使用,实现高效全面的科学防灾。有学者提出了一种集成移动 GIS、GPS、GPRS 在 PDA(Personal Digital Assistant,意为"个人数字助理")的城市应急系统原型,其运行机理如图 12-7 所示。

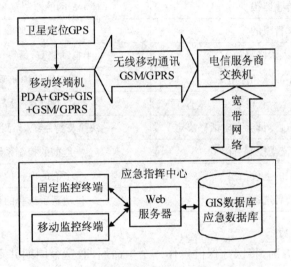

图 12-7　智慧城市应急系统运行机理

5) 智慧的电网

(1) 智慧电网(Smart Grid)的定义

智慧电网(Smart Grid)是具有高数字化、自动化水平,并有一定的自愈、互动功能的高效率电网,它采用先进的电力设备和新的信息控制技术,支持新型能源发电和用户灵活用电。

零售电力市场是智慧电网的主要用武之地,其主要功能定位于配电市场,通常以超高压、特高压电网为主干网络,采用先进的电力设备、测量技术、通讯技术、信息技术、计算机技术和控制技术,支持可再生能源发电系统接入,满足用户灵活用电需求。是具有高自动化水平,并有一定的自愈、互动功能的安全、高效率电网。

(2) 智慧电网的发展方向

智慧电网的发展方向见表 12-5。

表 12-5  智慧电网的发展方向

| 20 世纪电网 | 21 世纪电网 |
| --- | --- |
| 机电的 | 数字式 |
| 单向通信 | 双向通信 |
| 为集中发电而建 | 适应分布式发电 |
| 星形拓扑 | 网状拓扑 |
| 传感器很少 | 遍布全网的监测器和传感器 |
| "盲眼的" | 可自我监测 |
| 人工修复 | 半自动修复,最终可自愈 |
| 易于故障和停电 | 适应性保护和孤立 |
| 人工检查设备 | 远程监控设备 |
| 紧急情况下通过委员会和电话做决定 | 决策支持系统,预测可靠性 |
| 能量流受控制有限 | 透彻的控制系统 |
| 有限的电价信息 | 全面的电价信息 |
| 供消费者选择的极少 | 供消费者选择的很多 |

6) 智慧的医疗

在智慧医疗方面,将医疗保健看作一个生命周期,这个周期并不从生病入院才开始,而是在居家过程中就开始日常监测了。尤其针对一些慢性疾病,人们会在家里装一些传感器,以便随时传输相应数据给医院进行数据分析。根据分析结果,医生会主动与病人联系,防患于未然。由于预防工作安排得好,很多人不再需要去医院排队等待就可以得到好的服务。这对即将迎来"老龄化"社会的中国有很大的借鉴意义。

目前智慧医疗的实施主要体现在物资管理可视化技术、医疗信息数字化技术、医疗过程数字化技术三个方面:

(1) 物资管理

① 医疗设备与药品防伪

RFID 标签依附在产品上的身份标识具有唯一性,难以复制,可以起到查询信息和防伪打假的作用,将是对假冒伪劣产品一个非常重要的查处措施。

② 全程实时监控

药品从科研、生产、流通到使用的整个过程中,RFID 标签都可进行全方位的监控。

③ 医疗垃圾信息管理

通过不同医院、运输公司的合作,借助 RFID 技术建立一个医疗垃圾追踪系统,实现对医疗垃圾运送到处理厂的全程跟踪,避免医疗垃圾的非法处理。

目前,日本已经展开了这方面的研究,并取得了较好的效果。

(2) 医疗信息数字化技术

① 病患信息管理

病人的家族病史、既往病史、各种检查、治疗记录、药物过敏等电子健康档案,可以为医生制订治疗方案提供帮助。医生和护士可以做到对病患生命体征、治疗等进行实时监测,杜绝用错药、打错针等现象,自动提醒护士进行发药、巡查等工作。

② 医疗急救管理

在伤员较多、无法取得家属联系、危重病患等特殊情况下,借助 RFID 技术可靠、高效的信息储存和检验方法,快速实现病人身份确认,确定其姓名、年龄、血型、紧急联系电话、既往病史、家属等有关详细资料,完成入院登记手续,为急救病患争取治疗的宝贵时间。目前该技术在美国 Wellford Hall 治疗中心已经得到应用。

③ 药品存储

将 RFID 技术应用在药品的存储、使用、检核流程中,简化人工与纸本记录处理,防止缺货及方便药品召回,避免类似的药品名称、剂量与剂型之间发生混淆,强化药品管理,确保药品供给及时、准确。

④ 血液信息管理

将 RFID 技术应用到血液管理中,能够有效避免条形码容量小的弊端,实现非接触式识别,减少血液污染,实现多目标识别,提高数据采集效率。

⑤ 药品制剂防误

通过在取药、配药过程中加入防误机制,在处方开立、调剂、护理给药、病人用药、药效追踪、药品库存管理、药品供货商进货、保存期限及保存环境条件等环节实现对药品制剂的信息化管理,确认病患使用制剂之种类,记录病人使用流向及保存批号等,避免用药疏失,保障病患用药安全。

⑥ 医疗器械与药品追溯

通过准确记录物品和患者身份,包括产品使用环节的基本信息、不良事件所涉及的特定产品信息、可能发生同样质量问题产品的地区、问题产品所涉及的患者、尚未使用的问题产品位置等信息,追溯到不良产品及相关病患,控制所有未投入使用的医疗器械与药品,为事故处理提供有力支持。

⑦ 信息共享互联

通过医疗信息和记录的共享互联,整合并形成一个发达的综合医疗网络。一方面经过授权的医生可以翻查病人的病历、患史、治疗措施和保险明细,患者也可以自主选择或更换医生、医院;另一方面支持乡镇、社区医院在信息上与中心医院实现无缝对接,能够实时地获取专家建议,安排转诊和接受培训等。

⑧ 新生儿防盗系统

将大型综合医院的妇产科或妇儿医院的母婴识别管理、婴儿防盗管理、通道权限相结合,防止外来人员随意进出,为婴儿提供一种切实可靠防止抱错的措施。

⑨ 报警系统

通过对医院医疗器械与病人的实时监控与跟踪,帮助病人发出紧急求救信号,防止病人私自出走,防止贵重器件毁损或被盗,保护温度敏感药品和实验室样本。

(3) 医疗过程数字化技术

① 远程医疗监护

主要体现在远程医疗、移动医疗两个方面。

远程医疗:将农村、社区居民的有关健康信息通过无线和视频方式传送到后方,建立个人医疗档案,提高基层医疗服务质量。允许医生进行虚拟会诊,为基层医院提供大医院专家的智力支持,将优质医疗资源向基层医疗机构延伸。

移动医疗:通过监测体温、心跳等一些生命体征,为客户建立一个包括体重、胆固醇含量、脂肪含量、蛋白质含量等信息的身体状况,实时分析人体健康状况,并将生理指标数据反馈到社区、护理人或相关医疗单位,及时为客户提供饮食调整、医疗保健方面的建议,也可以为医院、研究院提供科研数据。

② 医疗过程数字化

主要体现在治疗环节、健康监测、病房管理、药品管理和用药环节、医疗设备的管理五个方面。

7) 智慧的产业

20世纪末,进入后工业化时代的西方国家,逐渐兴起创意城市的发展浪潮,推动城市由生产功能向消费功能转换,创意和文化消费成为主导城市发展的内在动力。历史悠久的城市要在保护历史文化的基础上,大力推进文化导向的内城复兴和工业遗址改造,通过市场化途径,实现创意文化、创意产业与创意空间的复合运作。而结合国内外近年来新城建设的经验,可以看出新城对产业与环境协调度要求很高,多发展现代服务业、文化产业和高新产业等,引导动漫、电影、艺术、休闲、旅游和创意设计等成为新城主导产业。

8) 智慧的政府

强化政府服务,构建智慧政府是建设"智慧城市"的一个重要内容。完善、高效的公共服务是"智慧政府"的出发点和落脚点,IBM认为智慧服务是智慧城市的基石,甚至有学者认为领导决策系统是一个城市的神经中枢,足以表明政府的决策水平对于智慧城市建设的重要性。这要求新的城市建设模式能够加快推进政务数据中心和综合政务平台等电子政务的普及,加速公共服务电子化进程。新加坡的电子政府公共服务架构已经可以提供超过 800 项政府服务,真正建成了高度整合的全天候电子政府服务窗口。相比较而言,国内在电子政务方面仍有很大的改进空间。通过公共政务服务、交通管理、医疗保障、安全监管等智慧的城市服务手段,可以大大提升公共部门的行政效率和决策水平,有效提高城市居民的满意度,真正将城市发展的成果惠及大众。

### 12.2.3 智慧城市建设的途径

智慧城市是全球信息化高速发展的缩影,通过信息基础设施和实体基础设施的高效结合,利用网络技术和 IT 技术实现智能化,为各行各业创造价值,为人们构筑完美生活。

继 2008 年 IBM 提出"智慧地球"战略后,智慧城市在全球推进的步伐大大加快,据不完全统计,全球已启动或在建的智慧城市已达一千多个,未来还会以每年近 20% 的复合增长率增长。新加坡的"智慧国"计划,德国的 T-city 等都是其中的典型代表。

1) 新加坡"智慧国"计划

新加坡智慧国是智慧城市的先驱之一。2006 年 6 月 19 日,新加坡政府正式启动"智慧国 2015 计划",它期望通过对基础设施、产业发展与人才培养及利用资讯通信产业进行经济部门转型等多方面的战略规划的实施,将新加坡建立成一个以资讯通信为发展动力的智慧国家和世界城市,提升新加坡在未来 10 年中的竞争实力和创新能力。该计划非常重视资讯通信基础设施的建设。

如今,十年期限过半,在"智慧国 2015"的推动下,新加坡资讯通信产业的发展在亚洲排名首位,并在全球排名前 10 位,特别是在电子政府领域,新加坡的表现更为优异。新加坡保持其在早稻田大学 2009 及 2010 年电子政府研究排名的首位,并在世界经济论坛 2010 年全球 IT 报告中电子政府准备度分类指数中排名第一,在最近公布的 IMD 世界竞争力年鉴 2010 年报告中,新加坡跃升两级,排名第一。

(1) 新加坡"智慧国"计划要点

① 建设新一代资讯通信基础设施

"智慧国 2015"的一个战略要点就是发展完善的基础设施,其目标是到 2012 年,新加坡将建成新一代的全国资讯通信基础设施,这包括建设超高速且具有普适性的有线和无线两种宽带网络。同时新加坡资讯通信发展管理局(Infocomm Development Authority,简称 IDA)还推出了相应的平台和新服务,进一步加强新一代资讯通信基础设施建设,为经济增长和社会发展打好基础。

② 发展具有全球竞争力的资讯通信产业

资讯通信产业是新加坡经济发展的一个关键推力,IDA 通过吸引国外领先企业、刺激资讯通信创新和促进本地企业的国际化发展,全力发展具有国际竞争力的资讯通信产业,而充满活力的资讯通信产业将促进其他经济活动的增长。

③ 开发资讯通信人力资源

人才无疑是推动产业发展的关键因素,为此,IDA 设立了到 2015 年再创造 8 万个工作机会的目标,并致力于开发具有国际竞争力的资讯通信人力资源。

④ 实现关键经济领域、政府和社会的转型

发展资讯通信技术的最终目的是要借此促进其他关键经济领域的发展,以提升国家和资讯通信产业的经济竞争力,使其惠及更多的国民。

新加坡在全球范围内引领电子政府发展,"整合政府 2010"的目标是通过资讯通信系统与公民建立良好联系,同时 IDA 正在计划下一阶段电子政府计划的总体规划,下一阶段的电子政府将借助新兴技术,顺应社会发展趋势,与私营部门和公众部门采取新的合作模式。

同时在"智慧国 2015"计划中 IDA 已经确定了 9 个将转型的部门或行业,分别为数字娱乐媒体、教育、医疗卫生、中小企业发展、交通、金融、旅游、酒店和零售、贸易和物流产业。通过提供辅助资金、技术支持、合作征求计划等方式,IDA 推出了多个项目以促进资讯通信技术在这些行业的应用,进而帮助提高行业的服务质量,实现整体经济发展。

在全球资讯通信行业都呈现出新机遇的大背景下,IDA 将继续"智慧国 2015"计划之路,作为对快速进步的环境的回应。许多近期出现的战略性领域,如云计算、商业分析、绿色资讯通信技术等都将包含到"智慧国 2015"计划中。

(2) "智慧国"建设的可借鉴之处

① 三方共建"智慧国"

新加坡的信息通信发展采取的是"国民、企业、政府"合作的模式。政府制定了"整合政府 2010"规划,目标是建立整合了政策、流程、系统和数据,为国民和企业提供以客户为中心的服务的政府。政府通过最有效的方式将相关流程组合起来,通过与公民互动满足他们一般性的数据需求,使用共享系统支持一般性的行政和业务需求。国民和企业有权力随时随地参与到所有政府机构的事务中,与政府进行互动。

② 新加坡政府对待信息通信技术的态度超前

这个国家很早就意识到信息通信是影响社会经济发展的关键因素,政府近 30 年来一直保持巨大的投入。仅 2008 年,新加坡政府在新的信息通信项目和开发上就投资了接近 16 亿新元(约 80 亿元人民币)。今天,信息通信已成为新加坡经济增长的重要引擎,每年为新加坡贡献约 6% 的国民生产总值,并与经济同步稳健增长。

③ 推广信息通信,好的模式非常重要

新加坡的"智慧国"计划非常详细,涉及各个层面:在规划方面,确定了"国家、企业和国民"共同参与的模式,在"智慧国"蓝图绘制期间,新加坡开展了学校竞赛,在民众中开展讨论活动,了解国民对于2015年信息通信技术应用的梦想,发起了产业内的讨论,邀请国际专家咨询委员会参与,给予这个规划诸多建议;在基础设施建设层面,新加坡独创了价值链各环节严格分离的模式,使网络建筑商、运营商和零售服务商完全分离,有效地避免垄断,最大限度地保证接入国家宽带网络的公平性和透明性,促进了竞争和创新的发展。这些模式对其他国家也同样适用。

④ 实现理想的执行力也很关键

在新加坡,IDA是"智慧国"计划的主要制订者和目标执行者,新加坡政府的电子政务发展几乎全部都是由IDA来推动的。该机构有1 000多人,大约有400人在总部,其他都派驻到各政府部门,作为这些部门的首席信息官(CIO),帮助其规划并实施电子政务。另外,许多面向企业和民众的国家信息化计划,例如为贫困学生提供电脑、向中小企业提供技术应用帮助、培训信息通信人才等,都是由IDA来实施的。

2) 德国 T-City

T-City是德国电信和德国城市腓特烈港共同进行的大规模生活实验室计划,期限为2007年至2012年,旨在研究现代信息通讯技术,示范如何提高城市未来的社区和生活质量。该计划还集合了阿尔卡特集团、三星集团、德国城镇发展协会、波恩大学等组织,这是德国第一次由城市居民、公司、学校、科学家、医疗机构、城市管理者共同进行日常应用性的创新。

T-City内的各项实验计划,目标都在建构未来生活形态,并且透过实验,为企业的创新建立坚实的基础。2007年以来,共进行了约30个项目,分为六大领域,基本上覆盖了城市生活的各个方面。

(1) 学习与研究

多媒体教育平台。请病假的学生可以在家上网同步观看上课情形;多语言翻译功能使移民学生也能了解授课内容;老师可以用来备课等。未来,将从基础教育扩展到高校、职校等,进而整合成完整的行动教育网络。

(2) 交通与运输

电子船票、水上活动GPS定位求救系统。发生意外时,只要使用手机按键即可发出求救讯号,定位地点,内建软件,将姓名、联络方式等预先储存。

(3) 旅游与文化

手语电话、城市观光导览信息、多媒体信息站、饭店信息系统、数字新闻频道等。城中设置8个听障人士公用电话。旅客可以在网络上直接安排旅游行程等,各项活动日期、地图等都可利用网络传送到个人移动通讯装置上。

（4）商业与工作

包括 dDesk 移动办公室、手写信息数字转换、智能电表等。全面换装智能电表，15 分钟内可将用电、煤气情形上传至用户个人网站平台上。提供网络办公平台，无论身在何地，只要连接上网，插入 dDeskKey 就可进入办公平台。

（5）健康与护理

德国第一套远程医疗系统。慢性心脏疾病患者在家中即可接受医疗机构的照护。

3）我国智慧城市建设思考

通过对国外智慧城市建设的研究，结合国内的实际情况，当前我国智慧城市建设应注意的要点有：

（1）在新城建设前期对智慧新城建设进行统筹规划

我国处在城市发展建设的高峰期，在未来相当长的时期内还将延续，主要的方式是建设城市的新城区。如果新城的建设能以智慧新城的目标实施，将对整个智慧城市的实现起到示范和提升作用。因此，新城建设前期进行系统、完善的智慧新城统筹规划，不仅使新城建设按照智慧新城建设，避免智慧配套的"二次更新"而且可以使城市建设更加集约、高效。

（2）重点建设"智慧"基础设施

包括通信交通、电网、应急反应等内容。

（3）积极引进"智慧"的产业

主要指软件和信息服务业、文化创意、工业设计等内容。其中，物联网是一个极其重要的概念。在物联网加互联网的模式下，城市的管理者能以更加精细和动态的方式安排生产和生活，从而使城市达到更"智慧"的状态。

（4）注重强化政府服务，构建"智慧"政府

优化政府机构设置，整合行政管理资源，推进以公民、企业和社会诉求为中心的服务型政府建设，加快推进公共服务电子化进程。

虽然目前我国的智慧城市尚没有完善的实现，但是，我国各个城市早已相继推出"智慧城市"发展战略，努力争取先发优势。在这些提出智慧城市发展战略中，比较典型的有"智慧深圳"、"智慧南京"等，这些城市的建设力求全面提升城市智慧，提高城市创新能力及综合竞争实力；然而更多的是围绕各自城市发展的战略需要，选择相应的突破重点，提出了"数字南昌"、"健康重庆"、"生态沈阳"、"智能成都，绿色IT"、"宽带青海，光网城市"等，从而实现智慧城市建设和城市既定发展战略目标的统一。

目前，我国智慧城市还处于探索阶段，各地虽然提出了相应的发展战略，但是还缺乏详尽的计划。学术界和企业界对于智慧城市的技术要求和建设要点研究亦未成熟。随着研究的不断深入和各地智慧城市建设计划的提出，国内智慧城市必会很快开花结果。

## 12.2.4 智慧城市建设中可能遇到的问题及对策

提升城市智慧、建设智慧新城是解决目前各种城市病的一种有效手段,但是现阶段,智慧城市的发展还面临着各种阻碍,使得智慧城市的建设呈现一种理论上热度不断上升,但是真正意义上的智慧城市建设却乏善可陈的状态。简单地说,面临的阻碍主要有以下方面:

1) 智慧的理念不够深入人心

许多人认为智慧城市不过是"满城尽见摄像头",觉得智慧城市的巨大投入和产出并不相对等。还有一些人认为智慧城市是看得见摸不着的海市蜃楼,认为物联网本身就是一个巨大的泡沫,等等。其实智慧城市并非是一个夸张的噱头,并没有想象中的那么神秘、抽象,多方力量联合的不断研发让其逐渐地走近了。在推进智慧城市建设的初期,需要加强对智慧城市理念的宣传,营造舆论的氛围,使社会及城市居民了解到智慧城市将会给城市带来新的活力和动力,将会为人们的生活带来便捷和幸福。

2) 安全方面

当 IBM 提出智慧的地球这一宏伟的生态蓝图时,除了向它投以钦佩的眼光外,人们还质疑它的安全性和可实现性。对于伦敦、芝加哥、韩国仁川自由经济区等地的摄像头,很多市民表达了不安情绪。这些涉及市民隐私的数据安全么?会不会流入到不法分子手中?现在,很多公司和政府都为智慧基础设施带来的竞争力,以及经济与环境发展优势感到欢欣鼓舞。但是,这是不是意味着我们的关键基础设施的安全度和可靠性就像一个网络页面那样脆弱?

3) 成本问题

物联网在智慧城市中有大量的应用,传感器标签成本过高,使得物联网技术的应用推广困难重重。目前我国制作一个 RFID 标签的成本大约是 1.5 元,高额成本决定了这项技术目前只能应用在附加值相对较高的商品上,在低价值商品上则无法推广。另外,目前 RFID 技术中,我国在高频领域主要沿用国际标准,但在关键的超高频领域,标准仍由国外组织控制,我国如果照搬这个标准,未来将要支付大量的专利费用,大大增加中国企业的成本。

4) 政府助力不够

虽然国内各地政府不断地大谈特谈智慧城市的建设,但是对于智慧城市建设的实际投入却还是远远不够的。从技术角度,"智慧城市"的实现并不复杂,但城市建设发展规划具有一定的不确定性,这需要政府部门在城市整体规划中具有一定的前瞻性,将智慧城市建设规划纳入其中。为了能够在新一轮的国际竞争中占据有利地位,建议国家出台促进智慧城市发展的扶植政策,进一步充分调动产业各方的积极性,加快光网建设步伐,推动信息服务业的繁荣发展,使其更好地发挥出先导性作用。

5) 行业人才匮乏

国外凭借其几十年的发展,在物联网领域积累了大量人才,而我国物联网的发展时间较短,技术创新人才较为匮乏,需要国家和企业加大人才的培养力度。因此,要努力构建有利于各类人才创新创业、展示才华的舞台,为构建智慧城市提供智慧的源泉。

## 12.3 城市化进程中的城乡统筹建设

### 12.3.1 城市化

1) 城市化的含义

世界城市化源于1760年的英国工业革命,随后的一百年时间是城市化的兴起和开始阶段,伴随世界城市化的动态演变,人们对于城市化的认识也不断深入。城市化既是一种经济现象,也是一种社会现象。城市化(Urbanization)的概念由西班牙工程师 A. Serda 于 1867 年在其著作《城市化的基本原理》中提出,到 20 世纪已为全世界所接受。二战以后,城市化更是成为学者研究的重点和热点,各学科对城市化均有所研究,关于如何定义城市化更是众说纷纭。站在不同的学科角度,对城市化有着不同的理解,如表 12-6 所示。

表 12-6 不同学科的城市化定义

| 学 科 | 研究出发点 | 对城市化的定义 |
| --- | --- | --- |
| 经济学 | 人口就业结构和产业结构变迁;经济增长方式变化;经济活动的空间集中趋势 | 城市化是人口、社会生产力逐渐向城市转移和集中的过程 |
| 地理学 | 人口空间分布变化;经济活动的空间集聚 | 城市化是人口由从事农业活动转向非农业活动,从而趋向集中的过程 |
| 社会学 | 人际关系网络的变化;社会组织结构的变化 | 城市化是社群网的广度不断扩大、密度日益减低、人际关系逐渐趋向专门化与单一化的过程 |
| 人口学 | 人口增长;人口构成的变化;人口迁移 | 城市化是城市人口的增长,人口向城市的迁移,城市人口在总人口中所占比重不断提高的过程 |
| 人类学 | 生活方式的变化;文化、文明的进化 | 城市化是人类生活方式由农村生活方式向城市生活方式转变的过程 |

其他的关于城市化的观点和理论还有很多,对于城市化的含义和认识一直众说纷纭,各学科对城市化界定和研究的角度不同解释也各不相同。但总的来看,城市化是一个变传统落后的乡村社会为现代的城市社会的自然历史过程。它具体表现在四个方面:

(1) 人口向城市的集中

城市化首先表现为大批农村人口进入城市,城市人口在总人口中的比重逐步提高。

(2) 城市数量、规模的扩大

随着工业化程度的不断提高,城市规模不断扩大,城市数量也不断增加。

(3) 产业结构提升、现代化水平提高、中心辐射作用加强

随着城市化的推进,原来从事传统低效第一产业的劳动力转向从事现代高效的第二、第三产业,产业结构逐步升级转换,城市现代化水平不断提高,中心作用充分发挥、城市辐射能力不断加强。

(4) 城市文明向农村扩散、城乡差距逐步缩小

城市文明不断发展,并向广大农村渗透和传播,农村农民生产生活方式和文明程度不断提高、不断现代化,城乡差距逐步缩小,城乡协调发展,逐步实现城乡一体化,这也是本文论述的城市化之关键所在。

因此,城市化是城市现代化和乡村人口城市化的统一,是经济发展和社会进步的综合表现。乡村人口城市化也绝不仅仅是乡村人口进入城市,还包括了农村自身的产业升级和文明进步。所以说真正的城市化不仅包括了城市化进程中量的增加过程,还应该包括城市和农村现代化以及城乡一体化的实现这一城市化进程中质的提高过程。

2) 国内关于城市化的研究

国内学者通过对中国城市化过程的研究所得到的共识是,中国城市化具有发展速度不快并伴随着较大起伏的特点。形成这一特点的原因很多,诸如新中国成立以来采取的模仿前苏联的重工业优先的赶超战略导致的城乡分割和城市化严重滞后,政策制度上人为地把中国人口分割成农村人口、城市人口这样两个截然不同的利益群体,以及改革开放后以小城镇为主导的城市化发展模式等。这些都是中国城市化发展中的特点和问题,我国学者对城市化的研究主要就是从分析解决中国城市化发展过程中出现的问题出发的。

在我国,城市化成为经济社会发展目标,被赋予协调城乡发展、推动经济增长和社会进步的重任。现在,越来越多的人认识到,探讨中国的城市化发展战略应该是大中小城市和小城镇并举以及它们的协调发展。由于我国的国情特点和经济发展现状,决定了我国城市化的内涵与发展必须从城乡协调发展的总体思路上探求具体实现路径。在科学发展观指导下,我国城市化研究具有新特征,即探寻城市

化与城乡统筹、新农村建设之间的联系,认为城市化与城乡统筹、新农村建设是统一的,城乡统筹发展主要以城市化为载体。

城市化本身就是一个城乡转化的过程,是农村地域逐步向城市地域转化、农民变市民的过程。过去城乡分割的城市化老路加大了城乡差距,带来许多社会问题,反而阻碍了城市化的进程。城市要科学发展,就必须以城乡统筹发展为先导,只有城乡统筹发展,城市化的质量才有保证,城市化与统筹城乡相辅相成、互为因果。在工业化、城市化快速推进的现阶段,走城乡统筹的城市化道路是适应新时期经济社会发展的必然选择。同样,我们评价一个地区城市化的水平,不能仅看城市的规模、城市的人口数量这些指标,也需要关注这一个地区城乡统筹的程度指标值,基于城乡统筹程度的城市化测度结果才能科学地反映出这个地区真实的城市化水平。

3) 城市化指标的选择

城市化是一个社会、经济、文化等因素综合发展的过程,可以用城市化率来表示城市化的程度。主要指标有:城市人口比重指标,非农业人口比重指标,城市用地比重指标,以及集合多个社会、经济、文化来综合测度城市化程度的指标体系。

(1) 城市人口比重指标

该指标可表示为:

$$Y = U/(U+R)$$

其中,$Y$ 表示城市化水平,$U$ 表示城市常住人口,$R$ 表示农村常住人口。它反映了人口在城乡空间的分布,具有很强的实用性,是世界上普遍采用的城市化水平测量指标。

(2) 非农业人口比重指标

该指标可表示为:

$$UR = NAP/(NAP+AP)$$

其中,$UR$ 表示城市化水平,$NAP$ 表示非农业人口,$AP$ 表示农业人口。

(3) 城市用地比重法

是指以某一国家(或地区)城市建成区面积占区域总面积的比重来表示该国(或该地区)的城市化水平。

(4) 城镇居民人均可支配收入

PCDI( Per Capital Disposable Income of Urban Residents,城镇居民人均可支配收入)指被调查的城镇居民家庭在支付个人所得税、财产税及其他经常性转移支出后所余下的实际收入。房地产业虽然是国民经济的支柱产业和主导产业,但其健康发展必然要有经济作为支撑。其中,居民的收入水平或人均可支配收入是影响房地产市场有效需求的很重要的因素。

(5) 人均 GDP(人均国内生产总值)

与前述指标一样,是为影响房地产市场有效需求的重要指标。

### 12.3.2 城乡统筹

1) 城乡统筹的含义

城乡统筹发展就是在科学发展观的指导下,把城市与农村作为一个有机整体,统一规划、通盘考虑,打破城乡分割的二元结构,建立一种良性互动的、平等的城乡关系,逐步缩小城乡差距,促进城乡全面协调、可持续地发展,最终实现城乡一体化。城乡统筹发展要统筹兼顾、综合平衡城乡问题和各种利益关系,重点解决影响我国经济社会发展的农业、农民和农村问题,要努力形成有利于城乡统筹兼顾、协调发展的政策机制和制度措施,努力使广大群众共享改革与发展的成果,实现城乡共同发展和共同繁荣。

城乡统筹发展是相对于过去的城乡二元结构而言的。发展要求我们把农村经济、社会发展纳入到整个国家经济、社会发展的全局之中,把农业与工业、农村与城市、农民和市民看作是一个有机的、既相互区别又紧密联系的统一体,在城乡布局规划、政策调整、财税国民收入分配的时候,一定要对城乡关系、工农关系进行合理调整、统筹考虑,改变以往重城轻乡、重工轻农的偏向,统筹解决城乡问题和城乡矛盾。同时,在具体实践中,要充分发挥工业对农业的支持和反哺作用、城市对农村的辐射和带动作用,建立健全以工促农、以城带乡的长效机制,改变城乡二元结构,形成城乡经济社会发展一体化的新格局。

城乡统筹发展包括统筹城乡经济、政治、文化和社会发展等几方面内容。统筹城乡经济发展主要包括:统筹城乡国民收入分配和税费制度、统筹城乡经济结构及产业结构、统筹城乡资源配置与利用和统筹城乡市场建设。城乡经济的统筹发展关系到国民经济的全面协调可持续发展,统筹城乡经济发展是其他一切统筹的基础。统筹城乡政治发展主要包括:统筹城乡户籍制度及政策,统筹城乡行政管理体制及其改革,统筹城乡民主政治建设和基层民主制度,推进城乡居民社区自治制度等。统筹城乡文化发展主要包括:统筹城乡科教文卫政策和基础设施建设,统筹城乡劳动力就业培训与人才培养等。统筹城乡社会发展主要包括:统筹城乡规划和基础设施建设,统筹城乡社会保障制度改革与发展,统筹城乡生态环境的建设保护。

2) 国内对城乡统筹的研究

国内学者张培刚在《农业与工业化:农业国工业化问题初探》一书中,对农业与工业的相互依存关系以及工业化对农业生产和农村剩余劳动力的影响作了深入的论述。这些论述对分析城乡分割现状十分重要。我国工农业发展的不平衡、城乡发展的不平衡,引起了国内诸多学者对统筹城乡发展的研究。主要关注点在实现城乡统筹的路径上,部分研究者认为城乡统筹关键在发挥城市化作用,城市化能减轻农村人口与资源环境压力,有利于提高农村劳动生产率和农民收入;有学者认为城乡统筹的关键在体制创新,逐步统一城乡经济体制和政策等;也有的认为城乡统筹应该从"统一产权制度、统一市场制度、统一户籍制度、统一就业制度、统一教育制度、统一财税制度和统一保障制度"入手等。城乡统筹问题已经成为一个研究热点。

中央在2007年确定成都、重庆两个城乡统筹改革试点,期望通过统筹城乡发展,改革城乡体制,达到缩小我国城乡差异、发展农业经济,有效解决城乡二元结构问题,使广大农村居民共享改革发展成果、促进社会公平的目标。

3) 国外城乡统筹实践模式

大量资料显示,不论是发达国家还是发展中国家,在其工业化起步及发展阶段,城乡居民之间存在着明显的收入差距,而且这种差距在一定时期会持续扩张,这是一种普遍现象。这种现象直接导致二元经济结构的形成,即工业成为相对发达的产业,而农业则相对落后,其直接表现是农村居民与城市居民存在着相当大的收入差距,而且农村居民的生活水平也极大地落后于城市居民。

对上述现实或可能的趋势,不同的国家或地区采取了不同的措施,或是以平衡增长应对,或是采取不平衡增长的方式。实践中,后一种措施更为普遍,即在产业政策的取舍中,根据工业的发展情况分为两个阶段,第一阶段即工业化的早期阶段,依靠剥夺农业剩余来支持工业发展是世界各国的普遍做法,而到了第二阶段即工业化的中后期阶段,则采取措施,以工业反哺农业。这样的不平衡增长模式体现为:工业发展(以农业落后为代价)→农业发展(以工业为支撑)。在这种模式下,即表现为事实上的城乡统筹过程。二元经济结构的解决,既是城乡统筹的目标,也是城乡统筹的结果。

(1) 英国城乡统筹实践

英国是世界上第一个建立城乡规划体系的国家,其城乡规划理论、实践及其得失成败,都值得总结和借鉴。首先,英国建立了完整的城乡规划体系,形成了由中央、地区和地方三级组成的、完善的规划管理体系。英国的规划管理体系非常强调中央集权、强调区域统筹、强调公众参与和规划执行;其次,英国政府注重城市规划立法工作,强调规划建设的适度超前。1909年,英国颁布了世界上第一部城市规划法——《住宅、城镇规划条例》,2004年新修订的《城乡规划法》,将原来的指导性地区规划上升为立法性规范,从而起到强化政府宏观调控的作用;第三,注重小城镇文化特色保护。英国的农村和小城镇的特色化发展,很好地解决了因地理条件不足带来的发展瓶颈问题。

(2) 韩国城乡统筹实践

韩国是传统的农业国家。二战后,在产业民族化的方针下,韩国政府大力扶持本国工业尤其是重工业的发展,并取得了显著的成效。到上世纪六七十年代,韩国已成功地转变为工业国家。在工业发展的同时,韩国也面临着二元经济的挑战。据统计,1970年,韩国农民年均收入仅为城市居民的61%,工农失衡已成为韩国的现实并严重制约着韩国经济社会的协调发展。针对工农失衡的困境,韩国政府于1970年启动了"新村运动",走出了一条由政府推进主导的、扩散型的农村工业化道路。具体而言,主要包括以下三个方面:第一,实行农村工厂计划,由政府提供乡镇企业发展的基础条件,如完善农村基础建设、建立公用设施等;第二,政府对传统农村生产性企业给予资金贷款和税收上的优惠政策,大力扶持农业现代化;第三,实施农村工业区计划,目的在于推进农村工厂规模化,将农村工业区建在农村人口密集区,避免把工厂扩散到广大农村地区,使农村的非农产业集中发展,从而实现农村工厂的外部规模经济,推动城乡均衡发展。

(3) 美国城乡统筹实践

美国是工业发展比较早的国家,也是在解决二元经济及城乡统筹问题上比较成功的国家。美国始终重视强化农业作为第一产业的地位,并通过种种措施由政府直接进行扶持。如美国采取保护性收购政策和目标价格支持相结合的做法来稳定和提高农民收入。近年来,美国农民还通过所谓生产灵活性合同和反周期补贴等形式,获得政府的直接收入支付和农产品补贴。

4) 国内城乡统筹的实践

就我国而言,区域经济发展本身就存在不平衡,不同地区的经济发展状况存在着相当大的差别,因而在二元经济结构的形成过程中,有着与其他国家不同的表现:不同地区的工农业发展的阶段均不相同,存在时间上的偏差与空间上的共存。这样的现实决定了我国在解决这一问题时,可能存在同一时间内不同空间中的不同做法。以下两种是我国比较典型的城乡统筹发展模式:

(1) 苏南"乡镇企业为动力"的发展模式

苏南模式最大的特点是乡镇企业的发展,即在政府的引导下,农民依靠自己的力量发展集体经济。农村既是区域发展的基础,又完全能够以自身的能动发展成为区域发展的动力,并通过向城镇渗透、展延,为城市发展提供资源、市场、劳动力,以实现城乡互补、互助。在苏州、无锡地区,通过发展集体经济,甚至使农村的改革与发展先于城市,从而促进城市乃至整个区域的发展,当城市和城镇逐步发展起来之后,又在更高的层次、更高的水平之上,向乡村发挥辐射功能,形成城乡协调、共同发展的新格局。

(2) 北京"工农协作、城乡结合"的发展模式

北京作为政治文化中心,集中了相对于其他城市而言更多的各类资源,因而

其城区经济对郊区有着非常强的辐射力。根据这一特点,北京在城乡统筹工作中着力解决两个问题:一是通过推进郊区工业化和农业产业化,将北京周边的各个区县进行相应的功能定位,从而更大地发挥比较优势,实现要素的相对充分利用,避免资源浪费,也使郊区经济发展与城市需求之间更协调;二是通过推进农民市民化和农村城市化,通过市区经济发展的多元化与市区规模的扩大,为农村人口提供更多的就业机会,从而有效地解决郊区社会事业发展与经济发展相比更加滞后的问题。

### 12.3.3 城乡统筹发展与城市化的关系

1) 城乡统筹是推进城市化的原则和指导思想

城市化作为一个国家或地区经济发展与社会进步的过程,是一个长期的过程。这个过程的直接表现,就是作为现代人类理想生存空间和主要活动场所的城市,在经济、社会、文化等方面的不断发展。即便是在大多数的农村人口已经转变为城市人口以后,城市化的过程仍将继续。这时,农村与城市的收入水平和生活质量已经相差不大,人口在农村与城市间的转移已趋于均衡状态,城市化进入高级阶段,即城乡一体化阶段。

城乡一体化是城市化进程中城乡经济－社会－文化－生态复合系统发展到一种理想状态,也就是城乡之间形成了一种相互依托、协调发展和共同繁荣的新型城乡关系。它是城市化发展的目标,也是选择城乡统筹发展的城市化道路的理想导向。它不是要完全消除城乡差别,最终达到城乡的绝对融合的城乡一样化。真正意义上的"城乡一体化"发展,是指城乡虽处于不同空间但总体上基于同一基本经济社会体制的发展。城乡一体化就是谋求一种城乡基于社会主义市场经济"一体"的发展体制,探索一种权益平等的组织结构,在遵循城乡经济发展差别性和互补性的基础上,促进城乡要素的优化配置,提高城乡发展的协调程度。

实现这一理想目标,必须以城乡统筹为原则,在城乡统筹发展思想的指导下,赋予城市和乡村两大空间经济主体以平等的地位,使城乡之间通过资源和要素的自由流动,相互协作、优势互补,实现城乡经济、社会、文化的可持续发展。

2) 城市化是促进城乡统筹发展的有效途径

统筹城乡发展的重点,是不失时机地推进城市化,促进城乡结构调整,持续提高城市化水平。从一定意义上说,这也是解决"三农"问题的根本出路,是统筹城乡发展的重要方面。只有提高城市化水平,才能为减少农民创造条件,为大规模转移农村人口提供有效的平台和载体。

我国的经济社会是由城乡经济社会构成的。在社会分工和现代市场经济条件下,城乡经济社会之间存在着密切的依赖性和深刻的渗透性。离开了一方的支持和依托,另一方的发展将是困难的。这就在客观上要求城乡作为一个系统在经济社会方面能够相互衔接、相互融合,实现城乡之间的优势互补、协调发展。这也是城乡统筹的重要条件。这里所说的城乡融合就是一个以城带乡、以乡促城、城乡互动的过程。要达到城乡融合,一是需要进行城市化,提高城乡空间的经济集聚度,引导城乡资源互动、三大产业相互渗透,同时合理配置城乡人口分布;二则需要发展农村自身经济,推进农业产业化发展与城市第二产业、第三产业的结合点,同时促进农村工业的发展,加强城乡工业联系,努力实现城乡一体化。

### 12.3.4 统筹城乡住房发展

1) 城乡二元住房制度

传统的计划经济体制下形成了典型的城乡二元分割结构,包括城乡二元经济结构和城乡二元社会结构。也就是以城乡户籍制度为核心的包括就业、福利、生产和生活资料价格制度等一整套城乡分离的政策体系,人为割裂了城乡关系。由于城乡二元经济社会结构造成城市和农村住宅在建设组织方式、投资体制、用地制度、规划手段、建设方式等方面表现出极大的不同,形成城乡二元住房制度。城乡住房制度的不同体现在住房供给、住房更新和住房链等三方面。

(1) 住房供给制度

住房供给是住房制度中的起始部分。长期以来,我国城市住房供给制度一直作为一种福利制度而存在。绝大多数住房由政府投资建造并提供给社会,由地方政府及各单位负责住房的分配和管理。在这种公有住房生产和分配制度中,单位是城市住房最主要的生产者和供给者。20世纪80年代以来,我国实行了以住房商品化为核心的住房制度改革,以市场机制实现住房的供给和分配。1990年后,随着住房制度改革的深化和房地产业的不断发展,城市住房的商品化率不断提高,促进住房消费的住房补贴政策、抵押贷款等金融政策不断完善,房地产市场日趋成熟。

农村的住房供给制度要相对简单,突出的表现为建房用土地(宅基地)作为福利的无偿获得和农民对住房的自建、私有。农村居民的住房供给方式是住户因分户等需要向村民小组或村民委员会提出建房申请,申请建房用地,经上级主管部门批准后无偿获得宅基地,农民自筹资金建房。这种住房制度在解决农村住房的初级需求时有重大的积极意义,也产生了诸多弊端。最突出的表现为农村建房宅基地不断扩大,占用耕地现象加剧。无偿使用土地导致使用者不考虑支付能力而过度消费,申请者往往要求比其实际所需更多的土地,造成耕地作为稀缺资源大量流失。

另一方面,农民建房的自建性质形成了农村聚落的无序发展。农村住宅建设存在两种情况。一种是由于长期缺乏村庄规划,村民随意建房,住宅建设比较零散,用地浪费很多。水、电等基础设施投入较大,效果却不明显,村内环境脏乱。农民富裕后建新房,却形成不了规模,出现"只见新屋,不见新村"的现象。另一种则是在经过规划的大部分新农村住宅小区中采用呆板乏味的兵营式布局,这种布局方式是在城市实行福利分房制度时产生的规划格局。

(2) 住房更新方式

城市居民住房更新的途径是通过迁居来实现的,并以此实现住房市场的住房供给和需求的动态平衡。家庭收入、家庭规模、生活方式及社区关系发生变化时产生住房需求。当住房需求与诸如郊区建设、旧城改造等城市建设提供的居住机会相符合时,居民就会通过新住房的选择过程而实现迁居行为。居民可以通过将旧住房卖掉而获得在新址建房的部分资金。

农村居民住房更新的途径则是通过建新房实现的。农村居民迁居的最主要原因是分户,也就是家中的子女成人后组建新家庭后需要新的住房,再有就是在经济较发达地区,农民为改善居住条件建新房。但是,农民迁居却没有更多选择的权利,因为他从生产到生活都通过户口被牢牢地依附于"集体",所拥有的最大选择权可能就是新的宅基地在村中的位置。对于因建设征地或自然灭害而被迫迁往新居住地的居民来说,这种选择权也只能通过抓阄来实现。可见,与城市住宅制度相比,农村居民缺乏选择的权力。如果农民希望从原有住房获得资金,不是通过将住房卖掉获得建新房资金,而是通过将住房拆掉获得部分可用的建筑材料来筹建新居。

(3) 住房链

住房链是住房制度中的流通部分。在城市住房选择过程中,由于一部分居民迁向新的住房和居住区,他们腾出来的空房就会有其他居民迁入,如此延续下去,就会形成由迁向新房引起的一系列连续反应而产生的住房链。从总体上看,住房数量不断增加,居民的居住条件不断改善。同时也就产生了住房市场的过滤现象:由高收入阶层的搬迁而启动的住宅转移到较低收入阶层中的一个连续性过程。

在农村由于住房私有,宅基地无偿占有,国家又不允许农民住房出租,就形成了新房建成后,旧宅不拆或拆一部分,却大多也无人居住的状况,慢慢形成了"空心村"。从理论上讲,由于城市化进程的加快,应该出现农村居民人口减少、住宅减少、占地减少的情况。现在却出现住宅占用耕地逐年增加的现象,其中的很多占地,都是因宅基地的废弃,住房闲置,造成了住房链的断裂,住宅无法循环以形成合理的住房链。我国农村经济富裕地区在改革开放30年的时间里住房竟然更新了四代:从20世纪70年代末的草房、砖房,到80年代初的两层外廊式楼房,90年代初的独立式小住宅,再到90年代末花园别墅型住宅。如此快的住宅更新速度明显不符合住房更新应有的速度,而这种更新多是以原有住房的闲置为基础的,而不是建立在原有住房进入社会的住房链循环为前提的。

2) 小产权房

(1) 农村土地产权与城市土地产权

城市土地公有就意味着由社会全体成员共同占有城市土地,这决定了:一方面,每个社会成员都拥有城市土地所有权;另一方面,每个社会成员又不是所有者,因为他作为个人所拥有的公有权只有在当其他一切人的所有权相结合、共同构成公有权的时候才有效,才能发挥作用,作为个人,它既不能把城市土地作为个人财产使用,也不能凭此获得总收入中的任何一个特殊份额。在任何个人都既是所有者又不是所有者,不能单独行使公有权的情况下,经济中便没有任何个人能代表并行使大家共同拥有的公有权,于是必须要形成一个能代表全体所有者的共同利益并行使公有权职能的法人即国家政府。这个作为公有权唯一代表的法人一旦形成,城市土地公有权的内部矛盾就取得了一种外化的形式。

农村土地产权和城市土地产权在本质上是一样的,都是公有产权形式,不同的是产权的主体不一样。而农村集体所有制的土地也存在集体所有制外化形式与公众的矛盾,作为具有相同形式和性质的土地产权所有制形式,应该具有同样的效能和机制,也应该在农村形成土地使用权交易买卖、转让的交易市场,并由此形成相应的房地产市场。但是我国长久以来,为支持城市的发展,对土地实行的是双轨制度,农村的建设用地必须通过征用的形式才能进入土地市场进行流转。从制度形式来看,这是不公平的,这是城市土地产权对农村土地产权的一种歧视,是对农村权益的一种剥夺。在进入城市化快速发展阶段后,特别是城乡差距逐渐拉大的时期,再通过剥夺农村的权益来促进城市的发展显然是不合时宜的。解决"三农"问题的关键是农民收入问题,而解决收入问题的关键是承认农民、农村和农地的合法权益,正视农地的法律地位。通过工业反哺农业,让农民享有工业化、城市化的成果,正视农民的基本利益,才能从根本上解决"三农"问题。

综上,农村土地和城市公有土地产权主体的不一致是由于双轨制造成的,但从本质上来看都是公有形式,都应该具有相同的权益。因此,其衍生形式也应该具有相同的性质,也应该得到法律的认可。当然,我国一直实行农村支持城市的政策,使得长期以来农村的发展受到很大的限制,以前并不具备建立与城市相对应的农村土地市场形式的条件。但随着城市化进程的加快,农村经济得到了迅速发展,特别是小产权房的出现,意味着我国农村已经开始具备建立与城市相对应的房地市场的条件,应该支持农村土地市场的建设,实现城乡土地市场的统一。

(2) 小产权房的物权意义

从物权的角度分析小产权房和城市商品房之间的联系和区别。

城市商品房的权属主要是由以下几部分构成,一是以所有权为核心的附属在土地上建筑物的权属;二是以土地为主体的权属,分别是土地所有权、土地使用权。

按照现有的物权法和财产法规定,以所有权为核心的地上建筑物的权属是属于所有权人的,所有权人拥有地上建筑物的使用权、处置权和交易权等,可以在合法的范围内任意处置地上建筑物。对附着建筑物的土地的权属,按照我国的法律规定,居民拥有的是使用权,而且具有相应的年限,不同历史时期的期限也不尽相同。土地的所有权归国家所有,即产权的公有性。综上所述,一宗商品房其土地所有权归国家,土地使用权(有许可期限的)归个人,建筑产品归个人。虽然土地所有权归国家所有存在外在形式和处置权等问题,但从客观上来说,所有权和处置权的分离,以及对财产权的私有性的认可,是推动和促进我国城市房地产市场不断发展和完善的基本保障。

由此进一步分析小产权房的权属性质。小产权房的权属主要也是由两个部分组成,附着在土地上的建筑物的权属和土地的权属。以下就按照小产权权属的两个部分来分析其权属的性质。首先附着在土地上的建筑物的权属,按照《物权法》的规定及对私有产权的确定是属于个人的,当然这个"个人"是城市还是农村属性待定。其次是土地的属性。按照《物权法》的规定,农村建筑用地的使用权是属于农民的,所有权是属于集体的。也就是说,土地使用权归个人,所有权归集体,是公有产权。

这就是说,小产权房和城市商品房具有同样的性质,首先表现为土地所有权的公有性和土地使用权和地上建筑物所有权的私人性。而为什么具有相同属性的产权具有不同的处置方式?这主要是由于城市产权对农村产权的歧视,或者说长期的土地双轨制忽视了农村土地产权的合理法律地位。

要实现城市土地产权和农村土地产权形式相同,不外乎两条道路:全面国有和全面私有。从目前来看,这两种形式都是不可能的。根据新古典产权理论,由于各种两难冲突的存在,产权并不是越明确越好。产权界定及监督执行都是要支付费用的,产权界定并不是在所有情况下都是有效益的,只有当交易费用大于产权界定成本时才是节约和可取的。由于农地流动性差、变现性弱、增值小,产权界定清楚后并不必然会降低交易费用,并可能不利于土地资源的有效配置,因为这可能导致家庭对土地的垄断性占有,阻碍了土地的流动性,即使流转,也会增加务农者的成本,达不到通过农地制度创新使农业生产负担减轻的目的,这样的制度安排应该说是无效的。因此,坚持现行产权制度的安排即产权模糊的设定往往比清晰地界定产权更有效率,在法律制度保证人们有自由选择合约的权利下,最有效的土地产权结构是会通过自由的产权买卖而自发形成,建立和完善农地市场不但能优化资源配置,最重要的是可实现最有效的产权结构。培育、健全和完善农地市场,使之与农地产权结构、产权关系相对应,扩展农地产权的深度和广度。这一过程遭到的是一种长期的、内生的正式和非正式制度阻力,即强势的国家和集体组织相对于弱势农民的优势地位使得侵权成为长期和经常性的行为,从而使模糊产权边界的制度安排成为一种常态。

从这个角度出发,模糊产权边界的制度安排,充分突出使用权的市场地位及其作用,实现城市和农村土地使用权的一致性,小产权房的出现具有合理性、合法性,应该支持和鼓励。从这个意义上来说,在严格限制耕地入市、有效保护耕地的基础上,应该放开城乡限制,实现城乡房地产市场在合理管理下的统一。

## 复习思考题

1. 为什么要对城市老区进行改造?主要动力何在?
2. 旧城改造的手段和方法有哪些?各有什么特点?
3. 如何在旧城改造中保护原有的文化和历史?
4. 什么是智慧城市?它是如何产生的?
5. 智慧城市应包括哪些主要内容?
6. 如何构建智慧城市?我国与西方国家的建设路径有何不同?
7. 什么是城乡统筹?城乡统筹前提下的住房建设应该如何进行?
8. 小产权房是如何产生的?你认为如何解决小产权房混乱的局面?

# 13 物业与设施管理

**本章概要**

物业管理是伴随着房地产业的发展而快速发展起来的行业,并在房地产业发展过程中起到非常重要的作用。物业管理不仅使物业能够正常运营、提高业主的居住和使用的效率,还使物业保值增值。但由于我国社会经济现状,物业管理的发展也存在着许多现实的问题。设施管理的提出与快速发展,也是社会经济发展的必然。如何在不断需求前提下,发展我国的设施管理行业,是摆在理论研究与市场面前共同的问题。

本章以物业管理的基本论述为起点,概略地介绍物业管理的基本框架。在此基础上,着重介绍设施管理的基本概念与理论、分析设施管理的核心内容、论述设施管理的实施过程,以使读者快速地对设施管理建立较完整的概念。

## 13.1 物业管理概述

### 13.1.1 物业的含义及分类

1) 物业的含义

"物业"一词由英语"Estate"或"Property"引译而来的,其含义为"财产"、"资产"、"拥有物"、"房地产",是一个较为广义的范畴。而现实生活中,我们所称的"物业"是一种狭义范畴。有的人认为,物业是指单元房地产。一个住宅单位、一座商业大厦、一座工业厂房、一个农庄都可以是一种物业。所以,物业可大可小,大物业可分为小物业,同一宗物业,也可以分属一个或多个产权者所有。

从物业管理的角度来说,物业是指已建成并投入使用的各类建筑物及其相关的设备、设施和场地。从物业的概念中可以看出,一个完整的物业,应至少包括以下几个部分:

(1) 建筑物

包括房屋建筑、构筑物(如桥梁、水塔等)、道路、码头等。

(2) 设备

指配套的专用机械、电气等设备,如电梯、空调、备用电源等。

(3) 设施

指配套的公用管、线、路,如上下水管、消防、强电(供变电等)、弱电(通讯、信号网络等)、路灯,以及室外公建设施,如幼儿园、医院等。

(4) 场地

指开发待建或露天堆放货物之地,包括建筑地块、庭院、停车场等。

2) 物业的分类

根据使用功能的不同,物业可分为以下四类:

(1) 居住物业

包括住宅小区、单体住宅楼、公寓、别墅、度假村等。

(2) 商业物业

包括综合楼、写字楼、商业中心、酒店、商业场所等。

(3) 工业物业

包括工业厂房、仓库等。

(4) 其他用途物业

如车站、机场、医院、学校等。

另外再分出一部分为特殊物业,意即这些物业要经过政府特许经营。例如赛马场、高尔夫球场、汽车加油站、飞机场、车站、码头、高速公路、桥梁、隧道等物业。

按产权关系来区分,可分为公产、私产和单位产等不同的类型。同一物业也可以有多种产权关系。对于由多个产权人共同拥有的结构相连或具有共有、共用设备和附属建筑的物业,称为异产毗连房屋,也叫多主楼宇。

## 13.1.2 物业管理的含义及特点

1) 物业管理的内涵

一般认为,物业管理有广义和狭义之分。广义的物业管理指的是对资产、财产的管理,如对生产资料、生产工具等的管理都属于物业管理的范畴,因为资产、财产或设施等所指的范围很广,可以说无所不包。狭义的物业管理是指以经营方式来管理物业,包括物业的租赁、租金的收取、维修等内容的对房地产的管理,是由专门的机构和人员对已竣工验收投入使用的各类房屋建筑和附属设施及环境进行管理、维护,提供相应的服务,创造良好的社会环境,满足人们居住、工作、消费等的需求,使得物业能保值、增值。

我国的"物业管理"是指业主通过选聘物业服务企业,由业主和物业服务企业按照物业服务合同约定,对房屋及配套的设施设备和相关场地进行维修、养护、管理,维护物业管理区域内的环境卫生和相关秩序的活动。

物业管理是一种集管理、经营、服务于一体的有偿劳动,其劳动是一种服务性行为,不生产实物产品,也不经营实物产品,其所实行的是社会化、专业化、企业化的经营管理模式。"物业管理的经营者"是指能够提供物业管理服务的企业或组织,"物业所有权人"是指拥有房屋所有权的人,即业主。物业管理的管理对象是物业,而服务对象是人即业主或使用人。物业管理的性质关键是"服务性",它寓管理与经营于服务之中,并在服务中充分体现和完善业主所委托物业的管理与经营。

综上所述,物业管理的内涵是非常丰富的:

(1) 物业管理的管理对象是物业,而服务对象是人,即业主或使用人。

(2) 物业管理的属性是经营,其经营的是一种特殊的产品,提供的是有偿无形的劳务和服务。

(3) 这种劳务和服务能够保证物业更好地发挥其使用功能,并使物业保值和增值。

(4) 物业管理是对管辖区范围内的物业提供统一的管理和协调。

2) 物业管理的特点

物业管理作为一种新型的管理模式,它有别于以往的房产管理,具有专业化、社会化、一体化、市场化、规范化等特点。

(1) 专业化

物业管理的专业化是指专业物业管理企业通过契约或合同的签订,按照产权人和使用人的要求去实施专业化管理。物业管理的专业化包含两层含义:一是有专门的组织机构,即物业管理工作是由专门的机构、专门的企业来承担的,而且这些机构、企业必须具备一定的专业资质并达到一定的专业标准;二是专业人才,物业管理的从业人员必须具备物业管理的专业知识,如机电设备、空调、管道、消防、电梯、房屋维修等,离不开具有较高专业素养的人员。

(2) 社会化

物业管理社会化有两个基本含义。一是业主从社会上选聘物业管理企业;二是物业管理企业要到社会上去寻找可以代管的物业。物业的所有权、使用权与物业的经营管理权相分离是物业管理社会化的必要前提,现代化大生产的社会专业分工则是实现物业管理社会化的必要条件。物业管理将分散的社会工作集中起来统一承担,而每位业主只需面对一家物业管理公司,就能将所有关于房屋和居住(工作)环境的日常事宜安排好,业主只需根据收费标准按时缴纳管理费和服务费,就可以获得相关服务,有利于发挥物业的整体功能,实现经济效益、社会效益、环境效益的统一和综合改善。

(3) 一体化

物业管理不仅要对房屋及其附属设备、设施、场地以及环境、道路等实施统一管理,而且要向业主、用户提供全方位服务。全方位服务包含的内容很广泛,一切在住、用中涉及的问题都可以由物业管理公司负责解决或协助解决。

(4) 市场化

市场化是物业管理最主要的特点,是物业管理在社会主义市场经济条件下的必然特征。在市场经济条件下,物业管理的属性是经营,所提供的商品是服务,物业管理公司在管理过程中所提供的各项服务均是商品,即它的每项业务都是有偿的。物业管理企业是该商品的提供者,是以盈利为目标的,业主、用户是该商品的需求者与购买者。物业管理企业是按照现代企业制度组建并运作的,向业主和使用人提供劳务和服务,业主和使用人购买并消费这种服务。这种通过市场竞争机制和商品经营的方式所实现的商业行为就是市场化。

(5) 规范化

规范化是市场经济发展的必然要求,也是企业走向现代化、科学化的必然要求。对物业管理公司来说,规范化不仅指公司的设立必须按照国家公布的有关法规和程序,还指公司的管理运作制度必须规范。如果物业的产权产籍管理不规范,就容易产生纠纷;如果物业的接管程序不规范,就容易留下后患;如果与业主签订的契约不规范,就导致权责不清;如果管理不规范,就不符合现代企业制度的要求。规范化还包括岗位设立规范。在物业管理公司企业化的过程中,很重要的一点,就是要设立规范的岗位,这是文明服务、优质服务的前提。

### 13.1.3 物业管理的类型

物业管理按照不同的标准,分为不同的类型。

1) 按照物业的用途划分

物业有多种用途,物业的类型按用途来划分,分别有居住物业、商业物业、工业物业、特种物业等。物业管理也可以依据用途来划分管理的类型。

(1) 居住物业的管理

居住物业管理是对住宅及其附属的设备和设施进行管理,主要是为业主提供舒适、安全、便利的居住环境。这种物业是目前物业管理企业所经办的主要类型。所管理的对象可大可小,大到一片居住区,像住宅小区或一个区域;小到一栋住宅楼或一个住宅单元。

(2) 商业物业的管理

商业物业的管理主要是为房屋的使用人提供进行商业活动的基本条件和配套服务,时刻保持物业的良好运转状态和精致美观的外部形象。

(3) 工业物业的管理

随着生产力水平的不断提高和生产的社会化,生产企业只负责进行生产,对工业物业实行托管的模式逐渐被大型现代化企业所接受,工业物业管理就是由专业化的服务公司对企业的生产用房屋及其附属设施设备、环境、治安等进行管理,使这些企业能够集中精力进行生产加工和产品开发等。

(4) 特种物业的管理

特种物业有些是公益性的,有些是经营性的,在传统房屋管理体制下,一般按系统进行管理,在投资、维修、保养等方面由主管部门承担主要责任。随着经济体制改革的推进,对特种物业的管理也有可能交由专业化的管理企业去实施管理和服务。

例如,某市的一个物业管理公司对该市为引进人才所建设的博士专家楼进行物业接管,即物业管理企业可以接受主管部门的委托,对特种物业进行管理。各种不同类型特种物业的服务对象不同,其管理重点也有所不同。

2) 按照产权关系的不同划分

由于物业管理企业对物业的产权关系存在差异,物业管理大体上可分为两种类型:委托服务型和自主经营型。

(1) 委托服务型

委托服务型的经营管理包括两种情况:一种是指房地产开发企业自己组建物业服务企业,对其出售(出租)的房屋进行日常管理,并完善其售后服务;另一种是指专业化管理公司,经过政府批准,参与市场竞争,获取物业管理的权利。

这类物业服务企业只拥有物业的管理权,而没有产权,仅仅是按合同或契约进行法制化、规范化管理。其职能一是对房屋及其附属设备设施的维护修缮,二是对小区绿化、治安、消防、环境卫生等提供管理服务。同时物业服务企业有权按照政府有关规定标准或管理协议规定收取一定的管理服务费。此种物业以居住物业为主。

(2) 自主经营型

自主经营型物业管理是房地产开发企业建成物业后并不出售或出租,而是交由下属的物业管理部门进行出租或出售以及售后管理服务。这种类型的物业服务企业不仅拥有经营管理权,而且还拥有产权;自主经营型物业管理不仅具有维护性的管理职能,更主要的是为所管物业创造出一个良好的物业使用环境。此种物业管理以商业物业为主。

### 13.1.4 物业管理的基本内容

物业管理的基本内容按其服务性质和提供方式可分为:常规性的公共服务、针对性的专项服务和委托性的特约服务三大类。

1) 常规性的公共服务

公共服务是指物业管理中的基本管理工作,是物业管理企业面向所有住用人提供的最基本的管理和服务。公共服务的目的是确保物业的完好与正常,保证正常的生活和工作秩序,净化、美化生活环境。一般在物业服务委托合同中有明确规定,住用人享受这些服务时不需事先提出或者做出某种约定。公共服务一般有以下几项:

(1) 房屋建筑物主体的管理,具体包括:

① 房屋基本情况的掌握,如房屋的数量、建筑形式、产权情况、完好程度、使用情况等。

② 房屋修缮及其管理。
③ 房屋装修管理。
（2）房屋设备、设施的管理，具体包括：
① 各类设备、设施基本情况的掌握。
② 各类设备、设施的日常运营、保养、维修和更新的管理。
（3）环境卫生的管理
这是为净化物业环境而进行的管理与服务工作。包括楼宇内外的日常清扫保洁、垃圾清除外运等工作。
（4）绿化管理
这是为美化物业环境而进行的管理与服务工作。主要包括园林绿地的营造与保养、物业整体环境的美化等。
（5）治安管理
这是为维护物业区域正常的工作、生活秩序而进行的一项专门性的管理与服务工作。包括楼宇内外的安全、保卫、警戒等工作，以及对各种突发事件的预防与处理，还可延伸为排除各种干扰，保持物业区域的安静。
（6）消防管理
这是为维护物业区域正常的工作和生活秩序而进行的一项专门性的管理与服务工作。包括火灾的预防及发生火灾时的救护与处理。
（7）车辆道路管理
为维护物业区域正常的工作和生活秩序而进行的一项专门性的管理与服务工作。包括车辆的管理、道路的管理、交通秩序的维护等。
（8）公众代办性质的服务
公众代办性质的服务是指物业管理公司为业主和住用人代缴水费、电费、煤气费、有线电视费、电话费等一些公共事业性的费用。
2）针对性的专项服务
专项服务一般具有一定的针对性，它是指物业管理公司为改善和提高住用人的工作和生活条件，面向广大的住用人，为满足其中一些住户、群体和单位的一定需要而提供的各项服务工作。专项服务的特点就是物业管理公司事先设立服务项目，并将服务内容与质量、收费标准公布出来，当住用人需要某种服务时就可以任意选择。专项服务实质上是一种代理业务，为住用人提供工作和生活方便。专项服务是物业服务企业开展多种经营的主渠道，一般包括以下几大类：
（1）日常生活类
① 衣着方面：如为住用人收、洗、熨烫、缝补衣服等。
② 饮食方面：如为住用人代购食品、粮食、燃料、副食品及日常用品等。

③ 居住方面:如为住户打扫室内卫生、室内装修、搬家等。
④ 出行方面:如代购代订车船票、飞机票、接送小孩上学、入托、接送病人看病等。

(2) 商业服务类

商业服务是指物业管理企业为开展经营活动而提供的各种商业服务项目。如开办小型商场、饭店、理发店、修理店等;安装、维护和修理各种家用电器等。

(3) 文化、教育、卫生、体育类

是指物业管理企业在文化、教育、卫生、体育几个方面开展各项服务活动。具体包括:
① 文化:如开办图书室、录像厅、茶道、美容的学习班等;
② 教育:如开办托儿所、幼儿园、假期学生托管班等;
③ 卫生:设立卫生所,提供家庭病床服务,给小孩疫苗接种,给老年慢性病保健等。
④ 体育:如开办各种健身场所,举办小型体育活动和比赛等。

(4) 金融服务类

如代办各种财产保险,人寿保险等业务,开办信用社等。

(5) 经纪代理中介服务

经纪代理服务是指物业管理企业拓展的物业代理和中介服务及其他一些中介服务,如受业主委托,代业主对物业进行市场推广,替业主将物业出租等。其他的代理如:代请家教、代请保姆、代理广告等。当物业管理企业开展此项服务时,应到政府主管部门申报取得经济代理、中介服务的许可证。

(6) 社会福利类

是指物业管理企业提供的带有社会福利性质的各项服务工作,如照顾孤寡老人、拥军优属等。这类服务一般以低价或无偿的方式提供。

3) 委托性的特约服务

特约服务是指为了满足物业产权人、使用人的个别需求而受其委托所提供的服务。因为这类服务是个别需求,所以通常在物业服务委托合同中不会作约定,而物业管理企业在专项服务中也未设立,只是在产权人、使用人提出这方面的要求后,物业管理企业根据自身的能力状况和业务量状况,尽量满足其要求,为其提供特约服务。

上述三类服务中,第一类是最基本的工作,是物业管理企业必须做好的工作。同时根据自身的能力和住用人的需求,确定第二、三类中的具体服务项目和内容,采取灵活多样的经营机制和服务方式,以人为核心做好各项物业管理的服务工作,并不断拓展其广度和深度。

### 13.1.5 物业管理的基本环节

不管是什么管理工作,都是由一系列基本工作环节构成,物业管理工作也一样是由一系列基本工作环节所组成。这些基本环节包括:物业管理的策划阶段、物业管理的前期准备阶段、物业管理的启动阶段、物业管理的日常运作阶段。

1) 物业管理的策划阶段

物业管理的策划阶段包括物业管理的早期介入、制定物业管理方案、选聘或组建物业管理企业三个基本环节。

(1) 物业管理的早期介入

物业管理的早期介入是指物业管理企业在接管物业之前的各个阶段(项目决策、可行性研究、规划设计、施工建设等)就参与介入,从物业管理的角度,对物业的各个方面,提出建设性的意见和建议,为后期物业投入使用后的物业管理创造条件(由主要技术人员参与即可)。

(2) 制定物业管理方案(由开发商制定,开发商也可以委托物业管理企业制定)

物业管理部门或企业在早期介入的同时,就应着手制定物业管理方案以增加接受物业管理委托的机会。物业管理方案主要包括以下三方面内容:确定管理档次、确定服务标准、财务收支预算。

(3) 选聘或组建物业管理企业

物业管理方案制订并经审批后,就应根据方案着手选聘或组建物业管理企业。

上述三个环节均由房地产开发商进行操作。

2) 物业管理的前期准备阶段

物业管理的前期准备阶段包括物业管理企业的内部机构设置和拟定人员编制、物业管理人员的选聘与培训、规章制度的制定、物业租售的介入四个基本环节。

3) 物业管理的启动阶段

物业管理的全面正式启动是以物业的接管验收为标志的。该阶段主要包括物业的接管验收、用户入住、产权备案和档案资料的建立、首次业主大会的召开与业主委员会的正式成立四个基本环节。

(1) 物业的接管验收。物业的接管验收包括新建物业的接管验收和原有物业的接管验收。

(2) 用户入住。用户入住时,首先要与物业管理企业签订《前期物业管理服务协议》。物业管理企业在该阶段主要做好下列工作:

① 通过宣传,使用户了解和配合物业管理工作。

② 配合用户搬迁。

③ 加强对用户装修的管理。

(3) 产权备案和档案资料的建立
① 产权备案。
② 档案资料的建立,包括业主或租住户的资料和物业的资料。
(4) 首次业主大会的召开和业主委员会的正式成立
当用户入住达到一定比例后,在政府主管部门指导下召开首次业主大会,制定和通过业主公约,选举产生业主委员会。至此,物业管理工作转入日常运作阶段。

4) 物业管理的日常运作阶段
物业管理的日常运作是物业管理最主要的工作内容,包括日常的综合服务与管理和系统的协调两个基本环节。
(1) 日常综合服务与管理
日常综合服务与管理是指业主大会选聘新的物业管理企业并签订《物业服务合同》后,物业管理企业在实施物业管理中所做的各项工作。
(2) 系统的协调
物业管理社会化、专业化、市场化的特征,决定了其具有特定的复杂的系统内部、外部环境条件。系统内部环境条件主要是物业管理企业与业主、业主大会、业主委员会的相互关系以及业主之间相互关系的协调;系统外部环境条件就是与相关部门及单位相互关系的协调。例如,供水、供电、居委会、通讯、环卫、房管、城管等有关部门,涉及面相当广泛。

### 13.1.6 物业管理的缺陷

目前,专业化、社会化、市场化的物业管理体制与模式,已成为我国城市房屋管理的基本体制和主流模式。然而,物业管理在走向普及过程中,暴露出的矛盾与问题也日益突出。

1) 物业管理专业化程度不高
我国物业管理起步较晚,仍属于劳动密集型行业,随着管理规模的扩大,服务人员也越来越多,但是高素质的人才严重缺乏,突出表现在:一是传统的继承性房产管理人才多,新的创新型物业管理人才少;二是单功能人才多,多功能人才少,即能胜任单一普通岗位工作的人才多,能胜任多个岗位工作的复合型人才少;三是初级管理人才多,高级管理人才少,特别是能担任部门经理以上职务的人才更少。这种专业人才严重不足的局面,已经影响物业管理的行业水平和发展。

2) 物业管理服务不到位,矛盾突出
主要体现在:第一,管理人员素质偏低,管理服务不到位。一些物业管理企业忽视企业人员的自身建设,管理水平不高,服务质量不好,甚至摆不正服务与被服务的关系,给业主带来不便,引发了不少矛盾。第二,物业管理服务收费标准不统一,缺乏透明度。物业管理服务收费涉及产权人、使用人切身利益,是居民最敏感的话题。

3) 建管脱节,后续问题严重

目前,小区的投资建设与物业管理脱节,没有从物业的生产、流通与消费的全过程来通盘设计和全方位运作,导致设计不合理、配套不完善、工程质量低劣、验收接管走过场、遗留问题责任不清。有相当比例的住宅小区,在物业管理中所反映出来的质量问题,多数是承接验收中的遗留问题,而且这些问题长期以来得不到圆满解决。有着法定责任的建设单位和处在服务一线的物业管理企业形成了一个矛盾"怪圈":发生质量问题—业主报修—物管企业填写维修单转交建设单位—建设单位通知工程项目部—项目部通知施工单位—施工单位多以追讨施工款或以其他因由而拖延—问题得不到解决—物管企业催促施工单位—施工单位不听命于物管企业—业主着急,开始声讨物管企业—物管企业又开始新一轮的报修。这种在管理合作上的工作脱节,最终导致业主反目,物业管理企业失信,物业管理工作处于被动局面。

## 13.1.7 物业管理的延伸与超越——设施管理

在全球一体化的营运环境下,市场出现日渐复杂的需求,单纯的物业管理已不足以应付,问题与矛盾日益突出,在这样的情形下,设施管理应运而生。相对于物业管理,设施管理表达了一种新的发展的理念,即对于大型建筑物及建筑群的管理,要求采用一种全面的、综合的成本观念和效益观念,从而达到设施寿命周期经营费用与使用效率的最优结合。其优越性主要体现在管理目的、管理层次、管理阶段、管理手段上。

1) 管理目的

物业管理是通过对客户生产经营现场的管理,以维持设施设备的正常运行,具体体现就是对现场的整顿、整理、清扫、清洁、维护和安全等。而设施管理是从客户的需求出发,对企业所有非核心业务进行总体性策划,以达到降低运营成本、提高收益的目的,最终实现提升客户营运能力的目标,具有很强的战略性。

2) 管理层次

物业管理的主要工作内容为物业服务,项目包括:警卫保全、清洁劳务及设备设施类如电力、空调、升降机、给排水、安全系统等维护、修理、保养等三大类工作,处于被动、从属的管理地位,这也导致物业管理行业始终徘徊在低端。设施管理着眼于组织战略层次,从物业的成本分析、空间规划、标准制定、能源审核、风险许诺和发展策略等方面为投资者提供专业化、精细化的服务,强调设施应满足组织实现战略目标的需求,能够主动适应组织的变化并做出相应调整。

3) 管理阶段

物业管理的对象是已建成的建筑物或者建筑群，它是对物业"现状"所进行的管理和维护。而设施管理关注的是建筑物或者建筑群的整个生命周期，提供策略性的长期规划，贯穿到物业或设施的可行性研究、设计、建造、维修及运营管理的全过程之中。

4) 管理手段

物业管理的活动，如保安、保洁、设施设备的维护，以及能源控制、费用收取等，都是通过工作人员的现场作业完成的，属于劳动密集型产业，技术含量比较低。而设施管理基于信息化技术，运用科学的方法对客户的业务流程进行研究分析，寻找控制重点并进行有效的优化、重组和控制，在降低成本提高效率的同时，实现质量、成本、进度、服务总体最优的精细化管理目标，属于知识密集型产业。

总之，设施管理与物业管理相比较而言，更加具有战略层次的特点和动态发展的全局理念，在保证对物业保值增值的基础上，还可为企事业机构的社会利益、经济利益、生态利益作贡献。设施管理不再纠葛于物业管理的业委会、物业公约、基础范畴等固化模式，而是采用多元模式发展，围绕产权人的需求，以设施为原点，市场和时间为坐标去设计不同的管理模式发展，最终实现空间流程的最佳组织和物业设施价值曲线的合理化。对特殊功能物业，如医院、政府办公大楼、教育物业、机场、工厂等使用设施管理使其更优化，它注重并坚持高新科技的应用，在降低成本、提升效率的同时，保证了管理与技术数据分析处理的准确，进一步促进科学决策。

因此，设施管理是传统物业管理发展的必然结果，设施管理是由物业管理的持续深化发展而从其内部产生的、超越传统物业管理的新层次。

## 13.2 设施管理的基本理论

设施管理(Facility Management，简称 FM)是一门相当新的交叉性学科，它综合了管理科学、建筑科学、行为科学和工程技术的基本原理。设施管理概念的产生是物业管理理念的延伸。国外在 20 世纪 80 年代末 90 年代初将其从传统的物业管理范围内脱离出来，并逐渐发展成为独立的新兴行业，称之为设施管理。近年来，西方发达国家设施管理发展迅速，协助大量的私人机构、教育学府及政府部门更有效地管理旗下的物业设施和非核心业务。

### 13.2.1 设施管理的形成与含义

1) 设施管理的发展背景及过程

设施管理作为专有名词被相对广泛使用的历史可以追溯到 20 世纪 80 年代前

后。1978年12月,赫尔曼·米勒研究公司(Herman Miller Research Corp.)在密歇根州的安·阿波(Ann Arbor,Mich.)举办了"设施对生产力的影响"会议,设施管理协会由此成立。1980年5月,乔治·格雷夫斯(George Graves)在休斯敦(Houston)成立了国家设施管理协会(National Facility Management Association,简称NFMA)。20世纪80年代末90年代初,设施管理开始从传统物业管理中脱离出来,并逐渐发展成为独立的新兴行业。此后,相继出现了一些名为设施管理的专业管理机构或公司,产生了本国的设施管理专业协会,并于1989年共同发起成立了新的国际性专业组织——国际设施管理协会(International Facility Management Association,简称IFMA)。近年来,国外大多设施管理公司既提供综合的、集成的服务,又提供单一的、专业化的服务,大量的私人机构、教育学府及政府部门引入专业设施管理公司,更有效地管理旗下的物业设施及非核心业务,并取得了成功。

在我国,1992年国际设施管理协会在香港设立分部[IFMA(HK Chapter)],2000年又成立了香港设施管理学会(HKIFM);2001年清华大学房地产研究所翻译的《设施管理手册——超越物业管理》出版;自2003年3月开始,香港设施管理学会先后在广州、上海、北京等大城市主办了各种类型的设施管理研讨会。2004年8月,国际设施管理协会派出三位最高级别的官员出席在北京召开的"医院设施管理"研讨会,并颁发了中国内地第一张"会员资格证"。自此设施管理正式在中国内地登陆。设施管理的发展过程如图13-1所示。

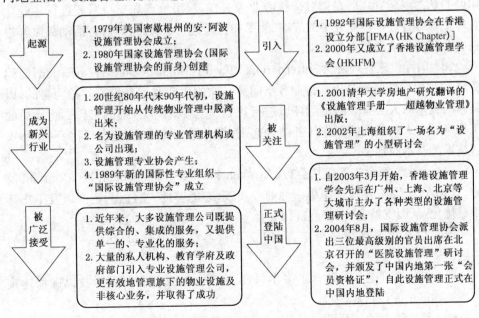

图13-1 国外以及我国设施管理的发展过程

这些会议和研讨会的召开标志着设施管理真正进入了中国的同时,也极大促进了设施管理理念在中国的传播,让大量的专家学者、从业人员以及政府官员认识到设施管理的意义和重要性,并在学术界掀起了研究设施管理和物业管理区别与联系的浪潮,为设施管理在我国的普及推广提供了理论基础,促进了设施管理的发展。

设施管理虽然在中国内地发展较晚,但是设施管理的实践和运作从20世纪90年代就已经开始了。随着大量的外资企事业机构以及相应的国外专业设施管理公司进入中国,有相当一部分的外资公司将本公司的全部设施管理业务或部分设施管理业务外包给专业的设施管理公司进行管理。例如仲量联行为花旗、微软等公司提供全方位的设施管理服务。2008年北京奥运会、2010年上海世博会的举办都有大量现代化的大型体育、商业以及公共设施,专业的、高水平的设施管理服务在其中发挥了重大的作用。

2) 设施管理的定义

目前国际上对于设施管理的定义尚未形成统一的共识,主要有以下几种定义:

(1) 香港设施管理学会(HKIFM)认为设施管理是一个组织将其人力、运作及资产整合,去完成其策略性目标的过程。同时设施管理也是一门科学和艺术相结合的专业,旨在有效地管理这整合的过程,在日常运作以至策略性的层面,促进机构的竞争力。

(2) 英国设施管理协会(Britain Institute of Facility Management,简称BIFM)认为设施管理就是像对待核心业务一样,对房地产和支持服务进行专业化管理。设施管理牵涉业务中的战略、战术和营运这三个层面,其所有活动都以客户核心业务的需求和要求为基础。

(3) 国际设施管理协会(International Facility Management Association,简称IFMA)提出设施管理是以保持业务空间高品质的生活和提高投资效益为目的,以最新的技术对人类有效的生活环境进行规划、整备和维护管理的工作。将物质的工作场所与人和机构的工作任务结合起来,综合了工商管理、建筑、行为科学和工程技术的基本原理。

(4) 澳大利亚设施管理协会(Australian Facility Management Association,简称AFMA)将设施管理看作是一种商业实践,它能够使人、过程、资产以及工作环境最优化,从而支持企业的商业目标。

虽然设施管理存在多个定义,但是在这些定义中都包含以下几点共同的主题:

(1) 设施管理是一种包含了多学科,综合人、地方、过程以及科技以确保建筑物环境功能的专门行业。

(2) 设施管理的工作范围不限于商业办公楼,它也包括政府、医药、教育、工业、娱乐等的工作场所以及住宅,各个组织机构都可以采用设施管理。

(3) 设施管理目的在于保持业务空间高品质的生活、工作环境和提高投资效益。设施管理以最新的技术对生活、工作环境进行规划、整合和维护管理,将人们的工作场所和工作任务有机地结合。通过简化企业的日常运营流程,协助客户最大幅度降低运营成本和提高运营效益。

(4) 设施管理致力于提供全面的一站式服务,为客户管理房地产、设施及其他非核心业务,以实现既定的业务计划和策略性的发展目标。

(5) 设施管理在实践中需要用整体的方法。就是说,设施管理在关注工作场所的同时,为了提升工作场所的综合效率,需要采用整体的方法。

3) 设施管理的目的

设施管理的主要目的首先是通过制定和执行设施管理计划,利用先进的技术以及专业的设施管理经验,创造安全、环保、健康的业务空间,满足设施使用者对于高品质空间的需求。其次,设施管理者通过预测设施资金需求计划,合理配置有限的费用,发挥最大的效益,进而降低设施全寿命周期运行的成本。最后,支持组织战略和核心业务发展是设施管理的宗旨。近几年,越来越多的组织高层管理者意识到设施管理对于支持组织战略和核心业务发展的意义和重要性,设施管理者也越来越多地参与到组织战略决策制定过程,为组织制定发展战略提供设施管理方面的支持,同时也有利于设施管理者根据组织发展战略制定合适的设施管理战略计划,以促进组织战略和核心业务的发展。

4) 设施管理的特点

作为一个新兴行业,设施管理有其自身的特点。归纳起来,主要有六点,即:专业化、精细化、集约化、智能化、信息化、定制化。

(1) 专业化

设施管理提供策略性规划、财务与预算管理、不动产管理、空间规划及管理、设施设备的维护和修护、能源管理等多方面内容,需要专业的知识和管理,有大量专业人才参与。另外,化工、制药、电子技术等不同的行业和领域,对水、电、气、热等基础设施以及公共服务设施的要求不同,所涉及的设施设备也不同,需要实行专业化服务。

(2) 精细化

设施管理以信息化技术为依托,以业务规范化为基础,以精细化流程控制为手段,运用科学的方法对客户的业务流程进行研究分析,寻找控制重点并进行有效的优化、重组和控制,实现质量、成本、进度、服务总体最优的精细化管理目标。

(3) 集约化

设施管理致力于资源能源的集约利用,通过流程优化、空间规划、能源管理等服务对客户的资源能源实现集约化的经营和管理,以降低客户的运营成本、提高收益,最终实现提高客户营运能力的目标。

(4) 智能化

设施管理充分利用现代 4C 技术。4C 是 CAD、CAE、CAPP/CAM 的简称,"/"有集成之意。4 个 C 构成一个系统,故称 4C 系统集成。当今流行的实际应用软件中,中端的多为 2C 集成,高端的则为 3C 集成或 4C 集成。通过高效的传输网络,实现智能化服务与管理。设施管理智能化的具体体现是智能家居、智能办公、智能安防系统、智能能源管理系统、智能物业管理维护系统、智能信息服务系统等。

(5) 信息化

设施管理以信息化为基础和平台,坚持与高新技术应用同步发展,大量采用信息化技术与手段,实现业务操作信息化。在降低成本提升效率的同时,信息化保证了管理与技术数据分析处理的准确,有利于科学决策。

(6) 定制化

每个公司都是不同的,专业的设施管理提供商根据客户的业务流程、工作模式、经营目标,以及存在的问题和需求,为客户量身定做设施管理方案,合理组织空间流程,提高物业价值,最终实现客户的经营目标。

### 13.2.2 设施管理的服务对象和业务范畴

1) 服务对象

设施管理涉及人类有效的生活环境,包括对不动产、土地、建筑物、设备、房间、家具、备品、环境系统、服务、信息物品、预算和能源等设施的管理。具体来说主要包括以下几个方面:

(1) 城市公用设施

医院、学校、体育场馆、博物馆、会展中心、机场、火车站、公园等。

(2) 工业设施

工厂、工业园区、科技园区、保税区、物流港等。

(3) 商业设施

写字楼、商场、酒店、高尔夫球场等。

2) 业务范畴

设施管理涉及范畴广,国际设施管理协会提出设施管理的业务范畴主要包括八方面:

① 策略性规划(包括长期的战略性规划和短期的日常执行性规划)。

② 资金需求计划与财务管理。

③ 不动产管理和处置。

④ 内部空间规划、空间标准及空间管理。

⑤ 新建或改建项目的建筑规划和设计。
⑥ 新建或改建项目的建设工作。
⑦ 设施的日常运行和维护。
⑧ 保安、通讯及行政服务。

除此之外,设施管理的业务还包括能源管理、支援服务、高技术运用及质量管理等。

尽管设施管理的业务范畴比较广泛,但这些业务都是围绕着两个中心内容展开的:其一,通过对建筑设施的管理,延长设备设施的使用年限,确保其功能的正常发挥,节约能源,降低成本及运行费用;其二,应用各种高新技术,向客户提供各种高效增值服务,使客户工作更加合理化和简洁化,生活更方便和舒适。针对不同类型的物业,设施管理内容的侧重点也有所不同。

### 13.2.3 设施管理的全生命周期理论

1) 设施管理的生命周期

设施从诞生到报废的整个期间称为设施的生命周期,如图13-2所示。其大体上可划分为规划、获取、运营维护和评估后安置四个阶段,每阶段又有多项细分的工作。各种设施的生命周期只是在规模和复杂性上有一些差异。

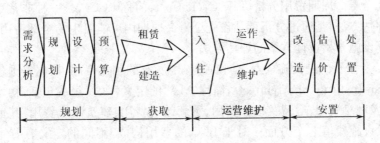

图13-2 设施管理生命周期

2) 全生命周期内的设施管理任务

具体的在生命周期各主要阶段,设施管理任务如下所述:

(1) 立项决策阶段

在项目的立项决策、可行性研究阶段,设施管理的主要任务包括项目的市场定位,潜在客户的构成和消费水平分析,周围商业服务网点、交通情况分析等,以减少项目决策的盲目性和主观随意性。

(2) 规划设计阶段

首先,设施方面,如建筑空间的总体布局、周围环境绿化、工作场所与配套设施、房型功能构想与匹配比例、水电暖通管道走向等,以及所选建材是否防漏、抗腐蚀,设施设备是否经久耐用,便于维修、更换,成本是否合理等方面进行设计管理。其次,日常管理方面,如中央监控室、设备层、管理用房、门卫设置、人员通道、车辆进出与停放、安全通道、隔离围墙、自控防盗报警系统、垃圾堆放、建筑外立面附属物(如空调室外机、雨篷、脱排烟道、晾衣架等)的预留位置,以及阳台、窗户的安全设计等。还有服务方面,如健身房、阅览室等的设置布局等。

(3) 建筑施工阶段

此阶段,设施管理主要是协助现场施工,熟悉管道线路的铺设走向,参与机电设备的安装调试,发现问题及时与施工方、建设方共同协商,落实整改方案。

(4) 日常运营和维护

日常运营和维护主要涉及清洁、运行管理、设备维护等,设施管理者通常会将某些任务外包出去由专业的承包商提供服务,自身主要负责外包商选择和外包服务质量控制工作。

(5) 资产处置阶段

资产处置和管理的主要对象是企业所拥有或租赁的所有房产和设施;主要处置和管理方式是租赁、出租、出售、购买以及自建、改造;主要目的是通过选择最优化的房产处置方式在满足组织业务发展需要的同时创造最大的经济效益。

3) 设施全寿命周期费用分析法(LCC)

设施全寿命周期费用分析(Life Cycle Cost,简称LCC),是一种非常重要的经济风险评估方法,是通过分析评估设施全寿命周期内可能发生的全部费用,从而评价和选择设施初始设计方案的评估方法。

LCC所涉及的是设施全寿命周期过程中所有的相关费用,根据美国建筑学会(American Institute of Architects,简称AIA)的定义,LCC组成包括:初始建造费用、保险及利息费用、运营及维护费用、翻新改造费用、建筑修缮费用、其他功能性费用以及设施残值七个方面。对于LCC的费用构成,不同的定义有着不同的认识,但差异也主要在于各费用所包括范围的区别,实质上也都包括了LCC所涉及的全部费用。

设施管理者在实际项目操作过程中需要根据实际的LCC评价分析的目的,来考虑是否需要全面的获得LCC过程所涉及的所有费用。一般分为以下两种情况:

(1) 当LCC评价的目的是确定某一种方案是否可行时,设施管理者就需要全面的分析和评估所有七个方面的费用状况;

(2) 当LCC评价的目的是为了在多个方案中进行比较时,设施管理者可以不需要考虑那些方案中费用大致相同的部分,以简化LCC评价过程,降低成本。

目前对于LCC评价方法的运算公式的定义有很多种,但大体上都没有实质上的区别,根据美国材料测量学会(American Society for Testing and Materials,简称ASTM)的定义:

$$LCC = C + R - S + A + M + E$$

式中:LCC——全寿命周期费用;
　　　$C$——初始建造费用;
　　　$R$——翻新改造费用;
　　　$S$——残值;
　　　$A$——年度设施运营、维护以及修缮费用(不包括能耗费);
　　　$M$——其他非年度的设施运营、维护以及修缮费用(不包括能耗费);
　　　$E$——能耗费。

具体 LCC 经济评价方法与工程经济分析方法相似,可以有多种主要方法:现值法、年金法、内部收益率法等,具体的设施项目在进行 LCC 经济评价分析时,需要结合各项具体情况,选用适用的方法,但在国外设施项目中现值法应用比较广泛。

LCC 经济评价方法虽然存在某些假定的因数,寿命周期年限、年利率以及设施各阶段的费用可能都会存在较大的偏差,但是它对于设施管理者来说有着重要的意义。通过 LCC 经济评价方法,设施管理者可以在前期选择最优的设计方案、建造材料的使用、项目融资方案、长期费用控制以及设施表现评价体系,获得最优的全寿命周期费用。

目前我国建设项目的决策者在选择项目设计方案时,一般考虑的都是直接的建造成本,很少涉及全寿命周期中的运行维护费用,造成大多数项目虽然建造成本比较低,但是后期运行维护费用高昂,全寿命周期成本很高。诸如一些高档写字楼,由于在设计上通常考虑的是时尚、美观以及建造费用低,忽视了节能技术的应用,造成后期运行能耗巨大。

## 13.3　设施管理的实施过程

### 13.3.1　设施管理的实施部门

在我国内地绝大多数机构的组织结构中,往往没有直接命名为"设施管理部"之类的部门,在出现类似名称的机构中,该部门也不是负责所有的设施管理业务。各类机构的设施管理业务相关部门如表 13-1 所示。

表 13-1　各类机构的设施管理业务相关部门

| 机 构 类 型 | 从事设施管理的相关部门名称 |
| --- | --- |
| 服务性机构 | 营建设施部、物业管理部、行政办公室、工程管理部、资产管理处、信息科技部、采购部、业务部、保洁部、开发部、网点行政部、管理部、人事科等 |
| 工业生产机构 | 行政办公室、维修部、项目管理部、资产管理处、后勤保障服务中心、施工机械部、社会工作部、生产部、安装部、技术中心、项目管理部等 |
| 非盈利性机构 | 基建处、项目发展部、后勤保障中心、生产部、行政办公室、新校区建设办公室、后勤处、资产设备处、后勤集团、人事科、信息科、财务科、行政后勤科、房产科 |

从各类机构的部门设置可见,设施管理某些职责通常被委托或分配给几个相关工作部门。例如,设施购置的职责分配给基建、采购、后勤等部门;不动产管理经常属于资产管理、生产科、房产科、行政办公室等部门的职权范围;安全保卫工作通常外包给保安公司;电信本身成为非常先进和复杂的专业,通常由类似信息科技部、信息科的独立部门负责。同时,设施管理的工作情况和成效也需要通过多渠道中的一个或几个环节所反映,如资产管理部门、项目管理部门、财务管理部门、行政管理部门、人事管理部门等。因此,在设施管理的过程中,各部门的配合须十分密切,才能保证设施管理的总体性、综合性。

## 13.3.2 设施管理的实施模式

目前对于设施管理的实施模式主要是从设施管理服务提供商的角度进行分类的,具体有以下三种情况:企业内部提供模式(设施管理部门提供整套综合设施管理服务)、外包模式(设施管理部门和单个/多个设施管理服务提供商)和子公司模式(内部设施管理子公司提供管理服务)。

1) 企业内部提供模式

这种模式是指企业内部设置设施经理和设施管理部门,负责设施管理业务。企业所需的全套设施管理综合服务都由内部提供。这是一种内部化的解决方案,适合规模较小的企业,具体结构如图 13-3 所示。

2) 外包模式

这种模式是指将设施管理服务外包出去,追求高端的服务质量和效果。其中设施管理部门和多个设施管理服务提供商的模式对于设施管理部门的管理和控制水平提出很高的要求。这是因为,一方面服务外包给管理控制带来难度,另一方面设施管理的服务之间有交叉(图 13-3),如果选择外包给多个设施管理服务提供商,就要求不同供应商之间有较高的协调性,需要设施管理部门特别关注。具体结构如图 13-4 所示。

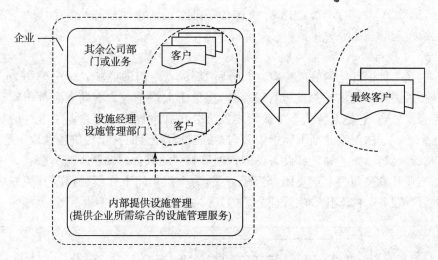

图 13-3 企业内部提供模式

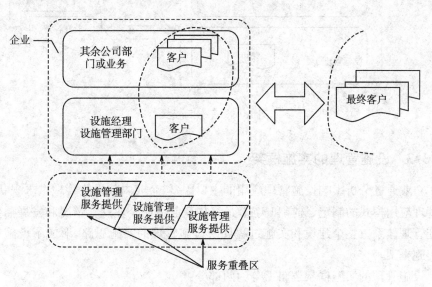

图 13-4 外包模式

传统外包理论多以制造业务的外包、IT 业务的外包、物流业务的外包为主,但很少会想到与企业、学校、大学、医院等企事业单位日常工作及其经济效益、社会效益密切相关的支持服务的外包。随着设施管理理论的不断完善,设施管理外包正在成为外包理论新的发展方向。

设施管理在国外被广泛接受,原因之一就是业务外包模式的采用。企业采用业务外包模式,可以充分利用外部资源,最大可能地提高效率、降低成本,通过集中关注核心业务来提高竞争力。根据美国管理协会（American Management Association，简称 AMA）的调查，大部分美国公司都将设施管理相关业务全部或者部分外包给设施管理服务提供商。

3）子公司模式

这是一种内部化的解决方案，由企业内部成立专门的设施管理子公司为企业客户及最终客户提供相关设施管理服务，多见于大型企业。例如上海汽车索迪斯服务有限公司，它是上海汽车工业开发发展公司和世界500强企业中唯一的后勤服务企业——法国索迪斯下属中国公司，共同投资经营的一家提供餐饮服务、清洗保洁、厂区保安、园艺绿化和设备设施管理等服务的综合后勤管理服务公司。上海汽车工业开发公司为上汽集团全资子公司，为上汽集团下属子公司及其关联公司提供后勤服务。内部化设施管理公司的具体结构如图 13-5 所示。

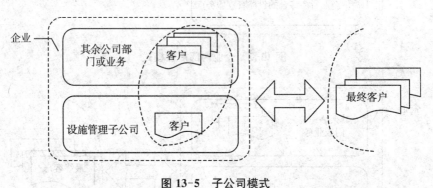

图 13-5 子公司模式

### 13.3.3 设施管理的实施框架

企业通过分析影响设施管理应用的主要因素，企业内部设施管理供求现状，设施管理应用模式的制定、选择和实施，最终构建起适应企业现实情况和发展需要的设施管理体系。整个建设和实施过程反映设施管理的实施思路，形成了设施管理的实施框架。

设施管理的实施框架逻辑上分为两部分：

1）设施管理实施的前期分析阶段

这包括影响设施管理实施的主要因素分析和企业内部设施管理供求现状分析。该阶段主要研究影响企业设施管理实施的主要因素，以及分析企业内部设施管理供求情况。通过这些分析对企业的设施管理状况进行了解，掌握企业的设施管理缺口，从而为企业建立设施管理提供依据。

2）设施管理应用模式的选择与实施阶段

包括设施管理模式的选择、实施、评估和修正。该阶段主要是在前期分析的基础上,针对企业的现实情况和企业自身特点,对具体的设施管理应用模式进行选择和实施,并且根据实施的具体情况对模式进行评估和修正。设施管理的实施框架具体如图 13-6 所示。

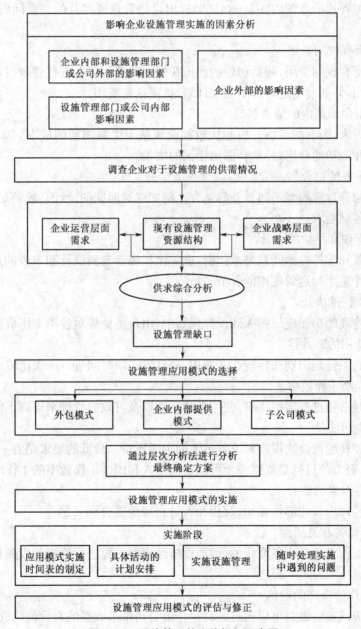

图 13-6 设施管理的实施框架示意图

### 13.3.4 设施管理的内容

1) 设施管理所涉及的主要问题

在设施管理的范围内,Cotts(1999)提出设施管理所涉及的主要问题包括以下14项:

(1) 所有权的费用

设施所有权的费用,包括初始的和正在发生的费用。在进行管理时,应该了解需要的费用,并通过制定合理的分配计划,提供这些费用。

(2) 生命周期内的成本核算

一般说来,所有的经济分析和比较都应该基于生命周期的成本。如果只考虑资本费用和最初的费用,经常会做出错误的决策。

(3) 服务的整合

优质的管理意味着不同服务的整合。例如建筑前期的设计必须满足交付使用后运作的各项要求。

(4) 运作和维护的设计

运营者和维护者即使只是承包商,也应该积极参与到设计和审查的过程中,避免造成设计施工和运营使用的脱节。

(5) 责任的委托

设施管理的功能应该归入到预算规划中,由设施经理对各项工作负责。

(6) 费用的时效性

问题的关键是识别和比较这些费用,并且隔一段时间进行一次比较。

(7) 提高工作效率

应该时常通过特定的比较、使用者的反馈以及有效的管理来提高工作效率。

(8) 生活质量

设施经理应该设法提高和改善员工的生活质量。最低的要求是有一处安全的工作场所,努力的目标是提供一个可以提高个人和团体工作效率的工作环境。

(9) 各因素的整合

设施经理应该能够将场所、过程和人员合理地整合到一起。

(10) 储备和灵活性

由于工作常常是不断变化的,因而设施经理有必要进行恰当的设施储备,以便灵活应用。

(11) 作为资产的设施

设施应该被看做是可以通过各种途径给公司带来收益的有价值的资产。

(12) 设施管理的商业职能

设施应该以商业的模式来运营,与公司的业务同时发展、同步规划。

(13) 设施管理是一个连续的过程

设施管理从开始计划到实施,是一个连续的过程,不是一系列分散项目的组合。

(14) 设施管理的服务

设施管理只提供了一种产品:服务。设施管理的本质希望是强调权利和顺从,同时也应该具有灵活性和服务性。质量计划是基于客户对服务的理解来制定的,成功的质量计划依赖于各层次客户的长期联系和约束。

由此可见,设施管理涉及了经济、建筑、工程技术等多门学科的知识,其对相关人员的专业知识和技能有很高的要求。

2) 设施管理的范围

国际设施管理协会(IFMA)提出设施管理的范围主要包括八个方面。它们是:策略性规划(包括长期的战略性规划和短期的日常执行性规划),资金需求计划与财务管理,不动产管理和处置,内部空间规划、空间标准及空间管理,新建或改建项目的建筑规划和设计,新建或改建项目的建设工作,设施的日常运行和维护,保安、通讯及行政服务。

(1) 策略性规划

当今社会处在飞速的变革当中,组织需要在变革当中面对种种挑战,抓住机遇,在激烈的、日益变化的市场竞争中取胜。组织中的设施管理者所需要做的就是根据公司战略发展的需要,预测组织未来的设施管理需求,制订设施管理长期发展策略,以及根据此长期发展战略制订短期操作计划,使组织的设施发展能够有力的支持核心业务的发展。

组织的计划可以划分为三种类型:长期战略计划、管理计划以及项目计划,如表 13-2 所示。

表 13-2 三种计划类型的区别

|  | 战略计划 | 管理计划 | 项目计划 |
| --- | --- | --- | --- |
| 不确定性 | 非常高 | 低于战略计划,但是随着计划周期增加而增加 | 低 |
| 复杂度 | 非常高 | 中上 | 取决于项目本身 |
| 失败的风险 | 可能导致破产 | 资产或机遇的丢失 | 短期损失 |

设施管理战略计划是设施管理者根据组织外部环境、市场竞争情况以及公司自身的发展战略,为公司长期发展提供设施管理支持服务而制定的宏观的、长期的策略性计划。

设施管理日常管理计划是根据设施管理战略计划而制定的详细的、短期的执行性计划。按照计划年限的长短可以分为长期日常计划和短期日常计划。

项目计划是针对某一个具体的设施项目制定的计划,该项目的内容通常是在日常管理业务之外独立出来的。

设施管理战略计划在层次上高于日常计划和项目计划,日常计划和项目计划是根据设施管理战略计划制定的,但这并不代表日常计划和项目计划的重要性小于设施管理战略计划。因为战略计划只是指明了宏观的方向,日常计划和项目计划是真正的落实者,通过日复一日的日常管理决策,影响和支持着公司的核心业务。如图13-7所示,决策者制定的策略性目标位于设施管理决策系统的底部,管理计划活动主要处于中部,而具体项目计划发挥着最大的效能,位于最顶部。

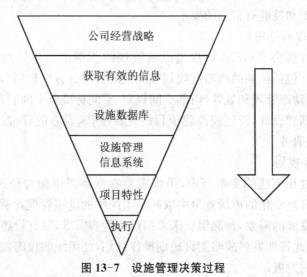

**图13-7 设施管理决策过程**

（2）资金需求计划与财务管理

资金需求计划与财物管理作为设施管理的八大功能之一,是因为其通过对组织未来各设施管理业务的资金需求预测分析,根据公司发展的战略和核心业务发展的需要,制定各设施管理业务具体的资金需求计划,以达到资金使用的最优化,发挥最大的效益。

要制订最优的设施管理资金需求计划和进行良好的财务管理,发挥公司有限的设施管理费用的最大效益,对设施管理者提出了很高的要求。意味着制订者不仅需要懂得财务管理、金融方面的知识,更了解组织各设施管理业务的特性,从而才能有针对性地制订资金需求计划并进行财务管理。

（3）不动产管理和处置

随着近年来房价和地价的不断上涨,越来越多的组织意识到内部房产的价值不仅仅存在于组织提供业务空间支持,更在于能够为组织创造经济效益。这就要求设施管理者需要通过对组织所有的不动产的合理处置和管理使其发挥最大效用,创造最大的经济价值。

房产处置和管理的主要对象是组织所拥有或租赁的所有房产,主要处置和管理方式是租赁、出租、出售、购买以及自建、改造,主要目的是通过选择最优化的房产处置方式在满足组织业务发展需要的同时创造最大的经济效益。

(4) 空间规划和空间管理

良好的设施空间规划和管理对于发挥设施的最大效用以及提高设施使用者的工作效率,有着重要的意义。设施管理者需要根据组织设施当前以及未来的发展需要,对设施空间进行合理有效的规划,提供良好的空间管理服务,为设施使用者创造良好工作环境,以提高其工作效率,与此同时发挥设施的效用,为组织创造经济价值。

设施空间规划和管理涉及的具体工作内容包括:空间规划、室内装修标准制定、家具布置标准、空间规划和场所设置、空间重置以及搬迁管理、人体工学及健康措施的应用、设施管理信息系统的应用等。

空间管理的任务主要包括:

① 建立空间使用标准。
② 制定根据行业规范或自身标准检查标准。
③ 分析评估保证空间使用的有效性。
④ 根据空间使用规划分配空间以达到降低费用、提高效率的目的。
⑤ 及时更新通讯技术。
⑥ 合理规划配置,最大限度降低空间浪费。
⑦ 及时更新空间装修及设备标准。
⑧ 使空间管理各项指标符合政府标准。
⑨ 提高空间环境质量。
⑩ 计算机辅助空间设计。

设施管理者在进行空间规划时所考虑的主要是以下几个方面的因素:

① 每一处位置的功能要求:任务要求;空间使用面积要求;设备和技术要求,包括尺寸、安装方式、电力通讯要求、空调出风口、隔声要求、布线安排、空调机组等特殊设备要求等;储物空间要求;结构布置;照明;出入口;会议室要求等。
② 组织文化。
③ 办公空间布置类型。
④ 行业或特殊规范标准。

良好的空间规划不仅仅能为设施使用者提供便利的、高品质的业务空间,还可以使有限的空间获得最优化的配置,最大限度地提高空间的使用面积,减少空间的使用死角,从而为组织带来最佳的空间使用效益。

设施管理信息系统。目前设施管理信息系统已经能够整合所有设施管理工作,为设施管理相关部门提供统一的设施管理计算机集成平台,从而使设施管理者能够高效、快速地控制和管理组织的设施。图13-8所示的是设施管理信息系统构

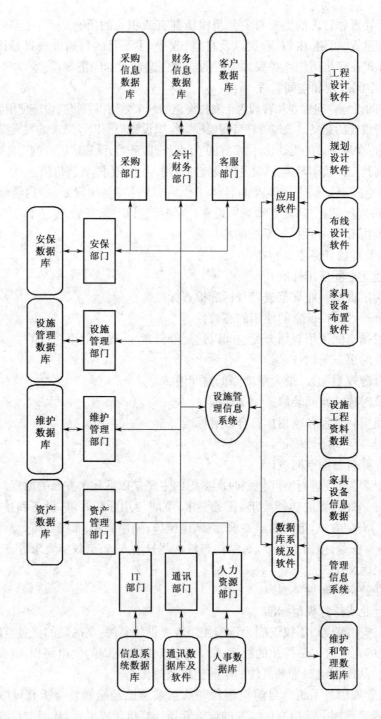

图 13-8 设施管理信息系统

成图,设施管理信息系统集成了组织内所有与设施管理相关业务的部门数据,相关业务部门都可以共享和控制组织内的数据信息,从而实现各部门之间能够快速获取所需的数据,来支持自身的业务活动。

(5) 管理新建和改建工程的设计和建造

设施管理者承担着组织内部工程项目的改建和新建工作,需要在预定的工期、成本范围内高质量地完成符合组织发展要求的工程项目建设工作。

设施管理者要完成的工作内容包括:组织设施需求评估分析、设施建设项目设计建造标准制定、设计团队及承包商团队选择、建设管理等工作,要求设施管理者需具备丰富的工程项目建设方面的知识。

(6) 物业日常管理和维护

设施管理的物业日常管理和维护的工作内容同我们所熟知的物业管理相似,主要涉及设施的清洁、运行管理、设施维护等工作,但不同之处在于设施管理者主要是从事此项功能的管理工作,通常会将此项任务外包出去由专业的承包商提供服务,自身主要负责外包商选择和外包服务质量控制工作。

此项功能直接涉及组织设施空间的运行效率和管理水平,并与设施使用者直接接触,是设施管理中客户投诉最敏感和最集中反映的领域,因此设施管理者应充分意识到此功能的重要性,抓好物业日常管理和维护的质量,创造良好的业务空间,从而提高使用者的工作效率。

(7) 保安、通讯等其他支持服务

设施管理的最后一个功能是为设施使用者提供各项支持服务,使其能更方便有效地完成核心业务以外的各项辅助活动,其中涉及餐饮、复印、快递、洗衣、通讯、交通等内容。

此项职责最能够直接体现设施管理的宗旨,整合组织所有设施管理业务以支持组织核心业务的开展。在具体项目中,设施管理者要结合实际情况,充分考虑设施使用者的需要,尽所能为其提供方便快捷的支持服务。

## 13.3.5 设施管理的业务外包

1) 设施管理部门面临的压力

自 20 世纪 80 年代以来,社会环境发生了巨大变化,也给设施管理带来了很大的压力。首先,信息技术的广泛应用极大拓展了组织的界限,经济全球化成为一种必然趋势,分工与协作进一步加深,组织必须把内部优势资源和外部优势资源进行迅速有效的整合才能适应激烈的市场竞争环境。其次,人们对室内环境质量要求越来越高,室内空气质量所带来的工作效率下降以及产生的"病态建筑综合征"也日益受到重视。再次,能源危机以及人们环境意识的觉醒,对建筑的可持续性要求也逐步提高,要求降低能源消耗以及减少废弃物排放。为满足日益增长的需求,设施管理部门规模也是日益增大,由此导致机构臃肿,运作效率低下,管理成本逐年上升,给组织的正常运作带来了很大的风险。

许多组织开始寻求应对这些问题的解决办法,设施管理外包则是一种有效的解决途径。通过业务外包,一方面,借助外部专业化的管理力量和成熟的管理经验可以显著提高设施服务质量;另一方面,外包使个体成本领先优势能够扩展到更大范围的成本优势,降低整个外包虚拟整体的交易费用和运行成本,也使组织集中资源专注于其核心能力的发展,提高竞争力。此外,组织间通过业务外包,可以与合作公司建立起战略联盟,利用战略伙伴们的优势资源,可以减轻由于技术和市场需求变化造成的风险。

2)设施管理外包的操作过程

设施管理外包的具体运作过程一般来说可以细分为以下六个阶段,如图13-9所示。

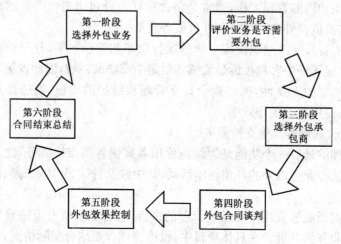

图 13-9 设施管理外包操作流程

(1)第一阶段

通过对企业自身的分析和评估,选择潜在的外包业务。在这一阶段,企事业单位的高层领导者需要根据自身的长期发展战略和提高核心竞争力的需要,收集大量的相关材料和数据,仔细分析和评估公司的成本、服务水平以及客户期望等方面的情况,确定潜在的外包业务范围。

(2)第二阶段

对潜在的外包业务范围进行进一步的分析评估,正式确定外包业务。根据第一阶段确定潜在外包业务范围,进一步收集该业务的详细的相关资料,编制相关商业计划,建立相关模型,并进而进行业务外包的风险和收益分析,从而最终确定能够获得较理想外包收益的外包业务。

(3) 第三阶段

选择外包承包商时企业的最高决策层将听取来自内部和外部专家的意见,这支专家队伍至少要覆盖法律、人力资源、财务和需要外包的业务领域。

在综合各方面的意见后,要写出详细的书面材料,其中包括服务等级、需要解决的问题以及详尽的需求等。这一切都准备就绪后,就可以按照自己的需求去寻找最合适的厂商,可从信誉、技术力量、规模和实力、服务态度、财政状况等方面去审核服务提供商。

(4) 第四阶段

外包合同制定及谈判阶段,具体包括外包合同条款制定、评价指标、合同谈判。签订合同本身是非常简单的,合同的内容应该非常明确,合同条款应当详细,包括该业务外包所涉及的方方面面的要求和规定,具体如下:

① 明确外包业务的范围。
② 根据服务水平的要求,建立详细的服务指标评价体系,以及相应的监督和控制机制。
③ 恰当的合同期限。
④ 对服务水平高低的奖惩机制。
⑤ 移交机制。
⑥ 紧急预案。
⑦ 费用以及支付计划。
⑧ 人员要求。
⑨ 保险制度。

(5) 第五阶段

外包过程控制。建立强有力的监督和保证体系、根据合同规定的评价指标控制服务水平、提出创新和改进措施、指定未来外包计划。

作为用户,在这一阶段要保持对外包业务性能的随时监测和评估,并及时与外包厂商交换意见。在外包实施的初期,还要注意帮助自己企业内部的员工适应这一新的经营方式。

在业务外包实施过程中,企业应该根据合同规定的评价指标控制体系保持对外包商服务水平的随时评估,并与外包商保持经常性的联系,出现问题及时协调解决;并结合客户的需求提出创新和改进措施,与外包商协同提高业务的服务水平。

(6) 第六阶段

评价总结。评价外包业务的最终效果,并与预期效果的进行比较,分析和评估外包中出现的问题,确定下一阶段的设施管理方案是否需要重新进行内部管理、重新选择外包方、修改和更新合同条款。

### 13.3.6 设施管理过程中的关键要素分析

设施管理是一个由人参与的、复杂的过程,在整个过程中,物、事、人相互作用,相互存在。因此,片面强调其中任何一个方面,都将影响整个活动的实效性,甚至会导致整个活动的失败。在 WSR 方法的指导下,设施管理有机地协调物、事、人之间的关系,充分发挥系统各部分的积极作用,以实现设施管理的目标。

WSR(物理—事理—人理,Wuli-Shili-Renli) 既是一种系统方法论,又是一种解决复杂问题的工具,其核心思想是在处理复杂问题时既要考虑对象的物的方面(W),又要考虑这些物如何更好地被运用到事的方面(S)。同时,认识问题、处理问题和实施管理决策都离不开人的方面(R)。WSR 方法能够很好地解决现实中大量存在的非结构、病态结构的问题,如社会、经济、环境和管理问题等,特别是议题(Issue)和堆题(Mess)一类的系统问题。通过将设施管理系统的 WSR 分类,达到知物理、明事理、通人理,从而系统、完整、分层次地对设施管理的复杂问题进行研究。

将设施管理中的工作场所组成,即设施管理中的硬件部分作为物理,将这些硬件设施有效地组合、运营来服务组织活动,从而实现设施管理的目标的活动就是事理。对物理、事理的理解、实施都离不开人的支持,以及人际关系的协调,这就是人理。人理主要考虑人的因素,既要促进各方面发挥积极性又要协调各方面的关系,同时,人理以物理和事理为基础。设施管理 WSR 三维要素模型,如图 13-10 所示。

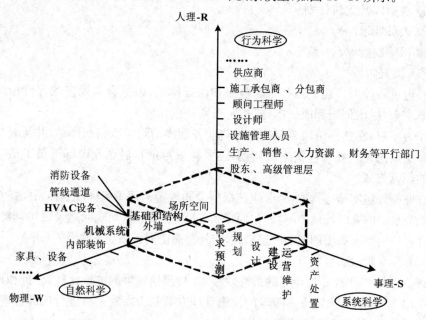

图 13-10 设施管理 WSR 三维要素模型

该模型中,人是设施管理的基础活动,同时,人的活动又是以工作场所和工作过程为前提的。设施管理三维要素模型可导出设施管理的各项具体工作职能及其需考虑的各项要素。当发生问题时,可对应 WSR 模型综合分析找出问题对象,采用工程技术、人际协调等方法来解决问题。

1) 设施场所(W——物理)要素

明确设施管理系统的物理组成是提供设施管理情况分析的依据。通过进行定性和定量的评估,可以确定组织的资产情况,对购置、改造或处理的决策给予指导。

对于一般建筑来讲,主要有建筑主体系统、装饰系统和设备工作系统。建筑主体系统包括地基、结构系统、外墙及屋顶系统。装饰系统包括天花板、地板、内墙、隔板和专用件。设备工作系统包括所有的建筑服务操作系统,如 HAVC(采暖、通风及空调系统)、管道、电力系统等。在设施场所建设和运营过程中需要考虑要素及获取或购买每种组成要素的方式,如表 13-3 所示。

表 13-3 设施场所物理要素分析表

| 工作场所<br>——物(W) | 要素考虑——WSR 分析 ||
|---|---|---|
| | 考虑要素 | 方法——如何获得 |
| 场所空间 | 合法监控(控制);<br>场所空间场所具体架构;<br>环境的舒适度(照明、温度、湿度) | 法律、建筑专家咨询 |
| 基础 | 基础系统的选择对可用空间及其用途的影响 | ① 部分设计分包;② 对复杂项目可考虑提前请结构承包商签合同 |
| 结构系统 | 结构系统的选择对成本和建设进度的影响;<br>结构系统的选择对建筑灵活性影响;<br>结构系统的选择对楼层高度使用的影响 | ① 部分设计分包;② 将施工总合同的某些部分分包出去;③ 设计队伍可能会平衡成本 |
| 外墙 | 外墙美观要求;<br>生命周期成本是多少;<br>初期成本是多少 | ① 部分设计分包;② 强调生命周期成本;③ 通过总承包合同,确定一个法人代表实施总安装,负责保证质量和成本 |
| 机械系统 | 生命周期成本(包括维修和能源成本)多少;<br>评价效率、复杂性、可靠性的平衡;<br>为用户做的布置作用如何 | ① 部分设计分包,确定责任人;② 确认已充分考虑生命周期成本;③ 雇用第三方检测工程师;④ 确定总负责人 |
| 装饰 | 如何安装地毯、门等硬件;<br>维修期如何 | ① 强调考虑用户如何使用这些空间;② 可纳入总承包合同,因为工作范围容易确定和管理 |
| 家具、设备 | 确认这些成本已清楚地纳入了部门的预算;<br>确认各项由谁提需求、谁购买、谁安装 | ① 制订一份明细表;② 考虑聘请专门顾问 |

2) 设施管理工作过程(S——事理)要素

对设施管理工作过程的要素分析是从设施管理生命周期的角度出发的，在图13-2中已经分析了设施管理生命周期的四个阶段——规划、获取、运营维护和评估后安置，生命周期分析能够给设施管理提供一种可持续的竞争优势。设施管理在各阶段的具体职能和实现该项职能目标需要考虑的要素，如表13-4所示。

表13-4 设施管理工作过程事理要素分析表

| 工作过程——事(S) | 可能的职能 | 要素考虑——WSR分析 | |
|---|---|---|---|
| | | 具体工作 | 考虑要素 |
| 规划 | 设施计划 | 设施需求分析及预测；资本费用计划 | ① 谁是占用者，他们需要什么；② 资金来源；租户直接出资还是别的来源；③ 有哪些确定的和不确定的经费 |
| | 空间预测 | 空间需求预测；空置物业计划 | ① 组织的发展趋势和战略；② 自有还是租赁；③ 可得空间的数量、时间顺序和类型及设计或建造的一般条件和限制 |
| | 规划空间/建筑物设计 | 可行性研究；概念性方案；初步/详细设计 | ① 成本、时间、数量、质量的平衡；② 美学与实用性的平衡；③ 首期成本和生命周期成本投资的选择；④ 将来出售、出租或分租的市场竞争力 |
| | 财务管理 | 管理预算；运行预算；资金预算和计划；费用评判 | ① 各部门和职员成本；② 各种设施的效用率；③ 维护费用；④ 空置物业总量和出租率；⑤ 改造项目和购置的家具；⑥ 将来费用和节约费用的量化；⑦ 货币的时间价值；⑧ 与其他部门和上级的沟通 |
| 获取 | 租赁管理 | 租赁分析；租赁谈判；租赁协议/合同 | ① 组织资本总价值和借款增加率；② 所有与财务有关的租用条款；③ 房地产或设施的购买价及其他相关的财务条款；④ 物业的可增值性如何；⑤ 租赁地占建筑的不同部分、地域空置物业的占用情况等；⑥ 建筑物标准或"工作协议"；⑦ 费用分割；⑧ 转租；⑨ 附属物、特殊设施用途说明等 |
| | 新建/改造项目管理 | 进度控制；质量控制；资金控制；安全管理；风险管理；移交 | ① 当地的规章制度、风俗及施工许可；② 人员的分配、培训和组织；③ 施工图纸、保证书、合同；④ 施工系统；⑤ 资金和进度能否满足需要；⑥ 分包商工程部分；⑦ 可维护性；⑧ 公众关系；⑨ 项目文件、档案管理 |

续表 13-4

| 工作过程——事(S) | 可能的职能 | 要素考虑——WSR 分析 ||
|---|---|---|---|
| | | 具体工作 | 考 虑 要 素 |
| 运作和维护 | 空间管理 | 空间布置、室内装修、家具布局标准和原则的制定；<br>空间利用率评估；<br>更新改造；<br>重新置位；<br>搬迁管理 | ① 空间的构造及功能需求(范围、面积、数量、形状或地点)；② 弹性需求：支持组织和技术的持续变革及工作环境个性化；③ 各项指标符合政府标准；④ 更新改造反馈给设计部门，以便审查设计、追加投资；⑤ 搬运期间较混乱，应该加强安全预防措施，制订可替代计划；⑥ 搬运中的存放空间及暂时存放的安全性 |
| | 建筑物管理 | 机械等装置的安装和运行；<br>维护和维修；<br>绿化、清洁 | ① 室内空气状况；② 照明控制；③ 日光和风景；④ 私密性和安静工作；⑤ 多种数据、电力、声音连接的网络接口；⑥ 符合人体工程学的家居和环境适宜的装修涂层；⑦ 组织流程再设计对工作环境的要求 |
| | 环境健康与安全管理 | 安全系统控制(访问控制系统、钥匙控制系统等)；<br>有害物和侵蚀物的管理；<br>紧急预案；<br>灾害恢复 | ① 规章制度、硬件装置、执行规章制度和操作程序的安全员；② 减少、处理有毒物质；③ 足够多的日常预防性大面积检查；④ 所有跟建筑相关的工程图纸和对主要设施和结构的评价指标妥善保管；⑤ 通知行政人员和承包商等人的信息链；⑥ 发生紧急事件时，组织办公的替代场所 |
| | 能源管理 | 能源管理标准的制定；<br>能源管理计划和程序的制定；<br>回收利用计划和实施 | ① 必须重视管理而不是偏向具体的设施；② 特定设施利用能源的效率；③ 超过标准的能源消耗及相应的对策；④ 新的设计能否满足能源管理方面的要求；⑤ 能否找到优惠的能源价格；⑥ 回收物的存储场所和分离 |
| | 采购管理 | SLA 制定；<br>承包商管理；<br>KPI 制定 | ① 采购成本因素；② SLA、KPI 制定的合理性 |
| | 支援服务 | 食品服务(咖啡间、餐厅等)；<br>邮件和信息服务，通信和网络服务，交通和运输管理，儿童看护、复印等 | ① 服务外包还是内部解决？② 控制快递费用：什么时候需要什么，快递模式(当天送达、隔夜送达等)，能否将包裹合并；③ 往返班车的固定时间表和车站位置；④ 购买通信系统时是否考虑到增加新功能的费用和与各部门的设施兼容；⑤ 中心网络管理、局域网和互连网的联通性、局域网集成、综合网集成及综合网络布线；⑥ 网络的实用型、网络容量及带宽等 |

续表 13-4

| 工作过程——事(S) | 可能的职能 | 要素考虑——WSR 分析 | |
|---|---|---|---|
| | | 具体工作 | 考虑要素 |
| 安置 | 评价 | 不断评估拥有设施和物业的价值；评估后的维修、重置等处置计划 | ① 保留具有较高潜在回报的项目；② 税务因素；③ 折旧对物业等的影响。 |
| | 处置 | 出售和部分回租；重建；捐赠等 | ① 房地产数据库等信息系统的准确；② 处置时的法律、环境问题；③ 资产转让的市场运行策略和时间把握。 |

3) 设施管理人员(R——人理)要素

人理因素是设施管理过程中极其重要的一部分。设施管理人员的行为不仅受物理因素和事理因素的影响，而且也与其自身的知识、经验有关，是综合作用的结果。

设施管理者要明确设施的用户群，用户的期望和需求是制订组织计划的基础。用户包括内部用户、承租方和外部用户。内部用户包括高级管理层和组织各业务部门。设施管理必须为高级管理层和业务部门提供高效舒适的场所设施。如果组织提供的是租方服务，那承租方就必然要被确定为用户。除上述两项外，设施管理业务用户及访客等为外部用户。

同时，建筑师、工程师、顾问、承包商、分包商和供应商等外部卖方正在越来越多地被看成是设施管理的合作方，在为用户提供服务方面，他们应该与设施管理部门有共同的目标和信念。

人员的组成结构对设施管理的成功十分重要，因此需要考虑人员的主要种类，并从以下三个方面认真考虑人员的角色：① 人员的核心增值是什么；② 就其作用而言，有什么风险需要考虑；③ 在选择每种角色的人员时，考虑因素有哪些，有关人员价值的问题，重要类型的人员可能存在的风险问题以及考虑要素，如表 13-5 所示。

表 13-5 设施管理人员人理要素分析表

| 人员——人(R) | 要素考虑——WSR 分析 | | |
|---|---|---|---|
| | 人员价值 | 要考虑的风险 | 考虑要素 |
| 股东、高级管理层 | 设施建设的理由 | 需求计划是否清晰？预算计划是什么？ | 用户的计划和需求 |
| 与设施管理部门平行的部门：生产部门、销售部门、人力资源部门、财务部门等 | 支持组织业务活动，并满足他们的需要 | 是否会有资源争夺的冲突？ | 在项目实施中，他们参与到何种程度？ |

续表 13-5

| 人员——人(R) | 要素考虑——WSR 分析 | | |
|---|---|---|---|
| | 人员价值 | 要考虑的风险 | 考虑要素 |
| 设施管理人员 | 如果设施经理在新项目中需要帮助或缺乏经验,则为其增加专业技能 | 顾问能力如何?在时间和财务方面他们要承担什么风险? | 目前的技术和资源如何?顾问/职员的经验和成本如何? |
| 设计师 | 领导能力、管理经验、美学水平、设计管理能力 | 设计超预算时谁负责?如何消除错误责任?谁领导项目队伍? | ① 拥有类似客户公司的经验;② 拥有同类型项目的经验;③ 从以往项目中得到的参考资料;④ 成本 |
| 顾问工程师 | 专门技能 | 相关专业如何?如何消除错误咨询? | ① 拥有类似项目的经验;② 提供方法;③ 成本 |
| 施工承包商、分包商 | 现场协调,建设成本、进度和质量管理和控制 | 成本、进度和质量有保证吗?如何保证?抵押赔偿、财产损失,个人受伤,延期等责任如何处理? | ① 组织能力与项目大小及客户文化适应性;② 在类似项目中的经验;③ 财务能力;④ 一般管理费用;⑤ 利润;⑥ 工作范围 |
| 供应商 | 需要的材料和服务 | 谁给他们付钱?谁同他们协调?谁管理他们的工作范围和进度? | ① 有关经验;② 与需求相适应;③ 成本 |

## 13.3.7 设施管理的绩效评估——标杆管理法

标杆管理是国外20世纪80年代发展起来的一种新型经营管理理念和方法,其核心思想就是学习外界的最佳实践,提高自身的管理水平。将标杆管理应用于设施管理领域中,有助于提高组织的设施管理水平与绩效。

1) 标杆管理的运用类型

标杆管理在实际操作过程中,根据所选取的比较对象的不同,也即"杆"的不同,可以分为内部标杆管理、竞争标杆管理、职能标杆管理三种。

(1) 内部标杆管理(Internal benchmarking)

内部标杆管理以企业内部最佳或最优操作为基准,是最简单且易操作的标杆管理方式。内部标杆管理所选取的比较基准来源于组织内部其他部门机构或本部门曾经的最佳职能或流程及其实践。优势在于比较方便获取标杆管理所需要的完备的、准确的、有效的数据资料,并且可以实现企业内信息共享以及各部门之间的沟通联系。缺点在于以组织内部职能或实践作为基准对象,缺乏对外实际竞争力水平评估,容易使企业产生内向视野和封闭思维。因此在实践中,通常内部标杆管理在绝大多数组织作为进行标杆管理的第一步骤,与外部标杆管理结合起来使用。

在设施管理领域,内部标杆管理的应用比较广泛,因为设施管理组织所管理设施比较多,并且具有相当高的相似度,比较容易进行标杆管理。诸如:仲量联行这家专业化提供设施管理服务的公司,其内部各设施项目之间定期通过标杆基准比较,起到互相促进的作用。

(2) 竞争性标杆管理(Competitive benchmarking)

竞争性标杆管理是以竞争对象为基准的标杆原理。通常所选取的竞争对手是在同行业某一方面居行业领先地位的。此管理的优势在于通过直接与竞争对手进行比较,可以真实准确地了解自身的不足和差距,并可以有针对性地提出改进措施和方案;缺点在于标杆管理所需要的数据资料因涉及行业机密,获取比较困难,除非双方都希望互以对方为比较基准进行标杆管理。

(3) 职能标杆管理(Functional benchmarking)

职能标杆管理是以其他行业的优秀职能为基准的,此类标杆管理的比较基准对象不是同行业的竞争者,但在某些职能或实践方面具有相似性。此管理的优势在于因为双方之间不是竞争对手,标杆管理所需的数据资料获取比较容易,并且比较的过程也相对客观;缺点在于选择适当的基准对象比较困难,费用也比较高。

例如,设施管理组织选择与专业酒店集团之间的客户服务水平进行比较,来提高自身的客户满意度。这里的"客户服务水平"即是酒店行业的优秀职能。

总之,以上三种标杆管理方法都有各自优缺点和适用范围,每个组织在开始进行标杆管理前需要全面的分析自身的需要,选择适当的标杆管理方法,有时甚至需要综合使用这三种方式才能达到预期的目的。

2) 标杆管理的操作步骤

在设施管理领域,标杆管理的操作步骤大致有六个阶段,即确定标杆管理内容、选择基准对象、建立指标评价体系、数据收集与分析、制定执行改进措施以及最后的评价与提高。

(1) 确定标杆管理内容

明确进行标杆管理的原因、需要标杆管理内容之前,设施管理部门要全面分析自身的方方面面,结合组织的发展战略,明确自身的不足或需要改进之处,确定组织的标杆管理的目的。诸如客户满意度、设备维护水平、商业表现、空间环境质量、绿色建筑、绿化、安保水平等。

(2) 选择基准对象

标杆管理的"基准"目标,即标杆管理的"杆",是标杆管理想要模仿和超越的对象,它可以是本组织内部的最佳组织,也可以是竞争对手或者行业内外的最佳组织。设施管理部门在进行标杆管理时,一般首先进行或只进行内部标杆管理,这与其他行业诸如生产型企业产品标杆管理以竞争对手为基准对象有很大的不同。这是因为设施管理组织或企业所管理的设施规模都比较大,不同的建筑设施之间就可以互为基准对象进行比较。

（3）建立评价体系指标

评价指标体系是标杆管理之"标"，是标杆管理双方所要比较的职能、是实现量化比较的基础。设施管理部门在确定指标体系内容时，应在力求反映影响竞争力要素全貌的基础上突出重点，尽量精减，以减少工作量和复杂程度，但选择保留的指标至少应涵盖该比较内容的所有关键成功因素。图13-11是设施管理部门在进行标杆管理时，常用到的评价指标体系。

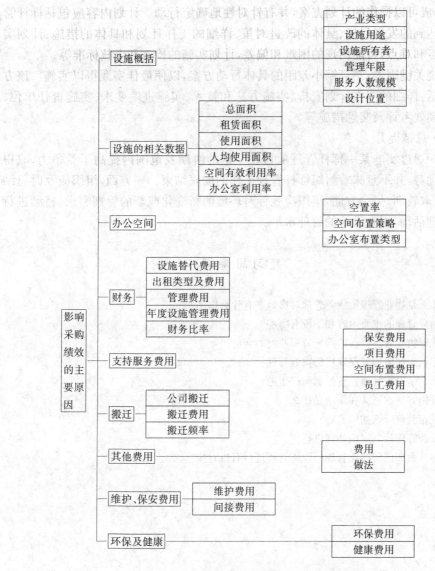

图13-11 设施管理标杆管理评价指标体系

(4) 数据收集与分析

如何收集到完备的、准确的以及有效的数据对于标杆管理的成败有着重要的影响。相对于内部标杆管理,竞争标杆管理中竞争对手的数据收集工作相当困难,组织最好需要通过第三方专业的咨询机构进行此项工作。通过对搜集的资料进行详细的分析和比较,找出本企业或本部门与标杆的差距以及产生差距的原因。

(5) 制定执行改进措施

在此阶段,设施管理部门需要根据数据分析比较的结果,结合组织内部的实际情况,形成可以操作的计划方案,并有针对性地确定行动。计划内容应包括标杆管理所要达到的发展目标、具体的改进对策、详细的工作计划和具体的措施、计划实施的重点和难点,可能出现的困难和偏差,计划实施的检查和考核标准等。

围绕关键因素,制订缩小差距的具体行动方案,以使最佳实践得以实施。该方案应包括:详细的工作计划安排、实施方法和技术、实施进度要求、实施责任单位、阶段性绩效考评及奖惩措施等。

(6) 总结提升

组织通过实施某一标杆管理项目在一定的时期及范围内提高了竞争力,取得了竞争优势,并不意味着组织标杆管理工作的彻底结束。一方面,组织应及时总结经验、吸取教训;另一方面,组织应就针对环境的新变化或新的管理需求,持续进行标杆管理活动,提高设施的管理水平。

## 复习思考题

1. 什么是物业管理?物业管理对房地产有什么作用?
2. 物业管理的主要内容和手段有哪些?
3. 我国物业管理存在的问题有哪些?如何解决?
4. 你认为如何搞好保障房的物业管理?
5. 什么是设施管理?它是如何产生的?
6. 设施管理的意义和作用是什么?
7. 设施管理应该如何实施?
8. 设施管理策划应该如何进行?
9. 你认为如何将物业管理与设施管理进行有机对接?

# 参 考 书 目

[1] 张建坤.房地产开发与管理.南京:东南大学出版社,2006
[2] 刘洪玉.房地产开发.北京:首都经济贸易大学出版社,2006
[3] 李清立.房地产开发与经营.北京:清华大学出版社,2004
[4] 吕萍.房地产开发与经营.北京:中国人民大学出版社,2002
[5] 濮励杰,黄贤金,周寅康,等.城市土地供应与房地产市场运行研究.北京:科学出版社,2008
[6] 周寅康,濮励杰,黄贤金,等.城市土地市场:发展与预警.北京:科学出版社,2008
[7] 麦克·E.米勒斯,盖尔·贝伦斯,马克·A.韦斯.房地产开发原理与程序.北京:中信出版社,2003
[8] 查尔斯·H.温茨巴奇,麦克·E.麦尔斯,苏珊娜·埃斯利奇·坎农.现代不动产.北京:中国人民大学出版社,2001
[9] 张建坤.现代房地产开发与经营管理.北京:经济日报出版社,1996
[10] 丹尼斯·J.麦肯齐,理查德·M.贝兹.房地产经济学.北京:经济科学出版社,2003
[11] 唐德才.现代市场营销学教程.北京:清华大学出版社,2009
[12] 张建坤,黄安永.房地产市场营销学.南京:东南大学出版社,1994
[13] 王霞,尤建新.城市土地经济学.上海:复旦大学出版社,2004
[14] 靳共元,陈建设.中国城市土地使用制度探索.北京:中国财政经济出版社,2004
[15] 程道平.现代城市规划.北京:科学出版社,2010
[16] 董藩,刘正山.房地产投资分析.大连:东北财经大学出版社,2006
[17] 陈琳,潘蜀健.房地产项目投资.北京:中国建筑工业出版社,2004
[18] 马君潞.风险投资与风险资本市场.天津:南开大学出版社,2003
[19] 威廉姆·B.布鲁格曼,杰夫瑞·D.费雪.房地产金融与投资.大连:东北财经大学出版社,2000
[20] 郑修建.房地产金融.北京:北京经济学院出版社,1993
[21] 董藩.房地产金融.大连:东北财经大学出版社,2009
[22] 黄福新.房地产策划.北京:中国建筑工业出版社,2004
[23] 贾士军.房地产项目策划.北京:高等教育出版社,2011

[24] 牛凤瑞.房地产蓝皮书——中国房地产发展报告.北京:社会科学文献出版社,2006
[25] 张建坤.现代经纪人教程.北京:中国工商出版社,2002
[26] 黄安永.现代物业管理手册.南京:东南大学出版社,2003
[27] 成虎.工程项目管理.北京:高等教育出版社,2004
[28] 陈森发,张建坤.系统建模与仿真.西安:陕西师范大学出版社,2001
[29] 泰乔兹.设施设计与管理手册.北京:中国石化出版社,2006
[30] 我国设施管理模式应用及发展趋势研究.同济大学建设管理与房地产系课题,2008
[31] 陈景勋.设施管理在我国的理论探索及应用研究.同济大学经济与管理学院,2007
[32] 王波.建筑智能化概论.北京:高等教育出版社,2009
[33] 周渝慧.智能电网:21世纪国际能源新战略.北京:清华大学出版社,2009
[34] 白晓民.我国智能电网研究与建设.中国电力科学研究院,2009
[35] 钱大群.智慧地球赢在中国.IBM商业价值研究院,2008